KB188690

로맨틱 코메디 21편에서 쏘~옥 건진

미국 현지영어

CHRIS
SUH

MENT⊘RS

로맨틱 코메디 21편에서 쏘~옥 건진

미국현지영어

2025년 03월 18일 인쇄
2025년 03월 25일 발행

지 은 이 Chris Suh
발 행 인 Chris Suh
발 행 처 **MENTORS**

경기도 성남시 분당구 황새울로 335번길 10 598
TEL 031-604-0025 FAX 031-696-5221
mentors.co.kr
blog.naver.com/mentorsbook
*Play 스토어 및 App 스토어에서 '멘토스북' 검색해 어플다운받기!

등록일자 2005년 7월 27일
등록번호 제 2009-000027호
I S B N 979-11-94467-63-2
가   격 29,600원(MP3 무료다운로드)

영어공부하는 데는 미드와 스크린이 최고!

미드와 마찬가지로 스크린은 실제 영어실력을 늘리는데 최고의 소스이다. 〈프렌즈〉, 〈위기의 주부들〉, 〈섹스앤더시티〉 등 일상을 다룬 미드가 영어공부하는데 인기이듯이 스크린에서는 로맨틱 코메디라고 불리는 장르의 영화들이 단연 압권이다. 우리의 일상 중에서도 남녀간의 풋풋한 사랑을 그린 영화들이어서 발음 속도도 적당하여 리스닝에 도움이 될 뿐만 아니라 안에 나오는 표현들 또한 우리들이 일상에서 한번 써볼 만한 것들이기 때문이다.

로맨틱 코메디 21편에서 3000개 표현을!

미드에서 탄탄한 노하우를 축적한 멘토스가 이번에는 스크린 중 로맨틱 코메디 21편을 선정하여 집중분석하고 그 결과를 바탕으로 스크린 교재를 출간한다. 로코 스크린에 자주 등장하는 대표표현과 대표패턴 3300개를 모아서 레벨별로 정리한 교재이다. 좀 두꺼운 이책, 즉 스크린에 자주 나오는 영어표현들과 패턴들을 익히면 21편의 로코를 더욱 쉽게 이해할 수 있을 뿐만 아니라 앞으로도 계속 나올 로코를 보는데도 많은 도움이 될 것이다.

멘토스가 선정한 21편의 로맨틱 코메디는 다음과 같다.

〈라라랜드〉, 〈미비포유〉, 〈브리짓 존스의 베이비〉, 〈노팅힐〉, 〈러브액츄얼리〉, 〈악마는 프라다를 입는다〉, 〈어바웃타임〉, 〈노트북〉, 〈500일의 썸머〉, 〈로맨틱 홀리데이〉, 〈이터널 선샤인〉, 〈프로포즈〉, 〈첫키스만 50번째〉, 〈러브, 로지〉, 〈굿럭척〉, 〈프렌즈 위드 베네핏〉, 〈브리짓 존스의 일기〉, 〈쉬즈더맨〉, 〈굿럭척〉, 〈친구와 연인사이〉, 그리고 〈이프 온리〉 등이다.

자주 나오는 표현들을 집중적으로 수록해!

최소 한 번씩은 본 사람들도 있을 것이고 일부만 본 사람, 혹은 특정 영화는 좋아서 여러 번 본 사람들도 있을 것이다. 사람들마다 선호도가 다르기 때문에 가능한 많은 로코를 선정하였다. 그리고 교재가 3300개를 담았지만 로코 21편의 모든 표현을 담는 것은 불가능하다. 21편에 나오는 표현과 패턴들만 해도 엄청나기 때문이다. 그래서 중요도에서나 빈출도에서 떨어지는 표현들은 빼고 자주 등장하는 표현들만을 모아서 정리하여 어떤 영화를 봐도 많은 도움이 될 것이다.

스크린 한 편보다는 여러 편을 두루두루 봐야!

영화 한 편을 선택하여 완전히 자기 것으로 만드는 것은 아주 좋은 영어학습법이다. 하지만 한 편을 완전히 자기 것으로 만드는 것은 쉬운 일이 아니어서 중도 포기하는 경우가 많다. 또한 영어학습에 크게 도움이 되지 않는 표현들도 많이 들어있어 효율성에서도 문제가 발생한다. 따라서 한 편을 독파하는 것도 좋지만 여러 편을 심도있게 공부하는게 지속성이나 효율성의 문제에서 더욱 합리적인 방법이 될 것이다. 스크린으로 영어를 정복하려는 많은 사람들에게 이 책이 조금이나 마 도움이 되기를 바라는 심정으로 교재를 집필했음을 말하며 이 글을 맺는다.

1. 스크린 중 로맨틱 코메디 21편에서 나오는 3300개의 표현을 수록하였다.
2. 3300개의 표현은 기본특강(Preview), Level 01, 02, 03, Screen Patterns, 그리고 Get More에 정리하였다.
3. 각 표현이 나오는 영화제목을 매 표현마다 정리하여 쉽게 확인할 수 있다.
4. 기억에 남는 명대사들은 「스크린명대사」, 명장면은 「스크린명장면」이라는 코너에서 따로 정리하였다.
5. 네이티브들이 예문과 다이알로그를 생동감 넘치게 녹음하였다.

이책을 보는 법

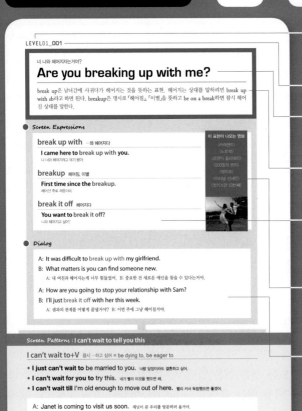

Level : 각 표현을 난이도에 따라 Level 별로 정리하였다.

넘버링 : 각 Level별 넘버링이다.

메인 엔트리 : 매 페이지마다 수록하는 주된 표현

우리말 설명 : 엔트리 표현에 대한 친절하고 상세한 설명

Screen Expressions : 스크린에 자주 나오는 표현들을 예문과 함께 평균 3개씩 수록하였다.

이 표현이 나오는 영화 : 각 페이지에서 설명하는 표현이 나오는 스크린 영화명을 정리하였다.

Dialog : 2개의 생생한 다이알로그를 수록하여 각 표현을 좀 더 쉽게 이해할 수 있도록 꾸몄다.

Scree Patterns : 로맨틱 코메디에서 자주 볼 수 있는 영어패턴들을 정리하였다.

1. 모르면 손해보는 스크린영어 기본특강(Preview) — Level 01, 02, 03 — Get More 의 순서로 구성되어 있다.

2. 모르면 손해보는 스크린영어 기본특강은 로코에 자주 나오는 감탄사, 사람호칭, 스크린 형용사 등을 별도로 정리하였다.

3. Level 01, 02, 03에서는 스크린영어에 자주 나오는 주요표현과 패턴들을 예문 및 다이알로그와 함께 수록하였다.

4. Get More에서는 Level에서는 아깝게 탈락했으나 알아 두면 득이 되는 표현들을 간략하게 정리하였다.

5. 「스크린명대사」와 「스크린명장면」은 각 영화에서 기억에 남을 만한 멋지고 감동적인 명대사와 명장면을 수록하여 영화에 대한 향수에 깊이 빠질 수 있다.

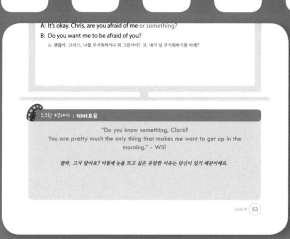

스크린 명대사 : 영화에서 기억에 남는 감동적인 명대사들을 우리말과 함께 정리하였다.

스크린 명장면 : 로맨틱 코메디 21편에서 감동적인 장면들을 녹음과 함께 수록하였다.

Contents

Contents

LEVEL 02

Contents

Contents

Contents

LEVEL 03

스크린영어 냄새가 팍팍 풍기는 스크린영어 필수표현! 001-151 _ 366

Contents

Contents

Get More   알고 보면 득이 되는 Get More _520

NEW
SCREEN
ENGLISH

Preview

모르면 손해보는
스크린영어 기본특강

스크린은 발음나는대로 표기한다!

going to를 gonna로 want to를 wanna로 표기하듯이, 미드나 스크린 영어에서는 그냥 발음나는대로 적으려는 경향이 강하다. 스크린에서 자주 마주치는 축약형 표현들을 몇가지 유형으로 나누어서 살펴본다.

1. 약한 발음은 팍팍 줄여서 말해

- ~ing ⇒ ~in'
- her ⇒ 'er
- about ⇒ 'bout

- you ⇒ ya / y'
- do ⇒ d'

- them ⇒ 'em
- because ⇒ 'cause

2. 두 단어를 한 단어처럼 섞어서 표기

- going to ⇒ gonna
- Let me ⇒ Lemme
- sort of ⇒ sorta
- come on ⇒ C'mon
- must have ⇒ musta
- Don't you~? ⇒ Doncha ~ ?
- am not (or is not) ⇒ ain't

- want to ⇒ wanna
- give me ⇒ gimme
- kind of ⇒ kinda
- Come here ⇒ C'mere
- could have ⇒ coulda

- got to ⇒ gotta
- have to ⇒ hafta
- out of ⇒ outta
- you know ⇒ y'know
- don't know ⇒ dunno

3. 여차하면 세 단어도 붙여서 써

- What did you~? ⇒ Whaddya~?
- What do you~? 혹은 What are you~? ⇒ ? Whaddaya~?

What's goin' on? 무슨 일이야?

He is smart and funny, d'you ever think that about him?
걘 똑똑하고 재밌잖아. 그런 생각해본 적 없니?

Look at 'em, look at how happy they are. 쟤들을 봐. 얼마나 행복해하고 있는지 보라구.

How 'bout you come back here on your day off? 쉬는 날 이리로 돌아오는게 어때?

You wanna know how she knew him? 걔가 그를 어떻게 아는지 알고 싶어?

We've gotta get something to eat. 우린 뭘 좀 먹어야겠어.

Well, y'know, I sorta did a stupid thing last night.
음. 있잖아, 내가 어젯밤에 좀 멍청한 짓을 저질렀어.

Let's go out for a lunch break, whaddya say? 점심먹으러 나가자, 어때?

Whaddaya mean, you didn't take it? 무슨 말야, 네가 거절했다고?

본론을 말하기 전에 꺼내는 저기, 자,…!

영어도 우리말과 같아서 어색함을 피하거나 혹은 상대방의 주의를 끌 목적으로, 말을 꺼내기 앞서 「저」, 「저기」, 「음」 등 별 의미없는 말로 시작을 하는 경우가 많다. 어떤 경우는 아무런 의미가 없는 것도 있어서 굳이해석을 안해도 된다.

- **Look, ~** 이것 봐
- **Say, ~** 저기요, 있잖아
- **So, ~** 자, 그래서, 따라서
- **I mean, ~** 그러니까, 내 말은
- **See, ~** (또는 ~, see) 이것봐, 자 보라구
- **Listen, ~** 들어봐
- **Well, ~** 저, 음
- **Hey, ~** 이봐
- **Now, ~** 자, 한데, 그런데
- **~, you know, ~** 있지, 음
- **~, like, ~** 그러니까, 음
- **What, ~** 뭐라고, 아니, 설마, 이런
- **Let's see, ~** 이것보라구
- **Let me think, ~** 생각 좀 해보자

Look, I don't cry! It's not a big deal! 이봐, 난 울지 않아! 별일도 아닌데!

Say, how many more boxes would you have to sell in order to win?
자, 이기려면 몇상자나 더 팔아야 하는거죠?

So, have you worked here long? 여기서 근무한지 오래됐어?

I mean, we can get laid anytime we want. 내 말은 우린 원하면 언제라도 섹스를 할 수 있다는거야.

See, about a month ago, I wanted to hurt you. But now I don't anymore. 이것봐, 한 달 쯤 전엔 너한테 상처를 주고 싶었어. 하지만 지금은 아니야.

감탄하거나 혹은 놀라거나 할 때!

놀라거나 감탄을 하는 경우에 내뱉는 감탄사들이 있다. 여기서는 좀 상스러운 것들은 배제하고 단순히 놀라거나 감탄을 할 때 쓰는 표현들을 모아본다.

- **(Oh my) Gosh!** 세상에!, 맙소사!
- **(Oh,) My!** 이런!
- **(Oh) Man!** 젠장!, 저런!
- **For crying out loud** 아이쿠, 이런
- **Geez (혹은 Jeez)** 이런
- **My heavens!** 어머나!, 세상에!
- **Dear me!** 어머나!, 아이고!, 저런!
- **Whoops! / Oops!** 앗 이런!, 아이쿠!
- **Wow!** 이야!, 우와!
- **Look at you!** 얘 좀 봐!(감탄/비난)
- **Mazel tov!** (유대인) 축하해!

- **Oh, my God!** 세상에!, 하나님 맙소사!
- **(Oh) Boy** 1. 우와 2. 이런 맙소사 [두려움, 나쁜 상황]
- **Shoot!** 이런!, 저런!, 아이쿠!
- **(Oh) My goodness** 어머나, 맙소사
- **Gee whiz** 세상에
- **Holy mother of God!** 에그머니나!
- **Blimey!** 아이고 놀래라!
- **Uh-oh** 어머 이를 어째 [앞 음절을 높게]
- **Huh** 허, 흥 [의문, 놀람, 경멸, 무관심 등을 나타냄]
- **Look at that!** 저것 좀 봐!(감탄/비난)
- **Great Scott!** 이럴 수가!, 원 세상에!(감탄/놀람)

- **For God's[Christ's] sake** 제발!, 지독하네!, 너무하는구만!
- **Thank God[goodness]** 다행이야 = Thank the Lord
- **My(Good) Lord!** 맙소사!, 아이구!
- **God forbid!** 그런 일이 일어나지 말기를! (Heaven forbid!)
- **God bless you!** 감사하기도 하지! [누군가 재채기를 했을 때에도]
- **blah blah blah** 어쩌구저쩌구, 기타 등등
- **Whoa!** 상대방에게 진정하라는 의미로 하는 말

Oh, gosh, this is so weird. 세상에, 이건 정말 이상하다.

Oh, my God, your roommate's a freak. 이런, 네 룸메이트 이상한 놈이네.

Oh, boy! You got world series tickets. 이야! 너 월드시리즈 표 구했구나.

Boy, you are really not a morning person. 이런, 넌 아침형 인간이 절대 아니구나.

For God's sake! Can't you do anything without my help?
도대체 말이야! 넌 내 도움 없이는 아무 일도 못하니?

Oops! I just spilt coffee on my new dress. 아뿔싸! 새 옷에 커피를 쏟았어.

Shoot, I left my phone in my office. 이런, 핸드폰을 사무실에 두고 왔네.

짜증내거나 혹은 화를 내거나 할 때!

이번에는 감탄사라고 하기는 좀 뭐한 것들이 포함된 것으로 짜증나거나, 일이 제대로 안 풀릴 때 마치 욕설처럼 내뱉는 표현들을 모아본다.

- **Holy shit [crap]!** 젠장!, 빌어먹을!
- **Holy fuck!** 젠장헐!, 이런!
- **(Oh,) Crap** 이런!
- **For the love of God!** 젠장헐!, 빌어먹을!
- **(God) Damn it!** 젠장헐!
- **Darn (it)!** 에잇!, 이런!
- **Bloody hell!** 젠장헐!
- **Up yours!** 젠장헐!
- **Fuck it!** 제기랄!, 젠장!, 닥쳐!
- **Blow me!** 젠장헐!
- **Sod off!** 꺼져!
- **Sod it![that!]** 제기랄!, 빌어먹을!
- **Sod 'em all!** 빌어먹을!, 제기랄!
- **Sod a dog!** 제기랄!
- **Bugger off!** 꺼져!
- **Bugger (it)!** 제기랄!
- **Oh, bollocks!** 엿같은 소리하네!, 헛소리마!

Damnit! How did you even call him? 제길! 어떻게 그 사람한테 전화까지 한거냐구?

Darn it! I forgot my money at home. 빌어먹을! 깜빡하고 돈을 집에 두고 왔네.

Oh, crap! I can't believe I forgot this. 제기랄! 이걸 잊을 줄은 차마 몰랐네.

Shit! You want me to go over there. 젠장! 나보고 거기 가보라는거지.

Please, for the love of God, get me out of it! 빌어먹을, 제발 날 꺼내줘!

사람 부르기 - 일반적인 사람들!

현실을 그대로 반영하는 미드나 스크린에는 현실처럼 각양각색의 사람들이 나오고 또 이를 부르는 호칭도 다양하다. 먼저 상대적으로 정상적인 사람들끼리 부르는 호칭을 알아본다.

* 친한 친구 사이거나 혹은 연인 사이에서

    sweetheart, sweetie, honey[hon], babe, (my) dear

* 남자친구들 사이에서 「어이!」,「야!」 정도의 느낌

    dude, buddy, bro, pal, man, guy (여자들끼리는 girl을 사용)

    boy (애야 – 나이어린 손아랫사람에게)

mate 남자	**lot** 녀석, 놈	**tool** 자식, 놈
kiddo 아이, 녀석	**bloke** 사람, 녀석	**chap** 녀석, 친구

* 여러 명을 뭉뚱그려 말할 때

    (you) guys (애들아 – 남녀 구분없이 사용하며, 손윗사람들을 향한 표현은 아님)

    folks, everyone

* …하는 사람이란 의미로 동사+er의 형태

    major weeper 잘 우는 사람   **fast learner** 빨리 배우는 사람

* 기타

    hip 최신 유행에 밝은 사람, 세련된 사람   **buff** …광

    sport 단짝 친구(chum), 또는 성격 좋은 사람   **roomie** 룸메이트

    the life of the party 분위기 메이커, 활력소   **old man** 아버지, 남편, 직장상사

    moviegoer 영화팬

I'm not going anywhere, sweetheart. 나 아무데도 안 가, 자기야.

Geez, we're gonna be late, sweetie. 이런, 우리 늦겠어, 자기야.

Dude, what are you doing? 야, 너 지금 뭐해?

Listen, buddy, we're just looking out for you. 들어봐, 이 친구야, 우린 널 보살펴 주려는 것뿐이야.

I kid you not, man. 농담아냐, 이 친구야.

Come on you guys, is this really necessary? 이러지마, 얘들아, 꼭 이래야 돼?

So, where is this tool meant to be meeting you? 널 만나기로 되어 있던 이 녀석은 어디있는거야?

정상적인 사람들보다는 좀 이해하기 힘든 사람들이 세상에 많은 법. 바보, 멍청이, 얼간이, 못난놈, 괴짜 등 부정적인 호칭을 정리해본다.

- **loser** 못난 놈, 인생의 낙오자, 형편없는 사람
- **lame-o** 무능하고 쓸모없는 존재(형용사+-o의 형태는 「…한 사람」을 의미하며 lame은 「시시한」, 「빈약한」, 「지루한」)
- **weirdo** 괴짜(역시 형용사+-o의 형태로 weird는 「이상야릇한」, 「기묘한」이라는 뜻)
- **nerd** 공부벌레, 얼간이, 공부만 하거나 사교성이 부족한 사람
- **jerk** 바보, 얼간이 [머리가 나쁘다기 보다 세상 물정에 어둡고 말하는 사람의 맘에 들지 않는 사람에게 쓰는 말로, 비슷한 표현으로는 schmuck, slob 등이 있다]
- **geek** 멍청하고 좀 이상한 놈 [cf. geeky 이상한, 괴짜같은]
- **dingus** 얼간이 [cf. dingy 얼간이같은]
- **kook** 괴짜
- **dork** 띨한 놈, 멍청한 놈 [학생들이 많이 사용 / cf. dorky 멍청한]
- **You bastard!** 나쁜 자식! [「사생아」라는 뜻에서 출발한 욕설로 주로 화가 머리끝까지 난 여성들이 남성에게 즐겨 사용]
- **moron** 바보
- **sick bastard** 역겨운 놈
- **creep** 꼴보기 싫은 놈, 괴짜
- **arsehole** 멍청한 놈(asshole)
- **wanker** 멍청한 놈아(tosser, twat)
- **bum** 부랑자, 건달
- **cry-baby** 울보
- **spaz** 바보
- **wet rag** 겁쟁이, 인간쓰레기
- **skank** 더러운 놈
- **booby** 멍청이, 얼간이
- **fuckwit** 바보 얼간이
- **schnook** 멍청이
- **douch bag** 얼간이
- **smart ass** 건방진 놈
- **lunatic** 미친놈
- **arse** 멍청이
- **smug bastard** 우쭐대는 녀석
- **smirky** 능글맞은 놈
- **freak** 괴상망측한 놈, 뭔가에 병적으로 집착하는 사람
- **wimp** 겁쟁이, 소심한 사람
- **chav** 불량배
- **poofs** 게이
- **wuss** 병신
- **prick** 멍청한 놈 *daft prick 바보 같은 놈
- **dumb jock** 돌대가리
- **bod** 녀석
- **knobhead** 멍청이
- **brat** 버릇없는 새끼
- **festering turd** 지겨운 놈
- **scoundrel** 악당
- **weird cock** 이상한 놈
- **doofus** 멍청이, 얼간이
- **bugger** 새끼
- **drip** 얼간이, 따분한 사람

- **dummy** 멍청이, 바보
- **dick** 바보
- **git** 재수없는 놈
- **pussy** 나약한 남성

- **prat** 멍청이
- **twerp** 짜증나는 놈
- **cheat drunk** 금방 취하는 사람
- **scum** 인간 쓰레기

She was really nice to me even though I'm such a loser.
내가 이렇게 못난 놈인데도 그 여자는 내게 정말 잘해줬어.

You bastard! You ruined my life! 나쁜 놈! 네가 내 인생을 망쳤어!

Are you saying he's a geek? 네 얘긴 걔가 괴짜라는거야?

I'm stalking the wrong woman. I am such a dingus!
엉뚱한 여자를 스토킹했네. 이런 얼간이 같으니라구!

You're such a wimp. Listen, if you don't ask her out, I will.
이런 소심한 녀석. 잘들어, 네가 안하면 내가 데이트 신청한다.

You're supposed to never talk to the prick again. 넌 절대로 다시는 그 놈하고 얘기하지마라.

You're telling me he's not just another dumb jock. 걔가 돌대가리가 아니라고 말하는거야?

Weird cock, I always thought. Something weird about him.
이상한 사람이라고 항상 생각했지. 걔는 뭔가 이상해.

Don't be such an arse. 멍청이처럼 굴지마.

I know I'm being a prat. 내가 멍청하게 굴었다는거 알아.

His landlord is such a d-bag. 걔 집주인은 정말이지 얼간이야.

I'm a cheap drunk. 난 금방 취하는 사람이야.

사람 부르기 - 섹시한 여자[남자]!

남녀간의 사랑을 다루는 로코이다보니 특히 여성의 섹시함을 바탕으로 한 단어들이 많이 나온다. 그중 몇 개를 추려본다.

- **babe** 섹시하고 예쁜 여자 [여자를 친근하게 부르는 말이기도 하다]
- **knockout** 끝내주게 예쁜 여자[멋진 남자]
- **chick** 영계, 젊은 아가씨
- **killer** 죽여주는 여자, 매력적인 여자
- **stud** 호색한
- **hooker, whore, slut** 성관계가 난잡한 여자, 매춘부

bitch 나쁜년	**slag** 걸레 같은 년
tramp 잡년	**pumpkin** 이쁜이
bimbo 머리에 든거 없는 섹시녀	**saucy minx** 여우같은 여자
pervy 변태(pervert)	**lady's man** 여자킬러, 여자를 잘 후려치는 남자
broad 문란한 여성	**cougar** 젊은 남자와 즐기는 중년여성
a pain in the ass 골칫거리	**a man about town** 도시의 한량

She's not a knockout. 그 여자가 끝내주게 예쁜 건 아니지.

Did you see that chick that just came in? 방금 들어온 그 여자 애 봤니?

I can't believe he's dating that slut in marketing!
걔가 마케팅 부서의 그 헤픈 여자랑 사귀다니 믿을 수가 없어!

Almost every guy I know has had sex with Jill. What a slut!
내가 아는 남자들 거의 다 질하고 자봤어. 헤픈 것 같으니라구!

Our boss is a real stud. We went out for drinks last night, and he picked up two women! 우리 사장은 정말 색골이야. 간밤에 술 마시러 갔는데, 여자를 2명이나 꼬시더라구!

I wasn't suggesting you're a slag or anything. 난 네가 갈보나 뭐 그런 여자라고 말하는게 아녔어.

There are names for people like you now Bridge, you're a cougar, a MILF.
당신 같은 사람을 지칭하는 이름이 있어요, 브리짓. 당신은 젊은 남성을 노리는 중년여성이라구요.

You're telling me you were not a lady's man. 넌 여자 킬러가 아니었다는거야?

You're a man about town. 넌 도시의 한량이야.

The problem is that this woman... is a gigantic pain in my ass.
문제는 이 여자가 정말 큰 골칫거리라는거야.

로코에서 빼놓을 수 없는 성적인 표현들!

남성과 여성의 사랑을 주로 하는 로맨틱 영화에서 빠질 수 없는 것들이 바로 성에 관한 표현들이다. 너무 심한 표현들을 배제하고 몇가지 정리해본다.

- **dick** 남성의 성기(cock, prick)
- **pussy** 여자의 음부(trim)
- **get lucky** 데이트에서 섹스를 하다
- **Getting any?** 섹스 좀 했어?
- **screw sb** …와 섹스하다
- **shag sb** …와 섹스하다
- **give head to sb** …에게 오랄섹스해주다
- **rubber** 콘돔(diving suit)
- **gold digger** 돈목적으로 남자와 교제하는 여자
- **tunnel buddies** 구멍동서
- **shtup** 섹스하다(schtup)
- **cunnilingus** 여성 성기에 하는 오랄섹스
- **straight** 동성연애자가 아닌
- **get a big knob** 성기가 큰

- **family jewels** 고환(testicles, balls)
- **go all the way** 남녀가 갈데까지 가다
- **get laid** 섹스하다(easy lay 헤픈 여자)
- **do it** 섹스하다
- **bang sb** …와 섹스하다(= bone sb)
- **blow job** 오랄섹스하다
- **come[cum]** 사정하다, 정액
- **sugar daddy** 원조교제하는 남자
- **jack off** 자위하다(= jerk off)
- **have a three way** 쓰리섬을 하다
- **one night stand** 하룻밤 섹스(one night thing)
- **feelski** 여자가슴 만지기
- **poke the poon** 성교하다 *poon 여성의 음부

You were going for a feelski! 너 가슴만지려고 했지!

He's shagging his secretary. 걔는 비서와 잠자리를 해.

I just had a one-night stand with him when I was 14. 14살에 걔와 하룻밤 잤을 뿐예요.

Tim, had any cunnilingus with my daughter recently? 팀, 최근에 내 딸 오랄섹스 좀 해줬어?

I sneeze sometimes after I cum. 난 사정 후에 가끔 재채기를 해.

Do bridesmaids give head in the coat room? 신부들러리들이 코트보관실에서 오랄섹스를 해줘?

Did you have a three way? 쓰리섬 해봤어?

I heard. You and your dad are tunnel buddies, huh? 들었어. 너의 부자 구멍동서라며?

You're just gonna give up boning all these women?
이 모든 여자와 섹스하는 것을 그냥 포기할거야?

우리말처럼 영어도 비아냥거린다!

우리말에서도 "잘났다!"는 말이 문자그대로의 의미와는 정반대의 비아냥거림이 될 수 있 듯, 영어에서도 문자 그대로의 의미에 반전을 가한 반어적 표현들을 꽤 찾아볼 수 있다.

- **Nice going!** 잘한다, 잘해!
- **(That's) Great!, Wonderful!, Terrific!** 거 자~알 됐군!
- **Big deal!** 별거 아니군!
- **Just my luck** 내가 그렇지 뭐!
- **I'll bet!** 어련하시겠어!
- **You're a genius[real hero]** 똑똑하기도 하셔라, 잘났다
- **Fine!** 좋아, 그렇다면 나도 생각이 있어
- **Great job!** 아주 자~알 했다!
- **Whatever!** 뭐든 상관없어!
- **Let's watch the expert** 저 잘난 놈 좀 보게

Nice going. You ruined my whole day. 자~알 한다. 나의 하루를 온통 망쳐놨어.

Oh, great. It's starting to rain. That will make it easy to get a cab.
자~알 돼 가는군. 비가 오잖아. 택시 잡기가 쉽기도 하겠군.

So what, he's a little older, big deal, I mean, he's important to me.
그래서 뭐가 어쨌다구. 그 남자 나이가 좀 많긴 하지만 별거 아니야. 내 말은 그 사람은 나한테 소중하니까 말이야.

Just my luck! The show's already over. 내가 그렇지 뭐! 공연이 벌써 끝났네.

You saw a UFO hovering over your house last night? Yeah, I'll bet.
어젯밤에 너희 집 위에서 UFO가 맴도는 걸 봤다구? 그래, 어련하시겠어.

You deleted all of the computer files? Oh, you're a genius.
컴퓨터 파일들을 모조리 지웠다고? 어휴, 똑똑하기도 하셔라.

품사의 범주를 자유롭게 넘나드는 단어들!

미드에서와 같이 스크린에서도 영어단어의 품사는 자유롭게 쓰인다. 특히 거의 모든 명사는 동사로 쓰이는 것 같은 느낌을 받는다. 다시한번 품사에 대한 고정관념에서 벗어나 유연한 사고방식이 필요한 부분이다.

[명 → 동]

- **border** 거의 ⋯라고 할 수 있다
- **party** (파티에서) 신나게 놀다
- **book** 예약하다
- **ground** 외출금지시키다
- **inch** 조금씩 움직이다
- **base** ⋯을 근거로 하다
- **number** 열거하다
- **man** 배치시키다

[동 → 명]

- **bite** 한입거리, 먹을 것
- **on the go** 계속하여, 끊임없이
- **a good buy** 싸게 산 물건
- **get a say in** ⋯에 대해 말할 권리가 있다
- **have a say** 말할 권리가 있다
- **do and don't** 해야 할 일과 하지 말아야 할 일

[형, (부) → 동]

- **quiet** 조용해지다, 진정시키다
- **brave** ⋯에 용감하게 맞서다
- **forward** ⋯앞으로 회송하다
- **shy away from** ⋯을 피하다
- **down** ⋯을 쭉 들이키다, 마시다
- **back** 후원하다, 지지하다

[접속사 → 명]

- **ifs and buts** 변명, 구실
- **the hows and the whys** 방법과 이유
- **worth sb's while** ⋯할 가치가 있는, 보람이 있는
- **Not so many buts, please** '그러나'라고 말하지 말게

[기타]

- **solid** [형 → 부] 완전히, 가득히
- **walk** [자동 → 타동] walk 다음에 목적어가 나오면「⋯를 산책시키다, 걸어서 바래다 주다」라는 뜻의 타동사가 된다.

Well you can't! We're booked solid for the next month! 안돼! 다음 달엔 예약이 꽉 차 있다구!

Are you ready to party?! 신나게 즐길 준비됐어?!

I don't micro-manage. I don't shy away from delegating.
난 세세하게 관리하지 않아. 주저없이 위임을 하지.

You didn't have to walk me all the way back up here.
여기까지 나를 바래다줄 필요는 없었어.

앗! 이 단어가 이렇게 쓰일 수가!

미드나 스크린의 실제 영어에서는 우리가 알고 단어가 엉뚱하게도 다른 의미로 쓰이는 경우가 종종 있다. 특히 기본 단어의 경우 대표적인 하나의 의미만 알고 있으면 낭패를 보는 경우가 있으니 조심해야 한다.

- **check** 확인하다, 수표
- **fly** 바지 지퍼
- **contract** 계약, 감염되다
- **delivery** 배달, 출산
- **high** (술이나 마약 등에) 취한
- **land** 손에 넣다, 얻다
- **draw** 무승부, 관심을 끄는 것, 인기 있는 것
- **lemon** 불량품, 고철 덩어리
- **milk** 정보를 캐내다, 착취하다
- **decent** 남 앞에 나설 정도로 옷을 다 입은
- **shy** 부족한, 모자란

- **board** 위원회, 보딩스쿨, 탑승하다
- **company** 회사, 일행
- **advance** 가불, 선불, 구애, 유혹
- **credit** 자랑거리, 공로
- **history** 사연, 병력, 다 끝난 일[사람]
- **party** 일행, 공범(자), 한패
- **revealing** 야한
- **literature** 광고 책자, 안내 책자
- **warm** 정답에 가까워진, 맞출 것 같은
- **item** 인물

I really enjoyed your company. 함께 있어서 정말 즐거웠어요.

While he was traveling, he contracted yellow fever and died.
그 사람은 여행 중에 황열병에 걸려서 죽었어.

She is going to classes to prepare for the delivery.
그 여자는 출산 준비를 위한 강좌에 다닐거야.

You should give yourself credit. 네 공이라는 걸 인정하라구.

Did you land the job with the overseas client? 그 해외 고객 일을 따낸거야?

Hello. I made a reservation for a party of three at 9 pm.
안녕하세요. 저녁 9시에 3인석을 예약해뒀는데요.

The show was a Broadway hit and became a large draw at the box office.
그 공연은 브로드웨이에서 대성공을 거뒀기 때문에 관람객들이 엄청나게 몰렸어.

You're getting warmer. Just a little to the left. 점점 가까워지고 있어. 조금만 더 왼쪽으로.

Wait, now wait a second. This isn't too revealing, is it? 잠깐, 잠깐만. 너무 야하지 않지, 그지?

회화책에는 안나오는 스크린 주요 단어!

일반회화책이나 교과서에서는 볼 수 없는 특이한 단어들이 미드와 스크린에서는 나온다. 여기서는 그중 대표적인 것 몇 개 골라서 정리해본다.

- **thing**

  어떤 것을 대강 뭉뚱그려서 말할 때 쓸 수 있는 편리한 단어가 바로 thing이다. 스크린을 보다 보면 job thing, party thing 같은 말이 많이 들리는데 이는 이미 앞에서 언급하였거나 혹은 다시 이야기 안해도 서로 알고 있는 상황을 얼버무려 지칭하는 말.

- **~, though**

  문장 중간에 혹은 할 말 다 해놓고 문장 끝에다 though를 살짝 덧붙이는 걸 자주 들을 수 있다. 이렇게 문장 끝에 붙은 though는 「그래도」, 「그러나」의 의미.

- **like**

  우리말에서도 "에~, 그~, 뭐랄까~"등을 특별한 의미없이 문장 중간 중간에 삽입하듯이, like는 특히 젊은 사람들이 별다른 의미없이 말하는 중간 중간에 사용하는 단어이다. 종종 강조하고 싶은 말 앞에 의도적으로 집어넣기도 한다.

- **creep**

  creep이 동사로 「…를 거북하게 하다, 징그럽게 만들다」라는 뜻의 creep sb out의 형태로 자주 사용된다. 명사로는 「아니꼬운 사람, 재수없는 사람」을 지칭하며 또 복수형으로 써서 「섬뜩한 느낌」을 뜻하기도 한다. 「비굴한」, 「아니꼬운」, 「재수없는」이라는 뜻의 형용사형 creepy도 흔히 들을 수 있는 단어.

- **phase**

  「단계, 국면」하면 얼핏 stage라는 단어가 떠오른다. 그러나 구어에서는 phase라는 단어를 즐겨 쓰는데, 일련의 과정 속 「단계」및 「행동 양식」을 의미한다.

- **~ person**

  간단히 「…을 좋아하는 사람」 혹은 「…스타일의 사람」을 지칭할 때 ~ person이라는 말을 많이 쓴다.

- **could use**

  「…가 필요하다」, 「…이 있으면 좋겠다」

I've been dealing with that real estate thing. 전 부동산 관련 일들을 처리해왔습니다.

I don't know. I'll find out though. 몰라. 그렇지만 알아보려구.

Why don't you, like, ever realize the truth? 너, 뭐랄까, 사실을 깨달아야 하지 않겠니?

I can't help it. He gives me the creeps. 어쩔 수 없어. 걔를 보면 섬뜩한 느낌이 든다구.

스크린에 자주 나오는 형용사들!

일반 독해나 회화책에서는 보지 못한, 다시 말해서 유독 미드나 스크린에서 자주 나오는 형용사가 있다. 한심한이라는 뜻의 pathetic, 「멋진」이라는 fabulous, 「매력적인」이란 gorgeous, 「진짜 …하다」고 강조할 때 명사 앞에 쓰이는 bloody 등 다양하다.

- **awful** 끔찍한, 지독한
- **fabulous** 믿어지지 않는, 굉장한, 멋진
- **huge** 굉장한
- **lousy** 형편없는, 야비한
- **wacko** 제정신이 아닌
- **spooky** 으스스한
- **breezy** 가벼운, 밝은, (사람이) 쾌활한
- **gorgeous** 여자가 매력적인
- **naughty** 버릇없는, 야한
- **blooming** 지독한, 굉장한
- **revealing** 옷의 노출도가 심한
- **groovy** 멋진, 근사한
- **curt** 퉁명스러운
- **wacky** 괴짜의
- **bossy** 으스대는
- **hilarious** 아주 재미있는
- **gross** 역겨운
- **dodgy** 교활한
- **slutty** 난잡한
- **hefty** 많은

- **bloody** 진짜 …한
- **pathetic** 한심한
- **amazing** 놀라운
- **weird** 이상야릇한, 기묘한
- **creepy** 오싹하는, 불쾌한
- **cute** 예쁘고 귀여운, 성적 매력이 있는
- **major** 주요한
- **massive** 엄청난, 심각한
- **pushy** 뻔뻔한
- **cocky** 거만한, 우쭐한
- **filthy** 더러운, 추잡한
- **fetching** 매력적인
- **kinky** 이상한, 변태스런
- **chic** 멋진, 세련된
- **skanky** 몹시 불쾌한
- **disgusting** 역겨운
- **chubby** 통통한
- **awkward** 서투른, 어설픈
- **awesome** 대단한, 멋진
- **lame** 믿기 힘든, 어설픈

I never realized how pathetic you are. 네가 얼마나 한심한지 난 전혀 몰랐어.

You're not so cocky now, are you? 넌 이제 그렇게 거만하게 굴지 않지, 그지?

And so I made a major decision. 그래서 난 아주 중요한 결정을 했어.

Awesome. That's awesome for you. 대단해. 너 정말 대단해.

I'll admit I was a little curt that night. 그날밤 내가 좀 퉁명스러웠던 건 인정할게요.

읽고 나면 쉬워지는 스크린 기본표현!

메인 표현에 들어가기에 앞서 기본적으로 빈출하는 표현들을 조금이라도 알고 들어가면 스크린 영어를 이해하기가 쉽다. 어렵지 않은 표현들이니 복습한다 생각하고 한두번 읽어 보고 Level 01으로 들어가면 된다.

- **if it helps** 그게 도움이 된다면, 그렇게 해서 네가 편해진다면
  If it helps, I can loan you money until you get paid.
  그렇게 해서 도움이 된다면 급여나올 때까지 내가 너한테 돈을 빌려줄 수 있어.

- **be in trouble** 곤경에 처하다
  Nothing is going to happen to you. You are not in that much trouble.
  아무 일 없을거야. 그다지 커다란 곤경에 빠진 건 아니라구.

- **come to think of it** 생각해보니
  You should get some rest. Come to think of it, you should take a day off.
  너 좀 쉬어야겠다. 생각해보니까, 하루 휴가를 내는게 좋겠어.

- **that way** (앞에서 말한 내용 등을 받아) 그런 식으로
  I'm glad you feel that way.
  그렇게 생각한다니 기뻐.

- **in other words** 다시 말하면, 그러니까 그 말은
  She's quitting tomorrow. In other words, she won't be returning to this job.
  그 여자는 내일 그만둘거야. 다시 말하면 그 여자가 다시 출근하지 않을거라는 말이지.

- **way** 훨씬 (부사, 전치사 등을 강조하는 말로 쓰인다)
  I'm sorry. It's obviously way too early for us to be having that conversation.
  미안해. 우린 그런 얘길 나누기엔 분명히 너무나 일러.

- **something like that** 그런 거, 그 비슷한 거
  Now that is the third time someone has said something like that to me today.
  오늘 누가 나한테 그런 비슷한 얘기한 게 이번이 세 번째야.

- **never, ever + V** 절대로 (그러면 안된다고 거듭 강조하는 표현)
  OK, you've got to promise that you'll never, ever tell Ken that I told you.
  좋아, 너 절대로 켄한테 내가 말해줬다는 얘기하지 않겠다고 약속해야 돼.

- **keep in mind** 마음에 새기다, 명심하다
  Just keep in mind we haven't enough time.
  시간이 충분하지 않다는 것을 명심해.

- **tell the truth** 사실대로 말하다
  Tell me the truth. You're gonna propose to her tonight, aren't you?
  사실대로 말해봐. 너 오늘밤에 걔한테 청혼할거지, 그렇지?

- **find a way to + V** …할 방도를 찾다(= figure out a way to+V)

  Well, just figure out a way to talk him out of it.

  걜 설득해서 그걸 못하게 만들 방도를 찾아봐.

- **keep up with** …에 뒤떨어지지 않다, 따라잡다

  I'd like to travel with a laptop so I can keep up with e-mail.

  여행갈 때 노트북을 챙겨 가고 싶어. 이메일을 계속 확인할 수 있게.

- **wear[do] makeup** 화장하다

  Are you wearing makeup? Interesting. I haven't seen a guy wearing makeup.

  너 지금 화장하고 있는거야? 재밌네. 남자가 화장하는거 본 적 없는데.

- **make fun of** …을 놀리다

  Maybe your resolution is to not make fun of your friends.

  네 다짐이라면 친구들을 놀리지 않겠다는거겠지 뭐.

- **make up for** (안좋은 일 등에 대해) 보상하다, 벌충하다

  I'm sorry I overreacted. I just wanna make up for it by taking you out shopping.

  과민반응해서 미안해. 널 데리고 쇼핑하러 나가서 네 맘을 좀 풀어주고 싶어.

- **make a move** 움직이다, 행동을 취하다

  If you want to buy that house, you'll have to make a move on it soon.

  그 집을 사고 싶다면 어서 행동을 취해야 할 걸요.

- **catch up on** 밀린 것을 하다

  I had a lot of work to catch up on.

  밀린 일이 아주 많아.

- **catch on** 간파하다, 붙잡다

  I guess I should have caught on when my wife started going to the dentist four or five times a week.

  지금 생각해보니 아내가 일주일에 너댓번씩 치과에 다니기 시작할 때 알아챘어야 했는데 말이야.

- **get caught ~ing** …하다 들키다

  Did you hear that Ann got caught smoking by her father yesterday?

  앤이 어제 담배 피우다 아버지한테 들켰다는 얘기 들었어?

- **get[be] caught in** (곤란한 상황 등)에 처하다

  They got caught in the big rainstorm.

  걔네들은 큰 폭풍우를 만났던거야.

- **throw a party** 파티를 열다

  You have to throw a party for May.

  네가 메이를 위해서 파티를 열어줘야 해.

- **get over** (어려움 등을) 이겨내다, 슬픔 등을 잊다

  You're just gonna have to get over it.

  이 일을 극복해야 할거야.

- **get some sleep** 잠을 좀 자다

  I need to get some sleep.

  난 잠을 좀 자야겠어.

- **go through** 경험하다

  When Julie and I broke up, I went through the same thing.

  줄리하고 내가 헤어졌을 때 나도 똑같은 일을 겪었어.

- **go away** 자리를 뜨다(leave), (휴가 등으로) 멀리 놀러가다

  Molly told me that she plans to go away during her summer vacation.

  몰리는 여름휴가 때 멀리 놀러갈거래.

- **come up with** 고안해내다, 따라잡다

  Wow! It took you all night to come up with that plan?!

  우와! 그 계획을 짜내는 데 하룻밤 꼬박 걸렸다구?!

- **fall in love with** …와 사랑에 빠지다

  When do you think you fell in love with your wife?

  부인하고는 언제부터 사랑에 빠지게 된 것 같아요?

- **give birth** 아이를 낳다

  Actually, giving birth to three babies isn't that different from giving birth to one.

  사실 아이 셋을 낳는 건 아이 하나를 낳는 거랑 다를 게 없죠.

- **work on** …에 관한 일을 하다

  She is sitting on the couch alone, working on a crossword puzzle.

  걘 지금 혼자 소파에 앉아서 크로스워드 퍼즐을 풀고 있어.

- **look like** 마치 …처럼 보인다, …인 것 같다

  Do I look like a guy who doesn't want to get married?

  내가 결혼하고 싶어하지 않는 남자처럼 보여?

- **all the time** 언제나, 줄곧

  Kevin and I used to play together all the time in grade school.

  케빈하고 나는 초등학교 때 언제나 함께 놀았지.

- **make time to+V/for+N** …할 시간을 내다

  I tell you what, from now on, we will make time to hang out with each other.

  있잖아. 지금부터는 서로 함께 있을 시간을 내보자.

- **put together** 한데 모으다, 조립하다, 준비하다

  Jimmy and Chris are coming over tonight to help me put together my new furniture.

  지미하고 크리스가 오늘밤에 와서 날 도와 새 가구를 조립할거야.

- **as a matter of fact** 사실은

  As a matter of fact, when I started dating Judy, I was unemployed.

  사실은 내가 주디랑 사귀기 시작했을 때 난 직업이 없었어.

- **turn into** …이 되다

  If Jack doesn't stop eating all of the time, he'll turn into a fat person.

  잭이 시도 때도 없이 먹는 걸 그만두지 않는다면 뚱보가 될 걸.

- **teach sb a lesson** …에게 단단히 이르다, 하면 안된다는 것을 똑똑히 가르쳐주다

  I'm gonna go down there and teach that guy a lesson.

  내가 가서 저 자식에게 한수 단단히 가르쳐주겠어.

- **put on** 옷을 입다

  You put this on, you're good to go.

  이거 입어, 나가도 돼.

- **as it is** 현재 상태에서, 이 상태로는

  The company wants to give raises, but as it is, there is not enough money.

  회사 측에서는 월급을 올려드리고 싶지만 현재로서는 자금이 충분하지 않습니다.

- **head off to + N** …로 향해 가다

  Let's head off to the new bar on our street.

  우리 동네에 새로 생긴 술집으로 가자구.

- **lose one's mind** 이성을 잃다

  I'm going to lose my mind if I have to continue doing this.

  이 일을 계속 해야 한다면 난 미쳐버릴거야.

- **feel so bad[good]** 기분이 나쁘다[좋다]

  Now I don't feel so bad about beating you.

  널 이기니 기분이 그리 나쁘지 않네.

- **ask for trouble** 사서 고생하다

  Don't tell her about it. It's like asking for trouble.

  그 여자에겐 입도 뻥긋 하지마. 괜히 긁어 부스럼 만드는 거라구.

- **while you're at it** 그거 하는 김에

  Fill it up with unleaded gas and while you're at it, take a look under the hood and check the oil.

  무연가솔린으로 가득 채우고, 하는 김에 엔진부분과 오일을 점검해줘요.

- **as usual** 여느 때처럼

  They're hanging around at the mall, as usual.

  걔네는 언제나처럼 쇼핑몰에서 어슬렁거리고 있어.

- **show up** 나타나다

  I just wanted to tell you that I was really hurt when you didn't show up the other day.

  며칠 전에 네가 보이지 않아서 정말 가슴아팠다는 얘길 하고 싶었어.

- **in the middle of nowhere** 멀리 떨어진 곳에

  Why don't we get away to an island that is quiet and in the middle of nowhere?

  조용한 외딴 섬으로 여행가자.

- **beat the traffic** 교통혼잡을 피하다

  You'll have to leave early if you want to beat the traffic on Friday.

  금요일에 교통혼잡을 피하려면 일찍 출발해야 할 걸.

- **be[get] ahead of** …보다 앞서다, 능가하다

  I need to get ahead of the other competitors.

  다른 경쟁자들을 앞질러야 해.

- **on a short notice** (미리 알려주지 않고) 갑작스럽게, 급하게

  Thank you so much for coming on such a short notice.

  이렇게 갑작스럽게 찾아와주시니 감사하기 그지없군요.

- **from scratch** 맨손으로, 처음부터

  I'm gonna be starting a career from scratch.

  난 밑바닥에서부터 경력을 쌓기 시작하게 될거야.

- **good for nothing** 아무 짝에도 쓸모없는

  This old good for nothing computer breaks down too often.

  이 아무 짝에도 쓸모없는 고물 컴퓨터는 너무 자주 고장난단 말이야.

- **speaking of~** …에 대해서 얘기하자면, …라니 말인데

  Speaking of together, how about we send out a holiday card this year?

  함께라니 말인데, 올해엔 함께 크리스마스 카드를 보내는게 어때?

- **be (just) around the corner** 바로 가까이에 있다, 임박했다

  The changing room is around the corner on your left.

  탈의실은 모퉁이를 돌아 왼편에 있습니다.

- **What a coincidence!** 이런 우연이!

  What a coincidence! I wonder if they remember ever meeting each other.

  이런 우연이! 서로 만났다 하더라도 기억을 할까?

- **as always** 언제나처럼

  Same as always. He's still healthy.

  여전하셔. 아직도 건강하셔.

- **as far as I know** 내가 알기로는

  As far as I know, no one has been hurt.

  내가 알기로는 아무도 다치지 않았어.

- **as long as~** …하는 한

  Let us keep trying as long as we can.

  할 수 있는 한 우리는 계속 노력해보자.

- **be in charge of~** …을 책임지고 있다

  Are you the person in charge here?

  여기 책임자인가요?

- **get[be] promoted** 승진하다

  It was a matter of time before she was promoted.

  걘 승진하는 것은 시간문제였어.

- **be available to~** …가 가능하다

  When would you be available to start the job?

  언제 출근할 수 있으세요?

- **be supposed to~** …하기로 되어 있다, …해야 한다

  Where am I supposed to put all my stuff?

  내 물건 다 어디에다 놓아야 돼?

- **for instance** 예를 들어(for example)

  For example, I know you've never been to college.

  예를 들어, 난 네가 대학에 다녀본 적이 없다는 것을 알고 있어.

- **not to mention~** …은 말할 것도 없고

  This needs to be organized, not to mention cleaned up.

  이건 청소는 말할 것도 없고 잘 정돈되어야 돼.

- **by all means** 그럼, 물론이지

  By all means, read it when you have a free moment.

  그럼, 시간있을 때 읽어봐.

- **by far** 훨씬, 단연코

  This is by far the drunkest I've ever seen you.

  여짓껏 네가 이렇게 취한 걸 본 적 없어.

- **by the way** 그건 그렇고

  By the way, I know that's a hand-me-down ring.

  그건 그렇고, 그건 대대로 물려받는 반지인 걸 알아.

- **by the time~** …할 때쯤

  Ron was retired by the time you came on the job.

  론은 네가 들어왔을 때쯤 퇴직했어.

- **That's not fair** 공평하지 않아

  That's not fair! It's not our fault!

  불공평해! 우리 잘못이 아니란말야!

- **write down** 적어두다(= get down, take down)

  Be ready to write down whatever she says.

  걔가 뭐라든 다 적을 준비해.

- **I've been on a diet** 다이어트 하는 중이다

  What would happen if I went on a diet?

  내가 다이어트를 하면 어떻게 될까?

- **this time of day** 오늘 이맘때, * this time of year 연중 이맘 때

  Do you have enough to work on, this time of year?

  연중 이맘 때에 할 일이 충분히 있나요?

- **to be honest** 솔직히 말해서 = to be frank with you

  Stop saying that. You have to be honest with me.

  그런 말마. 너 내게 솔직히 말해

- **to start off,** 우선, * start off with …로 시작하다

  I always like to start off with a hug.

  난 항상 껴안는 것으로 시작하길 좋아해.

- **sort of** 약간, 조금 = kind of

  I've sort of had feelings for you.

  너한테 조금이지만 감정이 생겼어.

- **take place** 일어나다, 생기다

  Our honeymoon will take place in June.

  신혼여행은 6월에 가게 될거야.

- **take pride in~** …에 자부심을 느끼다

  Well, he takes pride in his work.

  걘 자기 일에 자부심을 느끼는 것 같아.

- **tend to** …하는 경향이 있다, 보살피다(= care for)

  I tend to have a bit of an eye for these things.

  난 이런 것들을 보는 눈이 좀 있는 편이야.

- **be fond of~** …을 좋아하다

  Why would I lie to someone I'm fairly fond of?

  내가 그렇게 좋아하는 사람에게 왜 거짓말을 하겠어?

- **have the opportunity to~** …할 기회가 있다

  Here's the opportunity I've always been looking for.

  내가 계속 찾던 기회가 여기 있어.

- **have an appointment with ~** …와 약속[예약]이 되어 있다

  I've got an appointment with Brad at lunch time.

  브래드와 점심 때 약속있어.

- **get paid** 지불받다

  Do these people get paid for this?

  이 사람들 이거 돈받고 하는거예요?

- **short of~** 부족한…

  Here I am Bridget Jones, one day short of 43.

  여기 제가 브리짓 존스예요, 하루만 지나면 43살이 되죠.

- **for real** 진짜야

  This time it's for real.

  이번엔 진짜야.

- **for sure** 물론, 확실해(That's for sure)

  Well, she's got some breast implants. That's for sure.

  저기 쟨 가슴수술받았어. 확실해.

- **for the record,** 공식적으로,

  I suppose that's possible, but for the record, I've never had a threesome.

  가능하다고 생각하지만, 공식적으로 난 쓰리섬을 해본 적이 없어.

- **spend the evening[night] with~** …와 저녁[밤]을 보내다

  Sometimes she would just play hooky and spend the day with me.

  때때로, 걘 수업을 빼먹고 나와 시간을 보내곤 했어.

- **If you were in my position,** 내 입장이라면,

  If you were in my position, what would you do?

  내 처지라면 넌 어떻게 하겠어?

- **insist on~** …을 고집하다

  She insists on doing it all herself.

  걘 혼자 다 하겠다고 고집을 펴.

- **invite[take] sb out for a drink** 술마시자고 초대하다[데리고 나가다]

  I want to take you out for a drink tonight.

  오늘밤 같이 한잔 했으면 하는데.

- **when it comes to~** …에 관한 한

  I'm not good when it comes to breaking up with girls.

  난 여친들과 헤어지는거에는 아주 서툴러.

- **in a flash** 순식간에(like a flash)

  I can get it done in a flash.

  그거 순식간에 끝낼 수 있어.

- **to add insult to injury** 상황을 더 나쁘게 만들다

  Let's not add insult to injury.

  상황을 더 나쁘게 만들지는 맙시다.

- **mistake A for B** A를 B로 착각하다

  I think you've mistaken me for someone else.

  저를 다른 사람과 착각하신 것 같네요.

- **sort ~ out** …을 해결하다

  We'll sort it out.

  우리는 그것을 해결할거야.

- **not that simple** 그렇게 간단하지 않은

  It's not that simple.

  그렇게 간단하지가 않아.

- **Is that so?** 그래?, 맞아?

  Is that so? Why haven't you ever told me about it?

  정말 그래? 왜 여태까지 그것에 대해 내게 말하지 않은거야?

- **pack** 짐을 싸다

  I've got to pack.

  난 짐을 싸야 돼.

- **count on~** 의지하다, 믿다(= rely on, depend on, rest on)

  You can count on me.

  넌 나를 믿어도 돼.

- **have a good taste in~** …에 조예가 깊다, …에 안목이 있다

  You have good taste in music.

  넌 음악에 안목이 있어.

- **ask sb a favor** …에게 부탁하다

  I have a favor to ask you.

  네가 부탁할게 있는데.

- **Sounds like a good idea** 좋은 생각이야(= Sounds like a plan)

  Sounds like a plan. I'll see you at 8:00.

  좋은 생각이야. 8시에 보자고.

- **take a selfie of~** 셀카를 찍다

  We just wanted you to take a selfie of us.

  네가 우리 셀카를 찍기를 바랬어.

- **take away** 포장해가다

  Are you eating in or taking away today?

  오늘은 안에서 드실래요 아니면 포장인가요?

- **put on weight** 살이 찌다(⇔ lose one's weight 살이 빠지다)

  He has to lose some weight.

  걘 살을 좀 빼야 돼.

- **Don't ask me why** 이유는 묻지마

  Don't ask me why, but I got a feeling there's a connection.

  이유는 묻지마, 그런데 뭔가 관련이 있는 것 같아.

- **be prepped for~** …할 준비를 하다

  Jessica's being prepped for surgery.

  제시카는 수술 준비를 하고 있어.

- **look forward to~** …을 기대하다

  I look forward to waking up to a clean house tomorrow.

  난 내일 일어나 깨끗한 집을 보게 되길 기대해.

- **Not bad** 괜찮은데, 나쁘지 않아

  It's not that bad after all.

  그건 전혀 나쁘지 않았어.

- **be running late** 늦다

  Things are running a little bit late.

  상황이 점점 늦어지고 있어.

- **from here on in[out]** 이제부터는

  From here on in, everything will be a whole lot easier.

  이제부터는, 모든게 다 훨씬 쉬워질거야.

- **get lost** 길을 잃다(be lost)

  Did you get lost back there?

  거기서 길을 잃었어?

- **on top of that,** 게다가,

  And on top of that, you're so normal.

  게다가 넌 너무나도 평범해.

- **(It is) (right) Off the top of my head** 깊이 생각해보지 않고 바로, 감으로 대충, 즉석에서

  Right off the top of my head, I'd say your plan won't succeed.

  지금 막 드는 생각으로는 네 계획이 성공 못할 것 같아.

If you can't beat them, join them. 이길 수 없으면 같은 편이 돼라.

A man's gotta do what a man's gotta do. 남자는 해야 할 일을 해야 해.

There's plenty of other fish in the sea. 여[남]자가 어디 한둘이야.

Speak of the devil, that will be her. 호랑이도 제 말하면 온다더니. 걔일거야.

Wonders'll never cease. 경이로움이 멈추지 않는다. 세상에 별일이 다 있군. 해가 서쪽에서 뜨겠군.

Just stick it where the sun don't shine. 그냥 무시해. 그거 집어쳐.

A fresh eye never hurts. 새로운 시각은 언제나 좋다.

- **nip ~ in the bud** 미연에 방지하다

  I'll nip his chances with Olivia right in the bud.

  난 올리비아와 걔가 엮일 가능성을 사전에 방지할거야.

- **out of nowhere** 느닷없이, 난데없이

  They came out of nowhere and jumped me.

  걔네들은 느닷없이 와서 내게 덤벼들었어.

- **man up** 남자답게 행동하다

  You gotta man up and just go for it.

  넌 남자답게 그냥 한번 해봐야지.

- **Is that all?** 그게 다야?

  I'm very busy. Is that all?

  나 바빠. 그게 다야?

- **I'm easy** 난 아무래도 좋아

  I'm easy. Any French wine will be good.

  난 상관없어. 프랑스 와인이라면 어떤 것도 좋아.

- **fancy** …을 좋아하다

  I really fancy her.

  난 정말 걔를 좋아해.

NEW
SCREEN
ENGLISH

스크린영어 초보자를 위한
스크린영어 첫걸음
001-151

너 나와 헤어지자는거야?

Are you breaking up with me?

break up은 남녀간에 사귀다가 헤어지는 것을 뜻하는 표현. 헤어지는 상대를 말하려면 break up with sb라고 하면 된다. breakup은 명사로 「헤어짐」, 「이별」을 뜻하고 be on a break하면 잠시 헤어진 상태를 말한다.

● Screen Expressions

break up with …와 헤어지다

I came here to break up with you.
나 너와 헤어지려고 여기 왔어.

breakup 헤어짐, 이별

First time since the breakup.
헤어진 후로 처음이야.

break it off 헤어지다

You want to break it off?
나와 헤어지고 싶어?

이 표현이 나오는 영화
〈라라랜드〉
〈노트북〉
〈로맨틱 홀리데이〉
〈500일의 썸머〉
〈왓이프〉
〈이터널 선샤인〉
〈첫키스만 50번째〉

● Dialog

A: It was difficult to break up with my girlfriend.

B: What matters is you can find someone new.

A: 내 여친과 헤어지는게 너무 힘들었어. B: 중요한 건 새로운 애인을 찾을 수 있다는거야.

A: How are you going to stop your relationship with Sam?

B: I'll just break it off with her this week.

A: 샘과의 관계를 어떻게 끝낼거야? B: 이번 주에 그냥 헤어질거야.

Screen Patterns : I can't wait to tell you this

I can't wait to+V 몹시 …하고 싶어 = be dying to, be eager to

• **I just can't wait to** be married to you. 너랑 당장이라도 결혼하고 싶어.

• **I can't wait for you to** try this. 네가 빨리 이것을 했으면 해.

• **I can't wait till** I'm old enough to move out of here. 빨리 커서 독립했으면 좋겠어.

A: Janet is coming to visit us soon. 재닛이 곧 우리를 방문하러 올거야.

B: I can't wait to see her again. 어서 빨리 보고 싶네.

어떻게 지내?

How's it going?

단독으로 How's it going?은 안부인사로 잘 지내는지 물어보는 표현이다. How are things?라고 해도 되며, 어떤 일의 진척상황을 물어보려면 How's it going with~?라고 한다. 또한 it 대신에 everything 등을 넣어서 문장을 변형해볼 수 있다. 속어로는 How's it hanging?이라고도 한다.

● Screen Expressions

How's it going? 어떻게 지내?, 잘 지내?

How's it going? How you holding up?
어떻게 지내? 어떻게 버티고 있는거야?

How's it going with sth? …은 어떻게 돼가?

How's it going with the wedding?
결혼은 어떻게 돼가?

How's everything going? 다 잘 돼가?

How's your new job going?
새로운 일은 어때?

이 표현이 나오는 영화
〈러브액츄얼리〉
〈미비포유〉
〈러브,로지〉
〈500일의 썸머〉
〈로맨틱 홀리데이〉
〈노트북〉
〈어바웃 타임〉
〈노팅힐〉

● Dialog

A: How's it going? I haven't seen you before.

B: This is the first time I've been to this club.

A: 잘 지내? 전에 여기서 본 적이 없는데. B: 이 클럽은 처음이야.

A: How's it going with Samantha?

B: We broke up after a fight last week.

A: 사만다하고는 어떻게 돼가? B: 지난 주에 싸우고 나서 헤어졌어.

Screen Patterns : Do you have any plans?

Do you have any~ ? 혹 …가 있어?

- **Do you have any** beer at your house? 네 집에 혹 맥주 있어?
- **Do you have any** plans for summer vacation? 여름휴가 계획 뭐 있어?
- **Do you have any** difficulties using the Internet? 인터넷을 사용하는데 무슨 어려움이 있어?

A: Do you know what you want to order? 뭘 주문할지 정하셨습니까?

B: No. Do you have any recommendations? 아뇨. 추천 좀 해주시겠어요?

그거 알아?, 저 말이야
You know what?

상대방 주의를 끄는 대표표현. 우리말로는 "그거 알아," "저 말이야"에 해당된다. 비슷한 표현으로는 Guess what?이 있다. 참고로 you know,는 말 중간중간에 쓰는 말로 「저기」, 「있잖아」의 의미이고, 문뒤의 ~you know that은 "너 그거 알잖아," ~you know that?은 "그거 알아?"라고 하는 말이다.

● Screen Expressions

You know what? 그거 알아?, 저 말이야
You know what? I don't need an apology!
그거 알아? 나 사과는 필요없어!

Guess what? 저기, 있잖아
Guess what? Chris and Sam are going to get married.
저기 말야. 크리스와 샘이 결혼할거래.

you know that(?) 너 그거 알잖아, 그거 알아?
You've got sex on the brain, you know that?
넌 머릿속에 온통 섹스만 들어있지, 그거 알아?

> 이 표현이 나오는 영화
> 〈500일의 썸머〉
> 〈프로포즈〉
> 〈첫키스만 50번째〉
> 〈브리짓 존스의 베이비〉
> 〈친구와 연인사이〉
> 〈러브, 로지〉
> 〈악마는 프라다를 입는다〉
> 〈미비포유〉

● Dialog

A: You never seem happy with your boyfriends.
B: You know what? You're right.
> A: 넌 네 남친들에게 절대 만족을 못하는 것 같아. B: 저 말야. 네 말이 맞아.

A: This whole company may go bankrupt.
B: You know that? What else did you hear?
> A: 이 회사 전체가 파산할지도 몰라. B: 그렇구나? 다른 들은 말은 없어?

Screen Patterns : Do you have any idea what this means?

Do you have any idea ~? …인지 알아?

- **Do you have any idea** what happened to David last night?
어젯밤에 데이빗에게 무슨 일이 있었는지 알아?

- **Do you have any idea** how terrified I was? 내가 얼마나 두려웠는지 알아?

- **Do you have any idea** how much you hurt me. 네가 나를 얼마나 아프게 했는지 알기나 해?

A: No one has seen Melinda for a while. 한동안 멜린다를 본 사람이 아무도 없어.
B: Do you have any idea what she is doing? 걔가 뭐하고 지내는지 알아?

내가 늙기라도 했다는거야 뭐야?

Am I old, or something?

, or something은 「…인지 무엇인지」, 「뭐 그런 거」 등이라는 의미. 비슷한 의미로는 "뭐 그런 류의 의미였어"라는 뜻의 ~words to that effect가 있다. 이는 ~or something to that effect라 쓰기도 한다.

Screen Expressions

~, or something 뭐 그런거

Can I buy you dinner, or something, **Tony?**
토니, 내가 저녁이나 뭐 좀 사줄까?

I thought it was like a vitamin or something.
난 그게 비타민이나 뭐 그런 것인 줄 알았어.

~, or words to that effect 뭐 그런 얘기였어

She said we must move, or words to that effect.
걘 우리가 이사해야 된대, 뭐 그런 얘기였어.

이 표현이 나오는 영화

〈로맨틱 홀리데이〉
〈러브액츄얼리〉
〈노팅힐〉
〈악마는 프라다를 입는다〉
〈500일의 썸머〉
〈노트북〉
〈왓이프〉

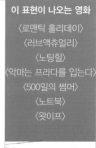

Dialog

A: It's okay. Chris, are you afraid of me or something?

B: Do you want me to be afraid of you?

A: 괜찮아. 크리스, 나를 무서워하거나 뭐 그런거야? B: 내가 널 무서워하기를 바래?

 스크린 명대사 : 미비포유

"Do you know something, Clark?
You are pretty much the only thing that makes me want to get up in the morning." - Will

클락, 그거 알아요? 아침에 눈을 뜨고 싶은 유일한 이유는 당신이 있기 때문이에요.

괜찮아, 피터?
You all right, Peter?

all 하나 있고 없고의 차이지만 be all right과 be right은 전혀 다르다. That's right은 상대방의 말에 동의하는 것이고("맞아"), That's all right하게 되면 "괜찮아"라는 말이 된다. 다만 All right은 상대방의 제안이나 의견에 "맞아," "그래"라고 동의하거나 상대방의 부탁에 허락할 때 쓰인다.

● Screen Expressions

That's right(맞아) vs. **That's all right**(괜찮아 = No problem)

That's all right. I still slept well. 괜찮아. 잠 잘 잤어.

Am I right?(내가 맞아?) vs. **I'm all right**(괜찮아 = That's okay)

I see your point, I'm all right with it. 네 말뜻을 알겠어. 난 괜찮아.

All right(맞아, 그래 = Yes, Okay) ▶ Would that be all right? 그래도 괜찮을까?

All right, I'll do it myself. 좋아. 그럼 내가 하지.

이 표현이 나오는 영화
〈노트북〉
〈러브액츄얼리〉
〈어바웃타임〉
〈첫키스만 50번째〉
〈악마는 프라다를 입는다〉
〈로맨틱홀리데이〉
〈노팅힐〉

● Dialog

A: He told me he didn't have any free time.
B: That's all right, I'll see him later.
  A: 걘 시간여유가 전혀 없다고 했어. B: 괜찮아, 나중에 보지.

A: The only thing we can do is buy a new one.
B: All right, let's get it done.
  A: 우리가 할 수 있는 유일한 것은 새로운 것을 사는거야. B: 좋아, 그렇게 하자.

Screen Patterns : There's something special about you

There's something about~ …에는 뭔가가 있어

● **There's something about** Jerry. I can't put my finger on it.
제리에겐 뭔가가 있는데 딱히 뭐라고 하지 못하겠어.

● **There's something wrong** with my husband. 남편한테 문제가 있는 것 같아.

● **There is something** you could do for me. 네가 나를 위해서 할 수 있는게 있어.

A: Why are you so attracted to Alice? 넌 왜 앨리스에게 끌리는거야?
B: There's something special about her. 걔에게는 뭔가 특별한 것이 있어.

그게 다야!, 이게 끝이야!

That's it!

문맥에 따라 다양하게 쓰이는 표현. 먼저 That's it하게 되면 "바로 그거야," "그게 다야," 혹은 "그만 두자"라는 뜻을 갖는다. That's it?처럼 끝을 올리면 상대방을 불신하면서 "그게 전부야?," 그리고 Is that it?하게 되면 "그런거야?," "내 말이 맞는거지?" 등 어떤 판단이 옳고 그름을 따질 때 사용된다.

● Screen Expressions

That's it! 그게 다야!, 이게 끝이야!, 바로 그거야! = That's that

You asked her to leave? That's it? 걔보고 떠나라고 했어? 그걸로 끝이야?

That's it? 그게 다야?, 이게 끝이야?

That's it? That's all you're having? 그게 다야? 있는게 그게 전부야?

Is that it? 그런거야?, 내 말이 맞는거지? ▶ That was that 일이 그렇게 된거야

He called off the wedding, and that was that.
걔가 결혼식을 취소했어, 일이 그렇게 된거야.

이 표현이 나오는 영화
〈미비포유〉
〈노팅힐〉
〈어바웃타임〉
〈친구와 연인사이〉
〈악마는 프라다를 입는다〉
〈로맨틱홀리데이〉
〈쉬즈더맨〉

● Dialog

A: You want me to bring some wine?

B: That's it! That's what we need.

　　A: 와인 좀 가져갈까?　B: 바로 그거야! 그게 바로 우리가 필요한거야.

A: Looks like the performance has finished.

B: Is that it? We can go now?

　　A: 공연이 끝난 것 같아.　B: 그런거야? 이제 우리 가도 돼?

🎞 스크린 명대사 : 라라랜드

"People will want to go to it because you're passionate about it,
and people love what other people are passionate about.
You remind people of what they forgot." - Mia

사람들은 당신이 열정적이기 때문에 당신 재즈클럽에 가고 싶어할거예요.
사람들은 다른 사람들의 열정에 끌리게 되어 있어요.
자신들이 잊었던 것을 상기시켜주니까요

문제없어, 괜찮아
No problem

No problem은 상대방이 미안하다고 할 때는 "문제없어," 그리고 상대방이 뭔가 부탁을 할 때는 "걱정하지마," 그리고 상대방이 고맙다고 할 때는 "괜찮아," "그럼요"라는 의미를 각각 갖는다. 비슷한 표현으로는 No trouble, No sweat 등이 있다.

● **Screen Expressions**

No problem 문제없어, 괜찮아, 그럼요, 뭘

No problem. I'll call back later.
괜찮아요. 나중에 다시 전화하죠.

No sweat 문제없어, 걱정마

I'm just a little behind. I can catch up, no sweat.
난 좀 뒤쳐졌는데 따라잡을 수 있어. 문제없어.

No problem at all 전혀 문제없어, 괜찮고 말고

No problem at all. I'll talk to you then.
전혀 상관없어. 그럼 그때 얘기하자.

이 표현이 나오는 영화
〈로맨틱 홀리데이〉
〈어바웃타임〉
〈500일의 썸머〉
〈악마는 프라다를 입는다〉
〈이프온리〉

● **Dialog**

A: Give me a coke, please.

B: No problem. Would you like a large or a small size?

A: 콜라 한 잔 주세요.　B: 네. 큰 걸로 드릴까요, 작은 걸로 드릴까요?

A: I'm sorry I didn't come to your wedding.

B: No problem. I won't hold it against you.

A: 네 결혼식에 못 가서 미안해.　B: 괜찮아. 원망하지 않을게.

Screen Patterns : I want to make out with my girlfriend

I want to+V …을 하고 싶어

● **I want** a marriage. 난 결혼하고 싶어.

● **I want to** live with you too! Let's do that! 너랑 동거하고 싶어! 그렇게 하자!

● **I don't want to** argue with you anymore. 더 이상 너와 말다툼하기 싫어.

A: We could have a big apartment, with a maid.
우리는 도우미가 딸린 큰 아파트에서 살 수 있을거야.

B: Sounds wonderful. I want to live with you. 멋지다. 너하고 살고 싶어.

이번엔 진심이야
This time I mean it

I mean it[that]은 "정말이야," "진심이야," "분명히 말했어"라는 뜻의 표현으로 자기가 한 말 혹은 하는 말이 거짓이 아니라 진심임을 말하는 것이다. 과거로는 I meant it, 상대방의 말이 진심인지 확인하려면 Do you mean that?이라고 하면 된다.

Screen Expressions

I mean it 진심이야

I am serious. I mean it.
장난아냐. 진심이야.

You don't mean that 진심 아니지, 농담이지

Oh, come on, man, you don't mean that.
어, 이 사람아, 정말 아니지.

Do you mean that? 진심이야?

Really, honey? Do you mean that?
정말, 자기야? 진심이야?

이 표현이 나오는 영화
〈프로포즈〉
〈어바웃타임〉
〈러브, 로지〉
〈로맨틱 홀리데이〉
〈미비포유〉
〈러브액츄얼리〉

Dialog

A: I will not put up with this. I mean it.

B: But I was only 20 minutes late.

A: 이건 참지 않을거야. 정말이야. B: 하지만 겨우 20분 늦었는데.

A: You have ruined my life!

B: No I haven't. You don't mean that.

A: 너 때문에 내 인생이 망쳐졌어! B: 그렇지 않아. 진심 아니잖아.

Screen Patterns : I don't want you dating him

I want you to+V 네가 …해라

- **I want you to** meet my friend. This is Chris. 내친구에게 인사해. 이쪽은 크리스야.
- **I don't want you to** say anything like that to her. 네가 걔에게 그런 말 안 했으면 하거든.
- **I don't want you** hanging around. 네가 옆에 있는거 싫어.
- You heard me. **I don't want you** dating him. 명심해. 걔랑 데이트하지마.

A: He says I should sleep with him. 걘 내가 자기와 자야 한다고 해.

B: I want you to tell him no. 걔한테 안된다고 말해.

나 가야 돼, (전화) 끊을게

I've gotta go

I have got to go를 축약한 것으로 발음나는대로 표기하는 경우이다. 먼저 가야 한다고 자리를 뜰 때나 혹은 전화를 하다가 「그만 끊어야겠다」고 말할 때 쓰는 표현이다. 비슷한 표현으로는 I've gotta run, 그리고 상대방에게 가라고 할 때는 You've got to go라고 하면 된다.

● Screen Expressions

(I've) Gotta go 나 가야 돼, (전화) 끊을게

I gotta go. I'll talk to you soon.
전화끊어야 돼. 또 통화하자.

I've gotta run 나 가야 돼

I've gotta run. See you tomorrow.
나 가야 돼. 내일 봐.

Gotta leave 나 가야 돼

Gotta leave first in the morning.
낼 아침 일찍 가야 돼

이 표현이 나오는 영화
〈라라랜드〉
〈친구와 연인사이〉
〈노팅힐〉
〈로맨틱 홀리데이〉
《악마는 프라다를 입는다》
〈러브액츄얼리〉

● Dialog

A: Andy just got home. Gotta go.

B: All right, I'll call you tomorrow afternoon.

   A: 앤디가 방금 집에 왔어. 그만 끊어야 돼.   B: 알았어, 내일 오후에 전화할게.

A: Why are you in such a hurry?

B: I've gotta run. I have a job interview.

   A: 왜 그렇게 서두르는거야?   B: 서둘러 가야 돼. 면접이 있거든.

Screen Patterns : I'm trying to get hold of Mark

I'm (just) trying to+V (단지) …하려고 하고 있어. 부정은 I'm trying to not~ 혹은 I'm trying not to~

- **I'm just trying to** make this work, okay? 난 이게 제대로 돌아가게끔 하려고 하고 있어, 알았어?
- **I'm trying not to** get emotional. 감정적이지 않으려고 노력하고 있어.
- **Are you trying to** threaten me? 날 협박하려는거야?
- **I tried to** get in touch with you. 너에게 연락하려고 했어.

A: Where do you want to go? 어디 가시는데요?

B: I'm trying to go to COEX, but I think I'm lost. 코엑스 가려고 하는데 길을 잃었어요.

데이트 신청하는거야?

Are you asking me out?

ask sb out은 「…에게 데이트하자고 신청하다」라는 뜻으로 로코영화를 볼 때 꼭 알아두어야 하는 표현이다. 뒤에 on a date를 붙여서 ask sb out on a date라고 해도 된다.

Screen Expressions

ask sb out …에게 데이트 신청하다

Are you asking me out?
내게 데이트 신청하는거야?

You could just ask her out.
그냥 걔에게 데이트하자고 해.

ask sb out on a date …에게 데이트 신청하다

I want to ask Chris out on a date.
크리스에게 데이트 신청하고 싶어.

이 표현이 나오는 영화
〈500일의 썸머〉
〈프렌즈 위드 베네핏〉

Dialog

A: I have feelings for someone I work with.

B: Do you plan to ask him out on a date?

A: 한 직장 동료에게 감정이 생겼어. B: 데이트 신청을 할 생각이야?

A: I think that girl is very cute.

B: You should ask her out. She'll probably say yes.

A: 저 여자애 되게 귀여운 것 같아. B: 데이트 신청을 하라구. 아마 좋다고 할거야.

Screen Patterns : I'm not looking for a one-night stand

I'm looking for~ …을 찾고 있어 ▶ Are you looking for~? …을 찾고 있어?

- **I'm looking for** a soul-mate, someone who I can love and cuddle.
난 사랑하고 애무할 수 있는 애인을 찾고 있어.

- **I'm not looking for** your sympathy. 난 네 동정심을 바라지 않아.

- **You're looking for** someone to sweep you off your feet. 넌 널 정신없게 사랑에 빠지게 할 사람을 찾고 있어.

A: You're making her boyfriend jealous. 넌 걔 남친의 질투를 유발하고 있어.

B: I'm not looking for **trouble with anyone.** 난 누구하고도 문제를 일으키려고 하지 않아.

나랑 데이트할래?

Will you go out with me?

go out with sb하면 1차적으로는 「…와 함께 나가다」라는 의미이지만 비유적으로는 「…와 데이트하다」, 「…와 사귀다」라는 로코필수표현이 된다. go (out) on a date with sb라고 해도 된다. 또한 go steady는 「…와 지속적으로 교제하다」라는 뜻.

Screen Expressions

go out with sb 사귀다

Will you go out with **me?**
나랑 사귈래?

go (out) on a date with sb 사귀다

I'll go on a date with **you.**
나 너랑 사귈거야.

go steady 사귀다

What, like, are **we** going steady?
뭐 우리 사귀기라도 하는거야?

이 표현이 나오는 영화
〈노팅힐〉
〈러브액츄얼리〉
〈쉬즈더맨〉
〈미비포유〉
〈친구와 연인사이〉
〈어바웃 타임〉
〈브리짓 존스의 일기〉
〈노트북〉

Dialog

A: Would you like to go out with me?

B: Sure. Give me a call later on tonight.

    A: 나하고 데이트할래? B: 물론. 오늘 밤 늦게 전화해.

A: Why didn't go out with Riley?

B: I was a married woman when I met him.

    A: 넌 왜 라일리와 데이트를 하지 않았어? B: 내가 걜 만났을 때는 결혼한 이후였어.

Screen Patterns : Will you please fuck off?

Will[Would] you+V? …을 할래?, …을 해줄래?

- **Would you** go out with me? 나랑 데이트할래요?
- **Will you** stop! 그만 하지 않을래!
- **Would you** all relax? It's not that big a deal. 모두 긴장풀어. 뭐 그리 큰일도 아니잖아.
- **Will you** calm down? 좀 진정해라.
- **Would you** stop doing that? 그만 좀 해라.

A: I can't believe she wore the same outfit that I did.
걘 어떻게 내가 입었던 것과 똑같은 옷을 입을 수가 있어.

B: Will you calm down? It's not that serious. 진정 좀 해라. 그렇게 중요한 문제도 아니잖아.

내가 알기로는 아냐
Not that I'm aware of

No라고 투박하게 말하기보다는 좀 더 완곡하게 말하는 표현으로 "내가 아는 범위내에서는 그렇지 않다"는 뜻이다. 대표적 표현으로 Not that I know of가 있으며 know of를 여기서처럼 다른 단어로 바꿔서 사용할 수 있다. 대표적인 경우가 be aware of, remember, can recall 등이다.

● Screen Expressions

Not that I'm aware of 내가 알기로는 아냐

She didn't leave yet. Not that I'm aware of.
걘 아직 떠나지 않았어. 내가 알기로는 아냐.

Not that I know of 내가 알기로는 그렇지 않아

She didn't come here. Not that I know of.
걘 여기로 오지 않았어. 내가 알고 있는 한.

Not that I can recall 내가 기억하기로는 아냐(Not that I remember)

No messages were left for you. Not that I can recall.
네게 온 메시지는 없어. 내 기억으로는 없어.

이 표현이 나오는 영화
〈악마는 프라다를 입는다〉
〈이프온리〉
〈브리짓 존스의 일기〉

● Dialog

A: Did he spend the night with Susan?
B: No, not that I'm aware of.

A: 걔가 어제 수잔과 밤을 보냈어? B: 아니, 내가 알기로는 아냐.

A: Will Jane be coming over for dinner tonight?
B: Not that I know of.

A: 제인이 오늘밤 저녁식사에 올까? B: 난 잘 모르겠어.

Screen Patterns : You're welcome to stay

You're welcome to+V 편히 …해

- I have some work to do, but **you're welcome to** stay. 할 일이 좀 있지만 편히 남아 있어도 돼.
- **You're more than welcome to** come with us, right? 너는 우리와 함께 가는거 환영이야, 알았어?
- **Welcome to** the neighborhood. 이웃이 된 걸 환영해요.
- Hi, **welcome to** an adult conversation. 안녕, 성인들 대화에 낀 걸 환영해.

A: I want to see your wedding dress. 네 웨딩드레스를 보고 싶어.
B: You're welcome to **take a look at it.** 마음대로 봐봐.

걱정마
Not to worry

유명한 Don't worry의 다른 표현으로 Not to worry하면 상대방에게 "걱정안해도 된다"고 안심시키는 표현이 된다. 역시 worry가 들어가는 No worries는 No problem처럼 자신이 알아서 할테니 "걱정마," "괜찮아"라는 뜻이 된다.

● **Screen Expressions**

Not to worry 걱정안해도 돼

Not to worry, we're making good progress.
걱정마. 우린 많이 나아가고 있어.

Don't worry 걱정마(Don't worry about a thing)

Don't worry, you can count on me.
걱정마. 나만 믿어.

No worries 괜찮아, 걱정마

No worries, we'll try again later.
걱정마. 나중에 다시 할거야.

이 표현이 나오는 영화
〈왓이프〉
〈프로포즈〉

● **Dialog**

A: Don't worry. I'll pick up the tab.

B: Thank you for taking me out tonight.

A: 걱정마. 내가 낼게. B: 오늘 저녁 데리고 나와줘서 고마워.

A: I spilled my coffee on the kitchen floor.

B: No worries. I can clean it up.

A: 부엌 바닥에 커피를 쏟았어. B: 괜찮아. 내가 치울게.

Screen Patterns : I'd like to talk you about that

I'd like to+V …하고 싶어 = I'd love to+V

● **I'd love to** hang out with you in the daytime sometime. 언젠가 낮시간에 너와 함께 놀고 싶어.

● **I'd like you to** come to my party. 네가 파티에 오면 좋겠어.

● **I'd love to, but** she won't let me do anything. 난 그러고 싶지만, 걔가 내가 아무 것도 못하게 해.

A: **This situation has stressed me out.** 이 상황 때문에 스트레스를 엄청 받았어.

B: **I would like you to take a few days off.** 그럼 너 며칠간 휴가를 내봐.

잠깐 기다려, 잠깐만
Hang on a minute

전화상이나 일반상황에서 쓰이는 표현으로 지금 내가 뭔가 다른 것을 하고 있으니「잠시만 기다려 달라」고 말하는 문장이다. 비슷한 표현으로는 Hold on a (second, moment, minute)가 있다. 조금은 어렵지만 hang on sth하게 되면「…에 결정되다」,「…에 달려있다」라는 의미가 된다.

● Screen Expressions

Hang on (a minute) 잠깐만

I'm coming. I'm coming. Just hang on.
가, 간다고 좀 만 기다려

Hang on, don't do this.
잠깐, 이러지마.

Hold on a (second, moment, minute) 잠시만

Hold on a second! I don't work for you!
잠깐만! 난 네 직원이 아냐!

이 표현이 나오는 영화
〈노팅힐〉
〈러브액츄얼리〉
〈미비포유〉
〈브리짓 존슨의 일기〉
〈이프온리〉

● Dialog

A: I want to speak to Chris Suh.

B: Hang on a minute. I'll get him.

　　A: 크리스 서 있어요?　B: 잠깐만요. 바꿔줄게요.

A: I want to say something to your boss.

B: Hold on, I'll see if he's in his office.

　　A: 당신 보스에게 뭐 좀 얘기하고 싶어요.　B: 잠깐만요, 사무실에 있나 보고요.

Screen Patterns : I'm afraid I'm a bit hung over

I'm afraid S+V 안됐지만 …인 것 같아 ▶ You're afraid S+V 넌 …을 두려워해

- **I'm afraid of** commitment.　난 얽매이는 것을 두려워해.
- **I'm afraid** we're going to have to steal you away.　안됐지만 자네를 좀 데려가야겠어.
- **You're just afraid** you'll get an answer you don't want.　넌 원치 않는 답을 얻을까봐 두려워하는거야.
- **I feared** this year would be no exception.　금년도 예외는 아닌 것 같았어.

A: Let me talk to David Paulson.　데이빗 폴슨과 얘기 좀 하려구요.

B: I'm afraid he doesn't work here anymore.　더 이상 여기서 일하지 않는데요.

나가!, 꺼져!

Get out of here!

소리치면서 말하면 꼴도 보기 싫으니까 "여기서 당장 나가라," "꺼져라(Go away!)," 혹은 문맥에 따라 말도 안되는 소리를 하는 상대방에게 "웃기지마라!"라는 의미가 된다. 속어로 Get your butt out there!라 해도 되고 아예 내 인생에서 사라지라고 할 때는 "Get out of my life, loser"라고 하면 된다.

Screen Expressions

get out of here 단순히 나가다(get out)

Would you like me to get out of here?
내가 여기서 나갈까?

Get out of here! 나가!, 꺼져!, 웃기지마라! = Get out of my face!

Chris, get out of here. You're fired.
크리스, 꺼지라고. 넌 해고야.

Go away! 나가!, 꺼져!(Get out!)

Go away! I don't want to see anybody.
개! 아무도 보고 싶지 않아

이 표현이 나오는 영화
〈노팅힐〉
〈노트북〉
〈프로포즈〉
〈첫키스만 50번째〉
〈어바웃타임〉
〈쉬즈더맨〉
〈프렌즈 위드 베네핏〉

Dialog

A: Let me tell you something, I'm tired of waiting.

B: Yeah, me too. Let's get out of here.

A: 얘기 좀 할게 있는데. 기다리는데 지쳤어. B: 그래, 나도. 그만 가자.

A: Tell me all about the argument you had.

B: Go away. This has nothing to do with you.

A: 네가 벌인 말다툼에 대해 말해봐. B: 꺼져. 너와는 상관없는 일이야.

Screen Patterns : Thank God I wasn't there

Thank God S+V ···해서 다행이야

- Oh, **thank God.** I've been looking for you all night. 오, 다행이다. 밤새 널 찾아다녔어.
- **Thank God for** that. 그거 참 다행이야.
- Oh, **thank God** I found you. 아, 이런 널 찾았구나.

A: We have worked overtime every day this month. 이번달에 매일 야근했어.

B: Thank God for our extra vacation time. 휴가시간이 추가로 늘어나게 돼서 다행이야.

우리집으로 와
Come over to my place

회화에서 참 많이 쓰이는 표현으로 come over (to+장소)하게 되면 「…에 들르다」, 「오다」라는 의미가
된다. 온 목적을 말하려면 come over for~라고 하면 된다. 참고로 Sth come over sb하게 되면 「…가
엄습하다」라는 뜻으로 What's come over you?하게 되면 "대체 왜 이러는거야?"라는 문장이 된다.

● **Screen Expressions**

come over (to~) …에 가다, 들르다

**You texted me that it was an emergency, and then I texted
you my address, and then you** came over.
네가 급한 일이라고 문자를 보냈고 그래서 내가 집주소를 문자로 보냈더니 네가 온거야.

If I come over **there, will you go out with me on New Year's Eve?**
내가 거기로 가면 신년제야에 함께 데이트할래요?

come over (for~) …하러 가다

Do you want to come over for **dinner?**
저녁 먹으러 올래?

이 표현이 나오는 영화
〈친구와 연인사이〉
〈로맨틱 홀리데이〉
〈러브액츄얼리〉

● **Dialog**

A: Vicky decided not to come over tonight.
B: I guess she must be pretty busy.
　　A: 비키가 오늘 저녁 오지 않기로 했대.　B: 무척 바쁜가봐.

A: You can come over to my house on Saturday.
B: I could. It's just that my wife would get angry.
　　A: 토요일에 우리 집에 와.　B: 그러고 싶은데. 아내가 화를 낼 것 같아서.

Screen Patterns : I'm sure it'll be better next time

I'm sure S+V …하는게 확실해

- **I'm sure** you'll find someone. 네가 누군가 찾게 될거라 확신해.
- **I'm pretty sure** that you have a tattoo. 내 확신하는데 너 몸에 문신이 있어.
- **Are you sure** you want this? 너 이걸 원하는게 확실해?

A: Donnie and Ellen seem to be really in love. 도니와 엘렌이 정말 사랑하는 것 같아.
B: I'm pretty sure they will get married. 걔네들 결혼할게 확실해.

난 그녀를 잊고 싶지 않아

I don't want to get over her

「헤어진 사람을 잊는다」라고 할 때는 be[get] over라고 하면 된다. 강조하려면 be all over라 하는데 경우에 따라서 be all over sb하게 되면 이성에게 애무하면서 들이대는 것을 말하기 때문에 문맥에 따라 구분해야 한다. 또한 일반적인 상황을 극복한다고 할 때는 I'm over it이라고 하면 된다.

● **Screen Expressions**

be over sb …을 잊다 ▶ **get over sb** …을 잊다

I want nothing else to do with you, Tom. It's over.
탐, 너랑 엮이고 싶지 않아. 끝이야.

be all over sb …을 완전히 잊다, 애무하면서 들이대다

She was all over me. She kissed me.
그녀는 내게 들이대면서 키스를 했어.

be[get] over it …을 잊다, 극복하다 ▶ **get over oneself** 주제파악하다

You know, kids get teased, and they get over it.
저 말야. 애들은 놀림 당하기도 하고 또 그걸 극복하기도 해.

> **이 표현이 나오는 영화**
> 〈친구와 연인사이〉
> 〈로맨틱 홀리데이〉
> 〈러브액츄얼리〉
> 〈500일의 썸머〉
> 〈노트북〉
> 〈굿럭척〉
> 〈브리짓 존스의 일기〉
> 〈쉬즈더맨〉, 〈노팅힐〉

● **Dialog**

A: I am over you. I don't want to see you again.

B: Please meet with me one last time.

A: 너랑 끝이야. 다신 널 보고 싶지 않아. B: 제발 마지막으로 한번만 만나줘.

A: It wasn't easy to deal with my husband's death.

B: I know it can be hard to get over that.

A: 내 남편의 죽음을 받아들이는게 쉽지 않았어. B: 그걸 이겨내는게 어려울 수 있다는 것을 알아.

Screen Patterns : I'm not sure what you mean

I'm not sure (that) S+V …을 잘 모르겠어 ▶ **I'm not sure** 잘 모르겠어

- **I'm not sure** either of us are ready to go through it again.
우리 둘 모두 그걸 다시 겪을 준비가 되어 있는지 잘 모르겠어.

- **I'm not sure** where we are going with all of this. 이 모든 것이 결국 무슨 얘기를 하려는 건지 모르겠어.

- **I'm not sure** if she's going to marry me. 걔가 나하고 결혼할지 모르겠어.

A: People say Steve treated his wife badly. 스티브가 아내에게 못되게 굴었다고 사람들이 그래.

B: I'm not sure Steve did that. 스티브가 그렇게 했는지 잘 모르겠어.

지금 생각해낼 수 있는거라고는 그게 다야

That's all I can come up with right now

come up with sth은 유명한 숙어로 「좋은 아이디어나 계획을 생각해내는 것」을 말한다. 로코 뿐만 아니라 일반 영화나 미드에서도 아주 많이 쓰이는 표현이니 잘 기억해둔다. 물론 기본적으로 앞서가고 있는 사람을 「따라가다」라는 의미로도 쓰인다.

● Screen Expressions

come up with sth ···을 생각해내다

I've tried and tried, but I can't come up with **a solution.**
계속 해봤는데, 답이 안 나와.

Nobody else has come up with **an idea.**
다른 누구도 아이디어를 생각해내지 못했어.

What did you come up with?
뭐 좀 좋은 생각 떠올랐어?

I don't know how she comes up with **this stuff.**
걔가 어떻게 이런 것을 생각해내는지 몰라.

● Dialog

A: Let me see what you've come up with.

B: It's not much, but it's a start.

　　A: 네가 어떤 안을 내놓았는지 한번 보자. B: 대단하진 않아. 하지만 이건 시작이니까.

A: Our project is seriously underfunded.

B: Jan came up with a plan to fix it.

　　A: 우리 프로젝트에는 자금이 턱없이 부족해. B: 잰이 그걸 조정할 계획을 생각해냈어.

Screen Patterns : I guess I'm off the hook

I guess S+V ···인 것 같아 ▶ I guess so 그럴 것 같아, 아마 그럴 걸

- **I guess** we could make out, - but we are not having sex. 우린 애무는 할 수 있겠지만 섹스는 안할거야.
- **I think** I'd better be going now. 지금 가는게 나을 것 같아.
- **I suppose** I could fit that in. 시간을 내서 그것을 할 수 있을 것 같아.

A: I thought you said you found a nice girl for me.
　　나 소개시켜줄 멋진 여자를 찾았다고 말한 것 같은데.

B: I guess I was wrong. 내가 잘못 안 것 같아.

전형적이야
That's a classic

classic은 단독으로 쓰여 Classic!하게 되면 "대단해!," "훌륭해!"라는 의미의 표현이 되는 반면 일반적인 단어로 쓰일 때는 「전형적인」, 「고전적인」이라는 의미로 쓰인다. 형용사 또는 명사로 사용된다. 또한 That's a classic은 "전형적이야"라는 말이 된다.

● **Screen Expressions**

Classic! 대단하군!(Great!)

Simon was able to date two girls. Classic!
사이몬은 여자 두 명과 데이트할 수 있었어. 대단해!

That's a classic 전형적이야

What a funny joke. That's a classic! 참 재미있는 농담이네. 정말 재미있어!

classic sth 전형적인…

I have the classic male problem of no follow-through.
난 애프터 신청을 하지 않는 전형적인 남자 기질이 있어요.

Job loss is a classic stressor. 실직은 전형적인 스트레스 원인이야.

이 표현이 나오는 영화
〈라라랜드〉
〈노팅힐〉
〈로맨틱 홀리데이〉
〈러브액츄얼리〉

● **Dialog**

A: Kelly wore a very sexy dress today.
B: Everyone is paying attention to her. Classic!
　　A: 켈리는 오늘 아주 섹시한 드레스를 입었어.　B: 다들 걔한테 관심을 보이네. 대단해!

A: Ben ordered 5 pizzas and ate them all.
B: That's a classic. He loves pizza.
　　A: 벤은 피자 5판을 주문해서 다 먹어버렸어.　B: 늘상 그래. 걘 피자를 아주 좋아해.

Screen Patterns : I keep trying to get a date with Sam

I keep trying to+V 계속 …하고 있는 중이야

- **I keep trying to** tell her that. 걔한테 그걸 계속 얘기하려고 하고 있어.
- **I kept trying to** make you a better person. 난 널 더 나은 사람으로 만들려고 계속 노력했어.
- **I kept talking** about you and **he kept asking** me out.
  난 너에 관한 얘기를 계속했고 걘 계속 나와 데이트하자고 했어.

A: I kept thinking my wife would come back to me. 내 아내가 내게 다시 돌아오는 걸 계속 생각했어.
B: Forget about it. She's going to divorce you. 잊어버려. 너랑 이혼할거야.

너와 우연히 만났어
I ran into you

run into sb는 유명한 숙어로 지나가다 「우연히 만나다」, 「마주치다」라는 의미이다. 비슷한 표현으로는 come across sb, bump into sb가 있다. 물론 sb가 올 뿐만 아니라 sth이 와서 「우연히 건지다」, 「찾다」라는 뜻으로도 사용된다.

● **Screen Expressions**

run into sb[sth] 우연히 만나다

I got to run, and I ran into you. 서둘러가다 너를 우연히 만났어.
I knew we'd be running into a traffic jam.
우리가 교통체증에 걸릴거라는 것을 알고 있었어.

bump into sb[sth] 우연히 만나다

I feel like I might bump into you. 우연히 당신과 부딪힐 것 같아요.

come across sb[sth] 우연히 만나다

I came across one of his baby pictures last weekend.
지난 주말에 걔의 어렸을 적 사진을 우연히 봤어.

이 표현이 나오는 영화
〈라라랜드〉
〈이프온리〉
〈로맨틱 홀리데이〉
〈미비포유〉
〈프로포즈〉
〈어바웃타임〉

● **Dialog**

A: I've got to go. Nice running into you.
B: Yeah Jill, it was quite a surprise.
　　A: 가야 돼. 이렇게 만나서 반가웠어. B: 그래 질, 정말 놀랐어.

A: Why do I keep on bumping into you?
B: It could be a coincidence.
　　A: 왜 자꾸 당신하고 마주치게 되는 걸까요? B: 우연이겠죠.

I saw A+V[~ing] A가 …하는 것을 봤어

● **I saw you** creeping out of her room last night. 네가 지난밤에 걔방에서 몰래 나오는 것을 봤어.
● **I heard her** crying in the bathroom earlier. 좀 전에 화장실에서 걔가 우는 걸 들었어.
● **I've never seen** Tracey get pissed off. 트레이시가 열받아하는 걸 본 적이 없어.
● **I've never heard** him talk like that. 난 걔가 그런 식으로 말하는 걸 들어본 적이 없어.

A: What has you so upset at Melinda? 넌 왜 멜린다에게 그렇게 화를 내거야?
B: I'm angry because I saw her kissing my boyfriend. 걔가 내 남친에게 키스하는 걸 보고 화났어.

그냥 계속해!, 계속 가!
Just keep going!

keep ~ing하면 「계속해서 …을 하다」라는 의미로, 여기서는 명령문으로 Keep going!하게 되면 뭔가 하던 일을 계속하라고 격려하거나 지시할 때 사용하는 표현이 된다. 뭔가 「계속 돌아가게 하라」고 할 때는 Keep that going!이라고 하면 된다.

● Screen Expressions

keep ~ing   계속해서 …하다

You cannot keep going like this.
너 이렇게 계속할 수는 없지

Keep going!   계속해!, 계속 가!

Come on, keep going. You can't quit!
이봐, 계속하라고. 그만두면 안돼!

Keep that going!   그거 계속 돌아가도록 해!

That's good. Now just keep it going, ready?
좋아. 이게 계속 돌아가게 해. 준비됐어?

이 표현이 나오는 영화
〈러브, 로지〉
〈이프온리〉
〈로맨틱 홀리데이〉
〈노팅힐〉
〈왓이프〉
〈러브액츄얼리〉
〈첫키스만 50번째〉

● Dialog

A: My diet is working. I'm losing weight.
B: Keep going! You can do it!

A: 내 다이어트가 효과를 보고 있어. 살이 빠지고 있어.   B: 계속 그렇게 해! 넌 할 수 있어!

A: I've put away most of the paperwork.
B: Keep that going! We need to finish.

A: 대부분의 서류작업을 마쳤어.   B: 계속 그렇게 하도록 해! 우리는 끝내야 돼.

Screen Patterns : Rumor has it you'll be leaving for Japan

Rumor has it S+V   소문에 의하면 …래

- **Rumor has it** she's going to quit.   걔가 그만둘 거라는 얘기가 있어.
- **Legend has it** ghosts haunt the cemetery.   소문에 의하면 유령이 공동묘지에 나타난대.
- **You never heard rumors** that he died?   걔가 죽었다는 소문 못들었다고?

A: Why is this building supposed to be haunted?   왜 이 빌딩은 귀신이 들렸다고 하는거야?
B: Legend has it someone was murdered here.   소문에 의하면 누가 여기서 살해당했대.

한번 해봐!

Go for it!

go for는 Level 03에서 다시 학습하겠지만 for 이하를 얻으려고 「노력하다」, 「선택하다」 등의 의미로 쓰이는 표현이다. 그래서 Go for it!하게 되면 상대방을 격려하는 것으로 "한번 해봐라!"라는 뜻이 된다. 비슷한 표현인 Way to go!는 상대방을 역시 응원하는 것으로 "잘한다!," "잘했다"라는 의미.

Screen Expressions

Go for it! 한번 해봐!, 한번 시도해봐!

You need to go for it. Go for it! Man up!
넌 한번 시도해봐야 돼. 한번 해봐! 남자답게 해봐!

Way to go! 잘한다 잘해!, 잘했다!

Way to go son! I knew you'd find it!
잘했어, 아들애 난 네가 그걸 발견할 줄 알았어!

이 표현이 나오는 영화
〈미비포유〉
〈쉬즈더맨〉
〈친구와 연인사이〉
〈러브,로지〉

Dialog

A: I'd like to ask Sue to marry me.

B: It's now or never. Go for it.

A: 수에게 결혼하자고 하고 싶어. B: 지금 아니면 기회가 없어. 어서 해봐.

A: I finally met a girl I'd like to marry.

B: Way to go! I knew you'd find someone.

A: 마침내 결혼하고 싶은 여자와 만났어. B: 잘했어! 네가 누군가 찾을 걸 알고 있었어.

Screen Patterns : I heard you were going to get married

I('ve) heard S+V …라며, …라고 들었어, …한다며

- **I hear** she's a total mess now, really vulnerable. 걔는 완전히 엉망이라고 해. 정말로 상처받기 쉬운 상태래.
- **I heard** his wife is asking him to divorce. 걔 아내가 이혼하자고 한다고 들었어.
- **I heard** what happened with Jane today. 오늘 제인에게 무슨 일이 있었는지 들었어.
- **I heard** what you said to my boyfriend. 네가 내 남친에게 뭐라고 했는지 들었어.

A: There are rumors that you're gay. 네가 게이라는 소문이 있어.

B: I heard **what people said about me.** 사람들이 내게 뭐라고 하는지 들었어.

그건 제외하고?

Apart from that?

besides나 except의 의미로 쓰이는 숙어로 apart from 다음에는 명사나 동사의 ~ing형이 오게 된다. 우리말로는 「…을 제외하고」, 「…외에도」, 「…뿐만 아니라」 등으로 옮기면 된다.

Screen Expressions

apart from sth …을 제외하고, …뿐만 아니라

I don't like to eat fish, apart from fried fish.
생선튀김 뿐만아니라 생선먹는 걸 좋아하지 않아.

apart from ~ing …을 제외하고, …뿐만 아니라

Our date was boring, apart from going to a nightclub.
우리 데이트는 나이트클럽에 간거 빼고는 지루했어.

이 표현이 나오는 영화
〈어바웃타임〉
〈러브액츄얼리〉
〈브리짓 존스의 일기〉
〈노팅힐〉

Dialog

A: Zack is a very unhappy person.

B: Apart from work, he doesn't enjoy anything.

  A: 잭은 매우 불행한 사람이야. B: 일하는거 빼놓고는 뭐든 즐기는게 없어.

A: Do you have any hobbies?

B: Apart from playing golf, no I don't.

  A: 너 무슨 취미가 있어? B: 골프치는거 외에는 없어.

Screen Patterns : You'd better nip this in the bud

You'd better+V …해라 ▶ I think I'd better+V 내가 …해야겠어

- **You better** move your ass or we'll be late for school. 서두르지 않으면 우리 학교에 늦겠다.
- **I'd better** get back with Naomi. 난 나오미하고 다시 사귀어야겠어.
- **You better not** stay up late tonight. 오늘 밤에 밤새지 않도록 해.
- **You better** set things straight with Ken. 넌 켄과의 일을 바로 잡아야 돼.

A: Tony said he can't meet us tonight. 토니가 오늘밤에 우리를 만나지 못한다고 했어.

B: You'd better call him to see what's going on. 전화해서 무슨 일인가 확인해봐.

취했어?

Are you getting drunk?

남녀간의 로맨스를 메인으로 하는 로코에서 빠질 수 없는 요소. 술에 관한 몇가지를 간단히 살펴보기로 한다. 위에서처럼 get drunk는 「취하다」, hang over는 「숙취」, 그리고 "원샷!"이라고 할 때는 Bottoms up!이라고 한다.

● Screen Expressions

get drunk 취하다 ▶ get tipsy 가볍게 취하다

I know I was wrong to get drunk at the party.
파티에서 술취한 것은 잘못이라는 걸 알아.

hang over 숙취 ▶ hung-over 숙취 상태인

Let's make fun of the hung-over naked guy.
술이 덜 깨고 다벗은 남자를 놀려먹자.

Bottoms up! 원샷, 위하여!

Bottoms up! Let's get drunk!
위하여! 자 취하자!

이 표현이 나오는 영화

〈라라랜드〉
〈왓이프〉
〈브리짓 존스의 일기〉
〈친구와 연인사이〉
〈첫키스만 50번째〉
〈러브액츄얼리〉

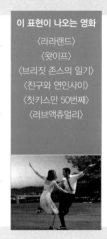

● Dialog

A: Are you getting drunk?

B: Getting there.

> A: 취했어? B: 거의 취해가.

A: We need to get going soon.

B: Bottoms up! Let's finish our drinks!

> A: 곧 나가야 돼. B: 위하여! 자 술잔을 비우자!

Screen Patterns : What's wrong with you tonight?

What's wrong with sb[sth]? …가 왜 그래?, …가 무슨 일이야?

- **What's wrong with** your car? 네 차 뭐가 문제야?
- I'm having a lot of sex. **What's wrong with** that? 난 섹스 많이 해. 그래서 뭐가 문제야?
- **What's wrong with** what we're doing? 우리가 하는게 뭐 잘못됐어?
- **What's wrong with** telling her I love Chris? 걔한테 내가 크리스를 좋아한다고 말하는게 뭐 잘못됐어?

A: What's wrong with you? Why are you so angry? 무슨 일 있었니? 왜 그렇게 화가 났니?

B: Just get away from me! 날 좀 내버려둬!

이런!, 제발!, 너무하는구만!

For God's sake!

로코에 자주 나오는 감탄사 중의 하나로 놀람이나 약하게 화가 났을 때 내뱉는 말이다. Wow!나 Come on! 정도에 해당된다고 생각하면 된다. God의 자리에는 heaven, Christ('s) 등을 대신 넣어도 된다. 좀 생소하지만 for crying out loud(세상에나)도 함께 알아둔다.

Screen Expressions

For God's sake!, For Christ('s) sake! 이런!, 제발!

For God's sake Jill. How many times do I have to say I'm sorry?
제발, 질. 내가 미안하다고 몇번이나 말해야 돼?

For heaven's sake 제발 ▶ For all our sakes 우리 모두를 위하여

Oh, for heaven's sake, Jim, where are your manners?
맙소사. 짐, 왜 이렇게 버릇이 없어?

For crying out loud 세상에나

For crying out loud, I was at my girlfriend's place.
세상에, 난 여친 집에 있었다구.

이 표현이 나오는 영화
〈러브, 로지〉
〈브리짓 존스의 일기〉
〈악마는 프라다를 입는다〉
〈노팅힐〉
〈러브액츄얼리〉
〈로맨틱 홀리데이〉
〈어바웃타임〉

Dialog

A: I just need a few more minutes to get ready.
B: For Pete's sake! We're already late right now!
A: 준비하는데 몇분 더 걸려. B: 제발! 벌써 우린 늦었다구!

A: I don't know which food I want to eat.
B: For crying out loud! Just pick one of them!
A: 어느 음식을 먹어야 할지 모르겠어. B: 이거 참! 아무거나 골라 먹어!

Screen Patterns : Why don't you check your underpants?

Why don't you~? …해라 = I want you to+V, 왜 …하지 않는거야?

- **Why don't I** get us some beers? 내가 맥주 좀 살게.
- **Why don't we** calm down and grab a beer? 진정하고 맥주나 하자.
- **Why don't you** go over there and leave us alone? 우리 좀 놔두고 저쪽으로 가라.
- **Why don't you** want to do it anymore? 왜 더 이상 그것을 하고 싶어하지 않는거야?

A: Both of us are getting a little fat. 우리 둘다 점점 좀 살이 찌고 있어.
B: Why don't we start exercising? 운동을 시작하자.

신경쓰지마!

Never mind!

상대방이 감사하다고 혹은 미안하다고 할 때 괜찮으니까「신경쓰지 말라」는 표현으로 단독으로 Never mind!로 쓰이거나 혹은 뒤에「명사」나「~ing」혹은「S+V절」이 이어지기도 한다. 비슷한 표현으로 "잊어버려," "신경쓰지마"라는 뜻의 Forget it!이 있다.

● **Screen Expressions**

Never mind! 신경쓰지마!

Never mind, I don't want to know.
신경쓰지마. 알고 싶지 않아.

Never mind+N[~ing/S+V] …을 신경쓰지마

Never mind what I want. What do you want?
내가 원하는 건 신경쓰지마. 넌 뭘 원해?

Forget it 잊어버려, 신경쓰지마

Oh, forget it. It's not that important.
저기 잊어버려. 그리 중요한 것도 아냐.

이 표현이 나오는 영화
〈러브, 로지〉
〈이프온리〉
〈악마는 프라다를 입는다〉
〈500일의 썸머〉

● **Dialog**

A: What caused you to divorce Greg?

B: Never mind! You wouldn't understand.

　　A: 너 왜 그렉과 이혼하게 된거야?　B: 신경꺼! 넌 말해도 이해못할거야.

A: Why don't you ask Casey out on a date?

B: Forget it! I'd never go out with her.

　　A: 케이시에게 데이트 신청하지 그래.　B: 신경쓰지마! 난 절대로 걔와 데이트하지 않을거야.

Screen Patterns : You want me to get it?

Do you want me to~? 내가 …할까?, 나보고 …하라고?

- **Do you want me to** go on a date with your brother?　네 오빠랑 데이트하라고?
- You got something in your eyelash. **You want me to** get it?
네 속눈썹에 뭐 들어갔는데. 내가 꺼내줄까?
- **Want me to** help you with that?　그거 내가 도와줄까?

A: I don't have the courage to ask Rachel out.　레이첼에게 데이트신청할 용기가 없어.

B: You want me to **ask her**?　내가 말해줄까?

말도 안돼!
No, no way

No way!는 상대방의 말을 강하게 부정할 때에 쓰는 표현으로 "절대 안돼!," "말도 안돼!" "싫어"라는 의미. 이는 There's no way(그건 절대 안돼)에서 there's가 생략된 표현이다. 따라서 There's no way that [to~]은 「…할 방법이 없다」, 「…일 수는 없다」라는 의미가 된다.

● Screen Expressions

No way! 말도 안돼!
No way! **I'd never do something like that!** 절대 아냐! 난 그런 건 절대 안해.

There's no way to+V[that~]
…을 할 수가 없어, …할 방법이 없어, 절대 …일리가 없어
There's no way that **that's a coincidence.** 그게 우연의 일치일 리가 없어.

Over my dead body! 절대 안돼!
Over my dead body! **Those things are dangerous.**
죽어도 안돼! 그런 건 너무 위험해.

이 표현이 나오는 영화
〈러브, 로지〉
〈프로포즈〉
〈노팅힐〉
〈500일의 썸머〉
〈러브액츄얼리〉

● Dialog

A: Are you going to date Tim now?
B: No way. It was just a one night thing.
> A: 이제 팀하고 데이트 할거야? B: 아니. 그냥 하룻밤 잔 것뿐이야.

A: There's no way I'll ever join a gym.
B: Don't you want to lose some extra weight?
> A: 내가 헬스클럽에 가입하는 일은 절대 없을거야. B: 찐 살 좀 빼고 싶지 않아?

Screen Patterns : Show me how it works

Show me how to+V …하는 방법을 알려줘

- Then **show me how to** get to the hotel and we'll call it even.
  그럼 어떻게 호텔가는지 알려주면 비긴 걸로 하자.
- **Show me how** you kissed Chris. 네가 어떻게 크리스와 키스를 했는지 알려줘.
- **Show me what** you got. 네 실력을 보여줘.

A: It's not hard to repair the TV. TV고치는거 어렵지 않아.
B: Show me how to fix it. 어떻게 고치는지 알려줘.

원한다면 걔와 섹스해
Have sex with her if you like

만나고 사귀고 그러면 자연스럽게 다다르는 곳은 「섹스」. 일반적으로 점잖게 sleep with sb라고 하지만 노골적으로 표현하자면 have sex with sb라 한다. 속어로는 do it이라고도 한다. 어디 이뿐이랴! 로코에는 섹스의 다양한 표현이 현란하게 나오는데 Level 02, 03에서 더 살펴보기로 한다.

● Screen Expressions

sleep with sb …와 섹스하다

May I just say again that I did not sleep with her.
난 그녀와 자지 않았다고 다시 말해도 될까요

have sex with sb …와 섹스하다

Let's have sex forever until we die having sex.
섹스하다 죽을 때까지 섹스하자.

do it 섹스하다

No one can see us doing it from the parking lot.
아무도 주차장에서 우리가 섹스하는걸 볼 수가 없어.

이 표현이 나오는 영화
〈왓이프〉
〈미비포유〉
〈로맨틱 홀리데이〉
〈500일의 썸머〉
〈어바웃 타임〉

● Dialog

A: I'd love to have sex with Bonnie.

B: But she would never have sex with you.

A: 난 보니와 섹스를 하고 싶어. B: 하지만 그녀는 너랑 절대로 섹스하지 않을걸.

A: Where are Chris and Serena?

B: They're doing it in the other room.

A: 크리스하고 세레나는 어디있어? B: 다른 방에서 그거 하고 있어.

Screen Patterns : I mean, we're having a baby together

I mean, ~ [I mean S+V] 내 말은 …란 말이야

- **I mean,** what was he thinking, leaving me? 내 말은, 걘 무슨 생각을 했던걸까, 날 떠나는거?
- **You mean,** you want me to keep a secret. 네 말은, 나보고 비밀을 지키라는거지.
- **You mean** you're not going to come over? 네 말은 못온다는 말이지?
- **You mean** she hasn't called you and told you yet? 걔가 아직 전화해서 말하지 않았단 말야?

A: Why are Jason and Karen getting a divorce? 왜 제이슨과 캐런이 이혼을 하는거야?

B: I mean, no one knows what happened. 내 말은 어떻게 된건지 아무도 모른다는거야.

그렇게 하지 말았어야 했는데

I shouldn't have done that

과거의 언행을 후회하는 표현으로 「과거에 …을 했어야 했는데 실제로는 하지 못했다」, 혹은 「과거에 …을 하지 말았어야 했는데 실제로 그렇게 하고 말았다」라는 후회표현.

● Screen Expressions

should have+pp …했어야 했는데 하지 못했다

You should have said **no.**
넌 거절했어야 했는데.

shouldn't have+pp …하지 말았어야 했는데 하고 말았다

I shouldn't have said **that.**
그걸 말하지 말았어야 했는데.

I shouldn't have come.
내가 오지 말았어야 했는데.

이 표현이 나오는 영화

〈노트북〉
〈500일의 썸머〉
〈악마는 프라다를 입는다〉
〈노팅힐〉
〈프렌즈 위드 베네핏〉

● Dialog

A: Our expectations were too high.

B: I know. We should have lowered them.

A: 우리 기대가 너무 높았어. B: 그래. 기대치를 낮췄어야 했는데.

A: I don't think you should have hit Pam.

B: Yeah, you're right. I shouldn't have done that.

A: 넌 팸을 때리지 말았어야 했는데. B: 그래 맞아. 그러면 안되는거였는데.

Screen Patterns : **You need to get used to being alone**

used to+V (지금은 아니지만 과거에) …하곤 했다.

be[get] accustomed to+N[~ing] …에 익숙하다

● Did you two **used to** date or something? 너희 둘 데이트하는 사이였어?

● I'm **getting used to** waking up early every day. 난 매일 일찍 일어나는데 익숙해지고 있어.

● A lawn mower **is used to** cut grass. 잔디깎는 기계는 풀을 베는데 사용돼.

A: How did you get to know Clint? 넌 어떻게 클린트를 알게 되었어?

B: He used to live in my apartment building. 예전에 과거에 같은 아파트에 살았어.

갠 팀에게 송별회를 열어줬어
She threw Tim a going-away party

로코에서 파티가 빠지면 섭섭. 위에서 나온 going-away party는 「송별파티」라는 의미로 send-off, 혹은 farewell party라고도 한다. 참고로 「파티를 열어주다」고 할 때는 여기처럼 throw a party를 많이 쓴다.

● Screen Expressions

have a going-away party for sb …을 위해 송별파티를 하다

We're having a going-away party for Susan.
수잔을 위해 송별파티를 할거야.

throw sb a send-off party 송별회를 열다

We'll throw Mike a send-off party just before he leaves.
우리는 마이크가 떠나기 전에 송별회를 해줄거야.

이 표현이 나오는 영화
〈러브액츄얼리〉
〈왓이프〉

● Dialog

A: When is the going-away party?

B: It's scheduled to take place at seven on Friday.

A: 송별회가 언제야? B: 금요일 7시로 예정되어 있어.

🎞 스크린 명대사 : 라라랜드

"Maybe I'm one of those people that has always wanted to do it,
but it's like a pipe dream for me, you know?" - Mia

재능은 없고 열정만 가득만 사람들 있잖아. 나도 그런 사람들 중 하나인가봐

너 서두르는게 나을거야
You'd better hurry up

You'd better+V는 「…해라」라는 의미로 보통 친구나 아랫사람에게 쓰는 충고나 경고의 표현. 줄여서 You'd better, I'd better로 쓰고 아예 had를 빼고 I(You) better+V라고 쓰기도 한다. 심지어는 인칭도 빼고 Better+V라 한다. 참고로 Best S+V는 「…하는게 최선이다」라는 뜻.

● **Screen Expressions**

You'd better+V …해라 ▶ I'd[We'd] better+V …해야 돼

You'd better get used to it.
거기에 익숙해져야 해.

Sth better+V …해야 된다

Your answers better match up on every account.
여러분의 답변들은 모든 점에서 일치해야 할 겁니다.

might as well+V …하는게 나아

We might as well be honest with each other.
우린 서로에게 솔직하는게 좋아.

● **Dialog**

A: You'd better tell Mindy to go home.

B: She wants to wait until we all leave.

　A: 민디에게 집에 가라고 말하는게 좋을거야.　B: 우리가 모두 갈 때까지 기다리겠대.

A: You're supposed to pick up Kate.

B: Well, I'd better leave now.

　A: 너 케이트를 마중나가야 하잖아.　B: 응, 지금 출발해야겠다.

Screen Patterns : He used to say we can't trust anyone

You used to say~ 넌 예전에 …라고 말하곤 했지

- **You used to say** that I could come to you for anything.
무슨 일이든 널 찾아와도 된다고 네가 말하곤 했어.

- **I used to** dream about you getting hit by a cab.　난 네가 택시에 치이는 꿈을 꾸곤 했어.

- **This used to be** the most exciting city in the world.　이곳은 세계에서 가장 활기찬 도시였어.

A: Chris used to say we can't trust anyone.　크리스는 아무도 믿어서는 안된다고 말하곤 했어.

B: He was right. Some people are very sneaky.　걔말이 맞아. 어떤 사람들은 정말 교활해.

뭘요, 천만에요, 그런 말 마세요
You're welcome

상대방이 감사하다고 할 때 쓰는 대표적인 표현. 그냥 Welcome이라고 해도 되고, 강조하려면 You're more than welcome이라고 한다. 이와 함께 감사답변으로 유명한 표현은 Don't mention it, Not at all 등이 있다.

● **Screen Expressions**

You're welcome 천만에요, 뭘요

You're welcome. **Glad I could help you.**
괜찮아. 널 도와줘서 내가 기뻐.

You're welcome to+V …해도 돼, …하고 싶으면 해

You're welcome to **do that.**
넌 기꺼이 그렇게 해도 돼.

Don't mention it 천만에요, 뭘요 = Not at all

Don't mention it. **I'm just doing my job.**
무슨 말씀을. 그냥 내 일을 할 뿐인데.

이 표현이 나오는 영화
〈노팅힐〉
〈러브액츄얼리〉
〈로맨틱 홀리데이〉
〈굿럭척〉

● **Dialog**

A: Thank you for the ride.

B: You're welcome, I was going this way anyway.

A: 태워다 줘서 고마워요. B: 천만에요. 어차피 이 길로 갈거였어요.

A: I'm interested in buying the car you're selling.

B: You're welcome to take a look at it.

A: 당신이 파는 자동차를 사고 싶은데요. B: 맘껏 둘러보세요.

Screen Patterns : How about putting it behind you?

How about+N[~ing]? …은 어때?, …하는게 어때? ▶ How about you? 넌 어때?

- **How about** a quickie before I go home? 집에 가기 전에 한번 어때?
- **How about** getting together next week, say, on Friday? 담주, 그러니까, 금요일에 만나는게 어때?
- **How about** we go to the movies tonight? 오늘 저녁 영화 어때?
- **How about** over the kitchen table? 식탁 위에서는 어때?

A: What do you want to do this weekend? 이번 주말에 뭘 하고 싶어?

B: How about hiking? It's good exercise. 하이킹 어때? 좋은 운동이잖아.

전화받았어요

I got a callback

call back은 전화가 왔는데 못받았을 때, 혹은 수신상태가 안좋아 전화한 사람에서 「전화를 다시 하는 것」을 말한다. return one's call, call again이라고도 한다. 「…에게 전화하다」는 call sb로 "너에게 콜백을 하다"는 I'll call you back이라고 하면 된다.

Screen Expressions

call sb …에게 전화를 하다 ▶ **call sb back** …에게 콜백(답신) 전화를 하다

I'll tell him to call you back as soon as he's free.
시간이 나는대로 전화하라고 전할게요.

return one's call …에게 콜백(답신) 전화를 하다

Why didn't you return any of my calls?
왜 내 전화에 한번도 전화를 해주지 않는거야?

answer one's call …의 전화에 답하다 ▶ **ring sb** …에게 전화하다

He'll never answer my calls.
걘 내 전화에 절대로 답하지 않을거야.

이 표현이 나오는 영화
〈라라랜드〉
〈노팅힐〉
〈악마는 프라다를 입는다〉
〈500일의 썸머〉
〈러브액츄얼리〉
〈미비포유〉
〈브리짓 존스의 베이비〉
〈로맨틱 홀리데이〉

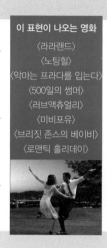

Dialog

A: I think we have a bad connection.

B: Maybe I should call you back.

A: 연결상태가 안 좋은 것 같아요. B: 다시 전화드려야겠네요.

A: I thought you'd invite my sister.

B: She never returned my call.

A: 난 네가 내 여동생을 초대한 줄 알았는데. B: 걔가 전화를 전혀 해주지 않았어.

Screen Patterns : How come you're single?

How come S+V? 왜 …한거야?

- **How come?** Do you have a schedule conflict? 어째서죠? 다른 약속이랑 겹쳤나요?
- **How come** it took you so long to ask me out? 내게 데이트 신청하는데 왜 이렇게 오래 걸렸어?
- **How come** you never said anything to me? 왜 내게 한마디도 안했던거야?
- **How come** you never mentioned Jim before? 어떻게 짐 얘기를 한번도 안한거야?

A: I'm happy my friends came to visit. 내 친구들이 찾아와서 기뻐.

B: How come they left so early? 어째서 그렇게 일찍 가버렸어?

도착했네. 집에 왔어

Here we are. We're home

Here~로 시작하는 다양한 표현을 아래 정리를 통해서 익혀두기로 한다.

● **Screen Expressions**

Here it comes 자 여기 있어, (잔소리에) 또 시작이군

Here comes sb[Here sb comes] …가 저기 오는구만

Here we are 자 (드디어) 도착했다, 뭔가 건네주면서 여기 있다

Here you are 물건을 건네주면서 자 여기 있어

Here goes 한번 해봐야지, 자 간다, 자 내가 먼저 한다

Here it goes 자, 시작하자 **Here you go/ Here it is** 자, 여기 있어

Here it is 이야기를 건넬 때 내 말을 들어봐

Here we go 자 간다, 여기 있다, 자 이제 시작해볼까

Here we go again 상대방의 행동에 또 시작하는구만

이 표현이 나오는 영화
〈러브액츄얼리〉
〈프로포즈〉
〈악마는 프라다를 입는다〉
〈노팅힐〉
〈로맨틱 홀리데이〉

● **Dialog**

A: How soon will we get to Tammy's house?

B: Here we are. Her house is the blue one in front of us.

A: 태미 집에 가는데 얼마나 걸려? B: 다 왔어. 정면의 파란 집이야.

🎞 스크린 명대사 : **미비포유**

"You are scored on my heart, Clark. You were, from the first day you walked in. With your sweet smile and your ridiculous clothes. And your bad jokes, and your complete inability to ever hide a single thing that you felt. Don't think of me too often. I do not want you getting sad. Just live well. Just live. I'll be walking beside you every step of the way." - Will

클락, 당신은 내 마음에 새겨져 있어요. 우스꽝스러운 옷을 입고 어여쁜 미소를 띄고 내게 걸어 들어오던 그 첫날부터 그랬어요. 당신의 썰렁한 농담들, 속마음을 하나도 숨기지 못하는 것까지. 내 생각 자주 하지 마요. 당신이 슬퍼지는 건 싫으니까요. 그냥 잘 살아요. 그냥 살아요. 내가 매 순간 당신과 함께 할게요.

내 말이 맞지, 문제가 해결됐다고

There you go. Problem solved

There~로 시작하는 다양한 표현을 아래 정리를 통해서 익혀두기로 한다.

Screen Expressions

이 표현이 나오는 영화
〈노트북〉
〈노팅힐〉
〈악마는 프라다를 입는다〉
〈500일의 썸머〉
〈로맨틱 홀리데이〉
〈프로포즈〉

There ~ goes 저기 …가 간다

There you are

거기 있네, (물건주면서) 여기 있어, (설명하면서) 그것봐, 내가 뭐랬어, 그렇게 된거였어

There you go 그래 그렇게 하는거야, 참 잘하는거야!, 그것 봐, 내 말이 맞지, (뭔가 건네주면서) 자, 이거 받아, 여기 있어

There you go again 또 시작이군, 그럼 그렇지

There we are 그래 맞아, 자, 됐다, 자, 다 왔다

There it is (뭔가 건네줄 때) 자, 여기 있어

Dialog

A: The meal is ready. There you are.

B: Wow! All of the food looks delicious.

   A: 음식이 준비됐어. 자 여기 있어. B: 와! 음식이 다 맛나게 보여.

스크린 명대사 : **노트북**

"I could be whatever you want.
You just tell me what you want and I'll be that for you." - Noah

난 네가 원하는 무엇이든 돼 줄 수 있어.
네가 원하는게 뭔지만 말해. 내가 널 위해 그렇게 되어줄게

어때?, 괜찮아?
How are you doing?

How are you?와 같다고 보면 된다. How you doing?이라고 표기하기도 하는 이 표현과 How are you?는 꼭 만나서 인사할 때만 쓰는게 아니라 만나고 있는 중이라도 상대방이 좀 이상하거나 상대방이 어떻게 하고 있는지 물어볼 때도 많이 쓰인다.

● **Screen Expressions**

How (are) you doing? 잘 지내?, 괜찮아?

▶ How are you? 잘 지내?, 괜찮아?

How are you doing? **It's been a while.** 잘 지냈어? 오랜만이야

How are you doing with[on]~? …은 어떻게 돼가?

How are you doing on **the report you're writing?**
네가 쓰고 있는 보고서 어떻게 하고 있어?

How have you been? 어떻게 지냈어?

How have you been? **You look great!** 어떻게 지냈니? 근사해 보이는데!

이 표현이 나오는 영화
〈미비포유〉
〈프로포즈〉
〈악마는 프라다를 입는다〉
〈노팅힐〉
〈러브액츄얼리〉
〈어바웃타임〉
〈노팅힐〉

● **Dialog**

A: How are you doing **today?**

B: I'm fine. How are you?

　　A: 오늘 어때? B: 좋아, 넌 잘 지내?

A: Hi Chris. How have you been?

B: Not so good. I've been sick for a few weeks.

　　A: 야, 크리스. 잘 지냈어? B: 썩 좋지는 않아. 몇주간 아팠어.

Screen Patterns : God knows what Chris will do next

God[Lord] knows what~ …는 아무도 몰라

● **God knows what** Chris will do next. 크리스가 다음에 무슨 짓을 할지 아무도 몰라.

● **God knows how** Jill put up with you for so long. 그렇게 오랫동안 질이 어떻게 널 참아냈는지 알 수가 없지.

● **Lord knows** I've tried to get in touch with her. 정말이지 난 걔와 연락하려고 했어.

A: Men and women are always going in that hotel. 남자와 여자들이 항상 저 호텔안으로 들어가.

B: God knows what **they do inside that place.** 저 안에서 뭘 하는지 어떻게 알겠어.

난 안가

I'm not going

모임에 참석여부를 말할 때 사용하는 표현으로 "참석하겠다"고 할 때는 I'm going(제 3의 장소이므로 come이 아니라 go), "참석안한다"고 할 때는 I'm not going이라고 하면 된다. 상대방에 참석여부를 물어보려면 You're going?, You're not going?이라고 하면 된다.

● Screen Expressions

I'm going 나 간다, 나 갈거야[참석할거야] ↔ I'm not going

I'm going. You will never see me again.
나 간다. 다시는 못볼거야.

I'm coming 나 가

I'm coming. What is it?
가, 뭔데?

You're not coming? 너 안올거야?

Why is it that you're not coming?
넌 왜 안오는거야?

이 표현이 나오는 영화
〈노트북〉
〈노팅힐〉
〈이프온리〉
〈러브, 로지〉
〈브리짓 존스의 일기〉
〈어바웃타임〉
〈로맨틱 홀리데이〉

● Dialog

A: There's a big concert at the Olympic Stadium.

B: I'm going. And so are my friends.

A: 올림픽 스타디움에서 대규모 콘서트가 있어. B: 나 갈거야. 내 친구들도.

A: Could you help me wash my clothes?

B: I'm coming, just give me a minute.

A: 내 옷 세탁하는 것 좀 도와줄래? B: 가요, 잠깐만요.

Screen Patterns : We're about to go and get dinner

be going to+V …할거야

• You mean you**'re not going to** college? 네 말은 대학교에 안가겠다는거야?

• I**'m going to** kiss you like you've never been kissed before. 전에 해본 적이 없는 황홀한 키스해줄게.

• She**'s about to** fall in love with me! 걘 바로 날 사랑하게 될거야!

• Andrew and I **were about to** celebrate our first anniversary together. 앤드류와 난 일주년기념할 참였어.

A: What time does the ceremony begin? 기념식은 언제 시작해?

B: It's going to start around seven. 7시경에 시작할거야.

너희들 아직도 연락하고 지내?

You guys still keep in touch?

keep in touch는 상대방과 전화 등 통신수단을 통해서 「서로 연락을 계속 취하고 있는 상태」를 말하며, 동사를 바꿔서 get in touch (with sb)가 되면 동작이 강조되어 「…와 연락을 취하다」라는 뜻을 담는다.

● Screen Expressions

get[be] in touch (with sb) 연락하다, 연락을 취하다

I got your cell. I'll be in touch.
네 핸드폰 받았어. 내가 연락할게.

keep[stay] in touch (with sb) 연락을 하고 지내다

Keep in touch, okay?
연락하고 지내자, 알았지?

be[keep, stay] in touch with sth 상황 등을 잘 이해하다

She's really in touch with her artistic nature.
걔는 자신의 예술적 기질을 잘 이해하고 있어.

이 표현이 나오는 영화
〈러브, 로지〉
〈로맨틱 홀리데이〉
〈프렌즈 위드 베네핏〉

● Dialog

A: Do you keep in touch with Cindy?

B: She gives me a call on occasion.

A: 신디와 연락을 취하고 살아? B: 걔가 가끔 내게 전화를 해.

A: How can I get in touch with him?

B: You can leave me your name, and I'll tell him you called.

A: 연락할 수 있는 방법이 없을까요? B: 성함을 말씀해주시면 전화하셨다고 전해드리겠습니다.

Screen Patterns : You're not allowed to smoke here

I'm not allowed to+V 난 …하면 안돼

- **I'm not allowed to** have oral sex with an intern? 인턴하고 오럴섹스를 하면 안돼?
- Marriage is big. **You're allowed to** freak out. 결혼은 큰일이니 걱정되지.
- **You're not allowed to** sleep with any of your students. 제자와 자면 안되는거야.

A: Tell me what she said to you. 걔가 너에게 뭐라고 했는지 말해봐.

B: I'm not allowed to talk about it. 그거에 대해서는 난 말하면 안돼.

사실인 걸로 드러났어
It turns out it's real

turn out은 「…로 드러나다」로 잘 알려진 표현. 특히 It turns out (that) S+V의 형태로 「…가 밝혀지다」라는 의미로 많이 사용된다. 또한 as it turns[turned] out은 「(나중에) 알고보니」라는 의미이다. 참고로 turn out은 turn off처럼 「TV 등을 끄다」라는 기초적인 의미로도 사용된다.

Screen Expressions

It turns out (that) S+V …로 판명나다

▶ turn out to~ …로 판명나다

The next guy you see could turn out to be Mr. Right.
네가 보는 옆 사람이 너의 이상형이 될 수도 있어.

as it turns[turned] out (나중에) 알고보니

As it turned out, he had no choice. 나중에 밝혀진 것처럼 걘 선택할게 없었어.

turn out 불을 끄다

Let's make it a rule to turn out the lights every night.
밤에는 언제나 전등을 끄기로 하자.

이 표현이 나오는 영화
〈노팅힐〉
〈러브액츄얼리〉
〈어바웃타임〉
〈굿럭척〉

Dialog

A: Did your co-worker ask you out?

B: It turns out he was married.

A: 직장 동료가 데이트 신청했어? B: 유부남인걸로 드러났어.

A: Why were you so late getting here?

B: As it turns out, we got on the wrong bus.

A: 여기 오는데 왜 그렇게 늦었니? B: 나중에 알고보니, 다른 버스를 탄거야.

Screen Patterns : You're not supposed to do that

I'm supposed to+V 난 …해야 돼 ⟺ I'm not supposed to+V 난 …하면 안돼

• **I am not supposed to** be here. 난 여기 있으면 안되는데.

• **Am I supposed to** fuck you, right here? 내가 바로 여기서 널 해줘야 돼?

• **You're supposed to** love me no matter what. 어떤 일이 있어도 넌 날 사랑해야 돼.

• **How am I supposed to** know if we're soul mates? 어떻게 우리가 소울메이트인지 알 수 있는거야?

A: Have you met Christy's parents? 크리스티의 부모님을 만나뵀어?

B: I'm supposed to meet them tomorrow. 내일 뵙기로 했어.

아무도 오지 않았어
Nobody showed up

show up은 모임이나 회의 혹은 약속장소에 약속대로 「나타나다」, 「오다」라는 의미. 같은 표현으로는 turn up이 있으며, 이렇게 약속을 해놓고 나오지 않는 사람은 no show라고 한다. 물론 turn up은 turn down의 반대말로 「소리 등을 키우다」라는 1차적인 의미로도 사용된다.

● **Screen Expressions**

이 표현이 나오는 영화

〈라라랜드〉
〈로맨틱 홀리데이〉
〈러브, 로지〉

show up 예정된 장소에 오다, 나타나다
I've got a feeling she will not show up.
걔가 오지 않을 것 같은 느낌이 들어.

turn up 예정된 장소에 오다, 나타나다, 소리 등을 키우다
Let me know if that book turns up.
그 책이 나왔는지 내게 알려줘.

no show 약속을 해놓고 나타나지 않는 사람
We thought you were a no show.
우리는 네가 안 오리라고 생각했어.

● **Dialog**

A: I don't know if Tony is planning to come.
B: He'll show up. Believe me.
> A: 토니가 올 건지 모르겠어.   B: 걔 올거야. 정말야.

A: I just can't find my cell phone.
B: It will probably turn up at some point.
> A: 내 핸드폰을 어디에 뒀는지 모르겠어.   B: 언젠가는 나타날거야.

Screen Patterns : I'm ashamed of how you were treated

I'm embarrassed by[to]~ …에 당황스러워, 쑥스러워

● **Are** you **embarrassed by** this game I've started to play?   내가 시작한 게임에 당황스러워?
● **I'm ashamed of** how you were treated.   네가 그렇게 대접받다니 볼 낯이 없어.
● **I'm ashamed that** she was so rude.   걔가 너무 무례해서 부끄럽네.
● **I'm so humiliated that** he saw me naked.   걔가 나 벗은 모습을 봐서 정말 창피해.

A: Look, your brothers acted like idiots.   저봐, 네 형제들이 멍청이처럼 행동했어.
B: I'm embarrassed by their behavior.   걔네들 행동 때문에 창피해.

진정해!, 걱정마!
Take it easy!

「걱정하지마」, 「좀 쉬어가면서 해」, 혹은 헤어질 때의 인사로 "잘 지내"라는 의미를 갖는다. 꼭 명령문 형태로만 쓰여지는게 아니라 일반동사처럼으로도 사용된다. 또한 Easy, easy는 이사할 때 물건 조심하라고 할 때 쓰는 표현이고 유사한 표현으로는 「진정하라」는 calm down, stay calm 등이 있다.

● Screen Expressions

Take it easy! 진정해!

Take it easy. **We have a lot of time.**
진정하라고, 우리 시간이 많잖아.

take it easy on~ 천천히 하다, 심하게 하지 않다

Why don't you take it easy on **your girlfriend?**
네 여친에게 심하게 하지마.

Calm[Stay] down 침착해, 진정해

Calm down. **We don't need to argue.**
진정해, 다툴 필요 없잖아.

이 표현이 나오는 영화
〈노팅힐〉
〈로맨틱 홀리데이〉
〈프로포즈〉
〈이프온리〉
〈악마는 프라다를 입는다〉
〈첫키스만 50번째〉

● Dialog

A: I'm going to pull you out.
B: Take it easy! You're hurting my arm.
> A: 널 빼내줄게. B: 천천히 해! 내 팔이 아프잖아.

A: I'm really upset about this new work schedule.
B: Calm down! Stress is very unhealthy.
> A: 새로운 작업스케줄 때문에 열받아. B: 진정해! 스트레스 받으면 건강에 안좋아.

Screen Patterns : So, we are cool with penises here

I'm cool with[about]~ 난 …가 괜찮아

• **Are** you **cool with** the four of us hanging out? 우리 넷이 놀아도 되겠어?
• Whoever you're with in there, it's **fine by** me. 그안에 누구랑 있던지 간에 난 괜찮아.
• **Is it okay that** I'm calling you? 내가 전화를 해도 괜찮아?
• **It's okay if** I sit closer? 내가 더 가까이 앉아도 괜찮겠어?

A: Why don't you come out to the bar. 나와서 그 술집으로 가자.
B: I'm cool with going along with you. 난 너와 함께 가는게 좋아.

자신을 돌봐야지!
Take care of yourself!

유명한 표현으로 take care of sb하면「돌보다」, take care of sth하게 되면「…을 처리하다」가 되며, 헤어질 때 Take care!하면 "조심해!"라는 친근한 인사가 된다. 로코에서는 거의 나올 확률이 적지만 범죄집단에서 take care of sb하게 되면「…을 처리하다」,「살해하다」라는 뜻이 된다.

● Screen Expressions

take care of sb 돌보다

I try to take care of my family. 내 가족을 돌보려고 해.

take care of sth 처리하다, 지불하다(get the bill)

▶ This is on me 내가 낼게

Not to worry. I'll take care of it. 걱정마. 내가 처리할게.

Take care! 잘 지내!, 조심해! ▶ Take care of oneself! 몸 조심해!

Take care. And don't forget to e-mail me.
조심해. 그리고 잊지 말고 내게 이메일보내고

이 표현이 나오는 영화
〈미비포유〉
〈로맨틱 홀리데이〉
〈쉬즈더맨〉
〈어바웃타임〉
〈악마는 프라다를 입는다〉
〈첫키스만 50번째〉
〈러브액츄얼리〉

● Dialog

A: Don't try to take care of me. I mean, I'm okay.
B: Are you sure you're okay?
A: 날 돌봐주려 애쓰지마. 난 괜찮다니까. B: 정말 괜찮아?

A: Why are you going to the police station?
B: I've got to take care of some parking tickets.
A: 경찰서에 왜 가는거야? B: 주차위반티켓을 처리해야 돼.

Screen Patterns : Would you like to go out tonight?

Would you like to+V? …하기를 원해?

- **Would you like something to drink?** 뭐 좀 마실래?
- **Would you like the TV on?** TV를 켤까?
- **Would you like to meet the bridesmaids?** 신부들러리를 만나고 싶어?
- **Would you like me to give him a call?** 내가 걔한테 전화를 할까?

A: Would you like to try playing tennis? 테니스 쳐볼래?
B: No, I don't like playing sports. 아니, 난 운동하는 것을 싫어해.

공항까지 가주세요
Please take me to the airport

「…로 …을 데리고 나가다」라는 표현은 take sb to~, 혹은 out을 넣어 take sb out to~라고 쓰기도 한다. 연애하는 장면에서 많이 등장하는 기초표현이다. to~ 대신에 for~를 넣어도 된다. 그래서 데 리고 나가서 점심사달라고 하려면 Take me to lunch라고 간단히 하면 된다.

● Screen Expressions

take sb to~ …을 …로 데리고 나가다

I'll take you to dinner. My treat. 저녁 먹으러 가자. 내가 낼게.

take sb out to~ …을 데리고 …로 나가다

How would you like me to take you out to a fancy restaurant?
내가 고급식당에 데려가는거 어때?

take sb for~ …을 데리고 …하러가다, …을 …로 (잘못) 생각하다

You told me you were going to take me for lunch.
나 점심 사준다고 했잖아.

이 표현이 나오는 영화
〈미비포유〉
〈러브액츄얼리〉
〈노트북〉

● Dialog

A: Could you take Angela back to her apartment?

B: Yeah, tell her to meet me outside in 10 minutes.
    A: 안젤라를 아파트에 데려다 줄 수 있어? B: 그럼, 10분 후에 밖에서 보자고 해.

A: What's going on with you and Beth?

B: I'm going to take her for dinner tonight.
    A: 너와 베스, 무슨 일 있어? B: 오늘밤 그녀를 데리고 나가 저녁을 먹을거야.

Screen Patterns : Rest assured we'll be right back

I'm assured that S+V …을 확신해 ▶ Rest assured S+V …는 걱정마

- **I'm assured that** the problem will be fixed. 그 문제가 해결될거라 확신해.
- **Rest assured that** Adam will do a good job. 아담은 일을 잘할테니 걱정마.
- **I'm confident** he stole the money. 걔가 돈을 훔친걸 확신해.
- **I'm certain** this has been a very difficult period for you. 지금이 너에게는 무척 힘든 시기라는걸 확신해.

A: It will be a problem if the train doesn't come. 기차가 오지 않으면 문제가 될거야.

B: I'm assured the train will be on time. 기차가 제 시간에 올게 틀림없어.

고작 그것뿐이야?

That's all you got?

That's all은 단독으로 "그게 다야"라는 뜻이고 의문형으로 Is that all?하게 되면 "그게 다야?," "그거 밖에 없는거야?"라고 상대방을 추궁할 때 사용된다. 이를 응용해서 That's all I got하게 되면 "이게 전부 다야," 그리고 That's all you got?은 "고작 그것 뿐이냐"라는 의미가 된다.

Screen Expressions

That's all 그게 다야 ▶ Is that all? 고작 그게 다야?

As I said, I was wrong. That's all. You can go.
내가 말했듯이, 내가 틀렸어. 그게 다야. 넌 가도 돼.

That's all I got 이게 전부 다야

Here's ten dollars. That's all I got.
여기 10달러. 그게 가진거 전부야.

That's all you got? 고작 그것 뿐이야?

Out of all that, that's all you got?
그 많은 것 중에서 생각하는게 고작 그거야?

이 표현이 나오는 영화
《악마는 프라다를 입는다》
〈러브액츄얼리〉
〈프로포즈〉

Dialog

A: The police just came because someone was noisy.

B: Is that all? I thought it was more serious.

A: 누가 시끄럽게 해서 경찰이 온거야. B: 그게 다야? 더 심각한 일인 줄 알았는데.

A: They only paid me 20 dollars for the work?

B: Sure. That's all you got.

A: 그 일하는데 겨우 20달러를 지급했다고? B: 그래. 그게 다야.

스크린 명대사 : 러브, 로지

"What I once said about you is still true,
there's nothing you can't do if you put your mind to it.
So keep chasing those dreams, will you, darling?" - Rosie's father

내가 전에 너에 대해 말한 것은 사실이란다,
넌 마음만 먹으면 못할 일이 없어.
그러니 그 꿈을 절대 포기하지마, 알았지?

정말 고마워

That's very sweet of you

감사하는 마음을 표현할 때 Thank you만 반복하지 말고 위와 같이 다양한 방법으로 표현해보자. That's ~ of you는 매우 유용한 표현으로 sweet 대신에 nice, kind나 혹은 big 등 다양한 형용사를 넣어볼 수도 있다. 고마운 이야기도 함께 하려면 뒤에 to+V를 붙이면 된다.

● Screen Expressions

That's (very) sweet of you 참 고마워라(How sweet of you)

That was so sweet of you to wait for me!
날 기다려줘서 정말 고마워!

That's (very) nice[kind] of you 친절도 해라(How kind of you)

It's nice of you to think of me like that.
나를 그렇게 생각해줘서 정말 고마워.

That's big of you 친절하기도 해라(How big of you)

That's big of you. He needs help.
착하기도 해라. 걘 도움이 필요해.

이 표현이 나오는 영화
《악마는 프라다를 입는다》
〈미비포유〉
〈어바웃타임〉

● Dialog

A: These flowers are for our anniversary.

B: That's so sweet. Thank you.

A: 우리 기념일을 위한 꽃이야. B: 고맙기도 해라. 고마워.

A: I'm going to help my mom clean up.

B: That's big of you. She needs help.

A: 엄마 청소하는데 도와줄거야. B: 착하기도 해라. 엄마는 도움이 필요해.

Screen Patterns : I was scared that you were sleeping with Jim

I'm surprised to+V[that S+V] …에 놀랐어

- **I was kinda surprised that** you agreed to go on a blind date. 네가 소개팅에 간다고 해서 좀 놀랐어.

- **I was scared that** if we got together something would mess that up.
우리가 사귀면 뭔가 일이 그르치지 않을까 두려웠어.

- **I'm worried** you might be a little cold. 네가 좀 춥지 않을까 걱정돼.

A: I'm worried Sam won't come to the party. 샘이 파티에 오지 않을까 걱정돼.

B: Why? Is she still angry with you? 왜? 아직도 너 땜에 화나 있어?

걔와 그냥 친구로 지내는게 좋아

I'm happy just being friends with her

친구는 혼자 할 수 있는게 아니기 때문에 「…와 친구이다」라고 하려면 be friends with sb, 그리고 「…와 친구를 하다」는 make friends with sb라 하면 된다. 또한 friend가 동사로 쓰여서 I just friended you하면 SNS에서 "너를 친구로 추가했다"라는 의미가 된다.

● Screen Expressions

be friends with~ …와 친구이다

I have been friends with **Chris since childhood.**
크리스와는 어린 시절부터 친구로 지내고 있어.

make[stay] friends with~ …와 친구로 사귀다[남다]

You're not supposed to **stay friends with** him.
넌 그와 친구사이가 되면 안돼

friend v. 친추하다

Ted will **friend** anyone that sends him a request.
테드는 요청만 하면 누구나 다 친추할거야.

이 표현이 나오는 영화
〈라라랜드〉
〈왓이프〉
〈러브액츄얼리〉
〈친구와 연인사이〉
〈로맨틱 홀리데이〉
〈500일의 썸머〉

● Dialog

A: I hate attending new schools.

B: You have to make friends with many different people.

　　A: 난 새 학교에 가기 싫어.　B: 넌 다른 많은 사람들과 사귀어봐야 돼.

A: How did you know about the party?

B: I friended the guy who was hosting it.

　　A: 파티 얘기는 어떻게 알았어?　B: 파티를 여는 애와 SNS 친구사이거든.

Screen Patterns : We're comfortable sharing a bed

I am[feel] comfortable with[about]~ …에 맘이 편해

- He lied, and **I'm feeling very uncomfortable** about it. 걔가 거짓말했고 난 그게 정말 불편해.
- **I just don't feel comfortable** being anyone's girlfriend. 난 단지 누군가의 여친이 되는게 맘이 불편해.
- **I'm not comfortable** with Chris staying in my house. 크리스가 우리 집에 머무는게 불편해.

A: Why don't you drive my car? 내 차를 운전하지 그래?

B: I don't feel comfortable using it. 네 차를 모는데 맘이 불편해.

축배를 들겠습니다
I'd like to propose a toast

결혼식이나 파티 때 축배나 건배를 들자고 할 때는 toast를 써서 propose a toast, 혹은 make a toast 라고 한다. 앞에 I'd like to~를 붙이거나 혹은 약식으로 Toast to sb[sth]이라고 써도 된다. 일상적으로 "건배"나, "위하여"라고 할 때는 Cheers!라고 하면 된다.

Screen Expressions

I'd like to propose[make] a toast to~ (…을 위해) 축배를 듭시다

I'd like to propose a toast to **the newly married couple.**
신혼부부에게 축배를 합시다.

(A) Toast to sb[sth] …을 위해 건배

A toast to **all my good friends.**
내 모든 좋은 친구들을 위해 건배.

Cheers (to you)! (너를) 위하여!

Cheers! **You did a great job today.**
위하여! 넌 오늘 일을 아주 잘했어.

이 표현이 나오는 영화
〈굿럭척〉
〈노팅힐〉
〈악마는 프라다를 입는다〉
〈친구와 연인사이〉
〈로맨틱 홀리데이〉

Dialog

A: I'd like to propose a toast to my new wife.
B: Cheers! I'll drink to that.
　　A: 내 새 아내에게 축배를 들고 싶습니다.　B: 위하여! 건배할게요.

A: Everyone rise for toast to Ray!
B: Cheers Ray! Good luck in the future.
　　A: 다들 일어나 레이를 위하여 건배!　B: 레이를 위하여! 미래에 행운이 가득하기를.

Screen Patterns : Sorry we have to meet so late

I am sorry to+V …하게 돼서 미안해 ▶ I'm sorry about~ …에 미안해

- **I'm really sorry to** let you down about Indiana. 인디아나 건으로 실망시켜서 정말 미안해.
- **Sorry** you had to see that. 이런 모습 보게 해서 미안해.
- **I'm so sorry to disturb you**, but I wonder if I could have your autograph.
  방해해서 미안하지만 사인 좀 받을 수 있을까요.

A: She left right in the middle of our date. 걘 데이트하는 도중에 가버렸어.
B: I'm sorry she treated you badly. 걔가 못되게 굴었다니 안됐네.

그게 널 기운나게 할 줄 알았어
Thought it would cheer you up

앞서 Cheers는 술자리에서 하는 표현. 이 cheer를 써서 Cheer up!하게 되면 상대방에게 "기운내," "힘내라"는 표현이 되고, cheer sb up하게 되면 「…을 기운나게 하다」라는 뜻이 된다. 좀 어려운 표현이지만 perk를 써서 perk sb up해도 같은 의미가 된다.

● Screen Expressions

Cheer up! 힘내!, 기운내!

Why do you look so unhappy? Cheer up.
왜 그리 안 좋아 보여? 힘내.

cheer sb up …을 기운나게 하다

Don't try to cheer me up.
나를 기운나게 하려고 하지마.

perk sb up …을 기운나게 하다

This is just the thing to just perk you up.
이건 단지 너 기운나게 하려는거야.

이 표현이 나오는 영화
〈미비포유〉
〈어바웃타임〉
〈브리짓 존스의 베이비〉
〈쉬즈더맨〉

● Dialog

A: Are you heading to Margot's house?

B: We're going by to cheer her up.

    A: 마고네 집으로 가는 중야? B: 걔 기운나게 하려고 들릴거야.

A: Why do you drink so much coffee?

B: I find that it perks me up.

    A: 왜 그렇게 커피를 많이 마셔? B: 먹으면 기운이 나거든.

Screen Patterns : You're so lucky to be dating Julie

I'm very lucky S+V 난 …해서 운이 참 좋아

- **I was lucky to** have survived the car crash. 난 자동차사고에서 운좋게도 살아남았어.
- **You are so lucky to** be dating Julie. 줄리와 데이트를 하다니 넌 참 운이 좋아.
- **We are lucky** you told us about it. 네가 그 얘기를 우리에게 해줘서 운이 좋았어.

A: Your father invested in some profitable stocks. 네 아버지가 수익나는 주식에 투자하셨어.

B: I'm very lucky he was so smart. 아버지가 똑똑하셔서 난 운이 좋아.

나 좀 내버려 둬

Leave me alone

leave sb alone하면 sb를 귀찮게 하지 말고 「혼자 놔두다」라는 표현이다. Leave me alone!이란 표현이 가장 유명하지만, 일반동사로 leave sb alone도 쓰인다는 점을 기억해둔다. 또한 leave 다음에는 사람만 오는게 아니라 Leave it alone이라고 쓸 수도 있다.

● **Screen Expressions**

Leave me alone! 나 좀 내버려둬!

I've had enough of you. Leave me alone.
너한테 질린다. 좀 가만히 놔둬.

leave sb alone …을 가만히 두다

Why don't you just leave me alone?!
그냥 나 좀 놔둬?!

leave it alone 그거 그냥 놔두다

They're even, so just leave it alone.
공평하니까 그냥 놔둬.

이 표현이 나오는 영화
〈노트북〉
〈첫키스만 50번째〉
〈친구와 연인사이〉

● **Dialog**

A: Please give our relationship one more chance.

B: Leave me alone! I don't want you around!

A: 제발 우리 관계에 한번 기회를 더 줘봐. B: 나 좀 내버려둬! 네가 옆에 있는게 싫어!

A: Randy hasn't answered my phone calls.

B: Leave it alone. He's just upset.

A: 랜디는 내 전화를 받지를 않아. B: 내버려 둬. 걔가 화가 나서 그래.

Screen Patterns : I'm happy to have you back

I'm happy ~ing 난 …해서 기뻐 ▶ I'm happy to+V …해서 난 기뻐

- **I'm happy** just being friends with her. 난 걔와 친구가 된 것만으로도 기뻐.
- **I'm happy to** have you back. 네가 다시 돌아와서 좋아.
- **I'm happy** you let me be here with you. 너와 함께 있게 해줘서 정말 좋아.
- **I am glad that** we finally had a chance to talk. 마침내 얘기나눌 수 있게 돼 기뻐.

A: You have lots of time to be with your kids. 넌 네 아이들과 많은 시간을 함께 보내잖아.

B: I'm happy spending time with them. 걔네들과 시간을 보내서 기뻐.

우리 한번 더하자
Let's do it again

우리말에도 「그것을 하다」라고 하면 뭔지 알아듣는 것처럼 do it하면 「섹스하다」라는 의미가 된다. 노골적인 단어 sex를 피하기 위한 표현법. 다만 주의할 점은 글자 그대로 섹스가 아니라 「그것을 하다」, 혹은 「또 만나자」고 할 때도 쓰인다는 점을 기억해둔다.

● *Screen Expressions*

do it (with sb) (…와) 섹스하다

You caught me doing it **with Chris. What's the big deal?**
내가 크리스와 그거하는거 너한테 틀켰는데 그게 뭐 대수야?

do it 그렇게 하다

Are you sure you'll be able to do it?
정말 너 그거 할 수 있어?

Let's do it again 또 만나자

Let's do this again sometime.
조만간 다시 한 번 모이자.

이 표현이 나오는 영화
〈노트북〉
〈프로포즈〉
〈쉬즈더맨〉
〈러브액츄얼리〉

● *Dialog*

A: This is your seventh date with April.
B: I hope we're finally going to do it.
A: 이번이 에이프릴과 7번째 데이트야. B: 마침내 섹스하기를 바래야지.

A: I enjoyed playing poker with you.
B: Let's do it again sometime soon.
A: 함께 포커게임 해서 즐거웠어. B: 언제 한번 또 포커 치자.

Screen Patterns : I'm interested in renting your house

I have interest in~ …에 관심이 있어 ▶ I have no interest in~ …에 관심이 없어

• I told you again and again **I have no interest in** you. 여러차례 말했지만 난 너에게 관심이 없어.
• **I'm interested in** renting your house. 난 네 집을 임대하는데 관심이 있어.
• **I am so uninterested in** a life without your father. 난 네 아버지없는 삶에는 정말 관심없어.
• **You interested in** getting back on the team? 팀으로 돌아오는거에 관심있어?

A: Let's go to a theater and see a film. 영화관에 가서 영화보자.
B: I'm so uninterested in **watching movies**. 난 정말이지 영화보는데 전혀 흥미가 없어.

곧 도착할거야
Be there soon

「가다」, 「오다」 하면 go, come이지만 be here[there]를 쓰기도 한다. 예로 I'm there하면 "나 갈게"라는 표현이 된다. 또한 be there는 「목표를 이루다」, 「목적지에 다다르다」는 뜻으로도 쓰여서 I'm almost there하면 "거의 다했[왔]어"라는 의미.

Screen Expressions

be here[there] 오다, 가다 ▶ get there 도착하다, 성공하다

Are you going to be here tomorrow? I want to see you again.
너 내일 여기 올거야? 다시 보고 싶어서.

be almost there 거의 목표에 다다르다

We're almost there. Be patient now.
거의 다 왔어. 조금만 참아.

be there for sb …을 위해 힘이 되어주다

I'll be there for you when you have hard times.
네가 어려울 때 내가 힘이 되어줄게.

이 표현이 나오는 영화
〈라라랜드〉
〈러브액츄얼리〉
〈악마는 프라다를 입는다〉
〈프렌즈 위드 베네핏〉
〈굿럭척〉

Dialog

A: I don't think I can come over tonight.

B: But you promised you'd be here at nine.

A: 나 오늘밤에 올 수 없을 것 같아. B: 하지만 9시에 온다고 약속했잖아.

A: Do we have to hike much further to reach the summit?

B: You're almost there.

A: 정상에 도착하려면 훨씬 더 많이 올라가야 하는거야? B: 거의 다 왔어.

Screen Patterns : Are you aware you're 10 weeks pregnant?

I'm aware of~ …을 잘 알고 있어 ▶ I'm aware of what~ …을 잘 알고 있어

- **I am aware of what** goes on in my own house. 난 내 집에서 무슨 일이 벌어지는지 잘 알고 있어.
- **I'm aware of the fact that** she is angry. 걔가 화났다는 사실을 잘 알고 있어.
- **You're also unaware of** the fact that there is not enough time. 시간이 충분치 않음을 너 또한 모르고 있어.
- **I am well aware** we've had problems for the last year. 작년에 우리에게 문제가 있다는 것을 난 잘 알고 있어.

A: There are a lot of rumors about your boyfriend. 네 남친에 대한 소문이 엄청 많아.

B: I'm aware of what they have been saying. 걔네들이 뭐라고 하는지 알고 있어.

개 전화연결해
Get her on the phone

Get me sb하면 「…을 연결해줘」, 「…을 바꿔줘」가 된다. Get sb on the phone이라고 해도 된다. 물론 Give me sb도 쓰이지만 give의 경우에는 전화에만 쓰이는데 반해 Get me sb하면 「…을 데려오라」는 뜻으로도 쓰인다는 점을 기억해둔다.

● Screen Expressions

Get me sb …을 전화연결해줘, …을 데려와, 찾아와

Get me John. I need to speak to him.
존을 바꿔주세요. 얘기 좀 해야 돼요

Give me sb …을 전화연결해줘, 전화 바꿔줘 = Let me speak to sb

Give me Tim.
팀 바꿔주세요

call one's cell …의 핸드폰으로 전화를 하다

I called your cell like a zillion times.
네 핸드폰으로 수없이 전화했었어.

이 표현이 나오는 영화
《이프온리》
《악마는 프라다를 입는다》

● Dialog

A: Who would you like to speak to?

B: Get me the manager of this store.

A: 누구 바꿔드릴까요? B: 이 가게의 매니저를 바꿔줘요.

A: How can I reach you tomorrow afternoon?

B: Call my cell. I won't be home.

A: 내일 오후에 어떻게 연락할까? B: 핸폰으로 해. 집에 없을거야.

Screen Patterns : You ready for our lunch date?

I'm ready to+V[for+N] …할 준비가 되어 있어

• I never thought I'd say this, but **I'm ready to** get married.
내가 이런 말을 하게 될 줄 몰랐지만, 나 결혼할 준비가 됐어.

• **Are you ready for** our lunch date? 점심 데이트할 준비됐어?

• Then **be prepared to** suffer the consequences. 그럼 결과를 받아들일 준비를 하라고.

A: Why not find a girl to settle down with? 정착할 여자를 찾지 그래?

B: I'm not ready to marry anyone. 난 아직 결혼할 준비가 안되어 있어.

정말 고마워요

I really appreciate it

appreciate는 thank보다는 고마움이 좀 더 배겨 있는 무게감있는 표현으로 I appreciate your support처럼 「I appreciate+고마운 일」의 형태로 쓰면 된다. 보통 I appreciate it[that]의 형태로 많이 쓰인다. 또한 appreciate의 형용사인 appreciative를 써서 be appreciative of~로 써도 된다.

● **Screen Expressions**

이 표현이 나오는 영화

《굿럭척》
《악마는 프라다를 입는다》
《노팅힐》
《프로포즈》

I appreciate+N …가 고마워 ▶ **I appreciate you ~ing** …해줘서 고마워

I appreciate you driving Jack home.
차로 잭을 집에 데려다줘서 정말 고마워.

I appreciate it[that] 고마워 ▶ **I appreciate it that S+V** …에 감사해

That would be great. I really appreciate it. 그럼 좋지, 정말 고마워

be appreciative of~ …가 고마워

I am very appreciative of what you've done.
해주신 일 정말 감사해요.

● **Dialog**

A: I put the leftovers in the fridge.
B: Thank you. I appreciate it.
  A: 음식 남은거 냉장고에 넣어뒀어. B: 고마워. 정말 고마워.

A: I think your boyfriend is seeing other women.
B: I appreciate you telling me.
  A: 네 남친이 다른 여자들을 만나는 것 같은데. B: 말해줘서 고마워.

Screen Patterns : I'm grateful for what you've done

I'm grateful for+N[what~] …에 정말 고마워

- **I'm grateful for** what you've done. 네가 해준 일에 대해 정말 고마워.
- **I'm grateful to** Chris for helping me out. 크리스가 나를 도와줘서 고마워.
- **I'm so grateful that** you brought some food. 음식을 좀 가져와줘서 정말 고마워.
- **I'd appreciate it if** you left us alone. 우릴 좀 가만히 놔두면 고맙겠어.

A: Neil owns this apartment. 닐은 이 아파트 주인이야.
B: I'm grateful to him for letting me stay here. 걔가 날 여기에 있게 해줘서 고마워.

다시 말해주세요

I beg your pardon?

I beg your pardon?은 상대방의 말을 잘 못알았을 때 「다시 말해달라」는 의미로 쓰이거나 혹은 「죄송하다」라고 할 때 사용되는 표현이다. 주어를 생략하고 그냥 Beg your pardon? 혹은 거두절미하고 Pardon? 혹은 Pardon me?라고 해도 된다.

Screen Expressions

I beg your pardon? 다시 말해주세요

I beg your pardon? Could you repeat that?
뭐라구요? 다시 말해줄래요?

Pardon? 다시 말해주세요

Pardon? You'll need to speak louder.
뭐라구요? 좀 크게 말해주세요.

Pardon me (for) 죄송해요

Pardon me for stepping on your foot.
발을 밟아서 죄송해요.

이 표현이 나오는 영화
〈어바웃타임〉
〈러브액츄얼리〉
〈로맨틱 홀리데이〉
〈프로포즈〉

Dialog

A: I beg your pardon? What did you say?

B: I said you messed up the dinner I was making.

A: 뭐라고? 뭐라고 했어? B: 내가 준비하는 저녁을 네가 망쳤다고 했어.

A: Pardon me, do you have a cigarette?

B: Sure, I've got a pack in my jacket.

A: 실례지만 담배있어요? B: 물론요, 쟈켓에 한 갑 있어요.

Screen Patterns : I'm very close to changing my phone number

I'm close to ~ing 거의 …할' 뻔했어

- **You're not even close to** getting it done. 일을 다 마치려면 아직 멀었어.
- **I'm very close to** changing my phone number. 전번을 거의 바꿀 뻔했어.
- **I came this close to** actually cleaning the house. 집안청소라도 정말 할 뻔 했다고.
- She lets her coat down and starts **coming close to** him. 그녀는 코트를 벗고 걔한테 다가가기 시작해.

A: I'm so tired, I just want to go home. 난 너무 피곤해서 그냥 집에 가고 싶어.

B: You're not even close to **finishing this work.** 너 이 일을 끝내려면 아직 멀었는데.

나 이거 잘 못해
I'm not very good at this

be good at~하면 「…을 잘하다」라는 뜻. good 대신에 great, terrific 등을 써서 더 강조할 수 있다. 반대로 「잘못하다」라고 말하려면 be not good at, be poor at, be terrible at이라고 쓰면 된다. 물론 be 동사 대신 욕심 많은 동사 get을 써도 된다. 또한 be new at~의 형태로 서투름을 표현할 수도 있다.

● Screen Expressions

be good[great, terrific] at~ …을 잘하다, 능하다

I should warn you. I'm not very good at this.
미리 말해두지만 나 이거 잘 못해.

be poor[terrible] at~ …을 잘 못하다, 서투르다

She is so terrible at impressions.
걘 정말 흉내를 못내.

get good[poor] at~ …을 잘 [못]하다

How'd you get so good at teaching?
어떻게 그렇게 잘 가르치게 됐어요?

이 표현이 나오는 영화
〈러브액츄얼리〉
〈첫키스만 50번째〉
〈로맨틱 홀리데이〉
〈친구와 연인사이〉
〈프렌즈 위드 베네핏〉
〈브리짓 존스의 베이비〉
〈굿럭척〉

● Dialog

A: He said he wouldn't tell the others.
B: Yeah. Tom's good at keeping secrets.

A: 걘 다른 사람들에게 얘기하지 않을거라고 했어. B: 그래. 탐은 비밀을 아주 잘 지켜.

A: What should we get Chris for his birthday?
B: You decide. I'm terrible at buying gifts.

A: 크리스에게 생일선물로 뭘 줘야 할까? B: 네가 결정해. 난 선물사는데 젬병야.

Screen Patterns : I know you have issues with your dad

I know S+V …을 알고 있어 ▶ I don't know S+V …을 몰라

- **I know that** it weirds you out. 그거 때문에 네가 이상하게 생각할거라는 걸 알고 있어.
- **I know how to** keep my women satisfied. 내 여자들을 어떻게 만족시켜줘야 되는지 알아.
- **I know** how much Chris means to you. 크리스가 너에게 얼마나 큰 의미인지 알고 있어.
- **I don't know** when I'm gonna see you again. 내가 언제 널 다시 볼지 모르겠어.

A: The fight you had with your wife was serious. 네 아내와의 다툼은 아주 심했어.
B: I know how to work it out with her. 어떻게 푸는지 방법을 알고 있어.

잠깐 얘기할 수 있을까?, 시간 돼?

You got a minute?

얘기 좀 하게 시간이 있냐고 물어보는 대표적인 표현이다. 원래는 Have you got a minute?인데 Have가 생략된 경우이고 여기서 다시 You를 생략해 Got a minute?라고 해도 된다. 물론 a minute 대신에 a sec(ond)를 넣어도 된다. 또한 have a word를 이용해 Can I have a word?라고 해도 된다.

● Screen Expressions

이 표현이 나오는 영화
〈어바웃타임〉
〈노팅힐〉
〈러브액츄얼리〉

(You) Got a minute[second]? 잠깐 시간 돼?

Got a sec? We need to discuss the schedule.
시간 돼? 일정 논의 좀 해야 돼.

have a word (with sb) (…와) 얘기나누다 ▶ have words with 언쟁하다

Dad, can I have a quick word? 아빠, 잠깐 얘기할 수 있어요?

Can I say something? 뭐 좀 얘기할 수 있을까?

Wait a minute now, can I say something?
잠깐만, 뭐 좀 얘기할 수 있을까?

● Dialog

A: Got a second? I need to talk to you.

B: Sure. Tell me what's on your mind.

　　A: 잠깐 시간돼? 너와 얘기 좀 해야 돼.　B: 그래. 뭔 얘기인데.

A: My neighbor is really bothering me.

B: I'll go have a word with him.

　　A: 내 이웃은 정말 짜증나게 해.　B: 가서 그 사람하고 얘기해볼게.

Screen Patterns : Do you know why she did it?

Do you know S+V? …을 알고 있어?

- **Do you know** she lied to me? 걔가 우리에게 거짓말한거 알아?
- **Don't you know** what's going on? 무슨 일이 벌어지고 있는지 몰라?
- **Do you know** how to flirt with a girl? 여자에게 어떻게 작업거는지 알아?
- **Do you know** who I always liked? 내가 항상 누굴 좋아했는지 알아?

A: I was in love with Jane. 난 제인과 사랑에 빠졌어.

B: **Do you know** she got married? 걔 유부녀인거 알고 있어?

말도 안돼, 웃기지마
Don't be ridiculous

상대방이 어처구니 없는 언행을 하는 경우 질책하는 표현으로 "말도 안돼," "웃기지마," "바보같이 굴 지마" 등의 의미를 갖는다. 유사한 표현으로는 Don't be silly, Don't be foolish 등이 있다.

● Screen Expressions

Don't be ridiculous 말도 안돼, 웃기지마

▶ This is ridiculous 이건 말도 안돼

Don't be ridiculous. He isn't gay.
말도 안돼. 걔는 게이가 아냐.

Don't be silly 바보같이 굴지마

Don't be silly. Why would I do that?
웃기지마. 내가 왜 그러겠어?

이 표현이 나오는 영화
〈악마는 프라다를 입는다〉
〈이프온리〉
〈러브액츄얼리〉

● Dialog

A: The rumor is that they are breaking up.

B: Don't be ridiculous. They are still together.

   A: 소문에 의하면 걔네들 헤어진다며. B: 말도 안돼. 아직 사귀는데.

A: I don't think Candy wants to dance with me.

B: Don't be silly, she'd love to dance with you.

   A: 캔디가 나와 춤추기를 싫어하는 것 같아. B: 웃기지마, 걘 너와 춤추고 싶어할거야.

Screen Patterns : Don't forget to invite us to the wedding

Don't forget to+V 반드시 …해

- **Don't forget to** bring your girlfriend for the party. 파티에 네 여자친구 데려오는거 잊지마.
- **Be sure to** tell him I came by. 내가 왔었다고 걔한테 꼭 말해줘.
- **I'll be sure to** let my wife know. 반드시 내 아내가 알도록 할게.
- **I'll be sure to** give you a call. 내가 꼭 너에게 전화를 할게.

A: I'll be staying there for two nights. 난 거기에 2박 3일 머물거야.

B: Don't forget to bring your toothbrush. 잊지 말고 칫솔가져가.

걱정하지마, 미안해 할 것 없어

Don't you worry about that

상대방의 근심과 걱정을 안심시킬 때 사용하는 것으로 단독으로 Don't worry, 혹은 걱정하는 대상과 함께 Don't worry about sb[sth], 그리고 강조를 할 때는 위에서처럼 Don't 다음에 you를 넣거나 Don't worry about a thing(걱정 붙들어매)으로 하면 된다.

Screen Expressions

Don't worry 걱정마

Don't worry. I'll get it done for you.
걱정마. 널 위해 해낼테니까 말야.

Don't worry about sb[sth] …은 걱정마

Don't worry about it. It's not a big deal.
걱정하지마. 별거 아니야.

I'm worried (sick) about~ …가 무척 걱정이야

We were worried sick about you.
우리는 너 때문에 걱정이 태산이었어.

이 표현이 나오는 영화
〈악마는 프라다를 입는다〉
〈노팅힐〉
〈프로포즈〉
〈어바웃타임〉
〈미비포유〉

Dialog

A: This is dangerous. You've got to be careful.

B: Don't worry about me.

A: 이 일은 위험해. 조심해야 한다구. B: 내 걱정 하지마.

A: This is what I'm afraid of.

B: Don't worry about that too much.

A: 내가 걱정하는 건 바로 이거야. B: 너무 걱정하지마.

Screen Patterns : How long does it take to get undressed?

How long does it take to+V? …하는데 얼마나 걸려?

- **How long does it take to** get undressed? 옷 벗는데 얼마나 걸려?
- **How long is it gonna take** for her memory to come back?
  걔의 기억이 돌아오는데 얼마나 시간이 걸릴까?
- **How long will it take** Nelly to get ready? 넬리가 준비하는데 얼마나 걸릴까?

A: How long does it take to get rich? 부자가 되는데 얼마나 시간이 걸릴까?

B: Many years, and you have to work hard. 오래걸리지. 그리고 열심히 일해야 돼.

뭐라고?
Excuse me?

원래 Excuse me,는 우리말의 "실례합니다"에 해당되는 표현으로 상대방의 주의를 끌거나 혹은 가벼운 실례를 범했을 때 사용한다. 여기서처럼 끝을 올려 Excuse me?하면 상대방에게 "다시 말해달라"는 의미로 I'm sorry?, Come again?, Pardon? 등과 같은 뜻이다.

Screen Expressions

Excuse me, 실례지만, 저기.

Excuse me, I have a question for you.
실례지만 질문할 게 있는데요.

Excuse me? 뭐라고?

Excuse me? Could you repeat that?
뭐라고요? 다시 한번 말해줘요.

Excuse us 우리 지나갈게요, 잠깐 자리를 비켜주세요, (자리를 떠나며) 실례지만

Excuse us, we need to go.
실례해요, 우리 가야 돼서요.

이 표현이 나오는 영화
〈악마는 프라다를 입는다〉
〈노팅힐〉
〈프로포즈〉
〈노트북〉
〈500일의 썸머〉
〈러브액츄얼리〉
〈어바웃타임〉

Dialog

A: Excuse me, I seem to have lost my way.
B: Where are you trying to go?
　A: 실례합니다, 제가 길을 잃은 것 같아요.　B: 어디를 가려고 하는데요?

A: Please excuse us for a moment.
B: Of course. You can call me if you're ready.
　A: 잠깐 자리 좀 비켜주세요.　B: 그러죠. 준비가 되면 부르세요.

Screen Patterns : It's time to move on

It's time (for sb) to+V (…가) …할 때이다

- **It's time to** leave for the party. 파티에 가야 할 시간이야.
- **It's time for** you **to** get married. 너 이제 결혼할 때야.
- **It's high time** our families got together. 우리 가족들이 함께 해야 할 때야.
- **I think it is time that** I talked to her about it. 그 문제에 대해 내가 걔하고 얘기해 볼 때가 된 것 같아.

A: I feel unhappy and depressed all the time. 기분도 안좋고 항상 우울해.
B: It's high time to **visit a psychiatrist.** 정신과에 빨리 가봐라.

넌 그럴 자격이 돼

You deserve it

deserve sth은 「…을 누릴 자격이 있다」는 말로, You deserve it하면 "넌 그래도 돼," "넌 그럴 자격이 있다"라는 뜻이 된다. 다만 문맥상 부정적으로 쓰일 때는 "…해도 싸다" "잘 당했다"라는 의미로 You had it coming, You're asking for it과 같은 맥락의 표현이다.

● Screen Expressions

deserve sth …을 누릴 자격이 있다

I don't deserve such a good daughter. 난 그렇게 좋은 딸을 갖을 자격이 안돼

You deserve it 넌 그래도 돼

▶ You more than deserve it 충분히 그러고도 남아

You deserve it. **You're a good writer.** 넌 그럴 자격이 돼. 넌 정말 좋은 작가야.

You deserve to+V …할 만하다

I get that you're mad. You deserve to be mad.
너 화난 것을 이해해. 너는 화가 날 만하지.

이 표현이 나오는 영화
〈미비포유〉
〈악마는 프라다를 입는다〉
〈이프온리〉
〈프로포즈〉

● Dialog

A: I never get enough to eat these days.
B: You deserve food to fill you up.
  A: 요즘 난 충분히 먹지를 못해. B: 넌 배부르게 음식을 먹을 자격이 돼.

A: I'll be on vacation for the next two weeks.
B: You worked hard, and you deserve it.
  A: 다음 2주간 휴가갈거야. B: 열심히 일했으니, 그럴 자격이 있어.

Screen Patterns : Go hook up with someone else

Go get[have]~ 가서 …해라

• Do you want to **come see** a movie with us? 와서 우리랑 같이 영화볼래?

• You could **go get** lucky with a hot girl if you want. 원한다면 가서 섹시한 여자와 하라고.

• Why don't you **go get** us some coffee to drink? 가서 마실 커피 좀 사가지고 와.

A: I heard you called Mindy after your semester ended. 학기끝난 후에 민디에게 전화했다며.
B: That's when she decided to come see me. 바로 그때가 민디가 와서 날 보기로 결정했을 때야.

넌 아주 큰일났다
You are in big trouble

「곤경에 빠지다」, 「큰일나다」는 be in trouble이라고 쓰면 된다. 물론 be 대신에 get을 써도 된다. 강조하려면 be in big trouble, be in real trouble이라고 하면 된다. 또한 내가 아닌 다른 사람을 곤경에 빠트린다고 할 때는 get sb in trouble.

● Screen Expressions

be[get] in trouble 곤경에 처하다 = get oneself in trouble

You will get in trouble if you do that.
그렇게 하면 곤란해질거야.

be[get] in big[real] trouble 큰 곤경에 처하다

I need your help! I'm in big trouble!
네 도움이 필요해! 큰 어려움에 빠졌어!

get sb in trouble …을 곤경에 빠트리다

I'm not here to get you in trouble.
널 곤란하게 하려고 여기 온게 아냐.

이 표현이 나오는 영화
〈이프온리〉
〈로맨틱 홀리데이〉
〈노팅힐〉
〈러브액츄얼리〉

● Dialog

A: They are going to be in trouble for this one!
B: I can't believe they did that!
  A: 걔네들은 이걸로 곤경에 처할거야. B: 걔네들이 그랬다는 것이 믿기지 않아.

A: I'm just going to have a few beers.
B: That could get you in trouble.
  A: 단 몇잔만 맥주마실거야. B: 그러면 너 곤경에 처할거야.

Screen Patterns : I see that you and Chris are close

I see S+V …하네, …하구만

- **I see** a really big cock down there. 진짜 큰 남자 성기가 달려있네.
- **I see** you're sitting there alone. 저기 혼자 앉아 있는거 같은데요.
- **I see** you're sweating. What is it you've done? 땀을 흘리던데. 무슨 짓을 한거야?
- **I see** what you're getting at. You want to keep me away from her. 원말인지 알겠어. 걔를 멀리하라는거지.

A: Everyone is wearing winter coats today. 오늘 다들 겨울 코트를 입었네.
B: I see the weather got colder. 날씨가 더 추워졌네.

내 시간은 다 끝났어. 이제 네 차례야
I believe my time is up. Your turn

시간에 관련한 표현 몇가지를 알아본다. Time's up하면 "시간이 다 되었다." be out of time이나 시간이 running out하면「시간이 부족하다」라는 말이다. 여기에 tick-tock를 붙이면 시간이 부족한 상태에서 시간이 흐르는 것을 나타낸다. 또한 lose track of time은「시간을 놓치다」가 된다.

Screen Expressions

Time's up 시간 다 됐어 ▶ be[run] out of time 시간이 부족하다
I'm running out of time. I need to finish this.
시간이 부족해. 이걸 끝마쳐야 돼.

lose track of time 몇시인지 시간을 놓치다
I lost track of time.
몇시인지 놓쳤어.

How fast the time goes 시간이 어찌나 빨리 가던지
Thirty-one years old! Time flies, doesn't it?
31살이라고! 시간 정말 빨리 간다. 그지 않아?

Dialog

A: Can't we stay a few more minutes?
B: No. Time's up. We need to leave.
　A: 조금만 더 있으면 안될까? B: 안돼. 시간 다 됐어. 가야 돼.

A: We wanted to stop by, but we ran out of time.
B: I hope we can meet up next week.
　A: 잠시 들르고 싶었지만 시간이 부족했어. B: 담주에 만나기를 바래.

Screen Patterns : I just want to know in case he shows up

in case of+N …의 경우에

- Use the subway **in case of** a traffic jam. 차가 막히는 경우에는 지하철을 이용해.
- I just want to know **in case** he shows up. 걔가 올건지 알고 싶어.
- Buy me a coffee **just in case** I get sleepy. 내가 졸릴 때에 한해서 내게 커피를 사줘.

A: Why are there so many alarms in this building? 이 빌딩에는 경보장치가 왜 그렇게 많은거야?
B: The alarms are there in case of a fire. 화재의 경우에 대비해서 있는거야.

저기, 이거 너무 진지하게 받아들이지마

Look, don't take this so seriously

be[get] serious (about~)하게 되면 「…에 대해 진지하게 대처하다」 혹은 「남녀관계가 진지[심각]해지다」라는 의미. take ~ seriously를 「…을 진지하게 받아들이다」, 그리고 상대방이 말도 안되는 얘기를 할 때 황당하고 놀란 마음에 Seriously?라고 할 때가 있는데 이때의 의미는 "정말야?"라는 뜻이 된다.

Screen Expressions

be[get] serious (about) 진지해지다, 심각해지다

I don't know if you are serious about dating me.
네가 나랑 진지하게 데이트를 하는 건지 모르겠어.

take sb[sth] seriously 진지하게 받아들이다

You might want to take this seriously.
이걸 신중히 다루어보는게 좋겠어.

Seriously? 정말로, 정말 이럴거야?, 너무 하네

Seriously, it's not a big deal. I will take care of it.
정말로, 이건 별거 아냐. 내가 처리할게.

이 표현이 나오는 영화
〈굿럭척〉
〈노트북〉
〈악마는 프라다를 입는다〉
〈어바웃타임〉
〈프로포즈〉

Dialog

A: Max and Anna have been spending a lot of time together.
B: I think Anna is getting serious about him.
  A: 맥스와 애나가 많은 시간을 함께 보내. B: 애나가 걔와 진지하게 사귀는 것 같아.

A: I wore a torn shirt when I met my blind date.
B: Seriously? You thought that was a good idea?
  A: 소개팅 때 찢어진 셔츠를 입었어. B: 정말? 그게 좋은 생각이라고 여겼어?

Screen Patterns : I feel bad about lying to Tim

I feel awful about~ …가 끔찍해

• **I feel really awful about** how I acted before. 내가 전에 한 행동 때문에 기분이 정말 끔찍해.
• **I feel bad about** lying to Tim, but it worked. 팀에게 거짓말해서 마음이 좀 걸리지만, 그래도 먹혔어.
• **I feel terrible about** looking into his life like this. 걔의 삶을 이런 식으로 들여다보게 돼서 정말 속상해.

A: I feel awful about **embarrassing you.** 널 당황케해서 정말 기분이 끔찍해.
B: Yeah, you shouldn't have told people that I failed.
  그래, 넌 내가 실패했다는 말을 하지 말았어야 했는데.

하지만 넌 비상대기가 아니라고 말했잖아

But you said you weren't on-call

의사도 로코에서 빠지지 않는 업종. 그런 의사들이 항시 출동할 수 있도록「비상대기하고 있다」고 할 때는 be on call이라고 한다. 반면 call in sick하면「회사에 전화해서 아파 출근 못한다고 하다」라는 뜻이 된다.

Screen Expressions

be on call 비상대기이다

I was on call last night. I didn't get much sleep.
어젯밤 비상대기였어. 잠을 많이 못 잤다구.

call in sick 아파 출근 못한다고 전화하다

I feel terrible. I have to call in sick.
몸이 정말 안 좋아. 아파서 결근한다고 해야 되겠어.

call it a day 퇴근하다 = call it quits

Let's call it a day and get some beer.
그만하고 맥주 좀 먹자.

이 표현이 나오는 영화
〈이터널 선샤인〉
〈프렌즈 위드 베네핏〉
〈악마는 프라다를 입는다〉
〈500일의 썸머〉

Dialog

A: Do you have to work tonight?
B: Yeah, and I am on call all weekend.
A: 너 오늘밤 일해야 하니? B: 그래, 게다가 주말 내내 대기근무 서야 해.

A: I feel terrible. Maybe I caught the flu.
B: You can't go to work. Call in sick.
A: 몸이 아주 최악이야. 독감에 걸린 것 같아. B: 출근하지마. 전화해서 아프다고 해.

Screen Patterns : I feel like it's my fault

I feel like S+V …인 것 같아

• **I feel like** going to the beach today. 오늘 해변에 가고 싶어.
• **I still feel like** something's not right. 아직도 뭔가 잘못된 것 같아.
• **I feel like** we've been here before. 우리 전에 여기 와본 것 같아.
• **I feel that** more girls would date me if I wore nice clothes. 멋진 옷입으면 더 많은 여자들이 데이트할 것 같아.

A: It's difficult to work for uptight bosses. 깐깐한 상사 모시기가 얼마나 힘든데요.
B: Yeah, I feel that we are really lucky. 맞아요. 우린 정말 운이 좋은 것 같아요.

무릎꿇는거야?

Are you on your knees?

로코에서 빠질 수 없는 장면. 물론 〈프로포즈〉에서 산드라 블록이 무릎을 꿇었지만, 보통 남자들이 청혼할 때 여성 앞에 무릎꿇는 것을 be[get down] on one's knees라고 한다. 이때 하는 전형적인 문장은 Will you marry me?이다.

● Screen Expressions

be on one's knees 무릎을 꿇다

He was on his knees saying he was sorry.
걘 무릎을 꿇고 미안하다고 말하고 있었어.

get down on one's knees 무릎을 꿇다

Aren't you supposed to get down on your knees or something?
무릎을 꿇거나 뭐 그래야 되는 것 아니에요?

ask sb to marry me …에게 결혼하자고 하다

I plan to ask my girlfriend to marry me. 난 여친에게 청혼할 계획이야.

이 표현이 나오는 영화
〈노팅힐〉
〈프로포즈〉
〈어바웃타임〉

● Dialog

A: What did Jack do after you had had a fight?

B: He got down on his knees and asked for forgiveness.

A: 너희들 싸운 다음 잭이 어떻게 했어? B: 무릎을 꿇고 용서를 빌었어.

A: Why are you acting so nervous?

B: I'm going to ask Sharon to marry me.

A: 왜 그렇게 긴장해 하는거야? B: 샤론에게 청혼할거야.

Screen Patterns : I'm impressed with your hard work

I'm very impressed by[with]~ …가 무척 인상적이야

• **We're impressed by** your generosity. 당신의 관대함에 우리는 감명받았어요.

• **I'm amazed that** he is in that good of shape. 걔 건강이 그렇게 좋다니 놀랍네.

• **I'm so thrilled to** finally meet Jack's friends. 마침내 잭의 친구들을 만난다고 하니 정말 신나.

A: Your cousin told me all about his work. 네 사촌이 자기 일에 대해 자세히 내게 말했어.

B: I'm very impressed by his knowledge. 난 걔가 알고 있는거에 감탄했어.

그들은 서로 좋아 미칠 지경이었어
They were crazy about each other

crazy는 「제정신이 아닌」, 「미친」이라는 의미이지만 be crazy about sb하면 「…을 무척 좋아하다」, be crazy about sth하면 「…에 빠지다」, 「…에 열성이다」라는 뜻이 된다. 또한 be crazy to+V하게 되면 원래 의미로 「…하다니 미쳤다」라는 의미이다. 참고로 go crazy하면 「매우 화나다」라는 뜻이다.

● **Screen Expressions**

be crazy about sb …에 빠지다

▶ be crazy about sth …에 빠지다, 열성이다

He told me that he's crazy about you. 걔가 나한테 말했는데 너한테 빠졌대.

be crazy to+V …하다니 미쳤다, 제정신이 아니다

Is it crazy to think like that? 그렇게 생각하다니 미친걸까?

go crazy 무척 화를 내다, 열광하다, 열심히 …하다

I go crazy for it.
그 때문에 난 화가 나.

● **Dialog**

A: Carrie is always talking about Stanley.

B: Oh yeah, she's crazy about him.

A: 캐리는 항상 스탠리 얘기만 해. B: 어 그래, 걔 스탠리에게 푹 빠졌어.

A: If you don't shut up, I'm going to go crazy.

B: Sorry, I didn't realize I was talking so much.

A: 입닥치지 않으면 화낼거야. B: 미안, 내가 말이 많았던 걸 깜박했네.

Screen Patterns : It's so lovely to see you again

It's good to+V[that S+V] …하는 것이 좋아

• **It's good that** we got out and did something physical. 나가서 활동적인 일을 하는게 좋아.

• **I think it's better that** we break it off before she gets hurt.
걔가 상처받기 전에 헤어지는게 더 나을 것 같아.

• **I think maybe it's best that** we stop seeing each other. 우리가 서로 만나지 않는 것이 최선일 것 같아.

A: We never should have slept together. 우리 절대로 함께 자지 말았어야 했는데.

B: It's better we forget what happened. 없었던 일로 하는게 더 나을거야.

정말 이러기야?

Really? You're doing this?

영어표현이라는 말이 무색할 정도 단순한 구성인 do this[that]에 대해 알아보도록 한다. 표현같지도 않지만 알아두면 의외로 많은 문장을 만들 수 있다.

● **Screen Expressions**

do this 이렇게 하다

I normally don't do this, but I'm desperate.
보통 이러지 않지만 내가 절박해서.

You can't do this to me. 내게 이러면 안되지.

do that 그렇게 하다

Love does that to you sometimes.
사랑은 때때로 네게 그렇게 해.

People actually do that? 사람들이 실제로 그렇게 해?

Let's do that. 그렇게 하자.

이 표현이 나오는 영화
〈라라랜드〉
〈굿럭척〉
〈이프온리〉
〈로맨틱 홀리데이〉
〈프렌즈 위드 베네핏〉
〈악마는 프라다를 입는다〉
〈노트북〉, 〈노팅힐〉
〈러브액츄얼리〉

● **Dialog**

A: We're letting you go from this job.

B: You can't do this to me. I'm a good employee.

A: 이 일에서 자네를 해고해야겠어. B: 저한테 이러실 수는 없어요. 전 성실한 직원이라구요.

A: I am going to beat him up.

B: Be cool. You'll get in trouble if you do that.

A: 걔 혼내줄거야. B: 진정해. 그렇게 하면 곤란해질거야.

Screen Patterns : I'm willing to do that

I'm willing to+V 기꺼이 …할래

● **I'm willing to** leave that to fate. 난 기꺼이 운명에 맡길거야.

● **I'm more than willing to** help you. 기꺼이 너를 도와줄래.

● **Are you willing to** have a chat with me? 나하고 얘기 좀 나눌 생각이 있어?

● I need to know if you **are willing to** marry me. 네가 나랑 기꺼이 결혼해줄지 알아야겠어.

A: Are you fast enough to beat them in a race? 경주에서 걔네들을 물리칠 정도로 빨라?

B: I'm more than willing to compete against them. 기꺼이 걔네들을 상대로 겨룰거야.

난 항상 이렇다니까, 늘상 이래

I do it all the time

do it all the time 혹은 do this all the time하게 되면 「늘상 그렇게 한다」, 「항상 이렇게 한다」라는 표현이 된다. 앞의 do this~에 all the time을 붙였을 뿐이다.

● **Screen Expressions**

do it all the time 항상 이래

It's no big deal, I do it all the time.
별 일 아냐. 난 항상 그러는데

do this all the time 항상 이래

I do this all the time. **It's easy for me.**
내가 매일 하는 일이야. 나한테는 쉬운 일이야.

이 표현이 나오는 영화
〈로맨틱 홀리데이〉
〈첫키스만 50번째〉
〈쉬즈더맨〉
〈악마는 프라다를 입는다〉

● **Dialog**

A: What makes you think you can skip class?

B: I do it all the time **and the teacher doesn't care.**

   A: 넌 왜 땡땡이를 칠 수 있다고 생각해? B: 난 항상 그러는데 선생님은 신경도 안써.

A: I think you left your phone at the restaurant.

B: **Darn it!** I do this all the time!

   A: 너 식당에 핸드폰을 두고 온 것 같아. B: 젠장헐! 난 항상 이런다니까!

Screen Patterns : I don't need you to give me details

I need to+V …해야 돼

- **I need to** ask you about your sex life. 네 성생활에 대해 물어봐야 돼.
- **I need you to** get this done by tomorrow. 내일까지 이걸 끝내야 해
- **I don't need you to** give me details. 내게 자세히 얘기해주지 않아도 돼.
- **You need to** find a better way to communicate with your wife. 아내랑 소통할 더 좋은 방법을 찾아야 돼.

A: You are lazy and people don't like you. 넌 게을러서 사람들이 싫어해.

B: I don't need you to **criticize me.** 네가 나를 비난하지 않아도 돼.

우리는 점점 나아지고 있어
We're getting better

아프고 나서 조금씩 좋아지거나 사업이나 상황이 좋지 않다가 조금씩 회복된다고 말할 때 쓰는 것으로 주로 진행형 형태인 getting better가 선호된다. 이는 점점 나아진다는 사실 자체가 진행의 내용을 담고 있기 때문이다. 반대는 be getting worse로「점점 더 악화되고 있다」라는 의미.

● **Screen Expressions**

be getting better 점점 나아지다

You hear that? I'm getting better.
들었지? 난 점점 좋아지고 있어.

be getting worse 점점 나빠지다

It just kept getting worse and worse.
그냥 상황이 더 악화되고 있어.

이 표현이 나오는 영화
〈로맨틱 홀리데이〉
〈미비포유〉
〈노팅힐〉

● **Dialog**

A: How is your injured leg?
B: It seems to be getting better.

　　A: 다친 다리는 어때?　B: 점점 나아지는 것 같아.

A: I think my eye problem is getting worse.
B: It might be better if you stayed at home.

　　A: 내 눈병이 점점 악화되고 있는 것 같아.　B: 집에 있으면 더 좋을 수도 있어.

Screen Patterns : You don't have to make up stories

You don't have to+V …할 필요가 없어

- **I have to** leave right away for the meeting.　회의가 있어서 지금 당장 가봐야겠는데.
- **You don't have to** walk me home.　집까지 안 데려다 줘도 되는데요.
- **You don't have to** worry about a thing here.　여기서는 하나도 걱정할 필요가 없어.
- **You don't need to** do anything you don't want to.　네가 원하지 않는 것은 할 필요가 없어.

A: This umbrella is in case it starts to rain.　이 우산은 비가 내릴 때를 대비한거야.
B: You don't have to take it with you.　우산 가져갈 필요가 없어.

제발 부탁이야
I'm begging you

"제발 부탁해"라는 의미로 상대방에게 간절히 부탁할 때 사용한다. 부탁하는 내용을 함께 말하려면 I'm begging you to+V라 쓰면 된다. I beg of you 또한 Please,란 의미로 같은 맥락. 또한 beg to differ는「생각이 다르다」라는 뜻이고, beg sb to~는「…에게 해달라고 애원하다」라는 의미가 된다.

● Screen Expressions

I'm begging you 제발 부탁이야 ▶ I beg of you 제발

I'm begging you, **please leave my wife out of it.**
제발 부탁해. 제발 내 아내를 그 일에서 빼줘.

I'm begging you to+V 제발 부탁인데 …해줘

If you know anything, I am begging you to **tell me.**
뭐 좀 아는게 있으면 제발이지 내게 말해줘.

beg to differ 생각이 다르다

I beg to differ. I'm six weeks older than you.
난 생각이 달라. 내가 너보다 6주 나이가 많아.

이 표현이 나오는 영화
〈러브, 로지〉
〈프로포즈〉
〈브리짓 존스의 베이비〉
〈노팅힐〉
〈굿럭척〉

● Dialog

A: We really shouldn't date each other anymore.
B: I'm begging you. Please reconsider.
A: 우린 더 이상 사귀면 안되겠어. B: 제발 부탁이야. 다시 생각해줘.

A: I think we should get a divorce.
B: I beg of you. Think of our children.
A: 우리 이혼해야 될 것 같아. B: 제발. 아이들을 생각해.

Screen Patterns : You should get some rest

I should+V …을 해야 될 것 같아 ▶ I think I should+V …해야 될 것 같아

• **I think I should** stay here with Alexis. 난 알렉시스와 여기 남아야 될 것 같아.
• **Do you think** I should marry my girlfriend? 내가 여친과 결혼해야 된다고 생각해?
• **You should be** more careful when you speak! 말할 때 더 좀 조심해!
• **You shouldn't be** dating at all until your divorce is final. 이혼이 마무리될 때까지 데이트하면 안돼.

A: Candy broke her leg and is in the hospital. 캔디는 다리가 부러져서 병원에 입원했어.
B: I should go to visit her. 병문안 가야겠네.

그건 변명의 여지가 없어
There's no excuse for it

상대방이 말같지 않은 변명을 늘어놓을 때 그런 변명을 하지 말라고 할 때는 위에서처럼 There's no excuse for it 혹은 That's no excuse라고 하면 된다. 변명할 이유가 있다고 할 때는 have an excuse, 없다고 할 때는 have no excuse라고 한다.

Screen Expressions

That's no excuse 변명이 안돼(=That's not an excuse = make no excuse)

I make no excuse for the choices I have made.
내가 한 선택에 대해 변명의 여지가 없어.

run[be] out of excuses 변명거리가 떨어지다

▶ run out of options 선택지가 줄다

I just ran out of excuses. 이젠 변명거리도 다 떨어졌어.

make an excuse 변명하다 ▶ have an[no] excuse 변명거리가 있[없]다

I have no excuse for not coming home yesterday.
어제 외박한거 변명할 말이 없어.

Dialog

A: Rob offended a lot of people with his behavior.
B: I know. There's no excuse for it.
　A: 롭의 행동으로 많은 사람들이 언짢았어.　B: 알아. 변명의 여지가 없어.

A: She said she was late because the alarm broke.
B: Bullshit. That is a pathetic excuse.
　A: 자명종 시계가 망가져서 늦었다고 했어.　B: 말도 안돼. 한심한 변명이구만.

Screen Patterns : He realized that I hadn't got over you

I understand S+V …을 이해해

- **I understand that** sex is a part of life. 섹스가 인생의 일부라는 것을 이해해.
- **I don't understand** why you came. 네가 왜 왔는지 이해가 안돼.
- **I realized** we've been unfair to you. 우리가 너에게 불공평했다는 걸 깨달았어.
- **I notice** she had plastic surgery. 걔 성형수술했네.

A: Andy told everyone that he's a millionaire. 앤디는 자기가 백만장자라고 떠벌리고 있어.
B: I don't understand why he lies so much. 걘 왜 그렇게 거짓말을 많이 하는지 이해가 안돼.

크리스에게 가서 작별인사를 하자

Let's go say goodbye to Chris

인사를 대면해서 직접하는게 아니라, 「작별 인사를 하다」라고 말할 때는 say goodbye to sb, 「잘자라」는 인사를 하다는 say good night, 그리고 헤어지면서 「마지막으로 작별인사를 하다」는 say one's final farewell to sb라고 한다. informal한 표현으로는 Have a good one!이라고 한다.

● Screen Expressions

say goodbye to~ 작별인사를 하다

▶ say good night to~ 잘자라고 인사하다

We just wanted to stop by and say good night.
잘자라고 말하려고 잠깐 들렀어.

say one's final farewell to sb …에게 마지막으로 작별인사를 하다

It's time to say a final farewell to **our beloved uncle.**
사랑하는 우리 삼촌에게 마지막 작별인사를 할 때야.

Have a good one! 좋은 하루 보내요! = Have a good day!

I'll see you later. Have a good one! 나중에 봐. 좋은 하루 보내고!

이 표현이 나오는 영화
〈러브액츄얼리〉

● Dialog

A: Dudley is retiring at the end of the week.

B: We'll have a party to say goodbye to him.

　　A: 더들리가 이번 주 금요일에 퇴직해. B: 작별인사 파티를 열거야.

A: I always hate attending funerals.

B: It's a chance to say your final farewell to loved ones.

　　A: 난 장례식에 가는 걸 싫어해. B: 사랑했던 사람에게 마지막 인사를 할 기회잖아.

Screen Patterns : I suspect she does not fantasize about me

I suspect S+V …일거라 의심돼, …가 맞다고 생각해

• **I suspect** she wants to borrow some of my money. 걔는 내게서 돈 좀 빌리려는 것 같아.

• **I doubt** people will give it much thought. Don't worry about it.
사람들이 그것에 대한 생각을 많이 하지 않을거야. 너무 걱정마.

• **I doubt if** she took the keys. 걔가 열쇠를 갖고 있지 않을거야.

A: **I suspect that** my daughter has been smoking. 우리 딸이 담배를 피우는 것 같아.

B: You'd better talk to her before it becomes a habit. 습관되기 전에 걔에게 타일러야 해.

그런 것 같아

I suppose

I think보다 「확실성」이 낮아 아마도 사실일 거라고 생각하지만 정말로 확실하지는 않다라는 의미. 그런 맥락에서 I suppose, I suppose so를 이해하면 된다. I suppose는 자기가 말한 후에 자기 생각에는 그런 것 같다고 덧붙이는 표현이고 I suppose so는 긍정은 하지만 썩 내키지 않을 때 사용한다.

Screen Expressions

I suppose 그런 것 같아

I don't know, really. Just killing time, I suppose.
난 모르겠어. 정말. 그냥 시간이나 보낼까봐.

I suppose so 그래도 돼요, 그런 것 같아

I suppose so. **Especially after our last phone call.**
그런 것 같아. 특히 우리가 지난번에 통화한 이후에.

I think so 그럴 걸 ▶ I don't think so 그렇지 않을 걸

I don't think so. I heard it's so boring.
아닐 걸. 무척 재미없다고 하던데.

Dialog

A: I really need some help cleaning my apartment.

B: We can help you out, I suppose.

A: 아파트 청소하는데 정말이지 좀 도움이 필요해. B: 우리가 도울 수 있을 것 같아.

A: Do you think Bobby is cute?

B: I suppose so. He is kind of attractive.

A: 바비가 귀엽다고 생각해? B: 그런 것 같아. 걔 좀 매력적이야.

Screen Patterns : You're such a wimp

I'm such a~ 난 정말 …야

- **I'm such a** huge fan, I love your work. 난 정말 광팬이예요. 당신 작품을 정말 좋아해요.
- **You're such a** devoted father. 너는 정말 헌신적인 아버지야.
- **She is such a** bore. 걘 정말이지 지겨운 사람이야.
- That was **such a fail** on my part. 그건 정말이지 내 잘못였어.

A: Why can't we invite Carol? 왜 캐롤을 초대하면 안되는거야?

B: I don't like her. She is such a bore. 난 걔가 싫어. 정말 지겨운 애야.

떼돈 벌었어
I made a killing

「돈을 벌다」라고 하려면 보통 dollar의 의미인 buck을 써서 make a buck 혹은 make a few bucks라고 하면 된다. make a killing하면 「빠른 시간내에 돈을 많이 벌다」라는 뜻. 참고로 The wages are a scandal하면 "돈벌이가 시원찮다," get more money than God하면 「돈이 엄청 많다」라는 뜻이 된다.

● Screen Expressions

make a buck[make a few bucks] 돈을 벌다 = make money
Have you done anything to make money?
돈을 벌기 위해서 뭐라도 좀 해봤어?

make a killing 단기간에 떼돈을 벌다 = make a fortune
We are going to make a killing tonight.
오늘 밤 떼돈 벌겠어.

We hit the jackpot 땡 잡았다(We made a lot of money)
He went to the casino hoping to hit the jackpot.
걘 대박 터질 희망을 갖고 카지노에 갔어.

이 표현이 나오는 영화
〈노팅힐〉
〈로맨틱 홀리데이〉
〈노트북〉

● Dialog

A: You work at that store on the weekends?
B: It's a good way to make a few bucks.
A: 너 주말마다 그 가게에서 일하니? B: 돈을 좀 버는데 좋은 방법이야.

A: Bill Gates lives in a mansion worth millions of dollars.
B: That guy has more money than God.
A: 빌 게이츠는 수백만 달러하는 고급 주택에서 살아. B: 그 친구 돈이 엄청 많을거야.

Screen Patterns : I had locks changed

have sb+V …에게 …하도록 시키다

- **Have him give** us a call when he comes in. 걔가 들어오면 우리에게 전화하도록 해.
- How long are you going to **have her working** here? 얼마동안 걔를 여기서 일을 시킬거야?
- I **had** my computer **upgraded**. 컴퓨터를 업그레이드했어.
- You **had** her **examined** by a psychiatrist that night? 그날 밤 걔를 정신과 의사에게 진찰을 받게 했죠?

A: You need to give back the computer you borrowed. 빌려간 컴퓨터 돌려줘야 돼.
B: I'll have somebody bring it to your apartment. 다른 사람시켜서 네 아파트로 갖다주도록 할게.

누가 알겠어?

Who knows?

Who knows?는 "누가 알겠어?," 즉 결국 "아무도 모른다"라는 의미의 표현이 된다. 비슷한 표현으로는 God (only) knows!, Nobody knows, Heaven[Lord/Christ/Hell] knows! 등이 있다. Who knows는 또한 뒤에 알 수 없는 내용까지 써서 Who knows what[wh~]?의 형태로도 많이 쓰인다.

● **Screen Expressions**

Who knows? 누가 알겠어?

Who knows? Maybe we'll wind up getting married someday.
누가 알겠어? 언젠가 우리가 결혼하게 될지 몰라.

Who knows ~? …을 누가 알겠어?

Who knows what could happen? 무슨 일이 일어날지 아무도 몰라.

God knows(~)? 누가 알겠어? ▶ God knows that S+V 정말이지 …하다

God knows what he did to my daughter.
걔가 내 딸에게 무슨 짓했는지 아무도 몰라.

이 표현이 나오는 영화
〈라라랜드〉
〈노팅힐〉
〈친구와 연인사이〉
〈러브, 로지〉

● **Dialog**

A: You think Andrea is in love with you?

B: Who knows? She's very private with her emotions.

A: 앤드리아가 너를 사랑한다고 생각해? B: 누가 알겠어? 자기 감정을 잘 얘기안하잖아.

A: Will you stay in Seoul for the rest of your life?

B: Who knows what the future will bring?

A: 남은 평생 서울에 머물거야? B: 미래가 어떻게 될지 누가 알겠어?

Screen Patterns : You got her to have sex

get sb+to V …에게 …하도록 시키다

• I'll **get somebody to** cover my shift. 다른 사람을 시켜 내 근무시간을 대신하게 할게.

• You **got her to** have sex with you. 넌 걔가 너와 섹스하게끔 했네.

• I never meant for it to **get this messed up.** 난 절대로 일을 망치려고 그런건 아니었어.

• I was trying to help all of us. I was trying to **get us rescued.** 우리 모두 도우려 했어. 구조되도록 노력했어.

A: I think Roy took the novel you were reading. 로이가 네가 읽던 소설을 가져간 것 같아.

B: Could you get him to bring it back? 걔보고 다시 가져오라고 할래?

왜 안돼?, 안될 것 뭐 있어?, 그래

Why not?

Why not?은 크게 두가지의 상반된 의미가 있다. 첫째는 글자 그대로 상배당의 부정적인 말에 "왜 안돼?," "왜 안되는거야?"라는 뜻이다. 또한 왜 안되겠냐며 상대방의 제안에 긍정적으로 답변하는 경우로 이때는 "안될 것 뭐 있어?," "그러지 뭐"라는 의미가 된다.

Screen Expressions

Why not? 왜 안돼?, 그러지 뭐

Why not? **It's a good chance.**
왜 안돼? 좋은 기회인데.

I don't see why not 안될 것 뭐 있어?, 그러지 뭐

I don't see why not. **Let's go get some ice cream.**
그러지 뭐, 가서 아이스크림 좀 먹자.

Why not+N? …는 왜 안되는거야? ▶ Why not+V? …하는게 어때?

Why not **ask her about it?**
걔한테 그거 물어보는 게 어때?

이 표현이 나오는 영화
〈미비포유〉
〈노트북〉
〈어바웃타임〉
〈500일의 썸머〉
〈노팅힐〉
〈러브액츄얼리〉

Dialog

A: Well you can't be her boyfriend
B: Why not?
　　A: 넌 걔의 남친이 되면 안돼.　B: 왜 안되는거야?

A: Do you want to walk it?
B: Why not?
　　A: 거기 까지 걸어갈래?　B: 그래.

Screen Patterns : Don't make me go in there

make sb[sth]+형용사 …을 …하게 만들다

- It'll only **make** a bad situation **worse.** 그건 단지 사태를 더 어렵게 할 뿐이야.
- I **made** you **uncomfortable** last night. I'm so sorry. 지난밤에 너를 불편하게 해서 미안해.
- You **made** me **feel** like an idiot. 너 때문에 바보가 된 기분이야.
- There are ways to **make** this **work.** 이걸 돌아가게 하는 방법이 있을거야.

A: Should I confess the bad things I've done? 내가 저지른 나쁜 짓들을 털어놔야 될까?
B: No, it'll only make a bad situation worse. 아니, 그건 단지 사태를 더 어렵게 만들거야.

잠깐 자리를 비켜줄래요?

Will you excuse me for a sec?

대화중 자리를 비우거나 혹은 상대방에게 자리를 비켜달라고 할 때는 가장 전형적으로 Will[Would] you excuse me[us] for a moment[second]?라고 하면 된다. 또한 잠깐 실례한다고 할 때는 Could you give me[us] a second[minute]?, You can leave us(자리를 비켜달라)라고 할 수 있다.

● **Screen Expressions**

Will you excuse me[us] for a moment? 잠깐 실례해도 될까요?

Can you excuse me for a minute? I got a quick phone call.
잠시 실례할게요. 빨리 전화할데가 있어서요.

Could you give me[us] for a moment? 잠깐 실례해도 될까요?

Guys, could you give us a minute? 여러분. 우리 좀 실례할게요.

You can leave us 자리를 좀 비켜주라, 가도 돼 ▶ steal sb away 데리고 가다

You can leave us, thanks Tony. 자리 좀 비켜줘. 고마워 토니.

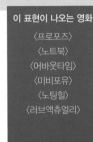

이 표현이 나오는 영화
〈프로포즈〉
〈노트북〉
〈어바웃타임〉
〈미비포유〉
〈노팅힐〉
〈러브액츄얼리〉

● **Dialog**

A: Will you excuse me for a sec?

B: Sure. Take your time. I'll be here.

    A: 잠깐 실례해도 될까? B: 그럼. 천천히 해. 여기 있을게.

A: Excuse me, but I've got a dental appointment.

B: You can leave us, thanks Chris.

    A: 미안하지만, 치과예약이 되어 있어서. B: 가봐도 돼, 고마워 크리스.

Screen Patterns : What makes you say that?

What makes you+형용사[동사]? 왜 네가 …하는거야?

- **What makes you** so sure he left? 걔가 떠났다고 어떻게 그렇게 확신해?
- **What makes you** so special? 넌 뭐가 그리 특별해?
- **What makes you** say that? 왜 그렇게 말하는거야?
- **What made you** quit your job? 어째서 일을 그만둔거야?

A: I don't have to be nice to anyone. 난 누구든지 친절하게 대할 필요가 없어.

B: You don't? What makes you so special? 그럴 필요가 없다고? 넌 뭐가 그리 특별한데?

정말 약속할게!, 정말이야!

I promise!

시간 약속이 아니라 「자신이 한 말을 지키겠다」는 뜻으로 (I) Promise!라 하면 되고 강조하려면 I promise you!라고 하면 된다. 물론 약속하는 내용을 함께 말하려면 I promise S+V의 형태로 쓴다. 반대로 상대방에게 "약속하냐"라고 물을 때는 You promise? 혹은 Promise?라고 하면 된다.

● **Screen Expressions**

이 표현이 나오는 영화
〈프로포즈〉
〈왓이프〉
〈악마는 프라다를 입는다〉
〈500일의 썸머〉
〈노트북〉
〈로맨틱 홀리데이〉

(I) Promise! 정말이야! 약속할게! = I promise you!

I promise you! He said he was coming. 정말이야! 걘 온다고 했어.

I promise S+V 정말이지 …야, …을 약속할게 ▶ promise to+V …을 약속하다

If I promise to behave, can we still hang out?
내가 조신하게 행동한다고 약속하면 우리 같이 다니는거지?

(You) Promise? 정말이야?

Don't tell anyone about this. Promise?
이거 누구한테도 말하지마. 약속해?

● **Dialog**

A: Please keep my illness a secret.

B: I promise I will. I won't tell anyone.

    A: 내 병은 비밀로 해줘. B: 약속해. 아무에게도 말하지 않을게.

A: Look, what I told you is a secret.

B: I promise not to tell anyone about it.

    A: 야, 내가 말할건 비밀야. B: 아무한테도 그 얘기 말하지 않을게.

Screen Patterns : Don't let it bother you

Let me+V 내가 …할게(요)

● **Let me** get you some coffee. It will wake you up.   내가 커피 갖다줄게. 잠이 깰거야.

● We will **let you** know that later.   그거 나중에 알려줄게.

● We're not going to **let that happen.** I promise you.   다시 그런 일 없을거야. 약속해.

● Don't **let it bother** you!   너무 신경쓰지마!

A: These people are very upset.   이 사람들 화가 정말 많이 났어.

B: Let me talk to them.   내가 얘기해볼게.

우리 괜찮은거지?, 문제 없는거지?

We're all good?

여기서 good은 「괜찮다」, 「문제가 없다」라는 뜻으로 특히 연인사이에 다투거나 뭔가 문제가 있다가 서로의 관계가 이전처럼 괜찮은지 물어볼 때 자주 듣는 표현이다. 또한 I'm good은 "괜찮아," "(거절 하면서) 됐어," good for+시간이면 「…시간이 괜찮은지」 물어보는 표현이 된다.

Screen Expressions

We're all good? 우리 문제없는거지?

You accepted my apology. We're all good?
내 사과를 받아들였으니 우리 문제 없는거지?

I'm good 난 괜찮아, (거절하면서) 됐어 ▶ **good for+시간** …시간이 괜찮다

Oh, don't get me wrong. I'm good.
어, 오해하지마. 난 괜찮아.

You any good? 넌 뭐 좀 하냐?, (그거) 잘 해?

I heard you hack computers. You any good?
컴퓨터 해킹을 한다고 들었는데, 그거 잘해?

이 표현이 나오는 영화
〈라라랜드〉
〈프로포즈〉
〈악마는 프라다를 입는다〉
〈500일의 썸머〉

Dialog

A: Everyone has drinks? We're all good?

B: I think everyone is happy now.

A: 다들 술 마시는거지? 우리 문제없는거지? B: 이제 다들 만족해하는 것 같아.

A: I spent years writing a novel.

B: Writing is hard. You any good?

A: 오랫동안 소설을 써왔어. B: 글 쓰는게 어려운 일인데. 너 좀 잘 해?

Screen Patterns : Let me help you with that

help sb +V[~ing] …가 …하는 것을 돕다

- You have got to **help me** get Tammy. 내가 태미의 마음을 사로잡을 수 있도록 도와줘.
- It will **help solve** the traffic problems. 그건 교통문제를 해결하는데 도움이 될거야.
- He sent me to **help you with** your grief. 슬픔에 잠겨있는 널 도와주라고 걔가 날 보냈어.

A: She said she has romantic problems. 걔 연애사업에 문제가 있다고 그래.

B: You've got to help her with that. 네가 그 문제는 도와주도록 해.

난 썸머를 사랑하고 있어

I'm in love with Summer

로코에서 빠질 수 없는 분야. 「사랑하고 있다」는 be in love with, 「사랑에 빠지다」는 fall in love with 라 한다. 또한 「첫눈에 빠지는 사랑」은 love at first sight이고 「일방의 짝사랑」은 unrequited love라 한다. 참고로 send my love to sb는 「안부인사를 전해달라」는 말.

● Screen Expressions

be in love with sb …을 사랑하고 있다

How long have **you** been in love with **Chris?**
크리스와 사랑한지 얼마나 됐어?

fall in love with sb …에게 사랑에 빠지다

I know you've probably suspected this, but over the last month, I've fallen completely in love with **you.**
믿기지 않을 수도 있지만, 지난달에 너를 무척 사랑하게 됐어.

love at first sight 첫눈에 반하다 ▶ unrequited love 짝사랑

Was it love at first sight? 그거 첫눈에 반한 사랑이었어?

이 표현이 나오는 영화

〈로맨틱 홀리데이〉
〈어바웃타임〉
〈러브액츄얼리〉
〈500일의 썸머〉

● Dialog

A: I'm in love with you, Chris.
B: You can't be in love with me. You're married to my friend.
　A: 크리스, 나 너 사랑해. B: 나를 사랑하면 안돼. 넌 내 친구와 결혼했잖아.

A: Why did you come to my apartment?
B: I came to let you know I've fallen in love with you.
　A: 왜 내 아파트에 온거야? B: 너를 사랑한다는 걸 말해주러 왔어.

Screen Patterns : Let me know if I can help

Let me know what~ …을 알려줘

- **Let me know what** you find out. 네가 알아낸 것을 알려줘.
- **Let me know when** they get back to you. 걔네들이 언제 너에게 연락을 줄지 알려줘.
- **Let me know if** you need anything. 뭔가 필요한게 있으면 알려줘.
- **Let me know how** the party goes. 파티가 어떻게 돼가고 있는지 알려줘.

A: Denise isn't sure she's ready to get married. 데니스는 결혼할 준비가 되었는지 확신이 없어.
B: Let me know what she decides to do. 걔가 어떤 결정을 하는지 알려줘.

그럼 좋지
I'd love that

I love that과 I'd love that은 구분할 줄 알아야 한다. I love[like] that은 어떤 사실에 대해 내가 좋아한다고 마음에 든다고 할 때 사용하는 표현이다. 반면 I'd love[like] that은 상대방의 제안을 받고 그러면 좋겠다라고 승낙하면서 하는 표현이다. "그렇게 한다면 난 좋을 것이다"라는 의미이다.

● *Screen Expressions*

I love[like] that 좋아, 맘에 들어

She works really hard every day. I like that.
걘 정말 매일 열심히 일해. 맘에 들어.

I'd love[like] that 그럼 좋지

I'd like that. That sounds sweet.
그럼 좋지. 고마워.

이 표현이 나오는 영화
《악마는 프라다를 입는다》
《어바웃타임》

● *Dialog*

A: Pearson says he brought a gift for you.

B: A gift for me? I like that.

> A: 피어슨이 그러는데 네게 줄 선물 가져왔대.   B: 내 선물을? 좋아라.

A: We could spend the weekend camping.

B: I'd love that. I really would.

> A: 주말에 캠핑갈 수도 있는데.   B: 그럼 좋지. 정말 좋을거야.

Screen Patterns : I'll let you know if it's a boy or a girl

I'll let you know S+V …을 알려줄게

- I wanted to **let you know** I'm getting divorced. 나 이혼한다는거 알려주고 싶었어.
- **We will let you know** when we know. 우리가 알게 되면 너한테 알려줄게.
- **I'll let you know** if it's a boy or a girl. 아들인지 딸인지 내가 알려줄게.

A: Ask Bill if he'd like to go out for a drink. 빌에게 나가서 한잔 하고 싶은지 물어봐.

B: I'll let you know what he says. 걔가 뭐라고 하는지 알려줄게.

그냥 농담한거였어

I was just joking around

joke around는 「농담하다」라는 뜻이다. joke가 들어가는 관용표현으로는 I'm joking은 "농담이야," You're joking?은 "농담이지?," "정말이야?"로 You must be joking과 같은 말이다. Is this some kind of joke?라고 해도 된다. 또한 That was a joke는 농담을 한 후에 "농담였어"라고 하는 말.

● **Screen Expressions**

I was just joking around 농담한거였어 ▶ joke with sb …을 놀리다

I didn't mean it. I was just joking with her.
고의로 그런 건 아냐. 그냥 걜 놀린 것 뿐인데.

You must be joking 농담이겠지

You're offering me twenty dollars? You must be joking.
내게 20달러를 주겠다고? 농담이겠지.

Is this some kind of joke? 농담한거지?

Where is my car? Is this some kind of joke?
내 차 어디에 있어? 이거 뭐 장난치는거야?

● **Dialog**

A: You want to pay me to sleep with you?

B: Don't get angry. I was just joking around.

A: 너랑 자면 돈을 주겠다고? B: 화내지마. 농담한거였어.

A: Wow, that was a stupid joke.

B: I know it. No one laughed.

A: 야, 그거 정말 한심한 농담였어. B: 알아. 아무도 안 웃더라.

Screen Patterns : Let's hope it doesn't come to that

Let's hope S+V …을 함께 바라자

- **Let's take** a coffee break. 잠깐 커피 마시며 쉬자구.

- **Let's not go** downtown tonight. 오늘밤은 시내에 가지 말자.

- Well, **let's hope** it doesn't come to that. 저렇게 되지 않도록 희망하자.

- **Let's not forget** we promised to attend the wedding. 우리가 결혼식에 가기로 약속했던거 잊지 말자.

A: They spend a lot of time together. 걔네들 정말 많은 시간을 같이 보내.

B: **Let's hope** they fall in love. 걔네들이 사랑하는 사이이기를 바라자.

나 간다
I'm leaving

leave란 동사는 「(나)가다」라는 단순한 의미이지만, 모임에 있다가 그만 나갈 때도, 다른 지역으로 좀 멀리 갈때도 혹은 집을 완전히 떠나갈 때도 이 leave라는 동사를 쓴다. 직장에서도 leave work하면 직장을 완전히 그만 둘 때도 혹은 퇴근할 때도 쓰이므로 문맥에 맞게 이해해야 한다.

● Screen Expressions

I'm leaving 나 간다

What are you doing? Are you leaving? **Wait.**
뭐하는거야? 가는 거야? 기다려.

I'm leaving 나 그만둔다 ▶ leave work 퇴근하다, 퇴사하다

You can go leave work **and go home now.** 퇴근하고 집에 가도 좋아.

You're leaving? 가?, 그만둬? ▶ Are you leaving so soon? 벌써 가는거야?

You're leaving? I thought you were going to stay.
간다고? 머물거라 생각했는데.

이 표현이 나오는 영화
〈노팅힐〉
〈악마는 프라다를 입는다〉

● Dialog

A: Sorry that we wasted your time.

B: I'm leaving. I have better things to do.

   A: 네 시간을 허비해서 미안해. B: 나 간다. 내가 할 중요한 일이 있어서.

A: Are you leaving?

B: Party's over. It is so over.

   A: 가는거야? B: 즐거운 시간은 끝났어. 다 끝나버렸어.

Screen Patterns : We decided to move in together

I('ve) decided to+V …하기로 결정[심]했어

- **I decided to** crawl into bed with him. 난 걔와 침대로 살며시 들어가기로 했어.
- **My ex decided to** dump me during the holiday break. 전 남친이 휴가기간에 나를 버리기로 결정했나봐.
- **I decided not to** go to the party. 그 파티에는 가지 않기로 했어.
- After careful consideration, **I've decided that** I'm getting married. 신중한 고려끝에, 결혼하기로 결심했어.

A: I thought you were renting a studio apartment. 방하나짜리 아파트를 임대했다고 생각했는데.

B: I've decided not to stay there. 거기에서 살지 않기로 했어.

그거 잘 돼가?

That going well?

앞에 Is가 생략된 것으로 보면 된다. 서로 알고 있는 「그 일」(That)이 잘되어가고 있는지 물어보는 표현이다. go well은 보통 「어떤 일이 잘되어가다」라는 말로 주어로는 it, that, 혹은 things 등이 온다. 뒤에 with가 와서 go well with~하게 되면 「…와 잘 어울리다」라는 다른 의미가 된다.

● **Screen Expressions**

이 표현이 나오는 영화
⟨라라랜드⟩
⟨악마는 프라다를 입는다⟩
⟨어바웃타임⟩
⟨프로포즈⟩
⟨500일의 썸머⟩
⟨노팅힐⟩

That going well? 그거 잘 돼가? = Is it going well?

Heard you got a new job. That going well?
새로 직장을 잡았다며. 그거 잘 돼가?

go well 잘되다

I'm sorry it didn't go well **today.**
미안하지만 오늘 그거 잘 안됐어.

I mean, things are going well.
내 말은 상황이 잘 돌아가고 있다고.

● **Dialog**

A: Jill and I started dating a few weeks ago.

B: I'm glad to hear it. That going well?

A: 질과 내가 데이트한지 몇주됐어. B: 반가운 소식이네. 잘 돼가?

 스크린 명대사 : 미비포유

"You only get one life.
It's actually your duty to live it as fully as possible." - Will

인생은 한번 뿐이예요.
최대한 열심히 사는게 삶에 대한 당신의 의무예요.

같이 살고 있어

I moved in

여기서 move는 「이사」라는 개념의 단어로, move in은 「이사해오다」, move out은 「이사해가다」, move to는 「…로 이사가다」라는 의미가 된다. 특히 move in with sb는 로코에 자주 나오는 경우로 「…와 함께 살다」, 즉 「동거하다」라는 뜻이 된다.

● **Screen Expressions**

이 표현이 나오는 영화

〈러브, 로지〉
〈브리짓 존스의 일기〉

move in (with) 이사해오다, 동거하다(move in together)

I want you to move in with me.
나랑 함께 살자.

How about I move in with you?
내가 들어가 살면 어때?

move out 이사해가다, 가출하다

When were you planning on telling us we had to move out?
이사가야 한다고 언제 말하려고 했어?

● **Dialog**

A: I thought Carol was your roommate.

B: She moved in with her boyfriend.

　　A: 캐롤이 네 룸메이트로 알고 있었는데.　B: 남친하고 동거해.

A: Your neighbors make a lot of noise.

B: I hope they move out soon.

　　A: 네 이웃들 정말 시끄럽다.　B: 빨리 이사갔으면 좋겠어.

Screen Patterns : Shall I take you to your place?

Shall I+V? …해줄까요? = Let me+V

- **Shall I** take you to your place? 집까지 바래다 드릴까요?
- **Shall we** go to the movies after work? 퇴근 후에 영화보러 갈래요?
- Oh absolutely. **Shall we say,** around seven? 물론이고 말고. 말하자면 7시경으로 할까?

A: God, it's morning and I feel so sleepy. 맙소사, 아침인데 너무 졸립네.

B: Shall we get a cup of coffee? 커피한잔 마실까?

그거 네 말이 맞아

You're right about that

You're right하면 "네 말이 맞아"라는 의미이고 be right about은 about 이하의 것이나 사람에 대한 생각이나 판단이 맞다고 할 때 쓰는 표현이다. 반대로 틀렸다고 말하려면 You're wrong, be wrong about~이라고 쓰면 된다.

● **Screen Expressions**

이 표현이 나오는 영화
〈미비포유〉
〈러브액츄얼리〉
〈악마는 프라다를 입는다〉
〈노팅힐〉

be right[wrong] about~ …에 대해 맞다[틀리다]

Good Luck, I hope I'm wrong about you.
행운을 빌어. 너에 대한 나의 생각이 틀리기를 바래.

feel right about~ …에 대해 옳다고 생각하다

I don't feel right about dating someone else.
다른 사람과 데이트하는게 옳다고 생각하지 않아.

be in the wrong (about/on)~ (…에 대해) 잘못하다

Sorry, but you are in the wrong on this.
미안하지만 이건 네가 잘못했어.

● **Dialog**

A: They need to hire more qualified people.

B: I think you're right about that.

A: 회사에서 좀 더 자질있는 사람들을 고용해야 할텐데. B: 그 점에 있어서 네 말이 옳아.

🎞 스크린 명대사 : **노트북**

"Would you stop thinking about what everyone wants.
Stop thinking about what I want, what he wants, what your parents want.
What do you want? - What do you want?" - Noah

모든 사람이 원하는 것을 만족시켜줄 수는 없어.
내가 원하는 거, 그가 원하는 거, 네 부모님이 원하는 거는 생각하지마.
넌 뭘 원하는데?? 뭘 원하는데?

왜 그래?, 뭐가 잘못됐어?, 무슨 일이야?
What's wrong?

be wrong을 기반으로 하는 문장으로 be wrong은 「뭔가 잘못되거나 틀렸다」라는 말로 단독으로 쓰이거나 혹은 be wrong with sb[sth]의 형태로 쓰인다. 대표적인 빈출 문장으로는 Nothing's wrong, What's wrong with you? 등이 있다. 반면 go wrong은 「실수하다」, 「잘못하다」라는 의미.

Screen Expressions

be wrong 잘못되거나 틀리다

Is something wrong?
뭔가 잘못됐어?

be wrong with …가 잘못되거나 틀리다

What the hell is wrong with you?
도대체 무슨 일이야?, 뭐 잘못됐어?

go wrong 실수하다, 잘못되다

Something went wrong.
뭔가 잘못됐어.

이 표현이 나오는 영화
〈굿 럭 척〉
〈라라랜드〉
《악마는 프라다를 입는다》
〈500일의 썸머〉
〈러브, 로지〉
〈로맨틱 홀리데이〉

Dialog

A: I don't know what's wrong with my car.

B: It's time to take it to a mechanic.

A: 내 차가 뭐가 잘못되었는지 모르겠어. B: 정비사에게 가져가봐.

A: This computer program keeps crashing.

B: Something went wrong with it.

A: 이 컴퓨터 프로그램이 자꾸 충돌이 나. B: 그거 뭐가 잘못됐구만.

Screen Patterns : I'm on my way to the gym

be on the[one's] way (to)~ …로 가는 중이다

• Chris **is on his way up to** Boston. 크리스는 보스턴으로 가는 길이야.

• **I'm on my way to** the gym, I'll meet you there. 체육관 가는 길이야. 거기서 보자.

• **I'm just on my way out to** meet a client. 고객을 만나러 막 나가려는 참이야.

• **I was just on my way back from** Brian's house. 브라이언 집에서 돌아오는 길이었어.

A: You seem like you're in a hurry. 너 서두르는 것처럼 보인다.

B: I'm on my way to **meet one of my clients.** 내 고객중 한명 만나러 가는 중이야.

오해하지마
Don't get me wrong

Don't get me wrong, but~(오해하지마, 하지만~)의 형태로 쓰이기도 한다. 「…을 오해하다」라는 get sb wrong의 표현을 활용하여 상대방이 나를 오해하고 있을 때는 You're getting me wrong이라고 하면 된다. 참고로 I proved her wrong하게 되면 "걔가 틀렸다는 것을 증명했다"가 된다.

● **Screen Expressions**

Don't get me wrong   오해하지마
Don't get me wrong, **you're better than she is.**
오해하지마. 넌 걔보다 나아.

Don't get me wrong, but~   오해하지마, 하지만…
Don't get me wrong, but **Clay doesn't seem smart.**
오해하지마, 하지만 클레이는 똑똑해 보이지 않아.

prove sb wrong   …가 틀렸음을 증명하다
For what it's worth, I plan to prove him wrong.
모르긴해도, 난 걔가 틀렸다는 것을 증명할 계획이야.

이 표현이 나오는 영화
〈노트북〉
〈쉬즈더맨〉
〈미비포유〉

● **Dialog**

A: So you stopped eating candy?
B: Don't get me wrong. I still like it.
　　A: 그래 사탕을 안먹기로 했다고? B: 오해마. 여전히 좋아해.

A: You thought Ken would be fired.
B: I guess he proved me wrong.
　　A: 넌 캔이 잘릴거라고 생각했잖아. B: 걔가 내가 틀렸다는 것을 증명한 것 같아.

Screen Patterns : It's important to be polite

It's important to+V   …하는 것이 중요해

- **It's important to** know who you're getting into bed with. 누구와 잘 것인가를 아는게 중요해.
- **It's important for** both of us **to** bond with him. 우리 둘 다 걔와 유대관계를 맺는게 중요해.
- **It's important that** you tell us the truth. 네가 우리에게 진실을 말하는 것이 중요해.

A: Why do I have to show him my text messages? 왜 내가 걔에게 문자를 보여줘야 돼?
B: It's important for him to **trust you.** 걔한테는 너를 신뢰하는게 중요해서 그래.

난 잘 알고 있어
I'm so aware of it

be aware of~는 「…을 알고 있다」, 「…을 깨닫고 있다」라는 의미로 다음에는 명사, 또는 that 절(be aware of that S+V) 그리고 의문사 절(be aware of what/how~)이 올 수가 있다. I'm aware of that 이 굳어진 형태로 가장 많이 쓰인다.

● *Screen Expressions*

I'm aware of it[that] …을 알고 있어

I'm well aware of that. But there's nothing I can do.
난 잘 알고 있어. 하지만 내가 할 수 있는게 아무 것도 없어.

I'm aware of what~ …을 알고 있어

I am aware of what goes on in my own house.
내 집에서 무슨 일이 벌어지는지 잘 알고 있지.

이 표현이 나오는 영화
〈로맨틱 홀리데이〉
〈브리짓 존스의 베이비〉

● *Dialog*

A: You need to get this done by the end of the day.
B: I'm aware of that. That's why I'm stressed.
　　A: 오늘 퇴근 전까지 이거 끝내야 돼.　B: 알고 있어. 그래서 내가 스트레스 받고 있잖아.

A: There are a lot of rumors about your temper.
B: I'm aware of what people say about me.
　　A: 네 성깔에 대해 루머가 많아.　B: 사람들이 날 뭐라고 하는지 알고 있어.

Screen Patterns : Here comes the bride

Here sb comes …가 이리로 오네

- **Here she comes** now. Be cool! 지금 쟤가 저기 오네. 침착해!
- **Here comes** the bride. 여기 신부가 오네.
- **Here comes** our new boss, be polite. 신입 사장님이 저기 오신다, 예를 갖춰.
- **Here comes** what's left of breakfast. 아침식사 남은게 여기 오네.

A: Here comes one of my former professors. 여기 예전 교수 중 한 분이 오시네.
B: Let's say hello to her. 그 분께 인사하자.

내가 신경이나 쓰는 줄 알아?

Do I look like I care?

내 알바도 아니니 신경쓰지도 않겠다고 할 때는 not care를 쓰면 된다. I don't care가 대표적인 표현으로 단독으로 혹은 I don't care about~[wh~/if~]등의 형태로 사용하면 된다. Who cares!도 같은 의미이고 좀 속되게 표현하려면 I don't give a shit 혹은 I don't give a fuck이라고 해도 된다.

Screen Expressions

이 표현이 나오는 영화
〈라라랜드〉
〈노트북〉
〈러브액츄얼리〉
〈500일의 썸머〉
〈프렌즈 위드 베네핏〉

I don't care (about~/what~/if~) 신경안써, 상관없어

I don't care who he sleeps with.
걔가 누구랑 자는지 관심없어.

Who cares? 신경안써, 상관없어 ▶ Who cares wh~?

Who cares? I didn't like her anyway.
알게 뭐람? 난 어쨌거나, 걔 싫어.

care 근심, 신경쓰다

You don't have a care in the world?
걱정거리가 하나도 없어?

Dialog

A: Do you care if we're late?

B: I don't care if we are a little late for the party.

A: 늦을 까봐서 걱정되니? B: 파티에 조금 늦는다고 해도 신경안써.

A: Aren't you afraid he's going to be angry?

B: Who cares what he thinks?

A: 걔가 화낼거라는 건 걱정 안하니? B: 걔가 무슨 생각을 하든 누가 신경이나 쓴대?

Screen Patterns : I don't think I can live without you

I think S+V …한 것 같아 ▶ In fact, I think S+V 실은 …인 것 같아

- **I think** Pam has been acting very badly. 팸이 요즘 행동이 매우 거칠어졌어.
- **I'm thinking about** coloring my hair. 머리를 염색할까 생각중이야.
- **I'm thinking about** opening up my own restaurant. 내 식당을 낼까 생각중이야.
- **I don't think** I can live without you, OK? 너없이는 살 수 없을 것 같아, 알았어?

A: Do you know if she's had a serious relationship? 걔가 진지한 연애를 하고 있다는거 알아?

B: In fact, I think she's dating someone now. 실은 걔가 지금 누군가 만나고 있는 것 같아.

넌 구글에 취직했어?

You got a job at Google?

get a job하면 「취직하다」, 취직한 곳까지 말하려면 get a job at+회사의 형태로 쓰면 된다. 일한 기간을 말하려면 have worked for 3 years, 「직장을 그만둔다」고 할 때는 I quit이 있다. 참고로 직장에서 얼마나 버냐고 물어볼 때는 How much do you make at your job?이라고 한다.

● Screen Expressions

get a job at~ …에 취직하다

I might get a job at Google.
나 구글에 취직할지도 몰라.

have worked~ 얼마동안 일하고 있다

So, have you worked here long?
여기서 근무한지 오래됐어?

quit one's job 회사를 그만두다

I have a feeling that John is going to quit his job.
존이 직장을 그만두려는 것 같아.

이 표현이 나오는 영화
〈노트북〉
〈악마는 프라다를 입는다〉
〈500일의 썸머〉

● Dialog

A: A lot of graduates want to get a job at Google.

B: They pay high salaries and offer good benefits.

A: 많은 대졸자들이 구글에 취직하고 싶어해. B: 급여도 높고 복지후생도 좋잖아.

A: I have a feeling that Jill is going to quit her job.

B: What makes you say so?

A: 질이 직장을 그만두려는 것 같아. B: 왜 그렇게 말하는거야?

Screen Patterns : I thought she messed everything up

I thought S+V …라고 생각했어, …라고 생각했었는데, …인 줄 알았는데

• **I thought he was cute. I hit on him.** 난 걔가 귀엽다고 생각해서 꼬셨어.

• **I thought you were on my side.** 난 네가 내 편인 줄 알았어.

• **I never thought you'd want a fifth kid.** 네가 다섯 번째 아이를 원하리라고는 생각못했어.

A: Julie and Sam are splitting up. 줄리하고 샘이 갈라설거야.

B: No kidding. I thought they had a strong marriage. 말도 안돼. 금슬이 좋은 줄 알았는데.

잘했어!
You did a good job!

전형적인 칭찬표현으로 good 대신 nice, great, super 등으로 바꿔 강조해도 된다. 그냥 간단히 Good job!이라고 해도 되는데 문맥에 따라서는 Nice going!(잘한다!)의 경우처럼 비아냥거리는 뜻으로도 쓰인다. 또한 좋은 일이 생긴 상대에게 던지는 Good for you!(잘됐다!)와 헷갈리면 안된다.

Screen Expressions

You did a good job 잘했어

You did a good job! **I was very impressed.**
정말 잘 했어! 매우 인상적이었어.

Good job! 잘했어 = Good work! = Good move!

Good job, **you were great!**
잘했어, 넌 대단했어!

Good for you 잘됐네

Good for you. **I hope you become a successful lawyer.**
잘됐네. 네가 성공한 변호사가 되기를 바래.

이 표현이 나오는 영화
〈쉬즈더맨〉
〈노팅힐〉
〈친구와 연인사이〉
〈브리짓 존스의 베이비〉
〈악마는 프라다를 입는다〉

Dialog

A: I set up the website for their business.
B: Sure, they said you did a good job.
　A: 걔네들 회사 웹사이트를 구축했어.　B: 그래, 일 잘했다고 했어.

A: I finally found a good diet to lose weight.
B: Good for you! I knew it would happen.
　A: 마침내 살을 뺄 좋은 다이어트법을 찾았어.　B: 잘됐다! 그럴 줄 알았어.

Screen Patterns : You think that'll work?

Do you think S+V ...라고 생각해?

- **Do you think** it's, like, a little too slutty for me? 저기 그게 내게는 좀 야하다고 생각해?
- So **you think** I'm not good enough for him? 그럼 넌 내가 걔한테 딸린다는거야?
- **Don't you think** he's been through enough? 넌 걔가 충분히 겪었다고 생각하지 않아?

A: Do you think Terry likes my sister? 테리가 내 여동생을 좋아하는 것 같아?
B: He flirts with her when they're together. 함께 있을 때 네 여동생에게 추파를 던져.

너 정말 미쳤구나!

You've actually gone mad!

go mad는 기본적으로 「미치다」라는 말로 정신적으로 문제가 있거나 그래서 이상한 행동을 하거나 혹은 너무 지루하거나 너무 좋아서 미쳐 날뛰는 것 등 다양한 의미로 사용되므로 문맥에 따라 잘 파악해야 한다. 특히 be[get] mad about[at]~역시 「화내다」, 「사족을 못쓰다」라는 의미로도 쓰인다.

Screen Expressions

go mad 화내다(get angry), 사족을 못쓰다

Have you gone mad?
너 제정신이야?

be[get] mad 화내다, 사족을 못쓰다

I'm so mad about you.
난 너를 열렬히 좋아해.

get upset 화내다 ▶ go insane 미치다

There's no need to get upset.
화낼 필요가 없어.

이 표현이 나오는 영화
〈500일의 썸머〉
〈어바웃타임〉
〈러브액츄얼리〉
〈악마는 프라다를 입는다〉

Dialog

A: Sorry to hear that you lost your keys.

B: I nearly went mad trying to find them.

A: 열쇠 잃어버려서 안됐네. B: 열쇠 찾느라 거의 미칠 지경이었어.

A: Didn't your sister like Brad Pitt?

B: She was mad about him for ages.

A: 네 누이가 브래드 피트를 좋아하지 않았어? B: 오랫동안 좋아 미쳐 있었지.

Screen Patterns : I believe you remember Sam

I believe S+V …라고 생각해, …라고 믿어 ▶ **I can't believe S+V** …라니 놀라워

- **I believe** she was sexually molested by Chris. 난 크리스가 걔를 성추행했다고 생각해.
- **I didn't believe** what Blair was telling me. 블레어가 내게 말한 것을 믿지 않았어.
- **Do you believe** the rumors that Brian is gay? 브라이언이 게이라는 소문을 믿어?

A: Did you see Evelyn's cell phone? 에블린의 핸드폰을 봤어?

B: We believe she took it home. 걔가 집에 가져간 것 같아.

넌 날 바보로 만들었어
You've made a fool out of me

make a fool of~는 「…을 기만하다」, 「바보취급하다」라는 뜻으로 한단어로 하면 fool sb. 또한 뒤에 oneself가 붙어, make a fool of oneself하게 되면 「멍청한 짓을 하다」, 「웃음거리가 되다」라는 뜻이 된다. 참고로 pull one's leg하면 「놀리다」, pick on sb하면 「괴롭히다」라는 의미의 표현이다.

● Screen Expressions

make a fool (out) of …을 기만하다, 바보취급하다 =fool sb =make fun of
He made a fool of **me.**
걔가 날 바보취급했어.

make a fool of oneself 멍청한 짓을 하다, 웃음거리가 되다
You're making a fool of yourself.
멍청한 짓을 하는거야.

pull one's leg …을 놀리다 ▶ pick on sb 괴롭히다
Don't pull my leg **about serious things.**
중요한 문제로 날 놀리지마.

이 표현이 나오는 영화
〈러브액츄얼리〉
〈어바웃타임〉
〈노팅힐〉
〈프로포즈〉
〈악마는 프라다를 입는다〉

● Dialog

A: I can't believe Don was cheating on his wife.
B: It's so sad that he made a fool of her.
　A: 돈이 아내를 두고 바람피다니 믿기지 않아.　B: 슬픈 일이야. 아내를 바보로 만들다니.

A: I saw a ghost when I was in your house.
B: Come on, you're pulling my leg.
　A: 네 집에 있을 때 유령을 봤어.　B: 그러지마, 너 나 놀리는 거잖아.

Screen Patterns : I can't stop thinking about you

I can't stop ~ing …할 수밖에 없어 ▶ I can't stop A from ~ing A가 계속 …해

- She'd gone through a really bad breakup and **couldn't stop** crying. 걘 끔찍한 이별로 울음을 그칠 수 없었어.
- **I can't stop** it **from** going through my head. 그게 계속 내 머리 속에서 떠나질 않아.
- **I can't stop** thinking about you. 너를 생각하지 않을 수가 없어.
- You will do anything to **stop me from** having sex with him. 무슨 수를 써서라도 내가 걔랑 섹스하는거 말려.

A: I can't stop thinking about you. 너를 생각하지 않을 수가 없어.
B: I know. I enjoy being with you so much. 알아. 너랑 같이 있는게 너무 좋아.

내가 하는 일이 그렇지, 내가 무슨 운이 있겠어
That's just my luck

Lucky for sb는 「…에게 운이 좋다」라는 뜻으로 Lucky for me는 "다행이다," Lucky for you는 "네가 운이 좋네"라는 뜻이 된다. for를 빼고 Lucky me하면 "내가 운종네," Lucky you는 "운도 좋네"로 똑같은 의미가 된다. 그리고 "운을 빌어달라"고 할 때는 Wish me luck이라고 하면 된다.

Screen Expressions

That's just my luck 내 운이 그렇지 뭐

That's just my luck. **No boys want to date me.**
내가 그렇지 뭐, 아무도 나하고 데이트 안 하려고 해.

Lucky me 내가 운종네 = Lucky for me ▶ Lucky you 너 운종다 = Lucky for you

Lucky me! **Oh my God! That is good news!**
내가 운종네! 맙소사! 좋은 소식야!

Wish me luck! 행운을 빌어줘! ▶ Good luck! 행운이 있기를!

I'm out of here. Wish me luck. 나 갈게, 행운을 빌어줘

이 표현이 나오는 영화
〈노팅힐〉
〈러브액츄얼리〉
〈굿럭척〉
〈쉬즈더맨〉
〈악마는 프라다를 입는다〉
〈브리짓 존스의 일기〉

Dialog

A: The cops said your car was stolen.

B: Damn it! That's just my luck.

A: 경찰이 그러는데 네 차 도난당했대.   B: 젠장헐! 내 운이 그렇지 뭐.

A: The real estate market is expected to crash.

B: Lucky me. I just sold my house.

A: 부동산 시장이 폭락할거래.   B: 내가 운도 좋네, 집을 판지 얼마 안되었는데.

🎞 스크린 명대사 : 노트북

"I could be whatever you want.
You just tell me what you want and I'll be that for you." -Noah

난 네가 원하대로 뭐든 될 수 있어.
원하는게 뭔지 말만해, 내가 널 위해 그렇게 되어줄게.

이럴 수가, 그럴 리가
I can't believe it

I can't believe it은 놀라운 이야기를 듣고서 믿기지 않는다는 말로 "설마," "그럴 리가"에 해당된다. 반면 I don't believe it은 상대방 말이 뭔가 잘못된 것이라는 뜻으로 "말도 안돼,"라는 의미. I can't believe it은 사실여부를 떠나 「놀람」에, I don't believe it은 「불신」이 깔려 있다.

Screen Expressions

I can't believe it 이럴 수가, 그럴 리가 ▶ I can't believe S+V

I can't believe **she left me.** 걔가 날 떠나다니.

I don't believe it 말도 안돼, 뜻밖이네

You kissed Chris? I don't believe it!
크리스에게 키스했다고? 말도 안돼!

I won't believe it 믿지 않을거야 ▶ You won't believe it 믿지 못할거야

I won't believe it **until I see it.**
내가 볼 때까지는 믿지 않을거야.

이 표현이 나오는 영화
〈라라랜드〉
〈미비포유〉
〈노팅힐〉
〈첫키스만 50번째〉
〈러브, 로지〉

Dialog

A: Have you heard? Ben died last night.

B: I can't believe it. I just saw him yesterday.

　A: 얘기 들었어? 벤이 지난밤에 죽었대. B: 그럴 리가. 어제도 봤는데.

A: I bought a lottery ticket and won a lot of money.

B: I won't believe it until I see it.

　A: 복권을 사서 당첨돼 돈을 많이 땄어. B: 보기 전까지는 믿지 않을거야.

Screen Patterns : Is it impossible to find a soul mate?

It's possible (for sb) to+V (…가) …하는 것은 가능해, …일 수도 있다

- **It's possible to** meet them here. 걔네들을 여기서 만나는 것도 가능해.
- **It's possible** he will come back. 걔가 다시 돌아올지도 몰라.
- **Is it possible to** love two people at the same time? 동시에 2명을 사랑할 수가 있어?

A: I'm broke until my next paycheck. 다음 급여 때까지 빈털터리야.

B: It's possible for me to **lend you money.** 내가 너에게 돈을 좀 빌려줄 수 있는데.

왜?, 뭐 때문에?
For what?

What for?는 "왜요?"라는 말로 이유를 알고 싶을 때 물어보는 문장으로 For what?이라고 해도 된다. 달리 말하자면 Why?나 How come?과 같은 말. 또한 What else?는 "뭐 다른 것은?"이라는 의미.

Screen Expressions

What for? 뭐 때문에?

What for? I didn't do anything wrong.
뭐 때문에? 난 아무런 잘못을 한 게 없는데.

For what? 뭐 때문에?

For what? Leaving or coming back?
뭐 때문에? 떠날거야 돌아올거야?

What else? 뭐 다른 것은?

Okay, we fixed the software. What else?
그래, 우리는 소프트웨어를 고쳤어. 다른 것은?

이 표현이 나오는 영화
〈라라랜드〉
〈러브액츄얼리〉
〈노트북〉
〈악마는 프라다를 입는다〉

Dialog

A: What for? She didn't do nothing.

B: Stay out of this, Ron.

A: 무엇 때문에? 걘 아무 것도 하지 않았어. B: 론, 넌 빠져.

A: Oh, Cindy. Let me just say I'm sorry.

B: For what?

A: 신디, 내가 미안하다고만 말해둘게. B: 뭐 때문에?

Screen Patterns : I'm looking forward to this

I'm looking forward to+명사 …를 몹시 기다려

• The girls **are looking forward to** this. 소녀들은 이걸 무척 기다리고 있어.

• **I'm looking forward to** working with you. 너랑 함께 무척 일하고 싶어.

• **I'm really looking forward to** you and me having sex. 너와 내가 섹스하기를 몹시 기다리고 있어.

A: So you quit and took a job elsewhere? 그래서 넌 그만두고 다른 곳에 취직했어?

B: I'm looking forward to **starting my new job.** 새로운 일을 시작하는게 몹시 기다려져.

끔찍한 일이야, 망했다, 엉망이야

It's a disaster

자연 재앙처럼 감당할 수 없는 큰 불행이라는 말은 아니고, 그런 재앙처럼 뭔가 문제가 많다, 그래서 "상황이 엉망이다" 정도에 해당되는 표현으로 생각하면 된다. be on the road to disaster하면 「모든 상황이 아주 안 좋은 쪽으로 가고 있다」는 말이다.

● **Screen Expressions**

It's a disaster 끔찍한 일이야, 엉망이야

You act like this is a disaster.
큰 일 난 것처럼 행동하네.

I married him. It was a disaster.
걔하고 결혼했는데 불행이었어

be on the road to disaster 상황이 끔찍해지고 있어, 파멸로 가고 있다

That marriage is on the road to disaster.
그 결혼은 파멸의 길로 가고 있어.

이 표현이 나오는 영화
〈어바웃타임〉
〈러브액츄얼리〉
〈쉬즈더맨〉
〈이프온리〉

● **Dialog**

A: Almost no one came to the concert.

B: It's a disaster. I can't believe it.

A: 콘서트 장에 온 사람이 거의 없어.   B: 끔찍한 일이야. 믿기지가 않아.

A: Brian drinks a quart of whisky nightly.

B: He's on the road to disaster.

A: 브라이언은 밤마다 1쿼트의 위스키를 마셔.   B: 끔찍한 상황으로 가고 있구만.

Screen Patterns : I assume they will be successful

I assume S+V …을 하고 있구나 ▶ **I'll assume S+V** …일거라 생각할거야

• **I assume that** that's why you were stopping by. 그래서 네가 들른거라고 생각하고 있어.

• **I always just assumed** they'd get back together. 난 항상 걔네들이 다시 합칠거라 생각했었어.

• **Let's assume that** she wasn't faking orgasm. 걔가 진짜 오르가즘을 느낀다고 가정해보자.

A: Sean told me he got engaged. 숀은 자기가 약혼했다고 나한테 말했어.

B: I always assumed he was gay. 난 항상 걔는 게이라고 생각했었어.

너라도 그렇게 했을거야

You'd do the same for me

가정법 would가 포함된 문장이다. 네가 너한테 그랬듯이 너도 그런 경우에 처하면 나를 위해서 그렇게 했을 거다라는 의미이다. do the same thing은 「똑같이 하다」, 「같은 일을 하다」, 그리고 음식영어에서 I'll have the same은 "같은 걸로 할게요"로 The same for me라고 해도 된다.

● **Screen Expressions**

do the same for sb   …을 위해 똑같이 하다

You'd do the same for me. Right?
너라도 그렇게 했을거야, 그렇지?

do the same thing   같은 일을 하다, 똑같이 하다

You'd have done the same thing.
너도 똑같이 했었을거야.

The same for me   같은 걸로 주세요 = I'll have the same

That sounds delicious. I'll have the same.
맛있겠다. 나도 같은 걸로 할게.

● **Dialog**

A: Thanks for helping me with the report.

B: Don't worry. You'd do the same for me.

A: 보고서 작성하는데 도와줘서 고마워.   B: 걱정마. 너라도 그렇게 했을거야.

A: I got lost trying to find the hotel.

B: I did the same thing as you.

A: 호텔을 찾다가 길을 잃었어.   B: 나도 너처럼 똑같이 그랬어.

Screen Patterns : Never trust people around you

Never+V   절대로 …하지 마라

● You shouldn't quit. **Never** give up.   그만두면 안돼. 절대 포기하지마.

● **Never** mind him. You and I need to have a talk.   걘 신경꺼. 너와 내가 얘기 좀 해야 돼.

● **Never** mind that she just got married.   걔가 결혼한 직후라는 건 신경쓰지마.

● **Never** mind what I want. What do you want?   내가 원하는 걸 생각하지마. 넌 뭘 원하는데?

A: I liked him, but found out he was a liar.   난 걔를 좋아했는데 거짓말쟁이인게 밝혀졌어.

B: Never trust people around you.   주변 사람들을 절대로 믿지마.

재미있어?
You having fun?

have fun은 「재미있게 보내다」, 강조하려면 have much fun, have a lot of fun이라 한다. 또한 재미있(었)다라고 말하려면 This[It] is[was] fun (~ing)이라고 하면 된다. 한편 That's funny는 "우습다," "이상하네," You're funny는 "너 재미있다," 그리고 It's not funny는 "우습기도 하겠다"라는 의미.

● **Screen Expressions**

have fun (with~) 재미있게 보내다 ▶ Have fun! 재미있게 보내!
Good seeing you guys. Have fun. 만나서 반가웠어. 재밌게 보내.

be having fun 재미있게 보내다
So are we having fun? 그럼 우리 재미있게 보내고 있는거야?
Are we having fun yet?
일이 제대로 되는거야?(일이 잘 안되거나 계획대로 되지 않을 때 비아냥거리면서 하는 말)

This is[was] funny 재미있(었)어 ▶ That's funny 이상해
It was fun having you. 같이 해서 즐거웠어.

● **Dialog**

A: This is a great nightclub. You having fun?
B: To be honest, I don't like loud music.
> A: 여기 정말 대단한 나이트클럽이다. 재미있어? B: 솔직히 말해서, 시끄러운 음악을 좋아하지 않아.

A: I've never attended a church service.
B: That's funny. I thought you were religious.
> A: 교회에서 예배를 본 적이 없어. B: 이상하네. 난 네가 신앙인이라고 생각했는데.

Screen Patterns : I told you to leave me

I told you to+V …하라고 말했잖아 ▶ I told you not to+V …하지 말라고 말했잖아

- **I told you to** play hard to get. 내가 비싸게 굴라고 말했잖아.
- **I told you** it's none of your concern. 네가 상관할 일이 아니라고 말했는데.
- **I told her** you were otherwise engaged. 걔에게 네가 다른 일을 하고 있다고 말했어.
- **I told her** she'd be crazy to not like it. 난 걔에게 그걸 좋아하지 않다니 제정신이 아니라고 말했어.

A: She never did what she promised to do. 걘 자기가 하기로 한 약속을 절대 지키지 않아.
B: I told you not to trust her. 걔 믿지 말라고 했잖아.

입다물어!
Shut your mouth!

shut up은 상대방에게 입다물라고 할 때 사용하는 표현으로 Shut your face!라고 해도 된다. 다른 사람의 입을 다물게 하다라고 할 때는 shut sb up. 〈라라랜드〉에서 세반스찬이 자동차 경적을 울리자 한 주민이 나와서 "그만 소리내라"고 할 때 하는 말이 Shut that thing off!이다.

● Screen Expressions

Shut up (about~)! 닥쳐!
I owe you nothing. Shut up. Get out of here.
네 덕본 거 하나도 없어. 입닥치고 꺼져.

Shut your mouth[face]! 입닥쳐!
If you want to stay here, then shut your mouth!
여기 머무르고 싶으면 입닥치고 있어!

Shut the fuck up! 아가리 닥쳐!
Shut the fuck up! You are a loser!
아가리 닥쳐! 넌 한심한 놈야!

이 표현이 나오는 영화
〈라라랜드〉
〈노팅힐〉
〈러브액츄얼리〉

● Dialog

A: The president is doing a great job.
B: Shut up! You are absolutely wrong.
　A: 사장이 멋진 일을 해내고 있어.　B: 닥쳐! 네가 완전히 틀렸어.

A: You are too slow. You're holding us up.
B: Shut your face! I've had enough.
　A: 너 너무 느려서 우리가 지체되고 있어.　B: 입닥쳐! 이젠 지겨워.

Screen Patterns : I asked you to watch your language

I asked you to+V 너에게 …을 해달라고 했어

● **I asked you to** marry me, and you said yes. 난 너와 결혼하자고 했고 넌 승낙했어.
● **I asked her to** strip naked and dance for me. 걔한테 발가벗고 날 위해 춤을 추라고 했어.
● **I was asked to** go there instead of Karl. 칼 대신 내가 거기 가라는 요청을 받았어.

A: I asked you to send the photos to my mom. 너보고 우리 엄마에게 사진을 보내라고 부탁했잖아.
B: I'm sorry, but I accidentally deleted them. 미안해, 실수로 삭제해버렸어.

거짓말하지마, 제이미
That's bullshit, Jamie

먼저 Bullshit!하게 되면 "거짓말!," "허튼 소리하지마!"라는 뜻. 「허튼 소리를 믿다」는 buy into the bullshit이라고 한다. 한편 bullshit은 동사로도 쓰여서 「허튼 소리를 하다」, 「구라치다」가 된다. go blah는 같은 의미이고, blah blah blah는 「어쩌구저쩌구」, 「허튼소리」 등의 뜻으로 쓰인다.

● **Screen Expressions**

(That's) Bullshit! 거짓말!, 허튼 소리하지마!
I think what you're saying is bullshit.
네가 하는 말은 말도 안된다고 생각해.

buy into the bullshit 허튼 소리를 믿다
I gotta stop buying into the bullshit.
헛소리를 믿지 말아야되겠어.

bullshit 허튼 소리를 하다 ▶ go blah 허튼 소리를 하다
Don't bullshit me, Chris.
나한테 구라치지마, 크리스.

● **Dialog**

A: It's possible to lose weight eating fast food.
B: That's bullshit. Fast food is fattening.
A: 패스트푸드를 먹으면서 살빼는 건 가능해. B: 허튼 소리마. 패스트푸드 먹으면 살이 찐다고.

A: Your lawyer just told us a bunch of lies.
B: He often tries to bullshit his clients.
A: 네 변호사가 많은 거짓말을 우리에게 했어. B: 그 사람은 종종 의뢰인들에게 헛소리를 해대.

Screen Patterns : She called to ask out Chris

I'm calling about~ …건으로 전화하는거야 **I'm calling you because~** …때문에 전화하는거야

- **I'm calling about** tomorrow's meeting. 내일 회의건으로 전화했어.
- **I'm calling to** make an appointment with Dr. Novak. 노박 선생님 예약하려고 전화했는데요.
- **I called to** apologize to you. 너에게 사과하려고 전화했어.

A: I'm calling about the apartment you have for rent. 임대 내놓으신 아파트 때문에 전화드리는데요.
B: Okay, what would you like to know about it? 네, 뭘 알고 싶으시죠?

난 충분하지 않아!, 부족해!

I'm not good enough!

Good enough!하면 「충분하다」, 「그만하면 됐어」라는 의미이고, good enough (for sb) to〜는 「(…가) …하기에는 족하다」라는 뜻. 또한 Fair enough는 어떤 제안에 대한 답변으로 "좋아," "됐어," "이제 됐어," "알았어"라는 의미, 그리고 "더 이상은 안돼"라고 할 때는 Enough is enough라고 하면 된다.

Screen Expressions

Good enough! 충분해!, 그만하면 됐어!

▶ good enough for sb to+V …가 …하기에 충분해

She's not good enough to raise a child. 걔는 애를 키우기에는 부족해.

Fair enough 좋아, 됐어, 이제 됐어, 알았어

Fair enough. **I'll leave you in peace.** 좋아. 널 편안하게 놔둘게.

Enough is enough 그만해, 더 이상은 안돼

All right, enough is enough. **I'm not buying it.**
좋아, 이젠 그만. 난 안 믿어

이 표현이 나오는 영화
〈라라랜드〉
〈브리짓 존스의 일기〉
〈쉬즈더맨〉
〈노팅힐〉
〈러브액츄얼리〉

Dialog

A: Weren't you trying to become a musician?

B: It's no use. I'm not good enough.

A: 음악가가 되려고 노력하지 않았어? B: 소용없어. 난 깜이 안돼.

A: I'll give you a hundred dollars if you date me.

B: Fair enough. Let's get it done.

A: 나랑 데이트하면 100달러를 줄게. B: 알았어. 그렇게 하자.

Screen Patterns : I'm here to help you

I'm here to+V …하러 왔어 ▶ You here to+V? …하러 왔어?

• **I'm here to** take your sister out to dinner. 저녁식사하러 네 누이 데리러왔어.

• **I'm here to** see if everyone is safe. 다들 무사한지 보려고 왔어.

• **I'm here to** tell you that you'll get nothing! 넌 하나도 못얻을거라 말하러왔어!

A: What brings you to my neighborhood? 이 동네에는 무슨 일로 온거야?

B: I'm here to **see if you need help.** 네가 도움이 필요한지 알아보려고 왔어.

오늘 지금까지 어땠어?

How's your day so far?

원래 How was your day?는 하루의 오후 늦은 시간에 하는 인사말로 "오늘 어땠어?"라고 물어보는 문장이다. 여기서는 so far가 붙어서 지금까지라고 시간을 한정하고 있을 뿐이다. 「좋은 날을 보내는」 건 have a good day, 「힘든 날을 보내다」는 have a rough day라고 한다.

● Screen Expressions

How was your day? 오늘 어땠어?

You look unhappy Vicky. How was your day?
비키, 안 좋아 보여. 오늘 어땠어?

have a rough day 힘든 하루를 보내다

I am glad to be here. I have had a rough day.
여기 있어서 너무 좋아. 정말 힘든 하루였어.

have a good day 좋은 하루를 보내다

Having a good day at work?
직장에서 잘 보내고 있어?

이 표현이 나오는 영화
〈첫키스만 50번째〉
〈굿럭척〉
〈러브액츄얼리〉

● Dialog

A: Hi Noah. How was your day?

B: Terrible. I think I'm coming down with a cold.

A: 안녕, 노아. 오늘 어땠어? B: 끔찍했어. 감기가 오는 것 같아.

A: Pam yelled at me for no reason.

B: I think she had a rough day.

A: 팸은 아무 이유없이 내게 소리쳤어. B: 오늘 힘들었나보다.

Screen Patterns : I didn't come here to hurt you

I came here to+V …하러 왔어

- **I came here to** let you know that I love you. 널 사랑한다는 걸 말하려고 왔어.
- **I just dropped by to** say your wife's bi. 네 아내가 바이섹슈얼이라는 걸 말해주러 잠깐 들렀어.
- **I didn't come here to** hurt you. 너에게 상처를 주러 온게 아냐.

A: Can I help you with something? 뭘 도와드릴까요?

B: I came by to pick up a guitar. 기타를 사려고 들렀는데요.

갠 잊혀졌어
She's history

be history는 「이제 잊혀졌다」, 「이제 끝이야」라는 말. 그래서 We are history하면 "우린 끝이야," You're history는 "넌 끝이야." 그리고 Chris and I are history하면 "크리스와 난 끝났어"라는 의미가 된다. 참고로 have[get] a history (of)는 「(…의) 전력, 병력 등을 갖고 있다」라는 말.

● **Screen Expressions**

이 표현이 나오는 영화
〈쉬즈더맨〉

Sb be history 끝이야, 잊혀진 사람이야

You're history! It's over!
넌 끝이야! 끝났어!

That[It] is history 다 지난 일야

Our relationship? That's history.
우리 관계? 다 지난 일야.

have[get] history 친분이 있다

We got history.
우린 오랜 친분이 있잖아.

● **Dialog**

A: Laura just couldn't do the office work.

B: She's history. She won't be back.

    A: 로라는 사무실 일을 할 수 없었어. B: 지나간 사람야. 돌아오지 않을거야.

A: Have you met Dave, the guy from New York?

B: He's a good guy. We got history.

    A: 뉴욕에서 온 데이브란 사람 만나봤어? B: 갠 괜찮은 사람이야. 우린 친분이 있어.

Screen Patterns : You said I was your 'soul mate'

I said that S+V …라고 말했어 ▶ I never said that S+V …라고 절대 말한 적 없어

- **I said that** you had a nice butt. 난 네 엉덩이가 멋지다고 했지.
- **I never said** the dress was ugly to her. 그 드레스가 걔한테 보기 흉하다고 말한 적이 없어.
- **I said** I'd have sex. I didn't say I'd make love. 내가 섹스를 한다고 했지. 사랑을 나눈다고 말하지 않았어.
- **You said** you've never been to her apartment. 넌 걔 아파트에 가본 적 없다고 말했잖아.

A: She's nice, and has a good personality. 걔 착하고 성품도 좋아.

B: I never said that she was a bad person. 난 걔가 나쁘다고 말한 적 없어.

(어서) 먹어
Eat up

eat up은 동사구로 「어서 다 먹어치우다」라는 의미의 표현이다. 상대방에게 음식을 어서 먹으라고 권유할 때 사용한다. 또한 음식 외에도 "기름값이 돈을 많이 잡아먹는다"처럼 뭔가 많이 차지하고 있을 때 사용할 수도 있다. 속어로는 eat sb up처럼 쓰여 잡아먹고 싶을 정도로 매력적이다라는 의미.

Screen Expressions

Eat up (어서) 먹어

Now eat up, we have the fish course coming.
어서 먹어, 생선이 나올 차례야.

Sth eat up 많이 차지하다 ▶ sth eat me up …때문에 힘들다

The children's toys eat up batteries.
아이들 장난감은 배터리를 많이 잡아먹어.

eat sb up …을 잡아먹을 정도로 매력적이다 ▶ Eat me 엿먹어, (여성)오랄섹스해줘

I could just eat her up. 잡아먹을 수 있을 정도로 매력적이다.

Dialog

A: Your guests stayed for a whole week?

B: Yeah. They ate up everything we had.

A: 손님들이 일주일 내내 머물렀다고? B: 그래. 우리가 갖고 있는거 거덜냈어.

A: Isn't the new pop singer cute?

B: I could just eat her up.

A: 새로운 팝가수가 귀엽지 않아? B: 아주 매력적이야.

Screen Patterns : Who said I didn't like you?

Who said S+V? 누가 …라고 말했어?

- **She said** our father got into bed with her. 그 여자는 우리 아버지와 잤다고 말했어.
- **Who said** that I didn't like you? 내가 널 좋아하지 않는다고 누가 그랬어?
- **Who said** anything about Christmas? 누가 성탄절 얘기를 한대?

A: Kelly didn't enjoy the date we were on? 켈리는 우리가 한 데이트가 좋지 않았대?

B: She said you were acting strange. 네가 이상하게 굴었다고 하던데.

너무 자책하지마

Don't be hard on yourself

be hard on sb는 「…을 심하게, 모질게 대하다」라는 의미로 sb 대신에 위에서처럼 oneself가 오면 「자신을 힘들게 대하다」, 즉 「자책하다」라는 표현이 된다. Don't give yourself too hard a time과 같은 의미로 여기서 우리는 give sb a hard time(sb를 힘들게 하다)이라는 표현을 추출할 수 있다.

● Screen Expressions

이 표현이 나오는 영화
《악마는 프라다를 입는다》
〈첫키스만 50번째〉

be hard on sb …을 힘들게 대하다

You shouldn't be so hard on **her.**
넌 걔한테 넘 심하게 하면 안돼.

give sb a hard time …을 힘들게 대하다

Please don't give me a hard time.
제발 날 힘들게 하지마.

be hard on oneself …을 힘들게 대하다 = give oneself a hard time

Don't be so hard on yourself. **It wasn't your fault.**
너무 자책하지마. 네 잘못이 아냐.

● Dialog

A: I didn't get accepted into medical school.

B: Don't be hard on yourself. It's not easy.

　A: 의대에 들어가지 못했어.　B: 자책하지마. 쉬운 게 아니잖아.

A: Andy is a popular boss.

B: But he's always giving me a hard time.

　A: 앤디는 인기있는 직장 상사야.　B: 하지만 늘상 날 힘들게 하잖아.

Screen Patterns : Thank you for not leaving me

Thank you for not ~ing …하지 않아서 고마워

- **Thank you for** coming to the wedding.　결혼식에 와줘서 고마워.
- **Thank you for not** leaving me.　날 떠나지 않아서 고마워.
- **Thank you for** your help with my wedding.　내 결혼식 도와줘서 고마워.

A: I know that you slept with another woman.　네가 다른 여자하고 잔 걸 알고 있어.

B: Thank you for not repeating that to anyone.　다른 사람에게 퍼트리지 않아서 고마워.

꿈도 꾸지마
Don't even think about it

think about은 「…에 대해 생각하다」라는 표현으로 Don't even think about it은 "생각조차 하지마라," 즉 "꿈도 꾸지마"라고 상대방을 질책하는 문장이 된다. "내가 생각 좀 해보겠다"고 할 때는 Let me think about it. I'll think about it이라고 하고, "생각을 해보라"고 권유할 때는 Think about it.

● Screen Expressions

Don't even think about it 꿈도 꾸지마

Don't even think about it. **We've got a lot of work to do.**
절대 안돼. 할 일이 너무 많아.

Let me think about it 내가 생각해볼게 = I'll think about it

It might not be possible. Let me think about it.
가능하지 않을 수도 있어. 내가 생각해볼게.

Think about it 생각해봐

Take your time. Think about it.
서두르지 말고 생각해봐.

이 표현이 나오는 영화
〈미비포유〉
〈노팅힐〉
〈러브액츄얼리〉
《악마는 프라다를 입는다》

● Dialog

A: Should I agree to his proposal?

B: **Just do it.** Don't even think about it.

> A: 그의 제안에 동의해야 할까? B: 그렇게 해. 다른 생각은 하지도 말고.

A: You want to grab some lunch together?

B: Let me think about it. **I'm kind of busy.**

> A: 함께 점심 간단히 할래? B: 생각 좀 해보고. 내가 좀 바빠서.

Screen Patterns : How could you do that?

How could you+V? 어떻게 …할 수가 있어?

- **How can you** be so cruel to her? 걔한테 어떻게 그렇게 잔인할 수 있어?
- **How could you** treat him like that? 어떻게 걜 그런 식으로 대접할 수 있어?
- John, **how could you not** know your friend was a gay? 존, 네 친구가 게이라는 걸 어떻게 모를 수 있어?

A: Roger swears he has been truthful. 로저는 바람피지 않았다고 다짐했어.

B: How can you believe what he says? 어떻게 걔 말을 믿을 수가 있어?

내가 어떻게 해야 돼?

What am I supposed to do?

be supposed to는 「…하기로 되어 있다」, 「…하는 것이 당연하게 받아들여지다」라는 뜻으로 You're supposed to+V하면 「상대방에게 …해야 한다」, 「…하기로 되어 있다」, 반대로 You're not supposed to+V하게 되면 「…하면 안된다」는 금지의 표현이 된다.

● **Screen Expressions**

You are(not) supposed to+V …해야 한다, …하면 안된다

You're supposed to be in love with me.
넌 나를 사랑하게 되어 있어.

I am supposed to+V …해야 한다

I'm supposed to pick up a couple things.
몇가지 가지고 가야 돼요.

Sth be supposed to+V …하기로 되어 있다

What is that supposed to mean?
그게 무슨 의미인거야?

이 표현이 나오는 영화
〈라라랜드〉
〈노트북〉
〈미비포유〉
〈로맨틱 홀리데이〉
〈프렌즈 위드 베네핏〉
〈브리짓 존스의 베이비〉

● **Dialog**

A: I was invited to a friend's wedding.

B: Are you supposed to bring a gift?

A: 난 한 친구의 결혼식에 초대받았어. B: 선물을 가져가야 되는거지?

A: When is he scheduled to arrive at the airport?

B: He's supposed to arrive tomorrow after lunch.

A: 걔가 공항에 언제 도착할 예정이니? B: 내일 점심 후에 도착하게 되어 있어.

Screen Patterns : Why are you calling me so late at night?

Why are you ~ing? 너는 왜 …하는거야?

● **Why are you** dressed so nicely tonight? 오늘밤 왜 그렇게 멋지게 옷을 입었어?
● **Why are you** naked? 왜 다벗고 있어?
● **Why are you** calling me so late at night? 왜 밤늦은 시간에 전화한거야?
● **Why are you trying to** get away from me? 왜 내게서 멀어지려는거야?

A: Why are you dressed so nicely tonight? 오늘밤 왜 그렇게 멋지게 옷을 입었어?

B: I've been set up on a blind date. 소개팅하기로 되어 있어.

I know what you mean

무슨 말인지 알아

상대방의 말이 무슨 뜻인지 알았다는 말이며 반대로 "내 말을 알아들었잖아"라고 하려면 You know what I mean이라고 한다. 물론 여기에 물음표를 붙여서 You know what I mean?은 알아들었냐고 물어보는 것으로 You know what I'm saying? 혹은 See what I mean?과 같은 의미이다.

● **Screen Expressions**

I know what you mean 무슨 말인지 알겠어

I know what you mean. My wife does the same thing.
무슨 말인지 알아. 아내도 그래.

You know what I mean(?) 무슨 말인지 알지(?)

I need sex now. You know what I mean?
지금 나 섹스해야 돼. 무슨 말인지 알지?

You know what I'm saying? 무슨 말인지 알겠어?

It's a big problem. You know what I'm saying?
그건 큰 문제야. 무슨 말인지 알지?

이 표현이 나오는 영화

〈라라랜드〉
〈러브액츄얼리〉
〈로맨틱 홀리데이〉
〈굿럭척〉
〈500일의 썸머〉
〈악마는 프라다를 입는다〉

● **Dialog**

A: It's so hard for me to understand women.

B: Of course. I know what you mean.

A: 난 여자들을 이해하기가 정말 어려워. B: 물론. 무슨 말인지 알겠어.

A: You know what I mean?

B: Actually, I have no idea what you are talking about.

A: 내가 말하는 것이 뭔지 알겠어? B: 실은 네가 무슨 말을 하는지 모르겠어.

I have+pp 난 …을 했어 ▶ I have seen~ …을 봤어, I have heard~ …라고 들었어

- **I have seen** this man in a strip club. 난 스트립 클럽에서 이 남자를 본 적이 있어.
- **I have been** in the bathroom. 나 화장실 갔다왔어.
- **I've been** waiting to go out with you. You done? 너랑 나갈려고 기다리고 있어. 다했니?
- **Have you forgiven** your husband? 네 남편을 용서했어?

A: You saw him sometime in the past? 넌 걔를 과거 언젠가 봤다며?

B: I have seen this man in a strip club. 스트립 클럽에서 이 남자를 본 적이 있어.

알게 돼서 기뻐

Good to know

"상대방이 준 정보를 알게 돼서 기쁘다"라는 말로 That's good to know, 혹은 강조해서 That's very good to know라고 해도 된다. "듣게 돼서 기쁘다"라고 할 때는 (That's) Good to hear라고 한다. 알게 된 정보까지 함께 말하려면 Good to know that[wh~]이라고 쓰면 된다.

● *Screen Expressions*

(That's) Good to know 알게 돼서 기뻐 ▶ Good to hear 듣게 돼서 기뻐

That's good to know. I worked very hard on it.
기쁘네요. 아주 열심히 준비했거든요.

(It's) Good to know that[wh~] …을 알게 돼서 기뻐, 다행이야

It's good to know how to fix things.
고칠 수 있는 방법을 알고 있는 건 좋은 일이야.

It's good to know that your parents are healthy.
네 부모님이 건강하다는걸 알게 돼 좋아.

이 표현이 나오는 영화
〈라라랜드〉
〈브리짓 존스의 일기〉

● *Dialog*

A: The park ranger said there are snakes here.

B: Good to know. I'll be careful.

　　A: 공원 관리인이 그랬는데 여기 뱀이 있대.　B: 알게 돼서 좋아. 조심할게.

A: Vlad was able to leave the hospital yesterday.

B: It's good to know that he got better.

　　A: 블래드는 어제 퇴원할 수 있었어.　B: 나아진 걸 알게 돼서 기쁘네.

Screen Patterns : Can we not talk about this?

Can we not talk about~ ? …얘기는 하지 말자

- **Can we talk about** this when I get back? 내가 돌아와서 이 얘기할까?
- **Can we not talk about** my personal life? 내 개인사는 얘기하지 말자?
- **I can't talk about** it because it scares me too much. 너무 무서워 그 얘기는 할 수 없어.

A: Can we talk about what happened last night? 어젯밤에 무슨 일이 있었는지 얘기해볼까?

B: I don't think I'm ready for that. 난 아직 준비가 안된 것 같아.

바람 좀 쐬어야겠어

I gotta get some air

대화나 모임 중에 잠깐 밖에 나가서 바람을 쐬겠다고 할 때 쓸 수 있는 표현이다. get some (fresh) air 가 가장 대표적인 표현이며, "잠깐 나갔다오겠다"고 I need to get away라고 할 수도 있다.

● Screen Expressions

get some air 바람을 쐬다

I'm going to get some air.
바람 좀 쐴거야.

Some fresh air would do you good 바람 좀 쐬면 도움이 될거야

I got it. Go get some fresh air.
알았어. 가서 신선한 공기 좀 쐬라.

I need to get away 바람 좀 쐬어야겠어

It's refreshing to get away **for a while.**
잠시 벗어나 있는 것도 재충전이 돼.

● Dialog

A: Did you hear about the movie star's death?

B: Yeah, I'm shocked. I gotta get some air.

A: 그 영화배우 사망소식 들었어?   B: 어. 충격받았어. 바람 좀 쐬어야겠어.

A: Look, I'm going out for a walk now.

B: Some fresh air will do you good.

A: 이봐, 나가서 산책 좀 하려고.   B: 바람 좀 쐬면 도움이 될거야.

Screen Patterns : Given that she's desperately in love with you,

Given this situation, 이런 상황에서.

• Not entirely inappropriate **given the circumstances.** 상황을 감안할 때 완전히 부적절한 것은 아냐.

• **So given that,** do you trust Jack? Or don't you? 그런 점에서 넌 잭을 믿니 안믿니?

• **Given that** it is her fault, it seems appropriate. 걔잘못이라는 점에서 그건 적절해보여.

A: She says I have been harassing her. 걘 내가 자기를 괴롭혔다고 해.

B: Given the situation, you should stop contacting her.

상황을 고려해볼 때, 넌 걔와 접촉을 하지 마라.

그럴 것 같지는 않아, 그렇지 않을거야

I doubt it

doubt it[that]은 「그렇지 않을거야」, 「그럴 리가 없다」라는 말. suspect가 「그럴거라고 의심」하는 반면 doubt은 「그렇지 않을거라고 의심」을 하는 경우이다.

● **Screen Expressions**

I doubt it[that] 그렇지 않을거야

I doubt it. You haven't been a very good student.
그럴까? 넌 그리 좋은 학생은 아니잖아.

I doubt that S+V ···하지 않을거야

I doubt that's going to happen.
난 그런 일이 일어나지 않을 것 같아.

I doubt if S+V ···하지 않을거야

I doubt if Howard joined the gathering.
하워드가 모임에 함께 했다고 생각하지 않아.

이 표현이 나오는 영화
〈라라랜드〉
〈500일의 썸머〉

● **Dialog**

A: Someone told me that cake causes cancer.

B: I doubt that. It sounds like a rumor.

　A: 케익이 암을 유발한다고 누가 내게 그랬어. B: 그렇지 않을거야. 루머같은데.

A: I broke one of your mom's plates.

B: I doubt if she even noticed.

　A: 내가 네 엄마의 접시 하나를 깼어. B: 알아차리지도 못하실거야.

Screen Patterns : Did I mention I'm sleeping with her?

Did I mention (that) S+V? 내가 ···라고 말했었나?

● **Did I mention that** I'm sleeping with Chris?　내가 크리스와 자는 사이라고 말했었나?

● This needs to be organized, **not to mention** cleaned up. 치우는 건 말할 것도 없고 정리정돈을 해야 돼.

● The house is beautiful, **not to mention** it has many rooms. 그 집은 아름다워. 방이 많은 것은 말할 것도 없고.

● **Now that you mention it,** I haven't seen him.　그러고보니, 난 걔를 본 적이 없어.

A: Your brother seems kind of mean.　네 형은 좀 비열해보여.

B: Did I mention that he's been to jail?　형이 감방갔다 온 적이 있다고 내가 말했었나?

너 때문에 살았다!
You've saved my life!

save one's life는 「…의 목숨을 구하다」라는 뜻. You saved my life!하게 되면 "너 때문에 내가 살았다"
라는 감사의 표현으로 실제로 목숨을 구했을 때만 쓰이는 것은 아니고 곤란한 때 도움을 준 사람에게
도 쓸 수도 있다. 참고로 life-saving은 「목숨을 구하는」, life-saver는 「재난구조원」이라는 단어이다.

● **Screen Expressions**

save one's life …의 목숨을 구하다, 살려주다

Thank you so much, Kate. You saved my life.
정말 고마워, 케이트. 너 때문에 살았어.

If you want a kiss for saving my life, **you can forget about it.**
날 살려줬다고 키스를 바란다면, 꿈깨시라고.

이 표현이 나오는 영화
〈프로포즈〉
〈이터널선샤인〉

● **Dialog**

A: You saved my life! I really needed your help.
B: I was glad that things worked out for you.
　A: 너 때문에 내가 살았어! 난 정말이지 네 도움이 필요했었어.　B: 네 일이 잘 풀려서 기뻤어.

A: Tony always acts grateful towards me.
B: I heard you saved his life.
　A: 토니는 항상 내게 고마워 해.　B: 네가 걔 목숨을 구해줬다며.

Screen Patterns : I can't believe you did that!

I can't believe S+V 정말 …야, …가 믿기지 않네

● **I just can't believe that** Rob cheated on you.　롭이 너를 배신하고 바람폈다는게 놀라워.

● **I can't believe** you that you have had sex with the woman staying in my house.
내 집에 머무는 여자와 네가 섹스를 했다니 말이 돼.

● **I can't believe** how much I'm dying to see her.　정말이지 걜 보고 싶어 죽겠어.

A: I just watched TV and slept a lot.　난 TV를 보고 잠을 많이 잤어.
B: I can't believe **you stayed home all weekend.**　주말내내 집에 있었다니 믿기지 않네.

그건 중요하지 않아, 그건 상관없어

It doesn't matter

matter는 「문제」, 「일」이라는 명사로도 많이 쓰이지만 동사로 「중요하다」라는 말로도 많이 쓰인다. ~that matters의 형태로 「중요한 것은 …야」라는 의미로 쓰이고 또한 여기에서처럼 ~don't[doesn't] matter로 「…는 중요하지 않아」 그래서 「상관없어」라는 뜻으로 사용된다.

Screen Expressions

It doesn't matter 중요하지 않아, 상관없어

It doesn't matter. **You decide.**
상관없어. 네가 결정해

It doesn't matter to sb (wh~) …에게 (…는) 중요하지 않아, 상관없어

I suppose that doesn't matter to **you, does it?**
너한테 상관없잖아, 그지?

~ that matters 중요한 것은 …야

This is the only one that matters.
이것만이 유일하게 중요한 것이야.

이 표현이 나오는 영화
〈라라랜드〉
〈러브액츄얼리〉
〈악마는 프라다를 입는다〉
〈이프온리〉
〈프로포즈〉

Dialog

A: It looks like it will rain.

B: It doesn't matter. We'll be inside.

A: 비가 올 것 같아. B: 상관없어. 우린 실내에 있을거니까.

A: Everyone liked the idea except Caroline.

B: Her opinion is the only one that matters.

A: 캐롤라인만 빼고 다들 그 생각을 좋아했어. B: 그녀의 의견만이 유일하게 중요한 것이야.

Screen Patterns : What if it isn't yours?

What if S+V? …라면 어떻게 하지?

- So **what if** that's true? 그럼 그게 사실이면 어쩌지?
- **What if** you tie the knot in a month and realize that you miss Chris? 한달 후 결혼하는데 크리스가 그리워지면?
- **What if** I said I didn't want you here? 내가 너 필요없다고 한다면 어떻게 했을까?
- **What if** she thinks I'm sweet on her? 걔가 내가 자길 좋아한다고 생각하면 어떡하지?

A: Beth is keeping her relationship a secret. 베스는 자기 사귀는 것을 계속 비밀로 해.

B: What if I asked her about it? 내가 그것에 대해 물어본다면 어떨까?

다시는 그러지 않을거야!, 어휴 또야!

Not again!

Not again은 두개의 의미가 있다. 먼저 글자 그대로 뭔가 다시는 그렇게 하지 않을거라는 다짐을 말하는 것이고 또 다른 의미는 상대방의 계속되는 실망적인 모습에 한숨을 쉬며 "어휴 또야," "어떻게 또 그럴 수 있어"라고 내뱉는 표현이 된다.

● **Screen Expressions**

Not again! 다시는 그러지 않을거야!

I will not have sex with you! Not again!
난 너랑 섹스하지 않을거야! 다시는!

Not again! 어휴, 또야!, 어떻게 또 그럴 수 있어!

Not again! **This happened a few months ago!**
또 야! 몇 달전에도 그랬는데!

이 표현이 나오는 영화
〈어바웃타임〉
〈쉬즈더맨〉

● **Dialog**

A: Though the restaurant's food was bad, I'll try it again.

B: Not again. We can't go back there.

    A: 그 식당음식이 형편없었지만 다시 이용할거야.　B: 다시는 그러지마. 다시는 그곳에 가지 말자.

A: I broke my leg while skydiving.

B: Not again. You're going to get killed!

    A: 스카이다이빙하다가 다리가 부러졌어.　B: 또 그랬어. 그러나 죽겠다!

Screen Patterns : I bet that's part of your plan

I('ll) bet S+V 분명히 …해 ▶ **I bet you!** 확실해!, 정말야!

• **I bet** you will find a new boyfriend soon.　곧 틀림없이 새로운 남친을 만나게 될거야.

• **I bet** you a hundred bucks that she will go out with me.　장담하는데 걘 나와 데이트할거야.

• **You bet** I'll be there.　꼭 거기에 갈게.

• **You bet your ass** I'm gonna fire you!　틀림없이 난 널 해고할거야!

A: Someone broke into this building.　누군가 건물에 침입했어.

B: I bet that person is still inside.　틀림없이 그 놈이 안에 아직 있다구.

조심해!
Watch out!

Watch out!은 위험에 처한 상대방에게 조심하라고 소리치는 표현. 조심해야하는 내용까지 말하려면 Watch out for sb[sth]이라 한다. 다만 sb가 오는 경우에는 주의깊게 지켜본다는 말로 「…에게 나쁜 일이 생기지 않도록 조심하다」가 된다. Watch it 또한 조심하라고 경고할 때도 쓰인다.

● **Screen Expressions**

Watch out! 조심해! ▶ watch out for sb[sth] 조심하다

Drive carefully. Watch out for ice.
운전 살살해. 얼음 조심하고.

Watch it! 조심해!

Watch it. Watch your back.
조심해. 뒤를 조심하라고.

Look out! 조심해!

Look out! The baseball is coming toward you!
조심해! 야구공이 네게 날라와!

이 표현이 나오는 영화
〈미비포유〉
〈로맨틱 홀리데이〉
〈러브액츄얼리〉

● **Dialog**

A: Watch out! You almost hit that car!

B: Don't worry, I'm a great driver.

　A: 조심해! 너 거의 저 차를 박을 뻔했어! B: 걱정마. 난 운전 잘해.

A: Look out! Don't you see that policeman?

B: He won't stop me. I'm not speeding.

　A: 조심해! 저 경찰관 안보여? B: 날 잡지 않을거야. 제한속도로 달리고 있어.

Screen Patterns : I can see what's going on

I can see that S+V …이구나, …임을 알겠어

- **I can see that** she's excited about getting married. 걔는 결혼하는게 기대가 되나 보구나.
- **I can see how** much you care about Betty. 네가 얼마나 베티를 생각하는지 알겠어.
- **I can see why** you want to keep her around. 네가 걔를 왜 곁에 두려는지 알겠어.
- **I can see what**'s going on. 무슨 일인지 알겠어.

A: This has been an unbelievable day! 오늘은 정말 믿을 수 없는 날이었어!

B: I can see you are happy. 기뻐하는 것 같네.

전혀 모르겠어
Not a clue

clue는 「단서」, 「실마리」, 「힌트」라는 단어로 Not a clue하면 "전혀 모르겠다"는 뜻이다. I don't know 보다 강조된 표현이다. not have a clue, be clueless about~이라고 해도 된다. 또다른 표현으로는 I have no idea가 있는데 간단히 Absolutely no idea라고 해도 된다.

● Screen Expressions

Not a clue 전혀 몰라 ▶ not have a clue; have no clue 전혀 모르다

I have no clue what that means.
그게 무슨 의미인지 전혀 모르겠어.

be clueless about~ 전혀 몰라

I'm clueless about Vicky's taste in sex.
난 비키의 성적 취향에 대해 아는게 없어.

I have no idea 모르겠어 ▶ You have no idea 넌 상상도 못할거야

I have no idea what you're talking about.
네가 무슨 말을 하는 건지 모르겠어.

이 표현이 나오는 영화
〈첫키스만 50번째〉
〈노팅힐〉
〈러브액츄얼리〉
〈굿럭척〉

● Dialog

A: I don't have any clue what we'll do tonight.

B: Why don't we just stay home and relax?

A: 오늘밤 우리가 무엇을 할 지 전혀 모르겠어. B: 집에서 그냥 쉬자.

A: She is so cute! You have no idea.

B: No idea? Who do you think brought her here?

A: 걔 정말 귀여워! 넌 잘 모를거야. B: 몰라? 누가 걜 데려왔는데?

Screen Patterns : What happens if you fall in love?

What happens (to sb[sth]) if[when] S+V? …이면 어떻게 되는거야?

- **What happened when** your boyfriend forgot your birthday? 남친이 생일을 까먹다니 어떻게 된거야?
- **What happens to him if** he doesn't pass the admissions test?
  걔 입학시험에 떨어지면 어떻게 되는거야?
- **What happened with** you and Tim? 팀하고 무슨 일 있었어?

A: I think this will fix your problems. 이게 네 문제들을 해결해줄거라 생각해.
B: What happens if it doesn't work? 그렇게 되지 않으면 어떻게 되는거야?

옷갈아입을게
I'll just get changed

get changed는 「옷을 갈아입다」, 「차려입다」는 be all dressed up, 「너무 차려 입었을」 경우에는 be a tad overdressed, 반대로 「대충입다」는 throw on이라고 한다. 기본적으로 「옷을 입다」, 「벗다」는 get (un)dressed라고 하면 된다. be decent는 「다른 사람이 봐도 괜찮을 만큼 옷을 입고 있다」는 의미.

● Screen Expressions

get changed 옷을 갈아입다

Now go get changed because everybody's ready.
다들 준비하고 있으니 가서 옷 갈아 입어.

이 표현이 나오는 영화
〈미비포유〉
〈악마는 프라다를 입는다〉
〈러브액츄얼리〉
〈로맨틱 홀리데이〉
〈라라랜드〉
〈브리짓 존스의 일기〉

be all dressed up 옷을 멋지게 차려 입다

What are you all dressed up for?
웬일로 그렇게 쫙 빼입은거야?

He's decent 옷을 입고 있어 ▶ Are you decent? 들어가도 돼?

Mike? It's me. Are you decent?
마이크? 난데, 들어가도 되겠니?

● Dialog

A: Would it be okay to wear these clothes?

B: They aren't good. I think you should get changed.

A: 이 옷들 입어도 괜찮을까? B: 별로야. 갈아입는게 나을 것 같아.

A: Are you decent? Can I come in?

B: Give me a minute to put my underwear on?

A: 옷 다 입었어? 들어가도 돼? B: 잠깐 속옷 좀 입고.

 스크린 명대사 : **노트북**

"But despite their differences, they had one important thing in common.
They were crazy about each other." - Noah

하지만 그들의 차이점에도 불구하고, 그들에게 중요한 한가지는 똑같았다.
그들은 서로에게 미쳐있었다. (*나이든 Noah의 회상)

할 말이 없네, 뭐랄까?, 나더러 어쩌라는거야?

What can I say?

What can I say?는 상대방의 비난에 변명의 여지가 없을 때, "난 할 말이 없네," 그리고 자신도 어쩔 수 없는 상황에서 상대방이 원하는 대답이 뭐냐고 물을 때는 "나더러 어쩌라는거야?," 마지막으로 어떤 말을 해야 할지 모를 때 혹은 무슨 말을 할까 잠시 생각할 때 "뭐랄까?"라는 의미로 쓰인다.

Screen Expressions

What can I say? 할 말이 없네, 뭐랄까?, 나더러 어쩌라는거야?

What can I say? I like her.
뭐랄까? 난 걔가 좋아.

What did I tell you? (거봐) 내가 뭐랬어?

It's working! What did I tell you?
야 된다! 내가 뭐랬어?

What did you say? 뭐라고?

I'm sorry? What did you say?
뭐라고? 뭐라고 했어?

이 표현이 나오는 영화
〈노트북〉
〈노팅힐〉
〈러브액츄얼리〉
〈어바웃타임〉
〈굿럭척〉

Dialog

A: Why are women always interested in you?

B: What can I say? I'm popular.

A: 왜 여자들은 항상 너에게 관심을 가져? B: 뭐랄까? 내가 인기가 있지.

A: I got an A on my first math exam.

B: What did I tell you? You'll do fine.

A: 첫번째 수학시험에서 A를 받았어. B: 내가 뭐랬어? 넌 잘할거야.

Screen Patterns : Who knows what could happen?

Who knows what S+V? 누가 …을 알아?, 누가 …알겠어?

- **Who knows what** the future will bring? 미래가 어떻게 될지 누가 알겠어?
- **Who knows what** they talk about in bed? 걔네들이 침대에서 뭘 얘기하는지 어떻게 알겠어?
- **Who knows how** to get there? 누가 거기에 가는 방법을 알아?
- **Who knows where** he went to find another whore? 걔가 다른 창녀를 찾으러 어디로 갔는지 누가 알겠어?

A: Perry has not decided if he'll take the job. 페리는 그 일자리를 선택할지 여부를 결정하지 못했어.

B: Who knows what he will do? 걔가 어떻게 할지 누가 알겠어?

무슨 말이야?

What do you mean?

What do you mean?은 "무슨 말이야?"란 뜻으로 상대방이 말한 내용을 다시 한번 확인할 때 혹은 상대방 말의 진의를 파악하고자 할 때 쓰는 표현이다. 실제 영화에서는 보통 What do you mean?이라고 간단히 말하거나 What do you mean 다음에 「주어+동사」의 형태를 쓴다.

● Screen Expressions

What do you mean? 그게 무슨 말이야? = What do you mean by that?

What do you mean by that? Am I fat?
그게 무슨 말이야? 내가 뚱뚱하다고?

What do you mean S+V? …가 무슨 말이야?

What do you mean you got fired?
잘렸다니 그게 무슨 말이야?

What do you mean, ~? …가 무슨 말이야?

What do you mean, too late?
너무 늦었다니 그게 무슨 말이야?

이 표현이 나오는 영화

〈미비포유〉
〈라라랜드〉
〈노트북〉

● Dialog

A: A lot of people out there are very upset.

B: What do you mean? Is there a problem?

    A: 저기 많은 사람들이 화가 엄청 나 있어. B: 그게 무슨 말이야? 문제라도 있는거야?

A: Your mom wasn't at the park.

B: What do you mean she didn't show up?

    A: 네 엄마는 공원에 있지 않았어. B: 엄마가 나타나지 않으셨다는게 무슨 말이야?

Screen Patterns : Why did you lie to me?

Why did you+V? 왜 …했어?

- **Why did you** lock yourself in the bathroom? 왜 화장실에 문잠그고 있었어?
- **Why did you not** ask her out? 왜 걔에게 데이트 신청을 하지 않았어?
- **Why didn't you** agree to go out with Chris? 넌 왜 크리스와 데이트하는 걸 반대했어?

A: Why did you yell at Tim? 왜 팀에게 소리를 지른거야?

B: He was bothering me while I worked. 내가 일하는데 날 귀찮게 하잖아.

무슨 일이야?
What's going on?

go on은 happen이라는 의미로 직역하면 "무슨 일이 벌어지고 있는거야?"라는 것으로 상대방에게 무슨 일이 있는지 물어볼 때 사용하면 된다. "무슨 일이야?", "어떻게 된거야?"라는 의미의 What happened?와 같은 맥락의 표현이다.

Screen Expressions

What's going on? 무슨 일이야?

Just calm down. What's going on?
침착해. 무슨 일이야?

What's going on with sb? …는 무슨 일이야?

What's going on with you, buddy?
어이 친구, 너 무슨 일이야?

What happened (to you)? 무슨 일이야?, 어떻게 된거야?

What happened with you and Peter?
피터랑 무슨 일 있었어?

이 표현이 나오는 영화
〈첫키스만 50번째〉
〈노트북〉
〈500일의 썸머〉
〈어바웃타임〉
〈악마는 프라다를 입는다〉
〈노팅힐〉

Dialog

A: I heard the alarm. What's going on?

B: Apparently there was a fire in one of the apartments.

A: 화재경보를 들었어. 무슨 일이야?　B: 아파트 한 곳에서 화재가 있었던 게 분명해.

A: What happened to Sabrina?

B: She decided to skip the group dinner.

A: 사브리나는 어떻게 된거야?　B: 걘 단체 저녁식사에 오지 않기로 했어.

Screen Patterns : Why didn't you tell me you were coming?

Why did you tell me[say]~ 왜 …라고 했어?

- **Why did you tell** Tim that Jill was getting a boob job? 넌 왜 질이 가슴성형을 받을거라고 팀에게 말했어?
- **Why didn't you tell me** about them? 왜 내게 그들에 관해 말을 하지 않았어?
- **Why didn't you just tell** her the truth? 걔한테 진실을 왜 말하지 않았어?
- **Why didn't you tell me** you were coming? 왜 온다고 내게 말하지 않았어?

A: It looks like Carol won't show up. 캐롤은 올 것 같지 않아.

B: Why did you tell me **she was coming?** 왜 걔가 올거라고 내게 말한거야?

그거 뭐라고 해?

What's it called?

여기서 call은 전화와는 상관이 없다. call A B는 A를 B라고 「부르다」, 「칭하다」라는 표현으로, be called라고 하면 「…라고 불리다」라는 뜻이 된다. "그걸 뭐라고 해?"라고 물어볼 때는 What do you call that?이라고 하면 된다.

● Screen Expressions

What's it called? 그거 뭐라고 해?

That's an interesting movie. What's it called?
흥미로운 영화네. 제목이 뭐였지?

It's called tofu.
토푸라고 해요.

What do you call that? 그걸 뭐라고 해?

What do you call that in English?
저걸 영어로 뭐라고 하니?

이 표현이 나오는 영화
〈미비포유〉
〈로맨틱 홀리데이〉
〈러브액츄얼리〉

● Dialog

A: That's a big dinosaur skeleton. What's it called?

B: It's a tyrannosaurus rex from thousands of years ago.

A: 거대한 공룡화석이네. 뭐라고 부르지? B: 수천년전에 있던 티라노사우로스 렉스야.

A: That's a new machine. What do you call that?

B: It's a combination of motorcycle and airplane.

A: 새로운 기계네. 이름이 뭐야? B: 오토바이와 비행기를 결합한거야.

Screen Patterns : What do you want me to do?

What do you want to+V? 넌 …을 …하기를 원해?

• **What do you want to** eat for lunch today? 오늘 점심으로 뭘 먹고 싶어?

• **What do you want to** do with your life? 네 인생을 어떻게 살고 싶어?

• **What do you want me to** tell you? 나보고 너에게 무슨 말을 하라고?

A: What do you want to **have for lunch?** 점심으로 뭐 먹을래?

B: How about getting a hamburger? 햄버거가 어때?

도대체 그게 뭐야?

What the hell is that?

아주 기초적인 What is it[that/this]?의 강조형으로 What과 is 사이에 the hell을 삽입한 경우이다. What's it like?처럼 뒤에 like가 붙으면 "어땠어?"라고 물어보는 문장이 된다. 또한 단독으로 What the hell!하면 "도대체 뭐야?," "알게 뭐야?"라는 의미로 좀 더 부드럽게 쓰려면 What the heck!

● Screen Expressions

What the hell is that? 도대체 그게 뭐야?

First things first. What the hell is that?
중요한 것부터 하자. 이게 도대체 뭐야?

What's it like? 그거 어때?

What's it like? I've never been there.
어떤데? 가본 적이 없어서.

What the hell[heck]! 도대체 뭐야?, 에라 모르겠다!

What the heck? Do it anyway.
어쩌라고? 어쨌든 하라고.

이 표현이 나오는 영화
〈노팅힐〉
〈악마는 프라다를 입는다〉
〈러브액츄얼리〉
〈프로포즈〉

● Dialog

A: My god, what the hell is that?

B: It looks like the sewer is overflowing.

    A: 맙소사, 도대체 저게 뭐야? B: 하수관이 역류하는 것 같아.

A: We spent a few weeks in Paris.

B: I've never been there. What's it like?

    A: 우리는 몇주간 파리에서 보냈어. B: 난 가본 적이 없어. 거기 어때?

Screen Patterns : What do I do with that?

What do I do with~ ? …을 어떻게 하지?

● **What do I do with** these files? 이 파일들을 어떻게 하지?

● **What do I do if** he refuses? 걔가 거절하면 난 어떻게 하지?

● **What did I do** to deserve to be fired? 내가 뭐 해고당할 짓을 한게 있어?

A: What do I do with **the extra food?** 남은 음식 어떻게 하지?

B: Could you see if anyone wants to take it home?
집에 가져가고 싶어하는 사람 확인 좀 해줄테야?

알았어, 그렇게
Will do

Will do는 상대방의 말에 대답하는 표현. I'll do that이라는 의미로 "그렇게," "알았어"에 해당되는 표현이다. 조심해야 되는 것은 That will do라는 표현이 있는데 이는 "이제 그만," "이제 됐어"라는 의미가 된다. 의문형 Will that do (it)?은 "그거면 충분하지?"라는 뜻의 표현.

● Screen Expressions

Will do 알았어, 그렇게 = I will do that

Will do. I'll call you on your cell phone.
좋아. 네 핸드폰으로 전화할게.

That will do 이제 됐어, 이제 그만

That will do. You guys can go home now.
그만하면 됐어. 이제 집에 가봐.

Will that do (it)? 그거면 충분해?

I lowered the price. Will that do it?
내가 가격을 낮췄는데 그거면 충분하겠어?

이 표현이 나오는 영화
〈러브액츄얼리〉
〈어바웃타임〉
〈프로포즈〉

● Dialog

A: We're meeting at the dorms tonight. Come find me.
B: Will do.

A: 오늘 밤에 기숙사에서 보자. 와서 날 찾아. B: 그렇게.

A: Your brother broke my window.
B: He says he'll fix it. Will that do?

A: 네 동생이 내 창문을 깼어. B: 수리해준다고 했는데 그거면 됐어?

Screen Patterns : Promise me you'll stand by Andy

I promise S+V 꼭 …을 할게

- **I promise** I'll never broach the subject again. 다시는 그 주제를 화제로 꺼내지 않을게.
- **I promise** you I'm not gonna do anything wrong. 내 다짐하지만 아무런 나쁜 짓을 하지 않을거야.
- **Promise me** you'll stand by Andy. Even if you don't agree with him.
비록 앤디와 의견이 달라도 걔 편이 되어준다고 약속해.

A: Sometimes I don't know how Ann feels about me. 때론 앤이 나에 대해 어떤 감정인지 모르겠어.
B: I promise you that she loves you. 장담하는데 걘 너를 사랑해.

방잡아라!
Get a room!

다른 사람이 있는 곳에서 지나치게 스킨십을 할 때 주위 사람들이 보다 못해 "방잡아라"라고 할 때 Get a room!이라고 하면 된다. 이렇게 Get+N의 형태로 쓰이는 경우가 있는데 Get a doctor!하면 "의사를 불러!." 그리고 Get a condom!하면 "콘돔을 준비해!"라는 의미가 된다.

Screen Expressions

Get a room! 방잡아라!
You two should get a room!
너희 둘 방잡아라!

Get a doctor! 의사를 불러와!
Oh God, he's really bleeding. Get a doctor!
맙소사, 피가 많이 흐르네. 의사 불러!

Get a condom! 콘돔을 챙겨!
We're going to have sex? Get a condom!
우리 섹스할거지? 콘돔 가져와!

이 표현이 나오는 영화
〈500일의 썸머〉
〈친구와 연인사이〉
〈프로포즈〉

Dialog

A: I love making out with my girlfriend.

B: Get a room! You can't do that here!

A: 난 여친과 애무하는 것을 좋아해. B: 방잡아라! 여기서 그러지 말고.

A: Mary and I have started having sex.

B: Get a condom! You don't want to get her pregnant.

A: 메리와 나는 섹스를 하기 시작했어. B: 콘돔 챙겨! 임신시키지 말고.

Screen Patterns : I swear I didn't do it

I swear S+V 정말이지 …해

- **I swear** I didn't know she was a hooker. 난 정말이지 그 여자가 창녀인지 몰랐어.
- **I swear to you.** I didn't see any woman in the car. 정말이지 차에서 어떤 여자도 못봤어.
- **I swear to God** you are never going to see me again. 맹세코 넌 날 다시 못 볼 줄 알아.

A: She said that you grabbed her breasts. 걘 네가 자기 가슴을 움켜 잡았다고 그랬어.

B: I swear I never touched her. 정말이지 난 절대로 걔를 만지지 않았어.

저 아세요?, 누구시죠?

Do I know you?

상대방을 만난 적이 있는지 아는 사이인지 물어보는 표현. 종종 전에 한번 본 적이 있다는 판단하에서 "우리 과거에 만난적이 있나요?"라고 물어보는 경우가 많다. 비슷한 표현으로는 Haven't I seen you somewhere before?, Haven't we met before? 등이 있다.

● Screen Expressions

Do I know you? 저 아세요?, 누구시죠?

Do I know you? You look familiar.
누구시죠? 인상이 낯익어서요

Haven't we met before? 우리 전에 만난 적 있나요?

Haven't we met before? Do you happen to know about Jane?
우리 만난 적 있나요? 혹시 제인 알아요?

Haven't I seen you somewhere before?
예전에 어디선가 한번 만난 적이 있던가요?

이 표현이 나오는 영화
〈어바웃타임〉

● Dialog

A: Hey! It's great to see you again.

B: Do I know you? You don't look familiar.

A: 안녕! 다시 만나서 반가워. B: 누구시죠? 낯익은 얼굴이 아닌데요.

A: Haven't we met before?

B: I think we used to ride the same bus in the morning.

A: 우리 전에 만난 적 있나요? B: 예전에 아침에 같은 버스 탔던 것 같은데요.

Screen Patterns : I thought you'd be different

I thought you would+V 너 …할거라 생각했어

- **I thought you'd** be happier. 난 네가 더 행복할거라 생각했는데.
- **I thought Dan would** make a good father. 난 댄이 훌륭한 아버지가 될거라 생각했어.
- **I thought I told** you not to speak to him anymore. 더 이상 걔한테 말하지 말라고 한 것 같은데.
- **I thought I told** you I never want to see you again. 다신 절대로 널 보고 싶지 않다고 말한 것 같은데.

A: Why did you take me hiking for a date? 왜 하이킹 데이트를 한거야?

B: I thought you would enjoy it. 네가 좋아할거라 생각했어.

더 이상 말마
End of discussion

뭔가 얘기를 하고 나서 더 이상 토를 달지 말라고 대화를 마무리할 때 사용하는 표현이다. 특이하게도 명사구로 된 문장으로 이와 비슷한 것으로는 End of story(얘기 끝, 그게 다야), Period(이상, 끝) 등이 있다. Problem solved(문제 해결)도 같은 형태의 표현이다.

Screen Expressions

End of discussion 더 이상 말마

We're not moving, end of discussion.
우린 이사가지 않을거야. 더 이상 토론은 없어.

End of story 얘기 끝, 그게 다야

The meeting was cancelled. End of story.
회의는 연기됐어. 그게 다야.

Period 이상, 끝

It's too late to start again. Period.
다시 시작하기에는 너무 늦었어. 이상, 끝.

이 표현이 나오는 영화
〈쉬즈더맨〉

Dialog

A: I still think he is a great leader.

B: You are wrong. End of discussion.

A: 난 아직도 그 사람이 훌륭한 리더라고 생각해. B: 네가 틀렸어. 더 이상 말마.

A: Please just let me use your car today.

B: No. You aren't allowed to use it. Period.

A: 오늘 차 좀 사용하게 해주세요. B: 안돼. 넌 사용하면 안돼. 이상, 끝.

Screen Patterns : I'm saying you're perverted

I'm saying S+V (내 말은)…라는 말이야

- **I'm saying** you know nothing about me. 내 말은 넌 나에 대한 아는게 하나도 없다는거야.
- **I'm just saying** she's not gonna break up with Jim. 내 말은 단지 걔가 짐과 헤어지지 않을거라는 말이야.
- **I'm not saying** it was my finest hour. 그때가 내 최고의 전성기는 아니지.

A: You think Dwight distracts people? 드와이트가 분위기를 산만하게 만드는 것 같아?

B: I'm saying he talks too much. 걔가 말을 너무 많이 한다는 말이야.

어디보자, 뭐랄까, 그러니까 그게

Let me see

Let me see sth의 형태로 실제 뭔가 사물을 보여달라고 할 때도 쓰이지만 Let me see,의 형태로 주로 뭔가 생각을 더듬거나 뭔가 기억을 해내려 할 때 사용하는 표현. Let's see라고도 한다. 또한 You'll see는 "두고 보면 알아"라는 의미이고, you see,는 "거봐," "있잖아"에 해당하는 표현이다.

● Screen Expressions

Let me see 뭐랄까, 어디보자 ▶ Let me see sth …을 보여줘

Let me see. I think it was about five months ago.
그러니까. 5개월 전인 것 같아.

You'll see 곧 알게 될거야, 두고 보면 알아

Give me a chance. You'll see.
기회를 한번 줘. 두고 봐.

you see, 거봐, 있잖아.

You see, this would be one of the stupid fights.
있잖아, 이건 한심한 싸움질 중의 하나가 될거야.

이 표현이 나오는 영화
〈미비포유〉
〈로맨틱 홀리데이〉
〈첫키스만 50번째〉
〈악마는 프라다를 입는다〉

● Dialog

A: When can we go out on a date?

B: Let me see, maybe the day after tomorrow.

A: 우리 언제 데이트할까? B: 어디보자, 내일 모레쯤.

A: I don't believe that you're dating anyone.

B: I'll bring my boyfriend to meet you. You'll see.

A: 네가 데이트하고 있다는 것 안 믿어. B: 남친 데려와서 인사시켜줄게. 곧 알게 될거야.

Screen Patterns : I don't care who she sleeps with

I don't care about+명사[~ing] …는 신경안써, 상관없어

• **I don't care about** you working with her. 네가 걔랑 일하는거 상관안해.

• **I don't care what** she told you. 걔가 너한테 뭐라고 했던 상관없어.

• **I don't care if** Susan outs our affair. 난 수잔이 우리 부정을 폭로한다고 해도 상관없어.

A: People think that you're acting crazy. 사람들은 네가 이상하게 행동한다고 생각해.

B: I don't care what **anyone says.** 누가 뭐라든지 난 신경안써.

자, 내가 할게
Here, let me

좀 쓰다만 표현 같지만 Let me는 상대방이 하는 일을 도와주겠다고 적극 나서면서 하는 말이다. 이 표현은 〈러브,로지〉에서 넥타이를 메려고 하자 로지가 자기가 해주겠다고 하면서 하는 표현이다. 좀 더 formal한 표현으로는 Allow me가 있다. 참고로 차문을 열어줄 때는 Let me get that for you.

● Screen Expressions

이 표현이 나오는 영화
〈굿럭척〉
〈러브, 로지〉

Let me 내가 할게

I can help you carry those bags. Let me.
그 가방 드는거 도와드릴게요. 제가 할게요.

Allow me 제가 할게요

Need your cigarette lit? Allow me.
라이터 필요해요? 여기요.

Let me get that for you 제가 할게요, 제가 문열어 드릴게요

Let me get that for you. In you go.
제가 열어드릴게요. 안으로 들어가세요.

● Dialog

A: I need someone to move these items.

B: Let me. I have time to help out.

    A: 이 물건들 옮겨줄 사람이 필요해. B: 내가 할게. 도와줄 시간이 되거든.

A: Could you open the front door for me?

B: The door is heavy. Allow me.

    A: 정문 좀 열어줄래요? B: 문이 무거워요. 제가 할게요.

Screen Patterns : I hate it when she does that

I hate it when S+V ···할 때는 정말 싫어

- **I hate it when** she worries about me. 걔가 날 걱정할 때는 정말 싫더라.
- **I hate the way** she has her boyfriend on a string. 걔가 자기 남친을 맘대로 조정하는게 싫어.
- **I love the way** she sometimes licks her lips before she talks.
난 걔가 가끔 말하기 전에 입술을 핥는게 정말 좋아.

A: Everyone started to leave around 10 pm. 다들 오후 10시 경에 가기 시작했어.

B: I hate it when **parties end.** 파티가 끝나면 싫더라.

내가 필요하면 핸폰으로 전화해

I'm on my mobile, if you need me

상대방에게 자신을 연락하거나 만나려고 하려면 어떻게 해야 되는지 알려주는 문장이다. 간단하지만 선뜻 영어로 옮기기 쉽지 않은 표현들이다. You know where I am, if you need me라는 문장도 함께 기억해둔다.

● Screen Expressions

I'm on my mobile 핸폰으로 연락해

I'm on my mobile, **if you need me.**
내가 필요하면 핸폰으로 연락해.

You know where I am 내가 어디 있는지 알지

You know where I am, **if you need me.**
내가 필요하면 나 어디있는지 알지.

All you have to do is ask 말만 하면 돼

If you want to see me, all you have to do is ask.
나 보고 싶으면 말만 하면 돼.

이 표현이 나오는 영화
〈굿럭척〉
〈미비포유〉

● Dialog

A: How can we get in touch?

B: I'm on my mobile, if you need me.

<blockquote>A: 어떻게 연락을 해? B: 필요하면 핸폰으로 연락해.</blockquote>

A: I'm afraid that we may never meet again.

B: If you want to see me, all you have to do is ask.

<blockquote>A: 우리는 영영 다시 못볼 것 같아. B: 보고 싶으면 말만 하면 돼.</blockquote>

Screen Patterns : Don't tell me that it's over

Don't tell me to+V …라고 하지마

- **Don't tell me to** calm down! 나보고 침착하라고 하지마!
- **Don't tell me what** to do! 나에게 이래라 저래라 하지마!
- **Don't tell me where** she belongs. 걔가 어디 소속이라고 말하지마.
- **Don't tell me** I did this! 설마 내가 그랬다는 건 아니겠지!

A: I have an opinion on that. 나 그것에 대해 의견이 있어.

B: Don't tell me what you think. 네 생각을 나에게 말하지마.

좀 안좋은 소식이 있어

I have some bad news

뭔가 좋지 않은 소식을 전할 때 쓰는 표현. have 대신 get을 써도 되며, 「안좋은 소식을 전하다」라고 할 때는 give[tell] sb the bad news라고 하면 된다. 한편 "좋은 소식, 나쁜 소식있는데 뭐 들을래?" 라는 자주 듣는 문장은 I have good news and the bad news, which do you want?라고 하면 된다.

● **Screen Expressions**

have[get] some bad news 안좋은 소식이 있다

I'm afraid I've got some bad news.
안 좋은 소식이 좀 있어.

give[tell] sb the bad news 안좋은 소식을 전하다

Somebody better tell **Tom** the bad news.
누군가 탐에게 이 나쁜 소식을 말해줘야 돼.

have~ to make 해야 할 …가 있어

I've got an important announcement to make.
중요한 발표가 있어.

이 표현이 나오는 영화
〈어바웃타임〉
〈노팅힐〉
〈러브액츄얼리〉

● **Dialog**

A: Sit down. I have some bad news.
B: Oh, I hope no one I know has died.

A: 앉아. 안좋은 소식이 있어. B: 어, 내가 아는 사람이 죽었다는 얘기가 아니길.

 스크린 명대사 : 브리짓 존스의 베이비

"It turns out I can always find time to save the world,
but you are my world." -Darcy

난 늘 세상을 구하기 위해서 바쁜 사람이지만
당신이 내 세상예요.

너는 어때?
How about you?

How about~?은 「제안」 표현으로 How about~ 다음에는 「명사」, 「~ing」, 「S+V」 등 다양한 형태가 온다. How about you?라고 굳어진 표현은 "네 생각은 어때?"라고 상대방의 의견을 물어보는 표현. How about that?하면 "이게 어때?," How about that!하면 "거 근사한데!"라는 감탄의 표현이 된다.

● **Screen Expressions**

How about you? 네 생각은 어때? = What about you?

How about you? Are you seeing anyone?
넌 어때? 누구 만나는 사람있어?

How about that? 이게 어때?, 이상하지?

We planned a birthday party. How about that?
생일파티를 준비했는데, 어때?

How about that! 그거 좋은데!, 정말 근사한데!

You just graduated? How about that!
이제 졸업했네? 잘했다!

이 표현이 나오는 영화
〈어바웃타임〉
〈프로포즈〉

● **Dialog**

A: I feel too hot. How about you?

B: Yeah. Could you turn down the air conditioner?

A: 너무 더워. 넌 어때? B: 그래. 에어컨 온도를 내려볼래?

A: Weren't you supposed to take a train to New York?

B: It didn't arrive. How about that?

A: 뉴욕행 기차 타야되지 않았어? B: 도착안했어. 이상하지?

Screen Patterns : Remember what I told you

I can't remember what~ …가 기억안나

- **I can't remember** the last time we kissed. 언제 마지막으로 키스했는지 기억도 안나.
- **Remember** that guy who used to cry every time we had sex? 섹스할 때마다 울던 그 남자 기억나?
- **Remember how** you hate people talking behind your back?
  네가 네 뒤에서 욕하는 사람들을 얼마나 싫어하는지 기억해봐?

A: He told me a big secret. 걔가 나에게 중요한 비밀을 말해줬어.

B: You remember what he said to you? 너한테 뭐라고 했는지 기억나?

다행이야!
Well, that's a relief!

「안도」의 한숨을 쉬면서 할 수 있는 표현으로 that 대신에 it을 써도 되고, that's 대신에 What를 넣어서 What a relief라고 해도 된다. 안심이 되는 이유를 말하려면 to+V를 뒤에 붙이면 된다. 또한 relief의 동사 relieve를 써서 I'm relieved라고 해도 된다.

● **Screen Expressions**

That[It]'s a relief (to+V) (…해서) 다행이야

To tell you the truth, it was kind of a relief.
사실대로 말하면, 다행이었어.

It is such a relief to **finally know everything.**
마침내 모든 걸 알게 되어 정말 안심야.

I'm relieved (to+V) (…해서) 다행이야

I'm so relieved to **hear you say that.**
네가 그렇게 말하는 걸 들으니 맘이 놓여.

이 표현이 나오는 영화
〈어바웃타임〉
〈러브액츄얼리〉
〈악마는 프라다를 입는다〉

● **Dialog**

A: The accident was serious, but no one was injured.

B: So everyone is okay? That's a relief.

A: 사고는 심했지만 아무도 부상당하지 않았어. B: 그럼 다들 괜찮은거지? 다행이다.

A: My cash had fallen under the kitchen table.

B: I'm relieved to hear the money wasn't stolen.

A: 내 현금이 식탁 밑에 떨어졌었어. B: 도둑맞지 않았다니 다행이다.

Screen Patterns : It turns out it was a mistake

It turns out that S+V …로 밝혀지다, …로 판명나다

- **It turns out that** I'm not pregnant after all. 난 결국 임신이 아닌 것으로 판명났어.
- I was not dumped. **It turns out** he was two-timing me. 난 차인 게 아니고 걔가 양다리 걸치고 있었던거야.
- **Turns out that** she lied to us. 걔가 우리에게 거짓말한 것으로 밝혀졌어.
- **It turned out that** he wasn't in love with me like I thought. 내 생각처럼 걘 날 사랑하지 않았던 것으로 판명났어.

A: Had you met my boyfriend before? 전에 내 남친 만난 적 있어?

B: It turns out that we went to the same university. 알고보니 같은 대학교를 나왔더라고.

그게 뭐 문제있어?

Do you have a problem with that?

상대방이 「불만」 있을 때, 뭐 문제 있냐고 물어볼 때 사용하는 표현으로 You got a problem with that?이라고 해도 된다. 또한 that이 아니라 사람에게 불만이 있다고 할 때는 with sb라고 하면 된다. 한편 "문제가 뭐냐고 물어볼" 때는 What's the[your] problem?이라고 한다.

● Screen Expressions

Do you have problem with sth[sb]? …에 뭐 불만 있어?

You'd have no problem with my talking to him?
내가 걔하고 이야기해도 괜찮겠지?

It's not my problem 그거 내 문제가 아냐, 상관없어

▶ It's not a problem 문제도 아냐

I'm sorry but, that's really not my problem. 미안하지만 그건 내 문제가 아냐.

What's the[your] problem? 문제가 뭐야?

What's the matter with you? What is your problem?
무슨 일이야? 무슨 문제야?

이 표현이 나오는 영화
〈어바웃타임〉
〈러브액츄얼리〉
〈악마는 프라다를 입는다〉

● Dialog

A: You and Lonny have been together a lot.

B: We're dating. Do you have a problem with that?

A: 너하고 로니는 함께 많이 다니더라. B: 우리 데이트해. 뭐 문제 있어?

A: Greg broke a window in that house.

B: I don't care. It's not my problem.

A: 그렉이 저 집 창문을 깨트렸어. B: 상관없어. 내 문제도 아닌데.

Screen Patterns : I'm thinking we should have sex

I'm thinking of[about]~ …을 생각하고 있어 ▶ I'm thinking that~ …할 것 같아

• **I'm just thinking about** people who are unkind. 난 그저 불친절한 사람들에 대해 생각하고 있어.

• **I'm thinking** we should have sex. 우리 섹스해야 될 것 같아.

• **I was thinking of** going out for dinner tonight. 난 오늘 저녁 외식할 생각이었어.

• **I was planning on** talking to you about it first. 너에게 먼저 그 얘기를 할 생각이었어.

A: Why are you being so quiet? 왜 그렇게 말이 없는거야?

B: I'm thinking about my mom. 엄마를 생각하고 있는 중이야.

뭐 좀 물어볼게
Let me ask you something

상대방에게 뭔가 물어보기 전에 하는 말로, Can I ask you something?, I want to ask you something, I have to ask you something 등으로 변형해서 물어봐도 된다. 또한 something 대신에 a question를 넣어서 Let me ask you a question, Can I ask you a question?이라고 해도 된다.

● **Screen Expressions**

Let me ask you something[a question] 뭐 좀 물어볼게

Let me ask you something. Was he better than me?
하나 물어보자. 걔가 나보다 나았어?

Can I ask you something[a question]? 뭐 좀 물어볼게

Can I ask you a quick question?
빨리 질문하나 해도 될까?

Can I ask you something? How would you like my job?
뭐 좀 물어봐도 돼? 내 직업은 어떤 것 같아?

● **Dialog**

A: This is important. Let me ask you something.

B: Go ahead. What do you want to know?

A: 이거 중요한거야. 뭐 좀 물어볼게. B: 어서 물어봐. 뭘 알고 싶은데?

A: Can I ask you a question?

B: You can ask me anything you want to.

A: 질문 하나 해도 돼? B: 뭐든 물어 봐.

Screen Patterns : Mind if I join you?

Do[Would] you mind ~ing? …하면 안될까?

- **Would you mind** telling me what's happening now? 이게 무슨 일인지 내게 말해주면 안될까요?
- **Do you mind** coming back tomorrow? 내일 다시 오면 안될까요?
- **Mind if** I steal my girlfriend away for a minute? 잠깐 여친과 얘기해도 될까요?

A: We saw several celebrities on the tour. 여행중에 유명인을 여러명 봤어.

B: Do you mind **texting me some pictures**? 내게 문자로 사진을 보내주면 안될까?

오해하지마, 기분나빠하지마
No offense

상대방이 오해할 만한 혹은 기분나쁠 수도 있는 말을 하기 전에는 No offense, but~, 그런 말을 하고 난 후에는 그냥 No offense라 한다. "기분나쁘지 않다"고 말할 때는 None taken이라고 답한다. 그밖에 No chance of that(그럴 일은 없어), No pressure(부담주려는 것은 아냐) 등도 알아둔다.

● **Screen Expressions**

No offense 오해하지마, 기분나빠하지마
I think that shirt isn't a good match for you. No offense.
그 셔츠가 너와 안 어울리는 것 같아. 기분 나빠하지마.

No offense, but~ 기분나빠하지마, 하지만…
No offense, but **I've got work to do.**
기분 나빠하지마, 하지만 나 일해야 돼

No pressure 부담주려는 것은 아냐, 스트레스받지 말고
I got a question for you. Just a little thing, no pressure.
물어볼게 있어. 간단한거야, 스트레스 받지 말고.

이 표현이 나오는 영화
〈굿럭척〉
〈어바웃타임〉
〈쉬즈더맨〉
〈500일의 썸머〉
〈노팅힐〉
《악마는 프라다를 입는다》

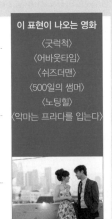

● **Dialog**

A: Do I really smell bad?
B: You need to take a shower. No offense.
   A: 정말 내 냄새가 지독해? B: 너 샤워해야겠다. 기분나빠하지말고.

A: This is the spaghetti that I made.
B: No offense, but it doesn't taste good.
   A: 이거 내가 만든 스파게티야. B: 기분나빠하지마 하지만 맛이 없네.

Screen Patterns : Do you mind me saying I'm bi?

Do you mind me not saying~ ? …라고 말하지 않아도 괜찮아?

- **Do you mind me asking** why you didn't go to work? 왜 출근 안했는지 내가 물어봐도 돼?
- **I don't mind you being** friends with a guy. 네가 남자와 친구가 돼도 괜찮아.
- I hope **you don't mind me using** your computer. 네 컴퓨터 써도 괜찮겠지.
- **If you don't mind me asking,** why are you divorcing? 이런 말해서 그렇지만, 왜 이혼해?

A: Do you think Karen and Mindy are nice girls? 카렌과 민디는 착한 여자애들이라고 생각해?
B: Do you mind me not saying **anything about them?** 내가 그들에 대해 말하지 않아도 괜찮겠어?

어서 해, 어서 들어, 계속해, 그렇게 해
Go ahead

구어체에서는 상대방에게 「…하라고 허락하거나 혹은 말을 하라」고 재촉할 때 쓰인다. 또한 go ahead with~가 되면 「계획하던 일을 시작하거나 계속하는」 것을 뜻하고 get ahead of~하면 「…을 앞서가다」라는 뜻이 된다. 또한 get ahead of oneself하면 「섣부르게 판단하다」라는 의미가 된다.

● Screen Expressions

이 표현이 나오는 영화
〈러브액츄얼리〉
〈악마는 프라다를 입는다〉

Go ahead 어서 해, 어서 들어 ▶ go ahead and+V 어서 …해라

You want to talk? You go ahead and talk.
말하고 싶어? 어서 말해봐.

Go ahead with~ …을 계속하다

Go ahead with **the festival preparation.** 축제 준비를 계속해.

get ahead of~ …을 앞서가다 ▶ get ahead of oneself 섣부르게 판단하다

Let's not get ahead of ourselves.
너무 앞서가지 말자.

● Dialog

A: I always get tired at this time of the day.

B: If you want to take a nap, go ahead.

  A: 하루 이맘때가 되면 늘 피곤해. B: 낮잠을 자고 싶으면 그렇게 해.

A: Our competitor has made a number of sales.

B: We really need to get ahead of them.

  A: 우리 경쟁자가 판매를 많이 했어. B: 정말이지 걔네들 앞질러 가야겠네.

Screen Patterns : I apologize for that

I apologize to sb for sth …에게 …대해 사과할게요

- **I am not going to apologize for** having a healthy sex life!
건강한 성생활을 하고 있다는 이유로 사과하지는 않을거야!

- I was just coming over here to **apologize for** my behavior. 내 행동에 사과하려 여기에 들렀던거야.

- I feel that you should **apologize to Tony for** cheating. 바람핀 것에 대해 네가 토니에게 사과해야 돼.

A: Bill was upset that you used his computer. 빌은 네가 자기 컴퓨터를 써서 화가 났어.

B: I apologized to him for **causing problems.** 문제를 일으켜서 미안하다고 걔한테 말했어.

너한테 잘 어울려
Looks good on you

옷이 어울리다, 어울리지 않다라는 표현. 「잘 어울릴」때는 look good on sb, be a good match for sb, 반대로 「잘 어울리지 않는다」고 할 때는 look terrible on sb, be not a good match for sb라고 하면 된다. 또한 「옷 등이 유행하다」는 be hot right now라고 하면 된다.

● Screen Expressions

look good on sb …에게 어울리다 ↔ look terrible on sb

Let's see. Looks good on you.
어디보자. 네게 잘 어울려.

be a good match for~ 잘 어울리다 ↔ be not a good match for~

She'd be a good match for Jeremy.
걔는 제레미와 아주 잘 어울릴거야.

be hot right now …가 유행이다 ▶ in season 유행인

Are these back in season again?
이것들이 다시 유행이야?

이 표현이 나오는 영화
〈어바웃타임〉
〈로맨틱 홀리데이〉
〈굿럭척〉
〈악마는 프라다를 입는다〉

● Dialog

A: Rachel is wearing a very new fashion.
B: I like the way the dress looks on her.
> A: 레이첼은 최신 유행하는 옷을 입고 있어. B: 옷이 그녀에게 어울리는게 보기 좋아.

A: Why are so many women wearing scarves?
B: Scarves are hot right now.
> A: 왜 많은 여성들이 스카프를 하고 있는거야? B: 지금 스카프가 유행이야.

Screen Patterns : Make sure I don't get tied down

I need to[have to] make sure S+V …을 확실히 해야 돼

- **We have to make sure** you do this right. 우린 네가 이걸 제대로 하는지 확실히 해야 돼.
- **I just want to make sure** you're prepared. 네가 준비되었는지 그냥 확인하고 싶어.
- **Let me make sure** I understand. You don't love her? 확인해볼게. 걔를 사랑하지 않는다는거야?
- **Make sure** he gets the message. 걔가 메시지를 확실히 받도록 해.

A: Angela should not be staying alone. 안젤라는 혼자 놔두면 안돼.
B: I need to make sure she is safe. 걔가 안전한지 확실히 할게.

예를 들면?, 어떤 거?

Like what?

상대방에게 어떤 일을 하는 방식을 물어보는 표현. 이를 테면 어떻게 하는 것을 말하는 거야?라는 뜻의 문장이다. 또한 Like this?는 "이렇게 하면 돼?," Like who?는 "이를 테면 누구처럼?"이라는 의미가 된다.

● Screen Expressions

Like what? 이를테면 어떻게?, 어떤 거?

You need something to do? Like what?
뭐 해야 할게 있다고? 예를 들면?

Like who? 이를테면 누구처럼?

We have to select a new member? Like who?
새로운 멤버를 뽑아야 한다고? 이를테면 누구?

Like this? 이렇게 하면 돼?, 이것처럼?

Like this? Am I doing it correctly?
이렇게? 내가 제대로 하고 있는거야?

● Dialog

A: You want a new name? Like what?

B: I want people to call me Leo, or Larry.

　　A: 새로운 이름을 원한다고? 이를테면 어떤거?　B: 날 레오나 래리라고 부르길 바래.

A: The book has a red cover? Like this?

B: Yes! That's the book we've been looking for.

　　A: 그 책 표지가 빨간 색이라고? 이것처럼?　B: 맞아! 그게 우리가 찾던 책이야.

Screen Patterns : I just wanted to see if you were ready

I want you to be the first to+V 난 네가 첫번째로 …하는 사람이기를 바래

- **I want you to be the first to** know about it. 난 네가 첫번째로 그걸 알기를 바래.

- **I wanted to get your opinion on** this episode that I wrote.
난 내가 쓴 이 에피소드에 대한 네 의견을 듣고 싶었어.

- **She just wanted to** get it on in front of a fireplace. 갠 단지 난로 앞에서 하길 원했어.

A: Hey, isn't today your birthday? 야, 오늘 네 생일아냐?

B: I just wanted to see if you remembered. 단지 네가 기억하고 있는지를 알고 싶었을 뿐이야.

지금 뭐해?, 시간 있어?

What are you doing right now?

꼭 상대방이 뭘하는지 답을 들으려는 문장이 아니라 지금 뭐하는지, 시간은 되는지 물어보는 표현으로 생각하면 된다. 또한 지금 뭐하는지 물어보는 표현으로는 What do you do?가 있는데 문맥에 따라서는 뒤에 for a living?이 빠진, 즉 직업이 뭔지 묻는 문장이 되니 조심해야 한다.

● **Screen Expressions**

What are you doing? 뭐해?, 시간 돼?

▶ What are you doing here? 여긴 웬일이야?

By the way, what are you doing tonight? 근데, 오늘 밤에 뭐할거야?

What do you do? 지금 뭐해?

What do you do **in your spare time?** 여유시간에는 뭐해?

What do you do (for a living)? 직업이 뭐야? = What is it you do?

Just one more question. What do you do for a living? 질문 하나 더요. 하시는 일이 뭐인지요?

● **Dialog**

A: What are you doing right now?

B: I'm waiting for the department store to open.

A: 지금 뭐해? B: 백화점이 문 열기를 기다리고 있어.

A: I'm a teacher. What do you do?

B: I work as a computer salesman.

A: 전 교사예요. 무슨 일을 하세요? B: 컴퓨터 판매원으로 일하고 있어요.

Screen Patterns : I just want to be sure you're OK

I just want to be sure S+V 단지 …을 확실히 하고 싶어서

● **I just want to be sure** you are okay. 네가 괜찮은지 확실히 하고 싶어서.

● **I want to make sure** we get a reservation. 우리가 예약이 되었는지 확실히 하고 싶어.

● **I just wanted to make sure** everybody was doing okay. 단지 다들 잘하고 있는지 확인하고 싶었어.

A: We've had two wedding rehearsals. 우리는 결혼리허설을 두번 했어.

B: I just want to be sure **no one makes a mistake.** 난 단지 아무도 실수하지 않도록 확실히 하고 싶어서.

너한테 줄 팁이 있어

I have a tip for you

뭔가 알아두면 꼭 도움이 될 만한 정보를 주겠다고 할 때 사용하는 표현. 이처럼 뭔가 상대방에게 줄 때는 I have ~ for you의 형태를 쓰면 된다. 그냥 "너 주려고"라고 하려면 It's for you, "내게 선물을 가져왔어?"라고 할 때는 You got me a present?라고 하면 된다.

● Screen Expressions

I have ~ for you 네게 줄 …가 있어

▶ I have something for you 네게 줄게 있어

I have a surprise for **you.** 너 놀래켜줄게 있어.

It's for you 너 주려고

This is a special present. **It's for you.** 이거 아주 특별한 선물이야. 너 주려고.

You got sb a present? …에게 선물을 준다고?

I will **get you a present** as soon as I get some money.
돈이 생기는 대로 너한테 선물을 사줄게.

이 표현이 나오는 영화

〈미비포유〉
〈쉬즈더맨〉
〈로맨틱 홀리데이〉
〈러브액츄얼리〉
〈노팅힐〉

● Dialog

A: I finally got a job with a good salary.

B: I have a tip for you. **Start saving some money.**

　A: 마침내 급여가 좋은 직장을 구했어.　B: 너한테 줄 팁이 있어. 저축하기 시작해.

A: I want you to get me a present.

B: Why should I do that?

　A: 너 나한테 선물 사줘.　B: 왜 그래야 되는데?

Screen Patterns : I just wanted to say I love you too

I (just) want to say~ 단지 …을 말하고 싶었어

● Once again, **I just want to say** thank you. 다시 한번 너에게 감사하다고 하고 싶어.

● **I want to say** goodbye to my friends. 내 친구들에게 작별인사를 하고 싶어.

● **I just wanted to say up front** this isn't about your private life.
이건 네 사생활에 관한 것이 아니라고 말하고 싶었을 뿐야.

A: What do you think of my date? 내 데이트 상대 어떤 것 같아?

B: I just wanted to say that **he is very nice.** 그냥 매우 착해보인다고 말하고 싶었어.

좋은 인상을 주려고 노력하고 있어

I'm trying to make a good impression

인상에 대해 말할 때는 make a good impression이라는 문구를 써야 한다. 참고로 do impression of~는 「사람들 말투를 흉내내는」이라는 전혀 다른 뜻이 되니 조심한다. 한편 「어떤 인상이나 느낌을 받는다」고 할 때는 get the impression, 반대로 「인상을 주다」는 give sb an impression이라고 한다.

● *Screen Expressions*

make a good[bad] impression 좋은[나쁜] 인상을 주다

Make a good impression on the manager.
매니저에게 좋은 인상을 줘.

get the impression~ …라는 인상이나 느낌을 받다

▶ give sb an impression 인상을 주다

I got the impression she was going to meet someone.
걔가 누굴 만날거라는 인상을 받았어.

She gave me a bad impression.
걔가 내게 나쁜 인상을 줬어.

이 표현이 나오는 영화
〈로맨틱 홀리데이〉
〈어바웃타임〉

● *Dialog*

A: Why do you want me to wear my best suit?

B: You need to make a good impression.

A: 왜 내가 가장 좋은 옷을 입기를 바라는거야? B: 좋은 인상을 줘야 돼.

A: Alex talked too loud and tried to bully people.

B: He gave everyone a bad impression.

A: 알렉스는 큰소리로 말하며 사람들을 윽박질렀어. B: 사람들에게 나쁜 인상을 줬어.

Screen Patterns : That's why she's not here

This is[That's] why S+V 바로 그래서 …하는거야

• **This is why** I got into this business. 그래서 내가 이 사업에 뛰어든거야.

• My parents are getting a divorce, **that's why** I had to go to camp. 부모님이 이혼중이셔서 캠프에 가야했어.

• **Is this why** I don't have a boyfriend? 그래서 내가 남친이 없는건가?

• **That's because** I didn't send her an invitation. 내가 걔한테 초대장을 보내지 않았기 때문이야.

A: The air conditioner in their room is broken. 걔네들 방 에어컨이 고장났어.

B: That's why they are complaining. 그래서 걔네들이 불평을 하는구나.

반은 된거나 마찬가지야
You're halfway in

〈쉬즈더맨〉에서 바이올라가 룸메이트에게 좋아하는 여학생과 엮어주면서 하는 말이다. 반은 성공했
다는 말이다. 좋아하는 여학생과 반쯤은 엮어진 것이라는 뜻의 표현이다. 참고로 Are you in?은 "너
도 할래?," You're in은 "너도 하는거야," I'm in은 "나 할게"라는 표현이다.

● Screen Expressions

You're in 너도 하는거야

I'm in if you're in.
네가 들어오면 나도 낄게

Are you in? 너도 할래?

We're heading to a club. Are you in?
우리 클럽에 가는 길인데, 너도 갈래?

I'm in 나 할게 = Count me in

I love playing poker. I'm in.
나 포커치는거 좋아해. 나도 할게.

이 표현이 나오는 영화
〈쉬즈더맨〉

● Dialog

A: Can I join you guys on your hike?

B: You're in. Be here at 7 tomorrow morning.

A: 너희들 하이킹가는데 내가 따라가도 돼? B: 같이 해. 내일 아침 7시에게 이리로 와.

A: This is a great investment. Are you in?

B: Sorry, I just don't have any money.

A: 이거 훌륭한 투자인데 너도 할래? B: 미안, 난 돈이 없어서.

Screen Patterns : That's what they keep telling me

This is[That's] what S+V 그게 바로 …야

- **That's what** I love about him. 그게 바로 내가 걔를 좋아하는 점이야.
- **This is exactly what** I was hoping for. 이건 바로 내가 바라던 것이야.
- **This isn't what** it looks like. 이건 보이는 것과는 달라.
- **It's what** makes it so warm this time of year. 바로 그게 연중 이맘 때 기후를 따뜻하게 만드는거야.

A: You're going to spend the day at the museum? 박물관에서 하루를 보낼거야?

B: That's what Tom wants to do. 그게 바로 톰이 하고 싶어하는거야.

네가 어떤 심정인지 알아
I know how you feel

상대방을 위로하거나 이해한다는 표현으로 "네 심정이 기분이 어떤지 안다"라고 말하는 문장이다. 어떤 것인지 말하려면 I know how you feel about~이라고 하면 된다. 또한 「…에 대해서 어떻게 생각하냐고 물어볼 때는 How do you feel about~?, 「그렇게 생각하다」는 feel that way라고 한다.

● **Screen Expressions**

I know how you feel (about~) 네가 (…에 대해) 어떤 기분인지 알아

I know how you feel. My mother makes me crazy.
그 심정 알겠어. 우리 엄마도 날 미치게 해.

How do you feel about~ ? …에 대해서 어떻게 생각해?

How do you feel about the two of us having a baby together?
우리 함께 애기 갖는거 어떻게 생각해?

feel that way 그렇게 생각하다

I'm glad you feel that way.
그렇게 생각한다니 기뻐.

이 표현이 나오는 영화
〈굿럭척〉
〈노팅힐〉
〈친구와 연인사이〉

● **Dialog**

A: She really broke my heart when she said goodbye.

B: I know how you feel. It really sucks.

　A: 걔가 작별인사를 했을 때 정말 난 맘에 상처를 입었어.　B: 네 기분이 어떤지 알겠다. 정말 엿같지.

A: Sometimes I'm so sad. Do you feel that way?

B: I think everyone feels down at times.

　A: 때론 울적해. 너도 그러니?　B: 누구나 때때로 우울해하는 것 같아.

Screen Patterns : That's how it works

That's how S+V 그렇게 해서 …했어

- **That's how** she came to start an affair with her boss. 그렇게 해서 걔가 사장과 바람을 피기 시작하게 되었어.
- **Is that when** they decided to divorce? 걔네들이 이혼하기로 한게 바로 그때야?
- Sam, **is that where** he touched you? 샘, 바로 저기서 걔가 널 만진거야?

A: She said Josh was a friend of her roommate. 걔 조쉬가 자기 룸메이트의 친구라고 했어.

B: Is that how they first met? 그렇게 해서 걔네들이 처음 만난거야?

무슨 얘기를 하는거야?, 그게 무슨 얘기야?

What are you talking about?

What are you talking about?은 상대방이 무슨 말을 하는지 모를 때 사용하지만, 상대방의 말이 어처구니 없고 도저히 이해가 안될 때 당황하거나 놀라면서 하는 표현이기도 하다. "내가 말하는게 바로 그거야"는 That's what I'm talking about이라고 하면 된다.

● Screen Expressions

What are you talking about? 무슨 얘기를 하는거야?, 그게 무슨 말이야?

What are you talking about? When did this happen?
무슨 소리야? 언제 이랬는데?

이 표현이 나오는 영화
〈라라랜드〉
〈프로포즈〉
〈악마는 프라다를 입는다〉

That's what I'm talking about 내 말이 바로 그거야

Oh, a pepperoni pizza! That's what I'm talking about.
어, 페페로니 피자! 내가 말한게 바로 그거야.

This is sb we're talking about 이분이 우리가 얘기하는 분이야

This is you we're talking about. I think you're very important.
네가 우리가 얘기하던 사람이야. 너는 매우 중요한 사람같아.

● Dialog

A: I saw you dating another woman.

B: I don't know what you're talking about.

A: 네가 딴 여자 만나는거 봤어. B: 무슨 소리하는 건지 모르겠네.

A: Tomorrow we're having a barbeque.

B: All right! That's what I'm talking about.

A: 내일 우리 바베큐한다. B: 좋았어! 내 말이 바로 그거라니까.

The point is that S+V 요점은 …라는거야

• **The point is** I've dated Chris for over a year. 요점은 내가 일년 넘게 크리스와 데이트를 하고 있다는거야.

• **The whole point is to** keep my heart beating. 가장 중요한 점은 내 심장을 계속 뛰게 하는거야.

• **My point is that** I didn't do anything wrong. 내 요점은 난 아무런 나쁜 짓을 하지 않았다는거야.

A: This is an easy way to make money. 이렇게 하면 돈을 쉽게 벌겠는 걸.

B: The point is that **you are breaking the law.** 문제는 불법이라는거야.

나도 어쩔 수가 없어
There's nothing I can do about it

그것에 대해 내가 할 수 있는 것이 아무 것도 없다, 즉 곤란한 상황에 직면해 나도 어쩔 도리가 없다, 어쩔 수가 없다는 의미. There's를 생략하여 Nothing I can do about it이라고 써도 된다. 주어를 I → you로 바꿔서 There's nothing you can do about it하게 되면 "네가 어쩔 수 없다"라는 뜻이 된다.

● **Screen Expressions**

이 표현이 나오는 영화
〈러브액츄얼리〉
〈500일의 썸머〉

(There's) Nothing I can do about it 나도 어쩔 도리가 없어

You're already in trouble. There's nothing I can do about it.
넌 이미 곤경에 처했어. 내가 어떻게 할 수 있는게 없어.

(There's) Nothing you can do about it

너도 어쩔 수가 없어, 속수무책이야

There's nothing you can do about it. So stop bitching.
그거 속수무책이야. 그러니까 더 이상 불평하지마.

● **Dialog**

A: Your best friend has a serious problem.

B: Nothing I can do about it.

　　A: 네 절친에 심각한 문제가 생겼어. B: 내가 그에 대해 할 수 있는게 아무 것도 없어.

A: His suicide came as a shock to all of us.

B: Forget it. Nothing you can do about it.

　　A: 걔의 자살은 우리 모두에게 충격이었어. B: 잊어버려. 어쩔 도리가 없잖아.

Screen Patterns : The problem is that they love me

The problem is ~ing 문제는 …하는거야

- **The problem is** dealing with the pain. 문제는 고통을 해결하는 것이야.
- **The problem is that** this woman is a gigantic pain in my ass.
  문제는 이 여자가 엄청 큰 골칫거리라는거야.
- **The problem is what** happened in the room. 문제는 방에서 무슨 일이 일어났느냐는거야.

A: She didn't mean to talk about your past. 걘 네 과거를 말하려는 것은 아니었어.

B: The problem is that she told him my secrets. 문제는 걔가 그에게 내 비밀을 말했다는거야.

네가 무슨 말하는지 알겠어

I hear what you're saying

'what you're saying,'이나 'what I'm saying'은 아주 많이 쓰이는 문구. I hear what you're saying은 "네가 하는 말이 뭔지 알겠어," That's what you're saying은 "그게 바로 네가 말하는거지," 그리고 Is that what you're saying?하게 되면 "네가 말하는게 그거야?"가 된다.

● **Screen Expressions**

I hear[know] what you're saying 무슨 말인지 알겠어

Of course. I hear what you're saying. 물론. 무슨 말인지 알겠어.

Is that what you're saying? 네가 말하는게 그거야?

You want a piece of me? Is that what you're saying?
나랑 해보겠다는거야? 그 말이야?

What am I saying? 내가 무슨 말을 하는거지?

▶ **I'm not saying that** 내 말은 그게 아냐

I'm saying you know nothing about me.
내 말은 넌 나에 대해서 아무것도 모른다는 말이지.

● **Dialog**

A: I don't understand what you're saying.

B: I mean I want you to help me.

  A: 무슨 얘기 하는 건지 모르겠어. B: 그러니까 내 말은, 네가 도와줬으면 한다고.

A: This relationship just isn't working out.

B: We're finished? Is that what you're saying?

  A: 이 관계는 잘 되고 있지 않아. B: 우리 끝난거야? 지금 하는 말이 그말이야?

Screen Patterns : The thing is they're two real lesbians

The thing is S+V 중요한 것은 …야

● **The thing is** they're two real lesbians. 중요한 점은 걔네 둘 다 정말 레즈비언이라는거야.

● **The weird thing is that** she reminds me more of you than Peter.
이상한 점은 걔를 보면 피터보다 네가 더 생각난다는 점이야.

● **The important thing is** it's over and it doesn't matter. 중요한 건 끝났다는거고 상관없다는거야.

A: Patty has a meeting at the conference center. 패티는 컨퍼런스 센터에서 회의가 있어.

B: The thing is she hates going there. 중요한 것은 걔가 거기 가기 싫어한다는거지.

이게 바로 내가 생각하고 있던거야
That's what I was thinking

이번에는 'what I was thinking'란 문구를 기억해두기로 한다. 「내가 생각하고 있었던거」라는 뜻으로
That's what I was thinking은 "그게 바로 내가 생각하고 있던거야." You know what I was think-
ing?은 "내가 뭘 생각하고 있었는지 알아?"라는 문장이 된다.

● **Screen Expressions**

That's what I was thinking 이게 바로 내가 생각하고 있던거야

He's lying. That's what I was thinking.
걔는 거짓말하고 있어. 그게 바로 내가 생각하고 있던거야.

You know what I was thinking? 내가 뭘 생각하고 있었는지 알아?

You know what I was thinking? We need more friends.
내가 뭘 생각하고 있었는지 알아? 우린 친구가 더 필요해.

Here's what I was thinking 이게 바로 내가 생각했던거야

Here's what I was thinking. Everyone needs more sleep.
이게 바로 내가 생각했던거야. 다들 잠을 더 자야 돼.

이 표현이 나오는 영화
〈이프온리〉
〈로맨틱 홀리데이〉

● **Dialog**

A: It hasn't been the same since you argued with Sam.

B: It changed our friendship. That's what I was thinking.

    A: 네가 샘하고 다툰 후로는 전과 같지 않아.   B: 우리 우정을 바꿔놨어. 그게 바로 내가 생각하고 있던거야.

A: You know what I was thinking?

B: No. Please tell me about it.

    A: 내가 뭘 생각하고 있었는지 알아?   B: 아니. 얘기해줘봐.

Screen Patterns : The truth is I have no idea

(The) Truth is S+V 사실은 …야

• **Truth is** I was dying to sleep with him.   사실은 내가 걔랑 정말 자고 싶었어.

• **The secret** is he is broke.   걔가 빈털터리라는 건 비밀이야.

• **The trouble with drinking is** you feel bad the next day.   음주의 문제는 담날 기분이 안좋다는거지.

A: Do you think it's a good idea to get married?   결혼하는게 좋은 생각인 것 같아?

B: The truth is I don't really know.   사실은 나도 정말 모르겠어.

네 생각은 어때?

What do you think?

상대방의 견해를 물을 때 "네 생각은 어때?" 혹은 문맥에 따라 상대방이 말도 안되는 이야기를 할 때 "무슨 말이야?", "그걸 말이라고 해?"라고 핀잔을 줄 때도 사용한다. 또한 What do you think of [about]~?는 「상대방의 의견을 물어보는 것」으로 of[about] 다음에 물어보는 대상을 넣어주면 된다.

● **Screen Expressions**

What do you think (of that)? 네 생각은 어때?

What do you think? Should we show them the room?
네 생각은 어때? 걔네한테 방을 보여줘야 돼?

What do you think of[about]~? …을 어떻게 생각해?

What do you think about me staying the night?
내가 남아서 밤을 보내는거 어떻게 생각해?

What do you think it will be like? 그게 어떨 것 같아?

I wonder about the future. What do you think it will be like?
난 미래가 궁금해. 어떨 것 같아?

이 표현이 나오는 영화
〈쉬즈더맨〉
〈어바웃타임〉
〈노팅힐〉
〈악마는 프라다를 입는다〉
〈러브액츄얼리〉

● **Dialog**

A: What do you think of my new car?

B: Well, it looks great.

A: 내 새 차 어떻게 생각해? B: 음, 근사해보이네.

A: Apparently planning the wedding was very expensive.

B: What do you think it will be like?

A: 결혼식 준비에는 분명 돈이 많이 들어 갔을거야. B: 어떨 것 같아?

Screen Patterns : That's all I can do right now

That's all I can+V 내가 …할 수 있는 것은 그게 다야

• **That's all I can** come up with right now. 그게 지금 내가 생각해낼 수 있는 전부야.

• **That's all I need to** know. 내가 알고 싶은 건 그게 다야.

• **That's not all** I do. 내가 그것만 하는게 아냐.

A: Can't you give me a little more money? 돈 좀 더 빌려줄 수 없어?

B: That's all I can do for you. 그게 내가 할 수 있는 전부야.

나 도와줄래?

Can you give me a hand?

도움이 필요한지 물어볼 때는 What can I do for you?, Is there anything else I can do for you? 혹은 좀 formal하게 May I assist you with anything?이라고 한다. 기본적으로는 Can I help you? 라고 할 수도 있고, 「도와달라」고 할 때는 Can you give me a hand?라고 하면 된다.

● Screen Expressions

Can you give me a hand (~ing)? (…하는거) 나 좀 도와줄래?

Can you give me a hand moving this bed?
이 침대 이동하는거 좀 도와줄래?

What can I do for you? 뭘 도와줄까?

I'm here to help. What can I do for you?
내가 도와주러 왔는데, 뭘 도와줄까?

Can I help you (to~)? (…하는거) 도와줄까?

Excuse me. Can I help you with something?
실례지만 뭐 좀 도와드릴까요?

이 표현이 나오는 영화
〈러브, 로지〉
〈노팅힐〉
〈악마는 프라다를 입는다〉
〈러브액츄얼리〉

● Dialog

A: Could you give me a hand?

B: What do you need?

A: 좀 도와줄래? B: 뭐가 필요한데?

스크린 명대사 : 러브, 로지

"You deserve someone who loves you with every beat of his heart.
Someone who will always be there for you,
and who will love every part of you, especially your flaws." - Alex

넌 살아있는 매 순간 너를 사랑해줄 사람을 만날 자격이 있어.
항상 네 곁에 있어줄 사람,
그리고 너의 모든 부분을, 특히 단점까지도 사랑해줄 사람말야.

NEW
SCREEN
ENGLISH

스크린영어가 재미있어지는
스크린영어 대표표현
001–161

내가 그걸 알아낼거야
I'll figure it out

figure sth out은 머리를 굴려서, 계산을 해서 뭔가를 「알아내다」, 「이해하다」라는 의미. figure it out 의 형태로 많이 쓰인다. 함께 「설명하다」, 「확인해보다」라는 의미의 Go figure, 상대방 말에 맞장구 치는 것으로 「당연하다」, 「그럴 줄 알았다」라는 의미의 That[It] figures 등의 표현들을 기억해둔다.

● Screen Expressions

figure it out 알아내다, 이해하다 ▶ figure out what~ …을 알아내다

I was late because I couldn't figure out what to wear.
뭘 입을지 몰라서 늦었어.

Go figure 확인해봐, 설명해봐

The trip has been cancelled. Go figure.
여행은 취소됐어. 확인해봐.

That[It] figures 그럴 줄 알았어

That figures. He always was very smart.
그럴 줄 알았어. 걘 항상 매우 똑똑했어.

이 표현이 나오는 영화
〈라라랜드〉, 〈노트북〉
〈로맨틱 홀리데이〉
〈500일의 썸머〉
〈왓이프〉, 〈러브, 로지〉
〈첫키스만 50번째〉
〈친구와 연인〉
〈프렌즈 위드 베네핏〉
〈악마는 프라다를 입는다〉

● Dialog

A: How was someone able to get into the museum?

B: I figured it out. The thief hid in the restroom.

A: 어떻게 박물관에 침투할 수 있었대? B: 내가 알아냈어. 도둑은 화장실에 숨어있던거야.

A: No, Brian isn't here right now.

B: That figures. I can never get in touch with him.

A: 아니, 브라이언은 지금 여기 없어. B: 그럴 줄 알았어. 걔하고 영 연락이 안된다니까.

Screen Patterns : Any chance you're pregnant?

The chances are S+V …일 것 같아

● **There's a chance** you could get hurt. 네가 다칠 수도 있어.

● **Is there any chance that** you could stay home today? 오늘 너 집에 남아 있을 수 있어?

● **I didn't get a chance to** get back to her. 걔에게 전화를 다시 할 기회가 없었어.

A: Sam and Belinda are spending a lot of time together. 샘과 벨린다는 함께 많은 시간을 보내.

B: Chances are he slept with her. 걔 그녀와 잤을 것 같아.

너 때문에 내 주말이 망쳤어
You ruined my weekend

ruin을 「파멸시키다」, 「멸망시키다」라는 거창한 단어로만 알고 있으면 좀 어색하게 느낄 수도 있는
표현이다. ruin은 일상 생활영어에서는 예를 들어, 「저녁을 망치다」, 「주말을 망치다」, 「가족을 망치
다」 등으로 자주 쓰인다.

● Screen Expressions

ruin one's life 인생을 망치다

I hate you. You've ruined my life. 난 네가 싫어. 넌 내 인생을 망쳤어.

ruin one's weekend 주말을 망치다 ▶ ruin one's night 저녁시간을 망치다

You ruined my weekend by being drunk all the time.
넌 줄곧 술주정부리며 내 주말을 망쳤어.

ruin one's family 가족을 망치다

I'm not going to let you ruin my family!
네가 내 가족을 망치게 놔두지 않을거야!

이 표현이 나오는 영화
〈프로포즈〉
〈러브액츄얼리〉
〈로맨틱 홀리데이〉

● Dialog

A: A friend asked if I wanted to try drugs.
B: Don't do it. You'll ruin your life.
A: 한 친구가 나보고 약해보고 싶냐고 물어봤어. B: 그러지마. 네 인생이 망가져.

A: The fireworks were called off due to the storm.
B: It ruined our whole night.
A: 폭풍 때문에 불꽃놀이가 취소됐어. B: 저녁 전체를 망쳤네.

Screen Patterns : Why not divorce?

Why not+V? 그냥 …해

- **Why not** me? 왜 나는 안돼?
- If that's the case, **why not just** admit it? 실제 그렇다면 왜 그냥 인정하지 그래.
- **Why wait** all this time? **Why not** tell me then? 왜 마냥 기다리고 있는거야? 그냥 내게 말해봐.

A: I've got to walk out to my car. 내 차있는데까지 걸어가야 돼.
B: Why not wait till it stops raining? 비가 그칠 때까지 기다려.

내가 그걸 망치고 있어

I'm screwing it up

screw up은 스크린이나 미드 필수표현으로,「실수하다」,「망치다」라는 의미. 그냥 screw up이라고 써도 되고 아니면 목적어를 넣어서 screw up sth, screw it up 등의 형태로 쓰인다. 또한 be[get] screwed는 수동태로「엿먹었다」,「골탕먹었다」라는 의미가 된다.

● Screen Expressions

screw up 망치다, 실수하다 ▶ be screwed up 엉망이 되다

I screwed up. Miles, haven't you ever screwed up?
내가 일을 그르쳤어. 마일스, 넌 망친 적 없어?

screw it up 망치다 ▶ screw up sth …을 망치다

You screw up every relationship you've ever been in.
넌 예전 모든 연인관계를 망쳤어.

be[get] screwed 엿먹다, 골탕먹다 ▶ screw sb 골탕먹이다

Then I quit, and you're screwed.
그럼 난 그만두고 넌 엿먹는거야.

이 표현이 나오는 영화
〈왓이프〉
〈프로포즈〉
〈로맨틱 홀리데이〉
〈악마는 프라다를 입는다〉
〈브리짓 존스의 일기〉
〈어바웃타임〉
〈프렌즈 위드 베네핏〉
〈이프온리〉

● Dialog

A: Why is your wife so angry at you?

B: I screwed up, I forgot her birthday.

A: 왜 네 아내가 그렇게 네게 화를 내는거야? B: 내가 실수했어. 생일을 깜박했거든.

A: Your interview is tomorrow morning, right?

B: It's important, so I can't screw it up.

A: 너 면접이 내일 아침에 있지, 맞지? B: 중요한 면접이어서 망치면 안돼.

Screen Patterns : We might as well take it with us

I might as well+V …하는 편이 나아

- **I might as well** just come out and say it. 그냥 당당히 말해버리는게 나을 것 같아.
- **We might as well** just go our separate ways. 우리 서로 각자의 길을 가는게 나아.
- **You might as well** fill me in. 넌 내게 보고하는게 나아.
- **You might as well** flush it down the toilet. 그런 건 완전히 없애버려.

A: It's late and we have to get up early. 늦었네. 우리 일찍 일어나야 돼.

B: I might as well go to bed. 나도 자야되겠네.

첫데이트에서 섹스하려고?

Are you trying to screw on the first date?

screw는「섹스하다」라는 의미. 단독으로 쓰이거나 혹은 screw sb의 형태로 쓰인다. 강조하려면 screw one's brains out이라고 한다. 또한 screw around는 fool[goof] around처럼「빈둥거리다」혹은「딴 짓[섹스]하고 다니다」라는 의미이다. 한편 Screw sb[sth]은 화를 내며, "꺼져," "집어쳐"라는 표현.

● **Screen Expressions**

screw (sb) …와 섹스하다 ▶ screw one's brains out 죽도록 섹스하다

A naked woman is sitting on top of you screwing your brains out, **and you feel emasculated?**
다 벗은 여인이 네 위에 올라타서 널 잡아먹으려고 하는데 넌 거세당한 기분이라고?

screw around 빈둥거리다, 섹스하고 다니다

You still went out and screwed around **behind my back.**
너 아직도 나가서 내 뒤에서 딴 짓한거야.

Screw sb[sth]! 꺼져!, 집어쳐!

Screw you, **you ungrateful bitch!** 엿먹어, 이 은혜도 모르는 년아!

● **Dialog**

A: Martin is always hanging around Kayla.

B: He's been trying to screw her for months.

A: 마틴은 늘상 카일라 주변에서 놀아. B: 오랫동안 카일라하고 섹스하려고 하고 있어.

A: Did you take money out of my wallet?

B: Screw you! I don't do things like that.

A: 너 내 지갑에서 돈 빼갔어? B: 집어쳐! 난 그런 짓 안해.

Screen Patterns : You can't be a part of this

be (a) part of sth …일부이다, …에 연루되다

• You can't **be a part of** this. 넌 이럴 필요가 없어.

• I get to **be part of** the worst part of your life now. 난 이제 네 인생의 최악인 부분의 일부가 되었네.

• I want to **be part of** someone's life, not all of it. 난 누군가의 삶의 전부가 아니라 일부가 되고 싶어.

• I think that's **part of** the problem. 그게 문제의 일부인 것 같아.

A: I can't attend your study group? 네 스터디그룹에 참여할 수 없니?

B: No. You can't be part of the group. 어, 넌 그룹에 가입할 수 없어.

들러줘서 고마워
Thanks for dropping in

주로 예고없이 「잠시 들르다」는 come by, stop by[in, off], drop by[in]으로 대표되지만 스크린에서는 그밖의 다른 표현으로도 많이 쓰이는데, swing by, roll up, look in on, drop around 등도 자주 눈에 띈다.

● Screen Expressions

come by 잠시 들르다 = stop by[in, off], drop by[in, around]

I told her to drop by for a drink.
난 걔보고 잠깐 들러 술 한잔 하자고 했어.

swing by 잠시 들르다 = run by

I can swing by on Sunday and pick you up?
내가 일요일에 들러서 널 픽업할까?

roll up 예고 없이 오다 = look in on sb

Do you want me to look in on him?
내가 걔한테 잠시 들르기를 바래?

이 표현이 나오는 영화
〈친구와 연인사이〉
〈어바웃타임〉
〈러브, 로지〉
〈라라랜드〉
〈이프온리〉
〈왓이프〉
〈노팅힐〉

● Dialog

A: How did you know Lana bought a new car?

B: She rolled up in it last night.

A: 레이나가 차 새로 뽑은 걸 어떻게 알았어? B: 지난 밤에 타고 잠시 들렀어.

A: Can we talk when you have some free time?

B: Sure, come by after our lunch hour.

A: 네가 시간이 좀 날 때 얘기나눌까? B: 그래, 점심시간 후에 들러.

Screen Patterns : I didn't mean to say that

I didn't mean to+V …할 생각이 아녔어, …하려는게 아니었어

- **I mean to ask** my girlfriend to marry me. 여친에게 청혼할 생각이야.

- **I meant to tell you,** I don't love you anymore. 진작 말하려고 했는데, 난 너 더 이상 사랑하지 않아.

- **I really didn't mean to** make you miserable. 널 비참하게 하려고 한 건 아냐.

A: Joanne and Rachel said they'll go to an amusement park.
조앤과 레이첼은 놀이동산에 갈거라고 했어.

B: I meant to ask what **they planned for the weekend.** 주말에 무슨 계획 있냐고 물어보려고 했어.

저게 그거랑 무슨 상관이 있어?

What's that got to do with it?

have (got) to do with가 쓰인 문장으로 이는「…와 관련이 있다」,「…에 관한 것이다」등의 의미. have something to do with라고 써도 되며 관련이 많이 되어 있다고 할 때는 have a lot to do with라 하면 된다. 반대는 have nothing to do with로 with 이하와「아무런 관련이 없다」라고 말하는 경우이다.

● **Screen Expressions**

have (got) to do with~ …와 관련이 있다, …에 관한 것이다
What's it got to do with us? 그게 우리와 무슨 상관이야?

have something to do with~ …와 관련이 있다, …에 관한 것이다
I don't mean to pry, but does this have something to do with **Summer leaving?** 캐려는 것은 아니지만 이거 썸머가 떠난 것과 관련이 있는거지?

have a lot to do with~ …와 관련이 많다

▶ have nothing to do with~ …와 관련이 없다
You think this has nothing to do with **you.** 이게 너와 아무 관련이 없다고 생각하지.

● **Dialog**

A: The cops think Ron is involved in organized crime.
B: What has Ron got to do with the mafia?
　A: 경찰은 론이 조직범죄에 연루되었다고 생각해. B: 론이 갱단과 무슨 관계가 있는거야?

A: Georgina smoked most of her life.
B: That may have a lot to do with her cancer.
　A: 조지나는 평생 거의 흡연을 했어. B: 그녀의 암과 관련이 많겠구나.

Screen Patterns : I can't help but think about Chris

I can't help ~ing …하지 않을 수가 없어

• **I can't help** feeling that Tony hates me. 토니가 날 싫어한다는 느낌을 지울 수가 없어.
• **I can't help but think** about Chris. 난 크리스 생각을 하지 않을 수가 없어.
• **I had no choice but to** get divorced. 난 이혼할 수밖에 없었어.

A: She fell in the mud in front of her friends. 걘 친구들 앞에서 진흙탕에 넘어졌어.
B: I can't help laughing about it. 난 웃지 않을 수가 없었어.

지금 날 방해하지 말아줄래?

Can you get out of my way right now?

get in the way는 가는 길에 「끼워들거나 막는다」는 의미로 「방해를 하다」라는 뜻. be in the way라고 해도 된다. 무엇이 방해되는지를 말하려면 get in the way of~ 이하에 말해주면 된다. 반대로 「방해 하지 않다」는 get out of one's way라고 하면 된다.

● **Screen Expressions**

get[be] in the way 방해가 되다

I don't want to get in the way.
방해하고 싶지 않아.

get[be] in the way of~ …에 방해가 되다

I think they're getting in the way of **our friendship.**
난 그것들이 우리 우정에 방해되는 것 같아.

get out of the[one's] way 방해가 되지 않다

Could you please get out of my way?
제발 방해 좀 말아줄래?

이 표현이 나오는 영화
〈어바웃타임〉
〈브리짓 존스의 베이비〉
〈노팅힐〉
〈프렌즈 위드 베네핏〉
〈쉬즈더맨〉

● **Dialog**

A: Why didn't you invite Michael?

B: He just gets in the way of **our plans.**

A: 왜 마이클을 초대하지 않았어? B: 걘 우리 계획에 방해만 되어서.

A: Could you please get out of the way?

B: Sorry, I'll stand over to the side.

A: 제발 좀 방해 좀 말아줄래? B: 미안해. 한 쪽으로 가서 서 있을게.

Screen Patterns : It's like saying, "I love you"

It's like (sb) ~ing (…가) …하는 것과 같아

- **It's like** Chris dying on top of his mistress. 그건 크리스가 복상사하는 것과 같아.
- **It's like** a girl broke up with you and you're stalking her. 헤어진 여자를 스토킹하는 것 같은데.
- **It's like** saying, "I love you." 그건 "난 너를 사랑해"라고 말하는 것과 같아.

A: Art and his ex-girlfriend are ignoring each other. 아트와 옛 여친은 서로 본체만체 하고 있어.

B: It's like **they never met before.** 전혀 만난 적이 없었던 것 같아.

넌 재수없어!, 밥맛이야!

You suck!

~suck(s)!하게 되면 …가 아주 재수없거나, 밥맛이 없다는 말. 일반명사나 You 혹은 That[It]이 주어로 온다. 또한 be terrible at의 뜻인 suck at~, 「참고 견디어내다」라는 suck it up, 「아부하다」라는 suck up to~도 알아둔다.

Screen Expressions

이 표현이 나오는 영화

⟨500일의 썸머⟩
⟨첫키스만 50번째⟩
⟨로맨틱 홀리데이⟩
⟨프렌즈 위드 베네핏⟩
⟨브리짓 존스의 베이비⟩
⟨왓이프⟩, ⟨쉬즈더맨⟩
⟨악마는 프라다를 입는다⟩
⟨프로포즈⟩, ⟨러브, 로지⟩

That sucks! 재수없어!, 젠장헐! ▶ You suck! 넌 밥맛이야!

Your life doesn't suck, **you have a woman who really loves you.**
네 인생은 나쁘지 않아, 널 진정으로 사랑하는 여자가 있잖아.

suck at~ …에 서투르다, 젬병이다

I really suck at **putting my emotions into words.**
난 내 감정을 말로 나타내는 것에 정말 어눌해.

suck it up 참고 지내다, 분발하다 ▶ suck up to sb 아부하다

Just suck it up. **You'll have a chance for promotion soon.**
참고 해야지. 곧 승진기회가 올거야.

Dialog

A: Jan said she never wants to see me again.

B: That sucks. Sorry it happened.

  A: 잰은 다시는 날 보고 싶지 않다고 했어. B: 헐. 그렇게 돼서 안됐네.

A: Two of our best employees are quitting.

B: We'll have to suck it up until we get help.

  A: 최고 직원 중 두 명이 그만둬. B: 도움을 받을 때까지 참고 지내야겠네.

Screen Patterns : Not like you're in love with Pam

It's not like S+V …와 같지 않아

- **It's not like** we're gonna be married forever. 우리가 평생 결혼할 것 같지 않아.
- **Not like** you're in love with Pam. 넌 팸과 사랑에 빠진 것 같지 않아.
- **Not like** the way other people do. 다른 사람들이 하는 방식과는 달라.

A: You should have told me he was here. 넌 걔가 여기 있다고 내게 말했어야 했는데.

B: It's not like I lied about it. 내가 거짓말한 것은 아냐.

그냥 하는 말이야
I'm just saying

I'm just saying은 단독으로 문장의 앞뒤에서 자기 말이 별 생각없이 한 말임을 강조하는 표현. that
을 붙여 I'm just saying that이라고 해도 되고, I'm just saying that to be nice라고 하면서 자기가
말한 이유를 언급할 수도 있다.

Screen Expressions

I'm just saying 그냥 하는 말이야

It's very rude to wear a hat indoors. I'm just saying.
실내에서 모자를 쓰는 것은 실례야. 그냥 그렇다는거야.

I'm just saying that (to be nice) (그냥 선의로) 그 말한거야

I told her I liked her haircut, but I'm just saying that to be nice. 난 걔한테 머리자른거 맘에 든다고 했지만 그냥 선의로 말한거야.

I'm just saying (that) S+V 내 말은 단지 …라는거야

I'm just saying you never know what could happen.
내 말은 무슨 일이 일어날지 모른다는 말이야.

이 표현이 나오는 영화
〈미비포유〉
〈악마는 프라다를 입는다〉
〈어바웃타임〉

Dialog

A: Phil was late again for our date.
B: You belong with someone better. I'm just saying.
　A: 필은 데이트에 또 늦게 왔어. B: 넌 좀 더 나은 사람과 어울려. 그냥 그렇다는 말이야.

A: He's the best lawyer in his office.
B: I'm just saying that I want a different lawyer.
　A: 그는 사무실에서 최고의 변호사야. B: 내 말은 단지 다른 변호사가 필요하다는거야.

Screen Patterns : It's just a shame you didn't get lucky

It's[That's] a shame to+V …하다니 안타까운 일이야

- **It's a shame to** stop posting online. 인터넷에 글을 더 이상 올리지 않다니 안타까운 일이야.
- **It's a shame** Vicky could not go out with you. 비키가 너와 데이트할 수 없었다니 안됐어.
- **A shame** you did not attempt it. 그걸 시도하지 않았다니 안타깝구만.
- **What a shame** your wife isn't here. 네 아내가 못와서 안됐어.

A: They gave up and decided to divorce. 걔네들은 그만 포기하고 이혼하기로 했어.
B: It's a shame it didn't work out. 제대로 되지 않아서 안됐네.

잘했어!

Well done!

이 표현은 앞서 나온 Good job!과 같은 의미로 상대방이 일을 잘 했다고 칭찬할 때 쓰이는 표현이다. 비슷한 표현으로 Well played가 있으며, 또한 강조하려면 Very well done이라고 하면 된다. 한편 잘 알려진 바처럼 음식관련해서 쓰일 때는 「잘 익혀서」라는 의미가 된다는 점도 기억해둔다.

● Screen Expressions

Well done! 잘했어! ▶ **Very well done!** 아주 잘했어!

Well done. It tasted great.
잘했어. 아주 맛이 좋아.

Well played! 잘했어!

You got the day off? Well played!
하루 휴가를 받았어? 잘했어!

well done 잘 익힌

I'll have the chicken teriyaki, well done.
치킨데리야끼 먹을래. 잘 익혀서.

이 표현이 나오는 영화

〈노팅힐〉
〈러브액츄얼리〉
〈브리짓 존스의 일기〉
〈어바웃타임〉
〈러브, 로지〉
〈친구와 연인사이〉

● Dialog

A: I passed the entrance exam for law school.

B: Well done! We knew you could do it.

　　A: 로스쿨 입학시험에 통과했어. B: 잘했어! 네가 해낼 수 있을거라 알고 있었어.

A: Dwight agreed to promote me.

B: Well played! You showed him.

　　A: 드와이트가 나 승진을 약속했어. B: 잘했어! 네 능력을 보여줬구나.

Screen Patterns : So you're saying that she's single

Are you saying S+V? …라는 말이야?

● **Are you saying** you don't want to go out with me? 넌 나와 데이트하지 않겠다는 말이야?

● **You're saying** you're attracted to your teacher? 선생님한테 끌린다는 말이야?

● **You're just saying that to** make me feel better. 나 기분 좋게 하려고 괜히 그렇게 말하는거지.

A: Cindy didn't want us at her party. 신디는 자기 파티에 우리가 오는걸 원치 않았어.

B: Are you saying we weren't invited? 우리가 초대받지 못했다는 말이야?

도대체 여긴 어쩐 일이야?

What the hell are you doing here?

What are you doing?은 "뭐해?," "시간돼?"라는 의미인 반면 뒤에 here가 붙어서 What are you doing here?하면 예기치 못한 장소에서 만나 놀란 혹은 화난 상태에서 상대방에게 일갈하는 표현이다. the hell, the heck 등은 그런 감정상태를 강조하는 문구이다.

Screen Expressions

이 표현이 나오는 영화
〈굿럭척〉
〈브리짓 존스의 베이비〉
〈첫키스만 50번째〉
〈러브액츄얼리〉

What are you doing here? 여긴 어쩐 일이야?, 여기서 뭐하는거야?

What're you doing here? You can't be here!
여기서 뭐해? 여기 있으면 안 돼!

What the hell[heck] are you doing here?
도대체 여긴 어쩐 일이야?

Oh! My God, what the hell are you doing here?
오, 맙소사. 도대체 여기서 뭐하니?

What do you think you're doing? 이게 무슨 짓이야?, 너 정신나갔어?

What in the hell do you think you're doing? 너 이게 도대체 무슨 짓이야?

Dialog

A: What the heck are you doing here?

B: I just came out to visit some friends.

A: 도대체 너 여기서 뭐하는거야? B: 친구 좀 만나러 방금왔어.

A: What do you think you're doing?

B: I was just looking around for a toilet.

A: 너 뭐하는 짓이야? B: 난 단지 화장실을 찾고 있었어.

Screen Patterns : You're telling me I can't see her?

Are you telling me S+V? …라는 말이야?

- **Are you telling me** you don't want to stay? 가고 싶다는 얘기야?
- **You're telling me** I can't see her? 내가 걔를 만날 수 없다는 말이야?
- **So you're telling me** he's not just another dumb jock. 그래 네 말은 걘 멍청이라는 말은 아니지.

A: I have never had sex with a man. 난 남자와 섹스를 해본 적이 없어.

B: Are you telling me you are a virgin? 너 처녀라는 말이야?

잘 지내?, 무슨 일이야?

What's up?

상대방이 What's up?하면 꼭 무슨 일이 있었는지 말하고 싶은 충동이 일기 쉽다. 하지만 이는 '잘 지내.', '어때?'라는 단순한 인사말로, 즉 Hello라는 의미로 쓰일 때가 많다. 물론 문맥에 따라 무슨 일이냐고 물어볼 때도 쓴다. 또한 무슨 안 좋은 일이 있는지 물어볼 때 What is up with~?라고 한다.

● **Screen Expressions**

이 표현이 나오는 영화
〈굿럭척〉
〈브리짓 존스의 베이비〉
〈첫키스만 50번째〉
〈러브액츄얼리〉

What's up? 잘 지내?, 무슨 일이야?

Hey, Chris, what's up?
야, 크리스, 잘 지냈어?

Hey, I know that look. What's up?
야, 나 그 표정 알아. 무슨 일이야?

What's up with~? ···는 무슨 문제야?

What is up with that?
그게 무슨 일이야?

This is what I'm talking about. What is up with **you?**
내가 하는 말은 바로 이거야. 너 무슨 문제있냐고?

● **Dialog**

A: You look happy. What's up?

B: I got a promotion today.

A: 기분 좋아 보이네. 무슨 일이야? B: 나 오늘 승진했어.

 스크린 명대사 : **어바웃타임**

"We're all travelling through time together every day of our lives.
All we can do is do our best to relish this remarkable ride." -Tim

우리 모두는 매일 함께 시간을 보내며 여행을 하고 있다.
우리가 할 수 있는 건 최선을 다해 이 멋진 여정을 즐기는 것이다.

누구 만나는 사람있어?

You seeing anyone?

see sb 혹은 특히 진행형 be seeing sb는 남녀관계에서 「애정을 갖고 만나다」, 「사귀다」라는 의미로 쓰인다. 물론 단순히 「…을 만나다」라는 뜻으로도 쓰이니 문맥에 따라 잘 구분해야 한다.

Screen Expressions

be seeing sb …와 사귀다, 만나다

You see, I was seeing someone back in London.
저기, 난 런던에 있을 때 만나는 사람이 있었어.

stop seeing sb 그만 만나다

I think we should stop seeing each other.
우리 그만 만나야 될 것 같아.

see sb …와 사귀다, 만나다

You are not to see him anymore.
넌 더 이상 걔를 만나지 마라.

이 표현이 나오는 영화
〈라라랜드〉
〈노트북〉
〈로맨틱 홀리데이〉
〈500일의 썸머〉

Dialog

A: I think my girlfriend has been seeing other guys.

B: Why don't you try dating other women?

A: 내 여친이 다른 놈들 만나고 다니는 것 같아. B: 너도 다른 여자애들과 데이트해.

A: Why do you want to break up with me?

B: Sorry. I'm already seeing a guy.

A: 왜 나랑 헤어지려는거야? B: 미안. 벌써 다른 애 만나고 있어.

Screen Patterns : Who cares what anybody thinks?

All I care about is~ 난 오직 …만을 신경쓸 뿐이야

- **All I care about is** having fun. 내 관심사는 오직 즐기는거야.
- **Why do you care so much about** your ex-husband? 왜 그렇게 전 남편에 대해 신경을 많이 써?
- **Who cares if** it's true? 그게 사실이건 말건 누가 신경이나 쓴대?
- **Who cares what** anybody thinks? 다른 사람이 어떻게 생각하든 무슨 상관이야?

A: It's nice to see you playing with your kids. 네가 아이들과 노는 모습을 보니 좋아.

B: All I care about is being a good dad. 난 오직 좋은 아빠가 되기만을 신경쓸 뿐이야.

장난하는거지, 그지?

You're kidding, right?

You're kidding (me)!는 상대방의 말을 불신하거나 의도를 모를 때 "농담하지마," "장난하는거지?," 그리고 약간 놀랐을 때 "정말야?"라고 하는 표현. You've got to be kidding (me)! 역시 상대방 말이 믿기지 않거나 놀라운 소식을 접했을 때 "웃기지마," "농담말아"라는 뜻이 된다.

● **Screen Expressions**

You're kidding (me) 장난[농담]하는거지

▶ You're not kidding? 정말이구나?

You're kidding me! You expect her to dump me?
실마! 걔가 날 찰거라 생각해?

You've gotta be kidding me 웃기지마, 농담마

Oh. Uh, you have got to be kidding. I do not believe this.
말도 안되는 소리. 난 안믿어.

Are you kidding (me)? 농담하는거야?, 웃기지마

Are you kidding me? Where did I mess up? 정말? 내가 어디서 실수했는데?

이 표현이 나오는 영화

〈라라랜드〉, 〈굿럭척〉
〈첫키스만 50번째〉
〈어바웃타임〉
〈프로포즈〉, 〈이프온리〉
〈친구와 연인사이〉
〈노트북〉, 〈쉬즈더맨〉
〈프렌즈 위드 베네핏〉

● **Dialog**

A: One of my sister's friends died in a car accident.

B: You're kidding me. That's shocking.

A: 내 누이의 친구들 중 한 명이 차사고로 죽었어. B: 정말야. 충격적이다.

A: I dreamed that you'd call me last night.

B: No way. You've gotta be kidding me.

A: 네가 지난밤에 내게 전화하는 꿈을 꿨어. B: 말도 안돼. 웃기지마.

Screen Patterns : Why is it that she loves Tom?

Why is it+명사[형용사]? 왜 …야?

• **Why is it** so important to you? 그게 왜 너에게 그렇게 중요해?

• **Why was it** so weird between you two? 너희 둘 사이는 왜 그렇게 이상했던거야?

• **Why is it that** all you gay men hate women so much? 왜 게이들은 여자들을 그렇게 싫어하는거야?

• **How is it that** Paul has a key to your house. 어떻게 폴이 네집 열쇠를 갖고 있는거야?

A: He said he has been dating the same girl for years. 걘 오랫동안 한 여자와 데이트를 하고 있다고 그랬어.

B: Why is it that we never met her? 왜 우리는 전혀 못본거야?

정말이야, 농담이냐
I'm not kidding you

Are you kidding?은 "진짜다," 또한 "정말이야"라고 말할 때는 I'm not kidding (you), 혹은 I'm kidding you not이라고 한다. 반대로 "장난야," "농담야"라고 할 때는 I'm just kidding이라 한다. 또한 No kidding!이 있는데 이는 "설마?," "정말?," "진심이야," "맞아," "그렇지" 등으로 사용된다.

● Screen Expressions

I'm just kidding 농담이야

No, I'm just kidding. **This is great.**
아니, 농담야. 이거 대단해.

I'm not kidding (you) 농담이냐, 정말야 = I'm kidding you not

I'm not kidding. **Those are their real names.**
정말야. 그게 개네 본명야.

No kidding 설마?, 이제야 알았어?, 진심이야, 맞아, 그렇지

She wrote a book? No kidding?
걔가 책을 썼다고? 정말?

이 표현이 나오는 영화
〈라라랜드〉, 〈어바웃타임〉
〈왓이프〉, 〈노트북〉
〈로맨틱 홀리데이〉
〈첫키스만 50번째〉
〈악마는 프라다를 입는다〉
〈러브액츄얼리〉
〈500일의 썸머〉
〈프렌즈 위드 베네핏〉

● Dialog

A: You didn't really sleep with her.
B: I'm not kidding you. **It really happened.**
　　A: 너 걔랑 정말 자지 않았지.　B: 정말야. 정말 그랬다니까.

A: They still love each other.
B: Oh, no kidding.
　　A: 걔네들은 서로 사랑해.　B: 설마.

Screen Patterns : The moment I saw her, I fell in love

every time S+V 매번 …할 때마다

• You don't have to say thank you **every time** we have sex.
우리가 섹스할 때마다 매번 감사하다고 말할 필요는 없어.

• Bob is gonna fire you **the second** I'm gone.　밥은 내가 잘리자 마자 당신을 해고할거야.

• **The moment** I saw her, I fell in love.　난 그녀를 보자마자 바로 사랑에 빠졌어.

A: Is Carrie staring over here again?　캐리가 또 이쪽을 쳐다보고 있어?
B: She looks, every time you talk to a girl.　네가 여자에게 말을 걸 때마다 쳐다봐.

우리 얘기 아직 끝나지 않았어
We're not done here

be done은 「끝내다」라는 의미로 with 다음에 음식, 장소, 이용하는 물건 등 다양하게 온다. We're done here는 얘기하다가 그만 끝내자고 짜증내면서 "얘기할 것 다했어" 혹은 남녀가 우리는 "이제 끝났어." 반대로 We're not done here는 "우리 얘기 아직 끝나지 않았어"라는 의미.

● Screen Expressions

I'm done (with) (…을) 끝냈어 ▶ I'm almost done 거의 끝냈어

I'm done with **my choices.**
선택을 했어.

Are you done (with)? (…을) 끝냈어?, 다했니?

Are you done with **showering in the bathroom?**
욕실에서 샤워 다했어?

We're done (with) 우리는 (…을) 끝냈어 ▶ You're done 넌 끝났어

You're done here. **I need you to leave the room.**
넌 끝장이야. 이 방에서 나가줘.

이 표현이 나오는 영화
〈라라랜드〉
〈500일의 썸머〉
〈프렌즈 위드 베네핏〉
〈프로포즈〉
〈쉬즈더맨〉
〈첫키스만 50번째〉
〈악마는 프라다를 입는다〉

● Dialog

A: Are we allowed to go home?

B: No, we're not done here.

A: 우리 이제 집에 가도 돼요? B: 아니, 아직 얘기 안끝났어.

A: Are you done with the computer?

B: Yeah, feel free to use it.

A: 컴퓨터 다 썼어? B: 어, 맘대로 써.

Screen Patterns : How can you be so sure you're right?

How can you be so+형용사? 어떻게 그렇게 …할 수 있어?

- **How can you be so** irresponsible? 어떻게 그렇게 무책임한거야?
- **How can you be so** sure you are right? 네가 맞다고 어떻게 그렇게 확신하는거야?
- **How can you even be so** sure he's here? 어떻게 걔가 여기 있다고 그렇게 확신할 수 있어?
- **How can you be so** interested in silly things? 어떻게 그렇게 한심한 일에 관심가질 수가 있어?

A: The fortune teller said I'll have a sad life. 점쟁이가 그러는데 내 인생이 슬플거래.

B: How can you be so **sure she is right?** 그 점쟁이가 맞다고 어떻게 그렇게 확신할 수 있어?

끝냈어, 그렇게 할게
It's done

It's done은 "끝난 일이야"라는 표현. 또한 It's all done하면 "다 됐어," Can it be done?하면 "끝낼 수 있겠어?," 그리고 It can't be done은 "그렇게 될 수 없어"라는 뜻이 된다. 참고로 It's off하면 남녀관계 등이 "끝났다"고 말할 때 사용하면 된다.

● Screen Expressions

It's done 끝냈어, 그렇게 할게, 다 됐어 = That's done

It's done. **Let's go.** 끝난 일이야. 가자.

It can't be done 그렇게 될 수 없어, 끝낼 수 없어

▶ Can it be done? 끝낼 수 있겠어?

That can't be done **overnight.** 저건 하룻밤 사이에 마칠 수 없는 일이야.

It's off 관계가 끝났어, 취소되다

Did you hear about the wedding? It's off.
결혼식 소식 들었어? 취소됐어.

이 표현이 나오는 영화
〈노트북〉
〈러브액츄얼리〉
〈500일의 썸머〉
〈악마는 프라다를 입는다〉

● Dialog

A: Did they cancel the musical recital?

B: It's done. We can get out of here.

A: 음악연주회 취소됐어? B: 그렇게 됐어. 우리 가자.

A: Are you still going out with Josh?

B: No, it's off. We had a big fight.

A: 너 아직도 조쉬와 데이트하니? B: 아니, 끝났어. 싸움을 대판했거든.

Screen Patterns : It's as if they had never met

It's as if[though]~ …처럼 보여

- **It's as though** she is always in church. 걔는 항상 교회에 있는 것처럼 보여.
- **Chris acts as if** he is the god's gift to women. 크리스는 자기가 여성에게 내린 신의 선물인 것처럼 행동해.
- **She looks as if** she has something else on her mind. 걔는 뭔가 딴 생각을 하고 있는 것처럼 보여.

A: Your brother is an arrogant jerk. 네 형은 거만한 얼간이야.

B: He acts as if he's better than us. 우리보다 잘난 것처럼 행동해.

더 이상 잘 표현할 수가 없겠네요

Couldn't have put it better myself

여기서 put it은 한 단어로 하자면 express가 된다. 어떻게 말할까 머리 굴리면서 하는 말인 How should I put it?으로 유명한 문구이다. put it that way는 「그런 식으로 표현하다」, put it another way는 「달리 표현하자면」, Let's put it this way는 "이렇게 표현해보자고"라는 뜻이 된다.

● **Screen Expressions**

put it 표현하다 = express

I don't know how to put it. 그걸 어떻게 말해야 할지 모르겠어.

How should I put it? 뭐랄까?

put it that[this] way 그렇게[이렇게] 표현하다

When you put it that way, it doesn't sound like very good advice. 그런 식으로 말하니까, 썩 좋은 충고로 들리지 않아.

put (it) another way 달리 표현하다

Let me put it another way. 달리 말해볼게.

이 표현이 나오는 영화
〈왓이프〉
〈로맨틱 홀리데이〉
〈어바웃타임〉
〈브리짓 존스의 베이비〉

● **Dialog**

A: So, are you officially single again?

B: Sure. That's a good way to put it.

A: 그럼 너 공식적으로 돌싱이야? B: 그럼. 그거 아주 좋은 표현이네.

A: I think our leader is dishonest and unethical.

B: Well, let's not put it that way.

A: 우리 리더는 부정직하고 비도덕적인 것 같아. B: 저기, 우리 그렇게 표현하지 말자.

Screen Patterns : Finally, I can allow myself to relax

I will not allow myself to+V …하도록 내버려두지는 않을거야

- **I'll not allow myself to** get fat again. 다시는 살찌지 않도록 할거야.
- **You haven't allowed yourself to** connect with a girl. 넌 여자와 깊게 엮이려고 해보지 않았잖아.
- **I can't bring myself to** go back in that room. 저 방으로 다시 돌아가고픈 맘이 전혀 생기지 않아.

A: Your outfit looks ridiculous! 네 의상은 정말이지 우스워보여!

B: I will not allow myself to be insulted. 모욕만 받고 있지는 않을거야.

너 내 여친과 애무하고 있잖아

You're making out with my girlfriend

make out은 유명숙어로 「이해하다」, 「…인 척하다」 등으로 잘 알려져 있으나, 스크린이나 미드에서는 남녀 간에 키스 및 touching, rubbing 등의 「애무를 하다」라는 뜻으로 많이 쓰인다. 애무하는 상대까지 말하려면 make out with sb라고 하면 된다.

● **Screen Expressions**

make out 애무하다

I saw you making out in the car.
네가 차에서 애무하는거 봤어.

make out with sb …와 애무하다

I want a girlfriend to make out with.
함께 애무할 여친을 원해.

I once made out with a stranger in an elevator.
한번은 엘리베이터에서 모르는 사람과 애무한 적 있어.

● **Dialog**

A: Why were you late coming home from your date?

B: We made out for a few hours.

   A: 데이트 끝나고 집에 왜 그렇게 늦게 온거야? B: 몇시간 동안 애무를 했거든.

A: Did you get to make out with her?

B: No! She wouldn't let me kiss her!

   A: 너 걔하고 애무를 하게 된거야? B: 아니! 키스도 못하게 하더라고!

Screen Patterns : Do you realize what's gonna happen?

Do you admit that S+V? …을 인정해?

• **Do you admit that** you were wrong? 네가 틀렸다는 것을 인정해?

• **Do you agree that** we should do this? 우리가 이것을 해야 한다는 것에 동의해?

• **Don't you realize that** sex is not fun and games? It's dangerous.
섹스는 재미난 놀이가 아니라는 걸 깨닫지 못했어? 섹스는 위험한거야.

A: We shouldn't have broken this table. 우리는 이 테이블을 부숴트리지 말았어야 했는데.

B: Do you admit that we need to fix it? 우리가 수리해야 된다는거 인정하지?

널 실망시키지 않을게
I won't let you down

let sb down은 「…을 실망시키다」라는 의미로 letdown하게 되면 명사로 「실망」이라는 뜻. 상대방보고 자기를 실망시키지 말라고 할 때의 Don't let me down과 상대방을 실망시키지 않겠다고 다짐할 때의 I won't let you down 등이 유명.

Screen Expressions

let sb down …을 실망시키다

You let me down. I thought I could trust you.
실망했어. 널 믿을 수 있다고 생각했는데.

letdown 실망, 낙담

What a letdown!
참 실망이다!

get gloomy 우울하다 ▶ be down in the mouth 의기소침하다

I've been so gloomy since I broke up with my boyfriend.
내 남친과 헤어진 이후에 너무 우울해.

> **이 표현이 나오는 영화**
> 〈라라랜드〉, 〈이프온리〉
> 〈노팅힐〉
> 〈어바웃타임〉
> 〈미비포유〉
> 〈쉬즈더맨〉
> 〈악마는 프라다를 입는다〉
> 〈러브액츄얼리〉
> 〈노트북〉

Dialog

A: Don't worry, I'd never cheat on you.

B: I trust you. Don't let me down.

A: 걱정마, 난 절대로 널 두고 바람피지 않을게. B: 널 믿어. 날 실망시키지마.

A: Does Chris seem depressed to you?

B: He's been down in the mouth for a week.

A: 너보기에 크리스가 우울해 보여? B: 한 주동안 의기소침해 있어.

Screen Patterns : Have you got plans for tonight?

You've got~ 넌 …가 있어 = You have~

• **You've got** Emma waiting in your bedroom. 엠마가 침실에서 기다리고 있어.
• **You haven't got** any new e-mail. 새로 도착한 메일이 없어.
• **Have you got** something to say? 뭐 할 말이 있어?
• **Have you got** plans for tonight? 오늘밤 뭐 계획있어?

A: You've got somebody waiting in your office. 사무실에서 기다리는 사람들이 있어요.

B: Tell them I'll arrive soon. 곧 도착한다고 말해줘요.

학교를 같이 다녔어, 동창이야
Went to school together

학교에 입학하다라고 말하지만 그런 의미로 「…학교에 가다」라고 우리말에서도 그렇듯이, 영어도 마찬가지여서, went to college하면 「대학교에 진학했다」라는 뜻이 된다. 여기에 together를 붙여서 went to+학교 together하면, 「함께 학교를 다니다」, 즉 「동창이다」라는 의미가 된다.

● **Screen Expressions**

went to college 대학교에 진학하다, …학교를 나왔다

He's handsome and he went to Princeton.
걔는 잘 생겼고 프린스턴대 나왔대.

went to college together 동창이다

We went to high school together.
우리는 고등학교 동창이야.

went to college with sb …와 동창이다

I went to college with the bride.
난 신부와 동창예요.

이 표현이 나오는 영화
〈라라랜드〉
〈친구와 연인사이〉
〈굿럭척〉

● **Dialog**

A: How long has Petra known Carol?

B: They went to college together.

　　A: 페트라하고 캐롤이 언제부터 아는 사이야?　B: 걔네들 대학 동창이야.

A: I went to college with Sam.

B: Was he a good student then?

　　A: 난 샘하고 대학교 같이 다녔어.　B: 걔 그때 좋은 학생이었어?

Screen Patterns : How do you think that makes me feel?

How do you think S+V? 어떻게 …했을 것 같아?

- **How do you think** I landed such a rich husband? 내가 어떻게 돈많은 남편을 잡았을 것 같아?
- **How did you think** he passed the exam? 걔가 어떻게 시험에 합격했다고 생각했어?
- **How do you feel about** the two of us having a baby together?
우리 둘이 함께 아이를 갖는거 어떻게 생각해?

A: How do you think you did on the exam? 너 시험성적 어떻게 나올 것 같아?

B: I'm sure I got the highest grade in the class. 반에서 일등했을게 확실해.

전화끊지마
Don't hang up

hang sth up은 「…을 …에 걸다」라는 말로 전화기가 벽에 붙어 있고 전화를 끊으려면 전화기에 수화기를 거는 모습을 연상해보면 쉽게 이해가 된다. hang up은 「전화끊다」라는 말로 달리 말하자면 get off the phone이라고 하며, 통화중에 전화를 일방적으로 끊어버릴 때는 hang up on sb라고 하면 된다.

● **Screen Expressions**

hang up 전화를 끊다 ▶ a hang up call 받으면 끊어지는 전화

Wait. Don't hang up. Just listen to me.
기다려. 끊지마. 내 말 좀 들어봐.

hang up on sb 도중에 전화를 끊다

Don't hang up on me like that.
그런 식으로 전화 끊지마.

get off the phone 전화를 끊다 = switch off one's phone

You need to get off the phone soon.
넌 곧 전화를 끊어야 돼.

이 표현이 나오는 영화
〈러브액츄얼리〉
〈500일의 썸머〉
〈악마는 프라다를 입는다〉

● **Dialog**

A: Did you apologize to your brother?

B: I tried, but he hung up on me.

A: 너 네 형에게 사과했어? B: 시도는 했지만 전화를 끊더라고.

A: When will you have a chance to talk to me?

B: I'll get off the phone in a few minutes.

A: 언제 나와 얘기할 수 있겠니? B: 곧 전화를 끊을게.

Screen Patterns : I can't stand you being there

I can't stand+명사[~ing, S+V] …을 못참겠어

• **I can't stand** the thought of you with another woman! 난 네가 다른 여자랑 있다는 생각을 못 참겠어!

• I hate you! **I can't stand** being around you! 난 네가 싫어! 네 곁에 더 이상 못있겠어!

• **I can't stand** you being there. 난 네가 거기 있는걸 못참겠어.

• **I couldn't stand to** see you in pain. 난 네가 고통스러워하는 것을 볼 수가 없었어.

A: Thelma has been spreading rumors about you. 텔마가 너에 대한 소문을 퍼트리고 있어.

B: I can't stand her gossiping to everyone. 난 걔가 사람들에게 뒷담화하는 것을 참을 수가 없어.

맙소사, 놀랬잖아!

Jesus, you scared me!

상대방이 깜짝 놀래켰을 때 쓰는 표현으로 "깜짝이야," "놀랬잖아"라는 의미. 강조하려면 You scared me to death 혹은 You scared the hell out of me라고 한다. 과거형(scared)이 아닌 현재진행형으로 You're scaring me하면 상대방의 언행이 조금씩 무서워질 때 "너 무서워진다"라는 의미가 된다.

● **Screen Expressions**

You scared me! 놀랬잖아! ▶ Don't be scared 놀래지마

What're you doing? You scared me **half to death.**
뭐해? 정말 놀랬잖아.

You scared the hell out of me! 간 떨어질 뻔했다!

I wanted to scare the hell out of him.
간 떨어질 정도로 걔를 놀라게 해주고 싶었어.

You're scaring me 네가 무서워진다. 무서워지네

OK, you're scaring me a little bit.
그래. 네가 점점 무서워진다.

이 표현이 나오는 영화
〈노트북〉
〈프로포즈〉
〈굿럭척〉
〈첫키스만 50번째〉
〈러브, 로지〉
〈악마는 프라다를 입는다〉

● **Dialog**

A: Hey, why did you jump away from me?

B: You scared me! I didn't hear you come in!

A: 야, 너 왜 나한테서 비켜나는거야? B: 놀랬잖아! 너 들어오는 소리를 못들었다고!

A: Let me tell you about the ghost in this house.

B: Please stop it. You're scaring me.

A: 이 집에 있는 유령에 대해 얘기해줄게. B: 그만해. 무서워진다.

Screen Patterns : I found out my dad has gotten sick

- **He found out that** Gale is not his own son. 게일이 자기의 아들이 아니라는 걸 알아냈어.
- **I found out that** he was also seeing this other girl. 걔 역시 이 다른 여자를 만나는 걸 알아냈어.
- **I found out what** Paul is up to. 폴이 지금 뭘하는지 알아냈어.
- **You found out what** the secret prize is? 비밀 상품이 뭔지 알아냈어?

A: Why are you taking an umbrella? 왜 우산을 가져가는거야?

B: I just found out **a storm is coming.** 폭풍이 오고 있다는 것을 알게 됐어.

우리 놀자
We should hang out

hang out (with sb)는 특별히 무슨 목적이 있어서가 아니라 「그냥 시간을 때우면서 놀다」라는 의미이다. hang around (with sb) 역시 같은 맥락의 표현으로 「기다리거나」, 「특별히 중요한 뭔가를 하지 않으면서 …와 함께 시간을 보내는」 것을 말한다.

● **Screen Expressions**

hang out 놀다, 시간을 보내다
I'm going to hang out. I got it all planned out. 난 놀거야. 다 계획 잡아놨어.

hang out with sb …와 함께 시간을 보내다, …와 함께 놀다
I get that guys don't want to hang out with the girl with the boyfriend. 남자들은 남친이 있는 여자하고는 놀고 싶지 않다는 것을 알겠어.

hang around (with sb) (…와 함께) 시간을 보내다
I don't want my daughter hanging around with a guy like that! 내 딸이 저런 자식과 어울리는게 싫어!

● **Dialog**

A: Did you meet your brother in your hometown?
B: I had time to hang out with him.
　　A: 네 고향에서 형을 만났어?　B: 시간이 돼서 함께 보냈어.

A: Where is Angie these days?
B: I heard she's hanging around with Sal.
　　A: 요즈음 앤지 어디에 있어?　B: 걔 샐과 함께 다니는 걸로 들었는데.

🎞 스크린 명대사 : 미비포유

"I get that this could be a good life. but it's not, "My life." It's not even close.
You never saw me, before.
I loved my life. I've really loved it. - Will

이렇게 사는 것도 괜찮을 수 있겠죠. 하지만 그건 내 인생이 아녜요. 전혀 아니에요.
전에 나의 모습을 본 적이 없잖아요.
난 내 인생을 정말 사랑했어요.

계속 열심히 해
Keep up the good work

뭔가 하던 일을 계속 「유지」(keep)하면서 열심히 하라고 할 때 쓰는 전형적인 표현. 먼저 keep it up 은 지금처럼 그렇게 「계속 열심히 하다」이고, keep up the good work 역시 keep it up과 같은 의미 로 「지금까지 하던대로 계속 열심히 해라」는 의미이다.

Screen Expressions

Keep it up 계속 열심히 해

You did great work. Keep it up.
일 아주 잘했어. 계속 잘해봐.

Well, keep it up. You might get lucky.
어, 계속 열심히 해. 운이 따를 수도 있으니 말야.

Keep up the good work 계속 열심히 해

Hard work's paying off. Keep up the good work.
열심히 일하면 보답이 오지. 지금처럼 계속 열심히 해.

이 표현이 나오는 영화
〈첫키스만 50번째〉
〈이프온리〉
〈친구와 연인사이〉

Dialog

A: My dad advised me to invest in stocks.

B: Keep it up. You'll get rich eventually.

A: 아버지가 주식투자 하라고 충고해주셨어. B: 열심해 해봐. 나중에는 부자가 될거야.

A: We just made a ton of money today.

B: Keep up the good work.

A: 오늘 우리 돈을 엄청 벌었어. B: 계속 열심히 해.

Screen Patterns : I'm starting to think I might like you

I'm starting to think S+V …라는 생각이 들기 시작해

- **I'm starting to** feel uncomfortable about us having sex. 우리가 섹스하는게 불편하게 느껴지기 시작해.
- Chris, **I'm starting to think** I might like you. 크리스, 내가 너를 좋아할지도 모른다는 생각이 들기 시작해.
- Are you staring at me or her? Because **you're starting to** freak me out.
날 보는거야 걜 보는거야? 왜냐면 너 쳐다보는게 오싹하기 시작해서 말야.

A: No one likes the new schedule. 새로운 일정을 좋아하는 사람은 아무도 없어.

B: I'm starting to think it is a bad idea. 안좋은 방안이라는 생각이 들기 시작해.

네가 내 인생을 망쳤어!

You fucked up my life!

fuck sb[sth] up은 「상황을 망치다」라는 뜻으로 그냥 목적어없이 fuck up처럼 쓰이기도 한다. be fucked up하면 「다 엉망이 되다」, 「망치다」라는 뜻. fuck-up은 명사형으로 「실패」라는 의미이다. 또한 fuck sb하면 have sex라는 의미 외에, 「…을 엿먹이다」, 그래서 be fucked하면 「엿먹다」라는 뜻.

● **Screen Expressions**

fuck sb[sth] up …을 망치다

We've fucked up utterly.
우리 완전히 망했어.

be fucked up 엉망이 되다, 망치다 ▶ fuck-up 실패, 얼간이

You're so fucked up.
너 완전히 좆됐다.

fuck sb 엿먹이다 ▶ be fucked 엿먹다, 차이다

And I knew I was fucked.
그리고 난 내가 엿먹었다는 것을 알게 됐어.

● **Dialog**

A: Did Brad make a good impression on them?

B: Honestly, he fucked it all up.

  A: 브래드가 걔네들에게 좋은 인상을 주었어? B: 솔직히 말해서, 걔 완전히 망쳤어.

A: Wow, I think he was really hurt in the accident.

B: Oh man, that was fucked up.

  A: 와, 걔 정말 사고로 많이 다쳤겠다. B: 어휴, 완전 엉망이 됐어.

Screen Patterns : I have a feeling you're a very good kisser

I have a feeling S+V …인 것 같아

- **I have a feeling that** you are a very good kisser. 넌 아주 키스를 잘하는 것 같아.

- **I've got a sneaky feeling** we'll see him again. 걜 다시 볼거라는 느낌이 아주 조금 들어.

- **There's a very strong feeling** they'll cause problems. 걔네들이 사고칠거라는 강한 느낌이 들어.

A: Doesn't Aunt Katherine live in this neighborhood? 캐서린 이모가 이 동네에 살지 않아?

B: I have a feeling she doesn't want to see us. 우리를 보고 싶어하지 않으신 것 같아.

꺼져줄래
Will you please fuck off?

fuck off는 아주 무례한 go away. 상대방보고 「그만 꺼져라」라고 말하는 표현이다. 단도직입적으로 Fuck off!나 Fuck off out of here!라고 할 수도 있고 아니면 위의 표현처럼 조금 완화시켜 Will you please fuck off?라고 해도 된다.

● Screen Expressions

Fuck off! 꺼져! ▶ Fuck off out of here! 꺼져!

Well, tell him to fuck off.
저기, 걔보고 꺼져달라고 해.

fuck with sb 골리다, 장난치다

I'm fucking with you.
너한테 장난친거야.

fuck around 빈둥거리다, 개수작을 부리다

And if you mess up, if you fuck around, you're out.
그리고 네가 망쳐놓고 빈둥거리면 넌 끝이야.

이 표현이 나오는 영화
〈친구와 연인사이〉
〈브리짓 존스의 베이비〉
〈어바웃타임〉
〈러브, 로지〉

● Dialog

A: Why don't I come over and help you.
B: Fuck off! No one wants your help.
> A: 내가 가서 도와줄까? B: 꺼져! 아무도 네 도움을 원하지 않아.

A: No way am I staying here all night.
B: Relax. I'm fucking with you.
> A: 밤새 내가 여기에 머무는 것은 말도 안돼. B: 진정해. 장난친거야.

Screen Patterns : You're making me sick

You make me~ 넌 나를 …하게 만들어

• **You make me** sick. This thing between us… It's over for good.
널 보면 구역질 나. 우리 사이는 아주 끝났어.

• Sit down, Jack, **you're making me** nervous. 잭 앉아, 너 때문에 초조해진다.

• **You made me** look ridiculous to him. 너때문에 내가 걔한테 아주 우스꽝스럽게 됐어.

A: If I see him again, I'll beat him up. 걜 다시 보게 되면 두들겨 팰거야.
B: Stop it. You're making me nervous. 그만해. 너 때문에 내가 긴장된다.

염병할!, 제기랄!

Fuck you!

역시 조심해야 하는 비속어. Fuck you!하게 되면 "염병할." "제기랄!"이라는 의미로 Blow me!나 Up yours!와 같은 뜻이다. Fuck me!는 "빌어먹을," "젠장!," "꺼져!," 그리고 Fuck'em은 "빌어먹을," "난 신경안써" 등의 의미로 쓰인다. 단독으로 Fuck!하게 되면 기분 나쁠 때 사용하면 된다.

● Screen Expressions

Fuck you! 염병할!, 제기랄!

Yeah, fuck you! Weren't you my friend?
그래, 꺼지라고! 너 내 친구 아니었냐?

Fuck me! 빌어먹을!, 젠장!, 꺼져!

Fuck me! I didn't do my homework.
빌어먹을! 숙제를 안했네.

Fuck! 젠장!

Oh, fuck! Oh, fuck! God damn it!
어, 빌어먹을! 젠장! 제기랄!

이 표현이 나오는 영화
〈라라랜드〉
〈러브액츄얼리〉
〈브리짓 존스의 일기〉
〈친구와 연인사이〉
〈러브, 로지〉
〈프렌즈 위드 베네핏〉

● Dialog

A: I really don't like the way you're acting!

B: Fuck you! It's time for you to leave.

　　A: 너 행동하는게 정말 맘에 안든다! B: 제기랄! 너 그만 가라.

A: Fuck me. I just screwed up the report.

B: Chill out. We'll go back and fix it.

　　A: 젠장. 보고서를 망쳤네. B: 진정해. 돌아가서 수정하자.

Screen Patterns : I can't figure out why she did that

I can't figure out why[how]~ …을 모르겠어

- **We need to figure out what** you all have in common.　너희들이 공통적으로 가지고 있는게 뭔지 알아내야겠어.
- **I can't figure out why** we're not friends.　왜 우리가 친구사이가 아닌지 잘 모르겠어.
- **I can't figure out how** you did it three times.　네가 어떻게 그걸 세번씩이나 했는지 알 수가 없네.
- **I think I figured out when** all this happened.　이 모든 일들이 언제 일어났는지 알아낸 것 같아.

A: She's never going to take you back.　걘 너를 다시 절대로 받아주지 않을거야.

B: I have to figure out what to do next.　그럼 내가 어떻게 해야 하는지 알아내야겠네.

꺼져버려!
Get the fuck out!

fuck이 1차적 의미(have sex), 2차적 의미도 아닌 단순히 「강조어구」로 사용되는 경우를 살펴본다. Get out!을 강조하려면 Get the fuck out!이라고 하면 되고, 상관하지 않는다고 할 때는 not give a fuck, 그리고 아주 강조하고 싶은 단어 앞에 붙이기만 하면 되는 fucking 등이 있다.

● **Screen Expressions**

Get the fuck out! 꺼져버려!

Get the fuck out of my apartment!
내 아파트에서 당장 꺼지라고!

as fuck 아주 ▶ fuck-all = nothing

God, I am single as fuck.
맙소사, 난 정말 독신이구나.

fucking 아주, 매우

Please don't act like a selfish fucking bitch!
이기적인 못된 년처럼 행동하지마!

이 표현이 나오는 영화
〈왓이프〉
〈친구와 연인사이〉
〈브리짓 존스의 일기〉
〈러브액츄얼리〉

● **Dialog**

A: Yeah, I screwed Pam on our first date.

B: Get the fuck out! That didn't happen.

> A: 그래, 난 첫 데이트에서 팸하고 섹스했어. B: 꺼져버려! 그런 일 없었어.

A: So over 200,000 people attended?

B: It was the biggest fucking concert ever!

> A: 그럼 20만명 이상이 참석했단말야? B: 지금까지 중 가장 큰 규모의 콘서트였어.

Screen Patterns : Is this how it works?

Is this how S+V? 이런 식으로 …하는거야?

- **Is this how** this relationship's gonna work? 이런 식으로 이 관계가 돌아가는거야?
- **Is this how** you make friends? 이런 식으로 친구를 사귀는거야?
- **Is that how** you came here? 그렇게 해서 네가 여기에 온거야?
- **Is that how** you felt when you turned thirty? 네가 30세가 되었을 때 느낌이 그랬어?

A: I work twelve hours a day, seven days a week. 난 하루에 12시간, 일주일에 7일 일해.

B: Is this how you became successful? 이런 식으로 해서 네가 성공한거야?

정말 진심이야

Believe you me

기본표현인 Believe me(정말이야)를 강조하기 위해서 Believe와 me 사이에 you가 삽입된 경우이다. 영어로 풀어보자면 You really should believe me라고 할 수 있다. 같은 맥락으로 You had better believe it 역시 "틀림없어," "정말이야"라는 표현이다.

● **Screen Expressions**

Believe me 정말이야

> Believe me, **I only have eyes for one girl.**
> 정말야, 난 한 여자만 사랑할 뿐이야.

Believe you me 정말 진심이야

> Believe you me. **You'll thank me for this one day.**
> 내 말 믿어. 언젠가 이걸로 내게 감사할거야.

You'd better believe it 틀림없어, 정말이야

> **He'll be back,** you'd better believe it.
> 걘 돌아올거야, 정말이야.

이 표현이 나오는 영화

〈이터널 선사인〉
〈러브, 로지〉
〈노팅힐〉
〈악마는 프라다를 입는다〉

● **Dialog**

A: I was thinking about asking Tracey out.

B: She's bad news, believe you me.

> A: 트레이시에게 데이트 신청할까봐. B: 골치아픈 애인데, 정말이야.

A: The president doesn't know what he's doing.

B: You'd better believe it. It's a real mess.

> A: 사장은 아무것도 모르고 행동하는 것 같아. B: 틀림없어. 정말 엉망이야.

Screen Patterns : Seems she has left

(It) Seems (to me) that S+V …처럼 보여, …인 것 같아

● **It seems to me that** I've seen it before somewhere. 전에 어딘가에서 본 것 같은데.

● **It seems like** we fight all the time these days. 우리는 요즘 매일 싸우는 것 같아.

● **It seems like** it's time to break up with you. 너랑 헤어질 때가 된 것 같아.

● **Sounds like** you spent a lot of time with her. 너 걔와 시간을 많이 보내는 것 같아.

A: You're saying Zack and his girlfriend broke up? 잭이 여친과 헤어졌다는 말이지?

B: Seems he left her last week. 지난주에 헤어진 것 같아.

알 것 같다
I think I'm getting it

만능동사 get에는 understand라는 의미가 있다. 그래서 관용적으로 get it은 「이해하다」, 혹은 사람을 목적어로 받아서 get sb하면 「…을 이해하다」라는 뜻으로 쓰인다. 참고로 get your drift도 「이해하다」라는 의미의 표현이다. 반대로 "이해가 안된다"고 할 때는 I don't get it[sb]이라고 하면 된다.

● Screen Expressions

I get it 이해가 되네 ▶ **I get your drift** 이해가 돼

Okay. I get it. It was a stupid idea.
좋아. 알겠어. 그건 어리석은 생각이었어.

You don't get it 넌 아직 이해못해, 뭘 모르는구만 ▶ **I don't get it** 이해가 안돼

You don't get it. She and I are no longer friends.
모르는구만. 걔하고 난 더 이상 친구아냐.

I don't get her 걔가 이해가 안돼

She's always upset. I don't get her.
걘 늘상 화를 내. 이해가 안돼.

이 표현이 나오는 영화
〈라라랜드〉
〈미비포유〉
〈노트북〉
〈악마는 프라다를 입는다〉
〈500일의 썸머〉
〈굿럭척〉
〈첫키스만 50번째〉
〈노팅힐〉

● Dialog

A: Maybe it's time for us to date other people.
B: You want to break up. I get it.
　　A: 이제 우리도 다른 사람들과 데이트할 때가 된 것 같아.　B: 헤어지자는 말이네. 알았어.

A: Why don't you make me some dinner.
B: You don't get it. We have no food in the fridge.
　　A: 저녁 좀 차려줘.　B: 모르는구만. 냉장고에 먹을 음식이 없어.

Screen Patterns : Does it look like I'm crying right now?

Do I not look like S+V? 내가 …처럼 보이지 않아?

- **Do I not look like** I'd have a boyfriend? 난 남친도 없을 것처럼 보여?
- **Do I look like** some guy who's had sex? 내가 방금 섹스한 사람처럼 보여?
- **It looks like** we've been successful. 우리는 성공해온 것 같은데.
- **Does it look like** I'm crying right now? 내가 지금 울고 있는 것 같아?

A: Something is different about you. 너 뭐 좀 다르다.
B: Do I not look like I bought new clothes? 내가 새옷을 산 것처럼 보이지 않아?

알았어, 맞아, 바로 그거야

You got it

I get it은 "이해한다," I got it은 "이해했어," "알겠어," "물건을 샀어," "처리하다" 등의 뜻으로 쓰인다. 줄여서 Got it이라고 해도 된다. 한편 You got it하게 되면 상대방 지시에 "알았어," 혹은 상대방의 말에 맞장구 치면서 "맞아," "바로 그거야," You got it[that]?하게 되면 "알아들었어?"라는 의미.

● Screen Expressions

I got it 알겠어, 샀어, 내가 낼게, 처리할게

Got it. We'll be right down.
알았어. 금방 내려갈게.

You got it 알았어, 맞아, 바로 그거야 ▶ You got it[that]? 알아들었어?, 알겠어?

You got it. Now keep on going.
맞아. 이제 계속 하라고.

I got this 내가 처리할게, 내가 낼게 = I can handle it

Relax. I got this, and I'll take care of it.
진정해. 내가 처리할게. 내가 알아서 처리할게.

이 표현이 나오는 영화
〈미비포유〉
〈악마는 프라다를 입는다〉
〈로맨틱 홀리데이〉
〈첫키스만 50번째〉
〈프로포즈〉
〈왓이프〉
〈어바웃타임〉

● Dialog

A: You'll never get a lawyer to take your case.

B: I got it. We can't sue them.

A: 네 사건 맡을 변호사를 절대 구하지 못할거야. B: 알았어. 소송하면 안되겠네.

A: Let me know if she likes me, okay?

B: You got it.

A: 걔가 날 좋아하는지 알려줘. 알았지? B: 알았어.

Screen Patterns : You know this is never gonna work

You know the thing [everything] about~ 넌 …에 관한 [모든] 것을 알고 있어

- **You know the thing about** our club members. 넌 클럽멤버들에 관한 것을 알고 있어.
- **You know that** Kate is a total bitch. 너 케이트가 정말 못된 년이라는거 알지.
- **You know what** I like about you? 내가 너의 어떤 점을 좋아하는지 알아?

A: Your dad is back in the hospital? 아버지 다시 입원하셨어?

B: You know the thing about his health problems. 아버지 건강문제에 관한 건 너도 알잖아.

내가 받을게
I'll get it

get의 또 다른 의미. get it의 형태로 전화가 올 때 옆의 사람에게 「전화를 받아달라고」(Will you answer the phone?) 할 때, 초인종이 울리거나 노크를 할 때 「내가 나갈게」라는 의미로 많이 쓰인다. 그래서 You get the door하게 되면 "네가 문열어줘," "네가 나가봐"라는 뜻이 된다.

● **Screen Expressions**

get it 전화를 받다

Don't touch the phone! I'll get it.
전화받지마! 내가 받을거야.

I'll get it. I guess it's for me.
내가 받을게. 내 전화일거야.

get it 문을 열어주다, 문으로 나가보다

Honey, I'm taking a shower. Would you get that?
자기야, 샤워중인데 문 좀 열어줄래?

이 표현이 나오는 영화
〈노팅힐〉
〈러브액츄얼리〉

● **Dialog**

A: Someone is knocking on your door.

B: Could you get it? I'm busy.

> A: 누가 노크하고 있어. B: 대신 열어줄테야? 나 바빠.

A: I can hear the telephone ringing.

B: Me too. I'll get it.

> A: 전화벨이 울리는 소리가 들리는데. B: 나도 들려. 내가 받을게.

Screen Patterns : You appear to be ready to leave

You appear to+V 넌 …하는 것처럼 보여

- **You appear to** be ready to leave. 넌 떠날 준비가 된 것처럼 보여.
- **She appears not to** have intentions. 걘 의도가 없어 보여.
- **The cancer appears to** be advanced. 암이 진행된 걸로 나타났어요.

A: I've got to get out of here soon. 난 곧 여기서 나가야 돼.

B: You appear to be impatient. 넌 초조해보여.

…라고 해야겠네,

I have to say,

어쩔 수 없이 말을 해야 되는 상황에서 쓸 수 있는 표현으로 우리말로는 「…라고 해야겠네」에 해당
된다. I have to say, S+V 혹은 I have to say S+V의 형태로 쓰인다. have to 대신에 조동사 must
를 써도 된다.

● **Screen Expressions**

I have to say, S+V …라고 해야 되겠어

I have to say, **I'm surprised you called me.**
네가 전화해서 놀랐어.

I have to say S+V …라고 해야 되겠어

I have to say **you really impressed me today.**
오늘 너한테 정말 감동받았다고 말해야겠어.

I must say, S+V …라고 해야 되겠어

I must say, **I never realized your job was so difficult.**
네 일이 그렇게 힘든 줄 몰랐다고 해야 되겠네.

이 표현이 나오는 영화
〈로맨틱 홀리데이〉
〈러브액츄얼리〉
〈브리짓 존스의 일기〉

● **Dialog**

A: How do you like the chocolate cake?
B: I have to say, **it tastes pretty good.**

A: 초콜릿 케익 좋아해? B: 꽤 맛이 있다고 해야 되겠지.

🎞 스크린 명대사 : **500일의 썸머**

"I just don't feel comfortable being anyone's girlfriend.
I don't actually feel comfortable being anyone's anything, you know. …
I like being on my own. Relationships are messy,
and people's feelings get hurt. Who needs it?" -Summer

난 누군가의 여친이 되는데 불편해요.
사실 누군가의 뭔가가 되는 것 자체가 편하지 않아요…
난 내 자신으로 존재하고 싶어. 사람들 관계라는게 혼란스럽고
사람들의 감정은 상처를 받게 되는데 누가 그걸 원해?

네가 괜찮다면,
If you don't mind,

상대방에게 뭔가 정중하게 요청하거나 부탁할 때 먼저 꺼내는 표현이다. 응용해서 if you don't mind me[my] asking[saying]이라고 하면 「내가 이런 말해서 미안하지만」, 「내가 물어봐도 괜찮다면」이라는 뜻이 된다.

Screen Expressions

If you don't mind, 네가 괜찮다면,

I think that I'm going to turn in right now, if you don't mind.
괜찮다면 난 지금 잠자리에 들고 싶어.

If you don't mind, I'd like to~ 네가 괜찮다면 …하고 싶어

If you don't mind, I'd like to ask you both a few questions.
괜찮다면 너희 둘에게 질문 좀 할게.

If you don't mind me[my] asking 물어봐도 괜찮다면

If you don't mind my asking, when did you and John meet?
이런 말해서 그렇지만, 언제 존을 만났나요?

이 표현이 나오는 영화
〈노팅힐〉
〈어바웃타임〉

Dialog

A: Would you like to stay longer?
B: If you don't mind, I'm ready to leave.
> A: 더 있다 갈래? B: 괜찮다면 가야겠어.

A: Leah has been seeing Kevin for a few months.
B: If you don't mind my asking, why does she like him?
> A: 리아는 몇 달동안 케빈과 사귀었어. B: 물어봐도 괜찮다면, 왜 걔는 그를 좋아하는거야?

Screen Patterns : Can I just say that I'm not interested?

Can I just say no to~? …에 반대해도 되겠어?

- **Can I just say no to** their offer? 그들의 제안에 반대해도 돼?
- **Can I just say that** I'm an idiot for listening to you? 네 말을 들을 정도로 난 바보라고 말해도 될까?
- **Can you say what** you discussed? 네가 무엇에 대해 얘기나눴는지 말해줄래?
- **Can you say** that again? The signal's really bad. 다시 한번 말해줘. 신호가 너무 안좋아.

A: He intends to ask you to marry him. 걘 너에게 자기와 결혼하자고 할 생각이야.
B: Can I just say no to **the proposal**? 그 청혼 거절해도 되겠지?

어쨌든, 난 캠밖에 없어
Anyway, Cam's the one

Sb be the one하게 되면 「…뿐이야」, 즉 자기가 찾던 「자기 짝이다」, 「이상형이다」라는 의미가 된다.
이런 운명적인 사람을 만나다는 meet the one이라고 하고, 이보다는 좀 약하지만 자기 타입여부를
말할 때는 my type, 혹은 the type for sb라고 한다.

Screen Expressions

She's the one 그녀 뿐이야

I know you think that she was the one.
걔가 네 짝이었다고 생각한다는 걸 알아.

meet the one 천생연분을 만나다, 자기 짝을 만나다

He'd never truly be happy until the day he met "the one."
걘 자기 짝을 만나는 날까지 절대로 행복해질 수 없을거야.

be one's type …의 타입이다

She's really my type. I think we'll go out again.
정말 내 타입야. 다시 데이트할거야.

이 표현이 나오는 영화
〈라라랜드〉
〈노팅힐〉
〈굿럭척〉
〈500일의 썸머〉
〈리브액츄얼리〉

Dialog

A: Are you sure you're ready to get married?

B: She's the one. I can feel it in my bones.

A: 너 정말 결혼할 준비된거 맞아?   B: 천생연분이야. 뼈속 깊이 느낄 수 있어.

A: Come on, just go on one date with me.

B: I can't. You're not my type.

A: 그러지 말고 나와 그냥 데이트하자.   B: 안돼. 넌 내 타입이 아냐.

Screen Patterns : How'd you know I was coming?

How do you know S+V? …을 어떻게 알고 있어?

- **How do you know** she wasn't there?   걔가 거기에 없었다는걸 네가 어떻게 알아?
- **How do you know** they won't find out?   걔네들이 알아내지 못할 것을 어떻게 알아?
- **How'd you know** I was coming?   내가 올거라는 걸 어떻게 알았어?

A: Oh my God, Larry died last year?   맙소사, 래리가 작년에 죽었어?

B: How do you not know he passed away?   어떻게 걔가 사망한 걸 모르고 있어?

그냥 참고로 말하는데, 혹시나 해서 그러는데,

just so you know,

just so you know는 상대방이 모를 듯한 정보를 꺼내면서 「그냥 참고로 말하는데」, 「혹시나 해서 그러는데」, 「그냥 말해주는건데」, 혹은 「그냥 알아두세요」라는 뉘앙스의 표현이다. 참고로 just so we're clear는 상대방이 자신의 말을 정확히 이해했는지 물어보는 것으로 「분명히 말해두는데」라는 의미이다.

● **Screen Expressions**

just so you know, 그냥 말해두는건데.

> **Just so you know, I'll be home late.**
> 참고로 말하는데, 난 오늘 늦어.

> **Just so you know, it's going to rain this afternoon.**
> 그냥 말하는건데, 오늘 오후에 비올거래.

just so we're clear, 분명히 말해두는데.

> **Just so we're clear, I need the money in advance.**
> 분명히 말해두는데, 난 선불이 필요해.

이 표현이 나오는 영화
〈미비포유〉
〈브리짓 존스의 베이비〉
〈첫키스만 50번째〉
〈쉬즈더맨〉
〈로맨틱 홀리데이〉

● **Dialog**

A: Richard never stops by any more.

B: Just so you know, he's been in the hospital.

> A: 리차드는 더 이상 들리지 않아. B: 그냥 말해두는데, 걘 입원중이야.

A: Do you hear the noise my engine is making?

B: Just so we're clear, it may be a serious problem.

> A: 엔진에서 나는 소리 들었어? B: 분명히 말해두는데, 심각한 문제일 수도 있어.

Screen Patterns : How did I end up here again?

How did I end up~? 어쩌다 …하게 됐을까?

- **He'll end up** marrying this other woman. 걘 다른 여성과 결국 결혼하게 될거야.

- **How did I end up** here again? 어쩌다 다시 이 지경이 됐을까?

- **How could I wind up** with a daughter who only wants to kick a muddy ball around a field all day? 어쩌다 종일 운동장에서 흙묻은 공을 차기를 원하는 딸을 갖게 됐을까?

> A: How did I end up sleeping here? 내가 어쩌다 여기에서 잠들게 됐어?
>
> B: You drank a lot and just laid down. 술 많이 마시고 그냥 뻗었어.

로지, 넌 말도 안되는 소리를 하고 있어!

You're not making any sense, Rosie!

make sense는 상대방 말이 논리적으로 이해가 되거나 이치에 맞을 때 쓰는 표현. 「일리가 있다」, 「말이 된다」에 해당된다. 이의 반대는 (not) make any sense로 make no sense라 해도 된다. 「말이 된다」고 강조할 때는 make a lot of sense, make perfect sense라 하면 된다.

● Screen Expressions

make sense 말이 된다, 일리가 있다 ▶ make a lot of sense 정말 그럴듯해

I would say that that makes a lot of sense. 그건 정말 그럴듯하다고 해야겠어.

make no sense 말이 안된다

▶ not make any sense (at all) 정말 말도 안된다

That makes no sense at all. 그건 전혀 말도 안돼.

That would explain so much 말이 되다

They are out of money? That would explain so much.
걔네들이 돈이 없다고? 말이 되네.

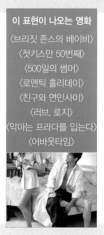

이 표현이 나오는 영화
〈브리짓 존스의 베이비〉
〈첫키스만 50번째〉
〈500일의 썸머〉
〈로맨틱 홀리데이〉
〈친구와 연인사이〉
〈러브, 로지〉
〈악마는 프라다를 입는다〉
〈어바웃타임〉

● Dialog

A: They want to give you a job, but there are no openings.

B: That makes sense. Thanks for letting me know.

A: 네게 일자리를 주고 싶어도 자리가 없대. B: 이해돼. 알려줘서 고마워.

A: Do you understand this translation?

B: No, it does not make any sense at all.

A: 이 번역 이해했어? B: 아니, 전혀 말이 안돼.

Screen Patterns : I'm hoping Lisa shows up

I hope that S+V …이기를 바래 ▶ I hope to+V …이기를 바래

- **I hope** you're not jerking us around. 네가 우리를 정당하게 대해줬으면 해.
- **I'm hoping to** pick up a hot babe. 핫걸을 하나 건지기를 바래.
- **I'm hoping** Lisa shows up. 리사가 오면 좋겠어.

A: I have work that has to be done. 난 끝내야 되는 일이 있어.

B: I hope that it is easy to complete. 쉽게 끝낼 수 있는 일이기를 바래.

어땠어?, 어떻게 됐어?

How did it go?

How did it go?는 서로 뭔지 알고 있는 「과거의 상황」(it)이 어떻게 되었냐고 물어보는 문장으로, 물어보는 대상까지 말하려면 How did it go with sb?라고 하면 된다. How did it go?는 줄여서 How'd it go?라고 표기하기도 한다.

● Screen Expressions

How did it go? 그건 어떻게 됐어?

Did you talk to Chris? How did it go?
크리스에게 말했어? 어떻게 됐어?

How did it go with sb? …하고는 어떻게 됐어?

How did it go with Joshua last night?
지난밤에 조슈아하고는 어떻게 됐어?

How did sth go? …는 어떻게 됐어?

How'd the audition go?
오디션은 어떻게 됐어?

이 표현이 나오는 영화
〈라라랜드〉
〈어바웃타임〉
〈친구와 연인사이〉
〈프렌즈 위드 베네핏〉

● Dialog

A: We were at the casino this weekend.

B: How did it go? Did you win any money?

A: 이번 주말에 우리 카지노에 갔었어. B: 어땠어? 돈 좀 땄어?

A: How did the audition go?

B: The theater director thinks I'll get the part.

A: 오디션 어떻게 됐어? B: 극장 감독은 내가 그 역을 맡을거라 생각해.

Screen Patterns : What the hell is your problem?

의문사+on earth~ ? 도대체 …하는거야?

- Why **on earth** did Ron leave his wife? 도대체 왜 론은 자기 아내를 떠난거야?
- How **in the world** did you know that? 넌 도대체 어떻게 그것을 안거야?
- What **the hell** is your problem? 도대체 너 문제가 뭐야?
- What **the heck** was all that about? 이게 도대체 다 무슨 일이야?

A: How in the world did you get in here? 도대체 어떻게 여기에 들어오게 된거야?

B: Your friend had an extra set of keys. 네 친구가 여분의 열쇠를 갖고 있었어.

어떻게 지내?

How're you getting on?

get on은 「잘 지내다」, 즉 get along과 같은 의미의 표현. 즉 get on with sb하면 「…와 좋은 관계를 유지하다」(have a friendly relationship with)라는 뜻으로 강조하려면 get on well with sb라고 하면 된다. 참고로 get on with sth하면 「…을 계속하다」, get it on은 「시작하다」, 「섹스하다」라는 뜻이 된다.

● Screen Expressions

get on (well) with sb …와 사이가 좋다

We got on very well and sort of had relations.
우리는 사이좋게 지냈고 좀 사귀었어.

get on with sth …을 계속하다

I should just get on with ordinary life.
난 일상의 삶을 계속 살아가야 돼.

get it on 시작하다, 섹스하다 ▶ get on = be successful

All right, let's get it on!
좋아, 자 시작하자!

이 표현이 나오는 영화
〈미비포유〉
〈어바웃타임〉
〈노팅힐〉
〈프렌즈 위드 베네핏〉
〈브리짓 존스의 베이비〉
〈쉬즈더맨〉

● Dialog

A: Brad introduced me to his mom and dad.

B: Did you get on well with them?

A: 브래드는 날 자기 부모님에게 소개시켜줬어.   B: 그들과 잘 지내고 있어?

A: There's a deadline for when this has to be finished.

B: You'd better get it on right away.

A: 이거 마쳐야 될 데드라인이 있어.   B: 바로 시작하는게 좋을거야.

Screen Patterns : Let's just pretend it never happened

Let's just pretend S+V …인 것처럼 하자

- We're going to **act like** nothing is happening.   아무 일도 없었던 것처럼 행동할거야.
- Please **don't act like** you don't care.   신경안쓰는 척 하지마.
- **Let's just pretend** it never happened.   전혀 없었던 일처럼 하자.
- **We will pretend like** we're boyfriend and girlfriend.   우리는 사귀는 척 할거야.

A: I'm so ashamed that we had sex.   우리가 섹스한게 너무 창피해.

B: You're acting like you did something bad.   넌 무슨 나쁜 일을 한 것인양 행동하네.

서두르지마, 천천히 해
Take your time

서두르는 상대방에게 「시간을 갖고 천천히 해」라는 의미. 같은 의미로 쓰이는 표현에는 Relax, Take it easy, Take it slow, What's your hurry? 그리고 좀 어렵지만 take it all in 등이 있다. 반면 서두르라고 할 때는 Hurry up, What are you waiting for? 등이 있다.

Screen Expressions

Take your time 서두르지마 ▶ Take it easy[slow] 천천히 해

Take your time. There's no rush.
천천히 해. 서두르지 않아도 돼

take it all in 천천히 하다, 자세히 보다

Give me some time to take it all in.
자세히 들여다보게 시간 좀 줘.

What are you waiting for? 뭘 기다려?, 어서 해 ▶ hurry up 서두르다

What are you waiting for? Call him and set up an interview.
기다리게 뭐 있어. 전화해서 인터뷰 잡아.

Dialog

A: So you traveled around Paris last year?

B: We took it all in when we were there.

　　A: 그래 작년에 넌 파리 주변을 여행했구나?　B: 거기 있을 때 천천히 둘러봤어.

A: I may propose marriage to Cindy.

B: What are you waiting for? Ask her.

　　A: 신디에게 청혼할지도 몰라.　B: 뭘 기다려. 가서 청혼해.

Screen Patterns : Let's say we leave him here

Let's say S+V …라고 치자, …라고 하자, …라고 가정해보자

- **Let's say that** he is going to be there. Then what? 걔가 거기에 갈 거라고 하자. 그럼 어떻게 되는데?
- **Let's say** we leave him here. What will happen? 우리가 걜 여기다 두고 가면 무슨 일이 벌어질까?
- **Let's just say** I'm happy to be back. 돌아오게 돼서 기쁘다고 말해두자.
- **Let's just say** she's not been herself lately. 걔가 최근 제정신이 아니라고만 해두자.

A: Our disagreements are mostly minor. 우리가 의견일치 안되는 것들은 대부분 사소한거야.

B: Let's say we agree on most things. 대부분에서 의견일치한다고 하자.

바로 그거야!, 잘했어!

That's my boy!

Good job!처럼 상대방에게 "잘했다!"라고 칭찬할 때 쓰는 표현으로 That's the boy, 혹은 Attaboy!
라고 하기도 한다. 상대가 여자일 때는 That's my girl!, That's the girl! 혹은 Attagirl!이라고 하면
된다.

● Screen Expressions

That's my[the] boy! 잘했어!, 좋았어! ▶ That's my[the] girl! 잘했어!

You succeeded? That's my boy!
네가 성공했다고? 잘했다!

Attaboy! 잘했어! ▶ Attagirl! 잘했어!

What a great job! Attaboy!
참 멋지게 했어! 잘했어!

You('re) the man! 잘했다!, 너무 멋져!

You the man! Great job!
잘했다! 아주 잘했어!

이 표현이 나오는 영화
〈친구과 연인사이〉
〈굿럭척〉
〈쉬즈더맨〉

● Dialog

A: I hit the baseball and it went over the fence.

B: Just like I taught you. That's my boy!

A: 야구공을 쳤는데 펜스를 넘어갔어. B: 내가 가르쳐준대로 했구나. 잘했다!

A: Hey, I am dating three different women.

B: I can't believe it! You the man!

A: 야, 나 동시에 3명의 여자와 데이트한다. B: 말도 안돼! 정말 멋지다!

Screen Patterns : You remind me of a girl I used to know

That reminds me of~ 그러고 보니 …가 기억나네

• **That reminds me,** I have a bone to pick with you. 그러니까 기억이 나는데, 나 너한테 따질 일이 있어.

• **That reminds me of** you so much. 그러고보니 네 생각이 많이 나네.

• **You remind me of** a girl I used to know. 널보니 예전에 알고 지냈던 여자가 기억나.

• **Let me remind you that** I am the boss here. 여기 내가 사장이라는거 기억나게 해주지.

A: This movie is about the Swiss Alps. 이 영화는 스위스 알프스에 관한거야.

B: That reminds me of a trip I took overseas. 그러고보니 내가 해외여행한게 기억나네.

그만두자, 더 이상 말마

Let's leave it at that

leave it은 비유적으로 「그대로 둬」, 「놔둬」, 「됐어」라는 의미로 쓰이며, leave it to me하면 「내게 맡겨」라는 말이다. 또한 leave it at that하면 「저것에 그걸 놔두다」라는 말로 그게 무엇이든 충분히 했기 때문에 「그만두다」라고 굳어진 표현이다. 한편 Take it or leave it은 "하던지 말던지 해라"라는 뜻.

Screen Expressions

leave it at that 그만두다, 더 이상 말하지 않다

Let's just say busy and leave it at that.
바쁘다고 하고 그만 하자.

Leave it to me 내게 맡겨 ▶ Leave it to me to+V …하는 것은 내게 맡겨

Leave it to me to find her.
걔 찾는 건 내게 맡겨.

Take it or leave it 하던지 말던지 해

None of your business. Take it or leave it.
네 알바아냐. 하든 말든.

이 표현이 나오는 영화
〈러브, 로지〉
〈노팅힐〉
〈악마는 프라다를 입는다〉
〈러브액츄얼리〉
〈첫키스만 50번째〉

Dialog

A: Should we discuss the matter some more?

B: No, let's just leave it at that.

A: 그 문제를 좀 더 토의해야 할까? B: 아니, 더 이상 말하지 말자.

A: What did you say to him?

B: I told him he can take it or leave it.

A: 걔한테 뭐라고 했니? B: 이걸 받아들이든지 아님 그만 두자고 했어.

Screen Patterns : You might have heard of him

should have+pp …했어야 했는데 ⇔ **shouldn't have+pp** …하지 말았어야 했는데

• **She should have thought of** that before she married me. 걘 나랑 결혼하기 전에 그 생각을 해봤어야지.

• **You might have heard of** him. 걔 얘기 들어봤을거야.

• You never **would have let** those breasts so near to me, if I wasn't in a wheelchair.
내가 휠체어를 타고 있지 않았다면 그렇게 가슴을 내게 가까이 절대 하지 않았을거야.

A: Tina said your place is filthy. 티나는 네 집이 정말 지저분하다고 했어.

B: I should have cleaned up the apartment. 아파트 청소를 했어야 하는데.

그녀에게 다시 전화할 기회가 없었어

I didn't get a chance to get back to her

get back to~는 「…로 돌아가다」, get back with sb는 「…와 다시 합치다」, 그리고 get sb back은 「…을 다시 차지하다」, 「되찾다」라는 의미. 특히 위에서처럼 get back to sb는 지금 바쁘거나 기타의 이유로 상대방과 얘기를 할 수 없으니 「나중에 얘기를 다시 하자」라는 표현이 된다.

● Screen Expressions

get back to sb (on sth) (…건으로) …에게 나중에 전화를 다시 하다

We'll get back to you as soon as we can.
가능한 한 빨리 전화드릴게요.

get back with sb …와 다시 사귀다 ▶ get back together 다시합치다

I'd better get back with Naomi.
나오미하고 다시 사귀어야겠어.

get sb back 되찾다 ▶ get back to London 런던으로 돌아가다

I want to get her back.
난 그녀를 되찾고 싶어.

이 표현이 나오는 영화
〈로맨틱 홀리데이〉
〈500일의 썸머〉
〈이터널 선샤인〉
〈브리짓 존스의 일기〉
〈프로포즈〉

● Dialog

A: Could I speak with Mr. Simpson?

B: No. I can have him get back to you.

A: 심슨 씨와 통화할 수 있을까요? B: 아뇨. 나중에 통화드리도록 할게요.

A: Is Lucy seeing her ex-boyfriend again?

B: I don't think she'll ever get back with him.

A: 루시가 옛 남친을 다시 만나고 있어? B: 다시 사귈 것 같지는 않은데.

Screen Patterns : That got something to do with this?

It has something to do with what~ …와 관련이 있어

• Did **this have something to do with** my wife's death? 이게 내 아내의 죽음과 관련이 있었던거야?

• **It's got something to do with what** I want to ask you. 그건 내가 너에게 물어보고 싶은 것과 관련이 있어.

• I don't get **what sex has to do with** breast cancer. 섹스가 유방암과 무슨 관련이 있는지 모르겠어.

A: I heard them fighting last night. 걔네들 지난밤에 싸웠다며.

B: Okay, that got something to do with this? 맞아. 그게 이거와 무슨 관련이 있어?

다시 뛰어야지
You've just gotta get back out there

get back out there는 「다시 밖으로 돌아가다」, 즉 「세상에 돌아가다」라는 의미로 비유적으로 「재기하다」라는 뜻이 된다. 비슷한 표현으로는 get back on one's feet(다시 일어서다, 재기하다), get back in the game(다시 뛰다), 그리고 좀 어렵지만 go back to the drawing board(다시 시작하다) 등이 있다.

● Screen Expressions

get[go] back out there 다시 뛰다 = get back on one's feet

You go back out there **and try harder.**
다시 더 열심히 뛰어야지

get back in the game 다시 뛰다

You have got to get back in the game.
다시 뛰어야지, 다시 한번 싸워야지.

get back to the life~ …한 삶으로 돌아가다

I'm getting back to the life I was supposed to have by now.
지금쯤 내가 살고 있어야 할 삶으로 돌아가는거야.

이 표현이 나오는 영화
〈미비포유〉
〈왓이프〉

● Dialog

A: My brother is depressed and stays home all day.

B: He really needs to get back out there.

  A: 내 형은 우울해하고 종일 집에만 있어. B: 다시 세상에 나가 뛰어야 되겠네.

A: You have been out of work for a while.

B: What will it take to get back in the game?

  A: 넌 한동안 실직상태잖아. B: 다시 뛰려면 어떻게 해야 할까?

Screen Patterns : You told me it was safe

You told me S+V 넌 …라고 말했잖아

• **She told me** she didn't think we were a good match. 걔는 우리가 잘 맞는 짝이 아니라고 말했어.

• Mom, **have I not told you** a thousand times? 엄마, 내가 수없이 말하지 않았어?

• Yesterday **you told me that** I was better than half the guys on your team.
어제는 내가 네 팀원 중 절반보다 더 낫다고 말했잖아.

A: Why haven't Mark and Debbie married? 왜 마크와 데비는 결혼하지 않은거야?

B: Have I not told you **they got engaged?** 걔네들 약혼했다고 내가 말하지 않았어?

네 말에 일리가 있어

You've got a point

have (got) a point (there)는 「일리가 있다」. That's the point는 "그게 요점이야." 반대로 That's not the point하면 "요점은 그게 아냐." 그리고 Point taken은 "무슨 이야기인지 잘 알겠어," What's your point?은 "무슨 말을 하려는거야?," I see your point은 "무슨 말을 하려는지 알겠어"라는 뜻이 된다.

● Screen Expressions

You've got a point (there) 네 말에 일리가 있다

You've got a point. Let's do that right now. 네 말이 맞아. 당장 그렇게 하자.

That's the point 그게 요점이야 ▶ That's not the point 요점은 그게 아냐

It doesn't matter. That's not the point. 그건 상관없어. 그게 중요한게 아니잖아

What's your point? 무슨 말을 하려는거야?

▶ What's the point? 요점이 뭐야?

I see your point. Wait, what's your point?
네 말을 알겠는데 요점이 뭐였지?

● Dialog

A: It's important to find ways to relax.

B: I agree. You've got a point there.

A: 긴장을 완화할 방법을 찾는게 중요해. B: 맞아. 네 말이 일리가 있어.

A: That clothing makes you look old.

B: What's your point? Are you trying to insult me?

A: 그 옷 입으니 너 늙어보인다. B: 무슨 말하려는거야? 모욕하려는거야?

Screen Patterns : I have no idea how to date

I have no idea wh~ to+V 무엇이 …인지 몰라

- **I have no idea how to** date. 어떻게 데이트하는지 몰라.
- **I have no idea where to** look for her. 걜 어디서 찾아야 할지 모르겠어.
- **I've got no idea what** I'd do if you leave. 네가 떠난다면 난 어떻게 해야할지 모르거든.
- **I have no clue how** I'll ever even see him again. 걜 어떻게 다시 만날 것인지 조차 몰랐어.

A: You told me Harry wasn't going to come. 해리는 오지 않을거라고 말했잖아.

B: I have no idea what he was doing there. 걔가 저기서 뭘하는지 모르겠네.

없었던 일로 치자
Let's just pretend it never happened

It never happened는 "전혀 그런 적이 없다"라는 말로 앞에 「…인 척하다」라는 동사 pretend를 붙이면 실제는 일어났지만 "없었던 일로 하다"라는 뜻이 된다. pretend 대신에 동사 be like를 붙이면 "없었던 일 같다"라는 의미.

● Screen Expressions

이 표현이 나오는 영화
〈러브로지〉
〈노트북〉

It never happened 전혀 그런 적 없어
He said it never happened before.
걔는 이런 적 한번도 없었다고 했어.

pretend it never happened 전혀 그런 적 없던 걸로 하다
Don't say a word. Pretend it never happened.
한 마디도 하지마. 없었던 걸로 해.

It's like it never happened 없었던 일처럼 잊어버리다(잊거나 용서하거나)
She acts like we didn't kiss. It's like it never happened.
걘 우리가 키스 안한 것처럼 행동해. 마치 없었던 일처럼 말야.

● Dialog

A: I feel strange about what happened last night.
B: It's best if we pretend it never happened.
  A: 어젯밤 일에 기분이 이상해. B: 전혀 그런 적이 없는 것처럼 하는게 최선이야.

A: I heard you're no longer dating Bobbie.
B: It's so weird. It's like it never happened.
  A: 너 바비와 더 이상 데이트 안한다며. B: 이상하다. 나 걔랑 데이트한 적 없는 것 같은데.

Screen Patterns : You have no idea how much I miss her

You have no idea wh~ to+V 넌 …하는 것을 몰라

- **You have no idea how to** reach him. 넌 걔한테 어떻게 연락해야 하는지 몰라.
- **You have no idea how much** I miss her. 내가 얼마나 걔를 그리워하는지 넌 모를거야.
- **You have no idea what** I've been through. 내가 무슨 일을 겪었는지 넌 모를거야.
- **You have no idea what** it's like to care for somebody. 누군가를 좋아한다는게 뭔지 너는 몰라.

A: Can we trust Mike to behave well? 마이크가 처신을 똑바로 할거라 믿어도 될까?
B: You have no idea what **he might do.** 걔가 어떻게 행동할지 넌 알 수가 없지.

개는 너 몰래 바람핀 적 없어?

She never cheated on you?

「임자 있는」(be taken) 부부나 애인들이 하는 짓거리로 on 이하의 사람과 바람피다라는 뜻이다. 바람 핀 대상까지 말하려면 cheat on A with B(A몰래 B와 바람을 피다)의 형태로 쓰면 된다. 또한 cheat on~은 시험 등에서 「부정행위를 저지르다」, cheat은 명사로는 「사기꾼」, 「속임수」 등을 의미.

● Screen Expressions

cheat on A (with B) A몰래 B와 바람피다

He cheated on you, but you stayed friends?
너 몰래 바람피웠는데 친구로 남기로 했다고?

cheat on (시험) 부정행위를 하다 ▶ cheat 속임수, 편법, 사기꾼

I'll get an A if I cheat on the exam.
시험에서 커닝하면 A 맞을 수 있어.

be taken 임자 있는 몸이다

I believe he's taken.
난 그가 유부남이라고 믿고 있어.

이 표현이 나오는 영화
〈미비포유〉
〈왓이프〉
〈500일의 썸머〉
〈어바웃타임〉
〈프로포즈〉
〈러브액츄얼리〉
〈첫키스만 50번째〉
〈로맨틱 홀리데이〉

● Dialog

A: I'm so sorry that I cheated on you.

B: All you have to say is you're sorry?

A: 바람을 펴서 정말 미안해. B: 미안하다는 말밖에 할 말이 없어?

A: Oh my God, Terry is such a babe.

B: Forget about her. She's taken.

A: 아이고, 테리는 정말 멋진 여자네. B: 걘 잊어버려. 임자있어.

Screen Patterns : Is there a reason you're here?

There's a reason that[wh~] S+V ···하는 이유가 있어

▶ There's no reason to+V ···할 이유가 없어

• **There is a reason why** I've been alone all this time. 내가 지금껏 내내 혼자였던 이유가 있어.

• **There's no reason to** feel guilty, you know. 알겠지만, 죄의식 느낄 이유가 없어.

• **Is there any reason why** we can't leave? 우리가 떠나지 못하는 무슨 이유라도 있어?

A: I'd like to work in a doctor's office. 난 병원에서 일하고 싶어.

B: There's no reason why you can't do that. 네가 그러지 못할 이유가 없잖아.

기분 나쁘게 받아들이지마
Don't take it personally

take it personally는 상대방의 언행을 「사적인 감정이 있는 것으로 받아들이다」라는 의미. 그래서 Don't take it personally하게 되면 뭔가 솔직하게 얘기할 때 혹은 상대가 기분 나빠할 수도 있는 말을 꺼낼 때 사용한다. 또한 Don't take this wrong하게 되면 "오해하지 말라"는 표현.

Screen Expressions

Don't take it personally 기분 나쁘게 받아들이지마

Don't take it personally. He's scared to climb down.
기분나쁘게 듣지마. 걘 등산하는 걸 무서워해.

Don't take it personally, but~ 기분 나쁘게 받아들이지마, 하지만…

Don't take it personally, but I'm not going to take your word for that. 기분 나쁘게 생각마, 하지만 거기에 대해선 네 말을 듣지 않을거야.

Don't take this the wrong way 오해마 = Don't take this wrong

Don't take this the wrong way, but how old are you?
이상하게 받아들이지 말아, 몇 살이야?

Dialog

A: Do you like the new shirt I bought?
B: Don't take it personally, but it looks terrible.
A: 내가 산 새로운 셔츠 마음에 들어? B: 기분나쁘게 받아들이지마, 끔찍해.

A: I need you to work for the next few weekends.
B: Don't take this the wrong way, but you stink.
A: 다가오는 주말 몇번은 일해야 되겠다. B: 오해는 하지마, 하지만 너 정말 구리다.

Screen Patterns : Don't bother making up a story

It doesn't bother you that S+V? …라는게 신경쓰이지 않아?

- **It doesn't bother you that** I'm a pervert? 내가 변태라는 사실이 신경쓰이지 않아?
- **Does it bother you if** I smoke? 내가 담배피면 신경거슬려?
- **Don't bother** making up a story. 굳이 이야기를 지어낼 필요없어.

A: Does it bother you that you got fired? 네가 잘린게 신경쓰여?
B: Yeah. It was unfair and the manager didn't like me. 어. 불공평하고 매니저는 날 싫어했어.

그러기만 해봐라!

Don't you dare!

"그러기만 해봐라"라는 뜻. 뒤에 동사를 붙여 Don't you dare+V하게 되면 "멋대로 …하지 마라"라는 의미. 또한 You wouldn't dare (+V)하게 되면 「감히 그렇게는 못하지」라는 뜻이고, How dare you! 역시 같은 맥락으로 "네가 감히!." How dare you+V!는 「어떻게 감히 …할 수가 있냐!」가 된다.

● **Screen Expressions**

Don't you dare! 그러기만 해봐라! ▶ Don't you dare+V 멋대로 …하지마라

Don't you dare **bail on me!** 네가 어떻게 나를 바람맞힐 수 있니!

You wouldn't dare! 감히 그렇게는 못하겠지!

▶ You wouldn't dare+V 감히 …하지는 못하겠지

You wouldn't dare **harm me!** 어떻게 감히 날 해쳐!

How dare you! 네가 감히! ▶ How dare you+V! 어떻게 감히 …할 수 있어!

Oh! **How dare you! I'm a married man!**
네가 뭔데 그래! 난 유부남이야!

이 표현이 나오는 영화
〈노트북〉
〈어바웃타임〉
〈러브, 로지〉
〈브리짓 존스의 일기〉

● **Dialog**

A: I'll tell everyone you tried to sleep with me!

B: Don't you dare! No one would believe you.

A: 네가 나랑 자려고 했다고 모두에게 말할테야! B: 그러기만 해봐라! 아무도 널 믿지 않을거야.

A: It would be easy to get you fired.

B: No way. You wouldn't dare!

A: 널 해고시키는게 쉬울거야. B: 말도 안돼. 감히 그렇게는 못하겠지!

Screen Patterns : Is there some way we can assist you?

There's a way to+V[S+V] …할 방법이 있어

- **There's a way that** we can work this out together. 우리가 함께 이걸 해결할 수 있는 방법이 있어.
- **There are easier ways to** get in touch with me. 더 쉽게 내게 연락할 방법이 있어.
- **Is there some way** we can assist you? 우리가 너를 도울 수 있는 방법이 좀 있을까?

A: I spent several hours researching it. 그거 조사하는데 여러 시간 걸렸어.

B: There are easier ways to **get the information.** 그 정보를 얻는 더 쉬운 방법들이 있어.

난 크리스에게 20번이나 문자를 보냈어
I have texted Chris twenty times

「문자」는 text 또는 text message라고 하는데 둘 다 명사나 동사로 쓰인다. 일반적으로 「메시지를 남기다」는 leave the message with sb라 하고 message 대신에 word를 써서 leave word(s) with sb라고 해도 된다. 반대로 「메시지를 받는 것」은 take a message라고 하면 된다.

Screen Expressions

text (message) 문자, 문자를 보내다

How often do you text message your friends?
친구들에게 얼마나 자주 문자를 보내?

leave word(s) with sb …에게 메시지를 남기다

She left word with my parents. 걘 우리 부모님에게 메시지를 남겼어.

leave the message with~ 메시지를 남기다

⇔ take a message 메시지를 받다

Could I take a message? 메시지를 전해드릴까요?

이 표현이 나오는 영화
〈노팅힐〉
〈악마는 프라다를 입는다〉

Dialog

A: I got your text message.

B: Good, I'm glad we could meet up.

A: 네 문자 메시지 받았어. B: 좋아, 우리가 만날 수 있게 돼 기뻐.

A: How did you know to contact me?

B: Someone left word that you had called.

A: 내게 연락해야 한다는 걸 어떻게 알았어? B: 네가 전화했었다고 누가 메모를 남겼어.

스크린 명대사 : 미비포유

"That is why I can't have you tied to me.
I don't want you to miss all the things that someone else could give you.
And selfishly I don't want you to look at me one day
and feel even the tiniest big of regret or pity." - Will

바로 그래서 당신을 내게 얽매이게 할 수 없어요.
누군가 당신에게 해줄 수 있는 것들을 당신이 놓치는 것을 원치 않아요.
그리고 이기적이게도, 난 어느날 당신이 날 보고 조금이나마 후회나 연민을 느끼는 것을 원치 않아요.

그럴 일 없을거야, 그렇게 되지 않을거야
Not gonna happen

It's not gonna happen의 줄임말로 "절대 그럴 일이 없을거야"라는 뜻. 둘이 사귀는 "그런 일은 없을 거야," "우리 둘은 안될거야"라는 의미로 자주 쓰인다. 또한 not let sth happen(…가 일어나지 않도록 하겠다), It could happen(그럴 수도 있다) 등을 기억해둔다.

Screen Expressions

(It's) Not gonna happen 그럴 일 없을거야

It's not gonna happen. Not in a million years.
절대 그럴 일 없을거야. 절대로.

not let sth happen 그렇게 되도록 두지 않다

I can't let this happen.
그렇게 되도록 두지 않겠어.

It could happen 그럴 수도 있다 ▶ It just happened 어쩌다 그렇게 됐어

Please don't be upset, it could happen to anyone.
화내지마, 그럴 수도 있는 일이야.

이 표현이 나오는 영화
〈첫키스만 50번째〉
〈악마는 프라다를 입는다〉
〈어바웃타임〉
〈이프온리〉
〈미비포유〉
〈굿럭척〉
〈500일의 썸머〉

Dialog

A: Why don't you come up to my apartment?

B: Forget about it. Not gonna happen.

　　A: 내 아파트에 와라.　B: 관둬. 그럴 일 없어.

A: You're going to get a ticket for speeding.

B: This is a problem. I can't let this happen.

　　A: 넌 속도위반으로 딱지 끊기겠다.　B: 그게 문제야. 그렇게 안되도록 할게.

Screen Patterns : I don't see the point of even trying

There's no point in ~ing …할 이유가 없어

- **There's no point in** getting upset. 화낼 이유가 없어.
- **I don't see the point of** even trying. 왜 시도를 하려는지 이유를 모르겠어.
- **What's the point of** us going to live with him? 우리가 걔랑 같이 살아봤자 무슨 소용이 있겠어?

A: We've been waiting for Chris for an hour. 우리는 한 시간 동안 크리스를 기다렸어.

B: I don't see the point of waiting for him anymore. 더 이상 걔를 기다리는 이유를 모르겠어.

이럴 리가 없어!

This can't be happening!

당황스러운 상황에 처해서 "이럴 수가 없어!," "이런 일은 있을 수가 없다!"라는 느낌으로 하는 말이다. 쉽게 풀어쓰면 I can't believe this is happening이라는 말이다. This is happening하면 "이렇게 되다니," This is not happening은 "이럴 수가," "말도 안돼"라는 의미이다.

Screen Expressions

This can't be happening!

이럴 리가 없어! = I can't believe this is happening

Oh, my God, this can't be happening. 맙소사. 이런 일이 있을 수가.

This is happening 이렇게 되다니

▶ This is not happening 이럴 수가, 말도 안돼

You better believe it. This is happening. 정말이야. 정말 그렇다니까.

I don't know what happened 무슨 일인지 몰라

That's not exactly how it happened. 정확히 말해서 그건 그렇게 된게 아냐.

이 표현이 나오는 영화
〈어바웃타임〉
〈프로포즈〉
〈친구와 연인사이〉
〈굿럭척〉
〈노팅힐〉
〈쉬즈더맨〉
〈이프온리〉

Dialog

A: Do you see the building is on fire?

B: It's insane. This can't be happening!

A: 저 빌딩에 화재가 난거 보여? B: 말도 안돼. 그럴 리가 없어!

A: All of your work on the computer was lost.

B: This is terrible. This is not happening.

A: 컴퓨터에 작업했던 모든게 날라갔어. B: 끔찍하군. 말도 안돼.

Screen Patterns : That bitch is driving me crazy

Sb drive me crazy …가 날 미치게 하다 = drive sb up the wall

• That bitch **is driving me crazy.** 저년 때문에 내가 미쳐

• You're **driving me up the wall.** 너 때문에 내가 미치겠어.

• All this waiting **is driving me crazy.** 이 모든 기다림이 날 미치게 만들어.

• That was gonna **drive me crazy** all night. 그게 날 밤새 미치게 만들었어.

A: No one likes the woman he's dating. 걔가 데이트하는 여자애를 다들 싫어해.

B: **That bitch** is driving me crazy. 그년 때문에 내가 미친다니까.

사랑해줘
Make love to me

우리말에도 「사랑을 나누다」라는 표현이 있는데 좀 더 노골적으로 말하면 have sex이다. 영어도 마찬가지여서 완곡어법으로 have sex 대신에 make love를 쓰고, 사랑하는 대상까지 함께 말하려면 make love to sb라고 하면 된다.

● Screen Expressions

make love 사랑을 나누다, 섹스하다

We made love **tonight!**
오늘밤에 섹스했어!

I begged him not to leave. We made love **that night.**
난 걔한테 떠나지 말라고 간청했어. 그날 저녁 우린 사랑을 나눴어.

make love to sb …와 사랑을 나누다, …와 섹스하다

So you make love to **me and then you go back to your husband?**
그럼 나와 섹스하고 나서 다시 남편에게로 돌아간다는거야?

이 표현이 나오는 영화
〈첫키스만 50번째〉
〈노트북〉

● Dialog

A: Annie stayed at Pete's apartment all night.
B: She said they made love.

A: 애니는 피트의 아파트에서 밤을 보냈어. B: 애니가 그러는데 사랑을 나누었대.

A: Looks like your date went well.
B: I made love to her all night long.

A: 너 데이트가 잘 됐나 보다. B: 밤새 그녀와 사랑을 나누었어.

Screen Patterns : Not since I was a little kid

How long since S+V? …한지 얼마나 됐어?

- **How long since** you've seen a girl naked? 여자 나체를 본 지 얼마나 됐어?
- **How long has it been since** you've had sex? 너 섹스를 한지 얼마나 지났어?
- **It's a long time since** he's laughed at anything. 걔가 뭔가라도 웃음짓는건 오랜간만이야.
- I haven't seen a movie in ages. **Not since** I was a little kid. 영화를 오랫동안 안봤어. 어렸을 때 이후로는 없어.

A: How long since **you've had sex?** 섹스한지 얼마나 됐어?
B: I haven't gotten laid in about a month. 한 한달 정도 못했어.

(작업)하고 있어
Working on it

I'm on it은 "내가 할게," "내가 처리중"이야라는 말로 그냥 On it이라고 하기도 한다. 좀 더 구체적으로 「…일을 하고 있다」고 말할 때는 work on sth[~ing]를 쓰는데 이는 프로젝트 같은 일을 하거나 커피를 마시거나 뭔가 하고 있다는 것을 뜻한다. work on sb하게 되면 「영향을 끼치다」라는 의미.

● **Screen Expressions**

I'm on it 내가 할게

You want it done? I'm on it.
그걸 끝내길 바란다고? 내가 할게.

work on sth[~ing] …일을 하고 있어

She's working on a little indie film.
걘 소규모의 독립영화일을 하고 있어.

He's really worked on that thing.
걘 정말이지 그 일을 잘해.

이 표현이 나오는 영화
〈미비포유〉
〈악마는 프라다를 입는다〉
〈브리짓 존스의 일기〉
〈500일의 썸머〉
〈러브, 로지〉
〈로맨틱 홀리데이〉

● **Dialog**

A: The boss wants you in the office.
B: I'm on it. I'll get right over there.
A: 사장이 사무실에서 널 보재. B: 갈게. 바로 달려 갈게.

A: Our guests will be here in an hour.
B: I'll work on cooking, you clean the house.
A: 우리 손님들이 한 시간내로 올거야. B: 내가 요리할테니 당신은 집청소해.

Screen Patterns : I'm a sucker for lilies

I have a weakness for~ …에 사족을 못쓰다, 너무 좋아하다

- **I have a weakness for** black haired women. 난 머리색이 검은 여자를 무척 좋아해.
- I know **you got a soft spot for** Serena. 난 네가 세레나를 무척 좋아하는걸 알고 있어.
- You always **were a sucker for** a hot dancer. 넌 항상 섹시한 댄서라면 사족을 못썼잖아.

A: You seem to enjoy playing with children. 너 아이들과 재미있게 노는 것 같아.
B: I have a soft spot for kids. 아이들이라면 내가 사족을 못쓰지.

걘 항상 네게 반해있었어
He's always had a crush on you

crush는 이성을 좋아하는 것은 맞는데 주로 「일시적으로 반해 심쿵하는」 것을 말한다. love라고 생각하면 안된다. have (got) a crush on sb의 형태로 쓰인다. 비슷한 표현으로는 be sweet on sb, sweep sb off their feet 등이 있다.

● Screen Expressions

have (got) a crush on sb …에 반하다

▶ be sweet on …에 반하다

I had a crush on you when I first met you! 내가 널 첨 봤을 때 너한테 반했어!

be drawn to sb[sth] …에 끌리다

I was being drawn to you. 난 네게 끌렸어.

sweep sb off their feet …의 마음을 사로잡다

You're looking for someone to sweep you off your feet.
넌 네 마음을 사로 잡을 누군가를 찾고 있는거야.

이 표현이 나오는 영화
〈어바웃타임〉
〈프렌즈 위드 베네핏〉
〈노트북〉
〈브리짓 존스의 베이비〉

● Dialog

A: Why are you always staring at Bill?

B: I have got a crush on him.

A: 넌 항상 빌을 빤히 쳐다보는거야? B: 나 걔한테 빠졌어.

A: It was love at first sight for Ed and Tammy.

B: He swept her off her feet when they first met.

A: 에드와 태미에게는 첫눈에 반한 사랑이었어. B: 처음 만났을 때 그는 그녀의 마음을 사로잡았어.

Screen Patterns : I suggest you find out

I suggest S+V …하자

- **I suggest** you cancel the rest of your schedule. 남은 일정은 취소하도록 하지.
- **I wasn't suggesting** you're a slag or anything. 난 네가 갈보나 뭐 그렇다고 한 것은 아냐.
- **Are you suggesting** he cheated on his wife? 걔가 아내 몰래 바람을 폈다는 말야?

A: I think she's generally honest. 걔는 전반적으로 정직하다고 생각해.

B: I'm not suggesting she is lying. 걔가 거짓말을 한다고 말하는게 아냐.

우리 뭐 좀 분명히 해두자
Let's make something clear

「something을 분명히 해두자」라는 말. 주로 make it clear 형태로 쓰이며 의미는 「…을 분명하게 설명하다」, 「확실하게 해두다」이다. 단독으로도 쓰이지만 make it clear to~, make it clear that S+V 의 형태로도 많이 쓰인다. 또한 be[get] clear on은 「…에 대해 확실히 하다」라는 뜻이다.

● Screen Expressions

make it clear …을 분명히 하다, 확실하게 하다

The video makes it clear you cheated.
이 동영상은 네가 바람피웠다는 것을 명백히 보여주고 있어.

be[get] clear on …에 대해 확실히 하다 ▶ to be clear 분명히 하자면

We're clear on that? 우리 그 점에 있어서는 확실한거죠?

clear sth up 문제를 해결하다, 설명하다

I wanted to clear that up with you.
난 너와 그 문제를 해결하고 싶었어.

이 표현이 나오는 영화
〈라라랜드〉
〈왓이프〉
〈노트북〉
〈러브액츄얼리〉
〈프로포즈〉
〈악마는 프라다를 입는다〉

● Dialog

A: It's not easy to understand this concept.

B: Could you make it clear to us?

A: 이 개념을 이해하는 것은 쉽지 않아. B: 우리에게 확실하게 해줄 수 있어?

A: Why are you explaining the same thing over and over?

B: I want to make sure we are clear on this.

A: 왜 반복해서 같은 것을 설명하고 있어? B: 이것에 대해 분명히 알고 있는지 확실히 해놓고 싶어서.

Screen Patterns : It's best not to joke with her

It's better that S+V …하는게 더 나아

- **It's better that** you don't know. 네가 모르는게 더 나아.
- **It's best to** ignore what they are saying. 걔네들이 말하는 것을 무시하는게 상책이야.
- **It's best not to** joke with her. 걔에게 농담을 하지 않는 것이 최선이야.
- **It's best that** we just stay home. 우리는 그냥 집에 머무르는게 최선이야.

A: Lou has a really bad temper. 루는 정말 성깔 더러워.

B: It's best not to annoy him. 걔 화나게 하지 않는게 최선이야.

삥까지마!, 말도 안돼!

You're so full of it!

be full of it은 거짓말만 일삼는 허풍쟁이에게 「헛소리마」(bullshit), 「말도 안되는 소리마」(I don't believe you)라는 의미의 표현으로 be full of crap 혹은 be full of shit과 같은 말. shit이 나온 김에 하나 더, total shit은 「완전 엉망」이라는 표현이다.

● **Screen Expressions**

You're so full of it[crap, shit]! 삥까지마!, 말도 안돼!

You're full of it! You never dated my sister!
말도 안돼! 넌 내 누나랑 데이트한 적 없어!

Those high school students are full of shit.
저 고딩들 허풍쟁이들이야.

total shit 완전 엉망

No disrespect here, but, um, this is total shit.
기분나쁘게 하려는 것은 아니지만 이건 정말 엉망예요.

이 표현이 나오는 영화
〈러브, 로지〉
〈브리짓 존스의 일기〉
〈500일의 썸머〉·
〈악마는 프라다를 입는다〉

● **Dialog**

A: I never slept with her. No way.

B: You're so full of shit. You're always lying.

A: 난 그녀와 자지 않았어. 절대로 아니야. B: 삥까지마. 넌 늘상 거짓말이야.

A: How was the new superhero movie?

B: It was no good. It was total shit.

A: 새로 나온 수퍼히어로 영화는 어땠어? B: 좋지 않았어. 완전 엉망이었어.

Screen Patterns : There's nothing like a first kiss

There's nothing like+명사 …만한게 없어

- **Nothing beats** a cold beer at the end of the day. 하루를 끝내고 시원한 맥주만큼 좋은 것도 없어.
- Sometimes **there's nothing better than** being out of a relationship.
종종 사람을 사귀지 않는 것보다 더 좋은 것은 없어.
- **There's nothing like** a wedding to screw up a family. 가정을 박살내는데 결혼만한게 없지.

A: How was the date you went on? 데이트 어땠어?

B: It was great. Nothing beats a first kiss. 좋았어. 첫키스만큼 좋은 것은 없어.

그럼, 그렇게 해, 맘대로 해
Be my guest

상대방의 요청이나 부탁에 흔쾌히 그렇게 해보라는 의미로 우리말로는 "그럼요," "그렇게 해요"에 해당된다. 나의 손님이 되라는 말이니 손님을 어떻게 대접하는지 연상해보면 쉽게 이해될 것이다.

Screen Expressions

Be my guest 그렇게 해, 그럼

You want to stay here? Be my guest.
여기 남겠다고? 그럼 그렇게 해

Be my guest. But I don't think it'll do you any good.
그렇게 해. 하지만 네게 도움될 것 같진 않아.

이 표현이 나오는 영화
〈러브, 로지〉
〈이프온리〉

Dialog

A: I'm sure I can finish the whole pitcher of beer.

B: If you want to try, be my guest.

　A: 맥주 피쳐 하나는 다 마실 수 있어.　B: 해보고 싶다면 그렇게 해봐.

A: Could I borrow your cell phone?

B: By all means, be my guest.

　A: 네 핸드폰을 빌려줄래?　B: 그럼, 그렇게 해.

Screen Patterns : It's not your job to take care of me

It's my job to+V …하는 것이 나의 일이야 ⇔ It's not my job to+V

- **It's my job to** teach you about responsibility.　너에게 책임에 대해 가르쳐주는게 나의 의무야.
- **It's not your job to** take care of me.　나를 돌보는 것은 네가 할 일이 아냐.
- I don't think **it's his job to** get her out of trouble.　그녀를 곤경에서 구하는게 걔의 일은 아닌 것 같아.

A: The fight began when they were served a lot of booze.　술이 많이 나왔을 때 싸움이 시작됐어.

B: It's your job to prevent these issues.　이런 문제를 막는게 네 일이잖아.

오늘밤 우리 섹스하는거지, 맞지?
We are getting laid tonight, right?

get laid는 속어로 have sex, get fucked라는 말. lay를 명사로 써서 a great lay하면 「훌륭한 섹스파트너」라는 말이 된다. great 대신에 good, easy를 쓰기도 한다. 연인관계없이 「하룻밤 자는 것」은 one-night stand[thing], 역시 가벼운 맘으로 단기간에 섹스하는 것은 have a fling (with sb)라고 한다.

● **Screen Expressions**

get laid 섹스하다 = get lucky ▶ a good[easy] lay 좋은[쉬운] 잠자리 상대

I mean, we can get laid anytime we want.
내 말은 우린 원하면 언제라도 섹스를 할 수 있다는거야.

make it with sb …와 섹스하다

It took me months to make it with her.
걔와 자는데 몇달 걸렸어.

have a fling with sb 즐섹하다 ▶ one-night stand[thing] 하룻밤 섹스

You're just having a fling with a student?
학생하고 불장난하고 있다는거야?

● **Dialog**

A: Why do you hang out in nightclubs?
B: All I really want to do is get laid.
  A: 왜 나이트클럽에서 어슬렁거리는거야? B: 내가 정말 하고 싶은 건 섹스야.

A: Marilyn and Frank seem friendly.
B: He had a fling with her years ago.
  A: 마릴린과 프랭크는 친해보여. B: 걘 몇 년 전에 즐겼던 사이야.

Screen Patterns : You won't believe how easy this is

You won't believe wh~ …을 믿지 못할거야

● **You won't believe how** easy this is. 이게 얼마나 쉬운지 믿기 어려울 걸.
● **I don't think you'll believe what** we found. 우리가 뭘 찾아냈는지 믿지 못할거야.
● **You don't believe that** a woman could enjoy being free and independent?
여자는 자유롭고 독립적인 것을 즐길 수 없다고 생각하는거야?

A: You won't believe what we are going to do. 우리가 무슨 일을 할 건지 믿지 못할거야.
B: Tell me about it. It sounds interesting. 말해봐. 흥미로운데.

내 말 알겠지
You heard me

조금은 당황하게 되는 표현. "너는 내 말을 들었다"라고 직역되는 You heard me는 아주 영어적인 표현으로 "내 얘기를 들었으니 들은대로 하라"는 다소 명령조의 문장이다. 우리말 "내 말 알겠지," "내 말 들었잖아"에 해당된다.

Screen Expressions

You heard me 내 말 알겠지, 내 말 들었잖아

> You heard me, **son, turn it down!** 시키는대로 해, 자식아. 소리줄이라고!

You heard what I said 내 말 들었잖아

> You heard what I said. **No sex.** 내가 한 말 들었지. 섹스는 없어.

I believe you heard me 내가 말했잖아

▶ I don't think you heard me 내 말 못들었구만

> **Don't act that way.** I believe you heard me.
> 그런 식으로 행동하지마. 내가 말했잖아.

이 표현이 나오는 영화
〈러브액츄얼리〉
〈굿럭척〉
〈친구와 연인사이〉
〈첫키스만 50번째〉

Dialog

A: Did you say you saw the police?

B: You heard me. The cops are here.

A: 경찰을 봤다고 했어? B: 말했잖아. 여기에 경찰이 와 있다고.

A: What are you talking about?

B: You heard what I said. I quit.

A: 너 무슨 말 하는거야? B: 내 말 들었잖아. 난 그만둔다고.

Screen Patterns : You didn't know I loved you?

You don't know anything about~ 넌 …에 대해서 아무 것도 몰라

- **You don't know anything about** me, do you? 나에 대해 아무것도 모르지, 그지?
- **You don't know how much that** means to me. 이게 나한테 얼마나 큰 의미인지 넌 몰라.
- **You don't know why** she got angry? 왜 걔가 화를 냈는지 몰라?
- **You didn't know** I loved you? 내가 널 사랑하는 걸 몰랐다는거야?

A: He never talked about you. 걘 너에 대해서 말한 적이 없어.

B: You don't know anything about me then, do you? 그럼 넌 나에 대해 아무것도 모른다 이거야?

아직 밴스 씨 밑에서 일해?

You still working for Vance?

「work for+사람[회사]」는 「…를 위해 일을 하다」, 즉 「…에서 일하다」는 뜻으로 가장 유명한 표현으로 "어디서 일하냐"고 묻는 Who do you work for?가 있다. 물론 work at[in]~이라고 해도 된다. I'm working as~라고 하면 어떤 신분으로 일을 했는지 말할 때 사용한다.

● Screen Expressions

work for sb …에서 일하다

You used to work for Frankie Flynn?
넌 프랭키 플린 밑에서 일했었지?

work at[in]~ …에서 일하다

I'm grateful not to work at that company.
저 회사에서 일하지 않게 돼 감사해.

work as …로 일하다

I work for myself as a freelance writer.
프리랜서 작가로 혼자 일해.

이 표현이 나오는 영화

〈러브액츄얼리〉
〈굿럭척〉
〈친구와 연인사이〉
〈첫키스만 50번째〉

● Dialog

A: How long have you worked here?

B: I've worked for IBM for three years.

A: 여기서 일한지 얼마나 됐어? B: IBM에서 3년간 일했어.

A: I have no idea what Sabrina does for a living.

B: She works as a flight attendant.

A: 사브리나가 무슨 일 하는지 모르겠어. B: 항공기 승무원으로 일해.

Screen Patterns : I can tell people you're good in bed

I can tell that S+V …라 할 수 있지

- **I can tell** you don't really like me. 사실은 네가 날 싫어한다는 걸 알겠어.
- **I can tell you** why I did. 내가 왜 그랬는지 말해줄 수 있어.
- **I can't tell you** that he works hard. 걔가 열심히 일한다고 말할 수는 없지.
- **Can I tell you what** else they have in common? 걔네들의 다른 공통점을 말해줄까?

A: That was a beautiful wedding. 아름다운 결혼식이었어.

B: I can tell that **they will be happy.** 걔네들 행복할거라고 할 수 있겠어.

깨가 이미 너보다 선수쳤어

He already beat you to the punch

beat은 「패다」로, 「늘씬 패주다」는 beat sb to death나 beat sb to a pulp라고 하면 된다. 물론 beat the shit out of sb라고 강조해줘도 된다. 또한 「기선을 제압하다」는 beat sb to the punch라고 하면 된다. 참고로 hit sb hard는 「치명타를 가하다」, 수동태로 be hit hard하면 「강한 타격을 받다」가 된다.

● **Screen Expressions**

beat sb to death[a pulp] 늘씬 패주다

The best way to punish a guy is to beat **him** to death.
혼내는 가장 좋은 방법은 죽도록 패는거야.

beat sb to the punch 기선을 제압하다

Stop beating **me** to the punch!
그만 좀 선수치라고!

be hit hard 강한 타격을 받다

Just make sure you hit hard **enough to leave a mark.**
자국이 남도록 심하게 확실히 때리도록 해.

이 표현이 나오는 영화
〈미비포유〉
〈브리짓 존스의 일기〉
〈악마는 프라다를 입는다〉
〈첫키스만 50번째〉

● **Dialog**

A: Art was fighting some guys in a bar?

B: They just beat him to a pulp.

  A: 아트가 바에서 어떤 놈들이랑 싸웠다고? B: 걔를 늘씬 패더라고.

A: It looks like blood is coming from his head.

B: He was hit hard and is going to the hospital.

  A: 걔 머리에서 피가 흐르는 것 같아. B: 걘 강한 타격을 받아서 병원에 가는 중이야.

I don't see why ~ can('t)+V 왜 …할 수 있[없]는지 모르겠어

• **I don't see why** I can't go, Mom. 엄마, 내가 왜 갈 수 없는지 모르겠어.

• **I don't see why** we have to be so nice to her. 난 왜 우리가 걔한테 친절해야 하는지 모르겠어.

• **I don't understand why** you're being so nice to me. 네가 왜 그렇게 나에게 잘해주는지 이해가 안돼.

A: I don't see why Marie can't come say hello. 메리는 왜 와서 인사를 하지 않는지 모르겠어.

B: She is a snob and is ignoring us. 속물이어서 우리를 무시해.

너 해냈구나!, 너 왔구나!

You made it!

약속장소에 시간에 맞게 도착하는 것을 make it이라고 한다. 보통은 「장소」 전치사 to와 함께 「…에 때맞춰 도착하다」(arrive in time)라는 뜻으로 쓰이며, 또한 비유적으로는 「성공하다」(succeed)라는 의미로도 사용되기 때문에 문맥에 따라 잘 구분해야 한다.

● Screen Expressions

make it (to~) …에 도착하다

I almost didn't make it to the party. 그 파티에 못 갈 뻔했어.

I'm glad you could make it. Thanks for coming.
네가 와서 기뻐. 와줘서 고마워.

make it 성공하다, 해내다 ▶ I made it! 내가 해냈어! = I did it!

You were so great. You made it! 너 대단했어. 네가 해냈어!

make it big 크게 성공하다 = make it to the big time

You know the percentage of bands that make it to the big time?
뮤직밴드가 크게 성공할 확률아니?

이 표현이 나오는 영화
〈이프온리〉
〈브리짓 존스의 베이비〉
〈로맨틱 홀리데이〉
〈러브액츄얼리〉
〈쉬즈더맨〉
〈노팅힐〉

● Dialog

A: Are you going to make it to the reception?

B: I can't. I'll be out of town.

A: 연회장에 올거야? B: 못 가. 시내에 없을거야.

A: Paul has a ton of money these days.

B: He always said he wanted to make it big.

A: 폴은 요즘 많은 돈을 벌었어. B: 갠 언제나 크게 성공하고 싶다고 말했어.

Screen Patterns : I don't know much about his family

I don't know much about~ …에 대해 잘 몰라

● **I don't know much about** his family. 난 걔 가족에 대해 잘 몰라.

● **I don't know why** I keep falling in love so easily. 내가 왜 그렇게 쉽게 사랑에 빠지는지 모르겠어.

● **I don't know what** else I can do to improve it. 그게 나아지게 하기 위해 달리 어떻게 해야 할지 모르겠어.

A: Didn't you break up with Jackie years ago? 넌 오래 전에 재키와 헤어지지 않았어?

B: I don't know why I keep thinking of her. 왜 내가 계속 걔를 생각하는지 모르겠어.

그렇게 될 줄 몰랐어, 이럴 줄 몰랐어

I didn't see it coming

see sth coming하면 「…가 다가오다」, 「임박하다」라는 뜻으로 쓰이는데, sth은 주로 어려움 등을 뜻한다. 위 문장은 이처럼 어려운 상황이 될 줄 몰랐다라는 뜻이고, You see that coming?하면 "그럴 줄 알았어?"라고 물어보는 문장이 된다. 한편 have sth coming하면 「스스로 자초하다」라는 뜻이 된다.

● **Screen Expressions**

see it[that] coming 어려운 상황이 될 줄 알다

Did you see that coming?
너 그럴 줄 알았어?

He never, ever saw it coming **at all.**
걘 그럴 줄 전혀 몰랐어.

have sth coming 어려운 상황을 자초하다

You had it coming. = **You asked for it.**
네가 자초한거야.

You had it coming. **You refused to study.**
네가 자초한거야. 공부하기 싫어했잖아.

이 표현이 나오는 영화
〈첫키스만 50번째〉
〈500일의 썸머〉
〈로맨틱 홀리데이〉
〈브리짓 존스의 일기〉

● **Dialog**

A: How sad that your grandfather died.

B: It was a shock. I didn't see it coming.

    A: 네 할아버지가 돌아가시다니 참 안됐네.   B: 충격이었어. 이렇게 될 줄 몰랐어.

A: They kicked me out of the tavern.

B: You were a jerk. You had it coming!

    A: 걔네들이 술집에서 날 쫓아냈어.   B: 넌 머저리였잖아. 네가 자초한거야!

Screen Patterns : Correct me if I'm wrong

Correct me if S+V …하면 고쳐줘

• **Correct me if** I don't have it right. 내가 틀리면 고쳐줘.

• And **correct me if** I'm wrong. I've always treated you fair. 내가 틀렸으면 말해줘. 난 항상 널 공정하게 대했잖아.

• **Correct me if** I'm wrong but did you just say that the baby could be either of ours? 틀리면 말해주세요. 하지만 방금 우리 둘 중 한명의 아이라고 말하셨나요?

    A: You plan to ask him on a date? 걔한테 데이트 신청할거라고?

    B: **Correct me if** you feel it is a mistake. 그게 실수라고 생각되면 말해줘.

일부러 그런 것은 아냐

I didn't mean it

mean it은 「진심이다」, 「정말이다」라는 의미. I didn't mean it[that]의 형태로 "고의로 그런 것은 아니냐"라는 뜻으로 쓰이는 경우를 살펴본다. 역으로 You don't mean it하면 "너 진심아니지," "농담이지." I didn't mean to+V는 「일부러 …하는 것은 아냐」라는 표현이 된다.

● **Screen Expressions**

I didn't mean it[that] 일부러 그런 것은 아냐

Whatever I said, I was drunk, I didn't mean it.
내가 뭐라 했든. 난 취했었어. 일부러 그런 게 아냐.

You don't mean it[that] 장난이지

You don't mean it. **You're just angry.**
진심 아니지. 넌 그냥 화가 난거야.

I didn't mean to+V 일부러 …한 것은 아냐

We slept together. I didn't plan on it. I didn't mean to.
우리는 함께 잤어. 계획에 없던거야. 그럴 생각이 아니었어.

이 표현이 나오는 영화
〈어바웃 타임〉
〈노트북〉
〈로맨틱 홀리데이〉
〈브리짓 존스의 일기〉
〈이프온리〉
〈악마는 프라다를 입는다〉

● **Dialog**

A: You said you didn't like my personality.

B: I'm very sorry. I didn't mean it.

    A: 넌 내 성격이 맘에 안든다고 했잖아. B: 정말 미안해. 일부러 그런 것은 아냐.

A: You hardly spoke to me the entire night.

B: I didn't mean to ignore you.

    A: 저녁내내 내게 거의 말을 걸지 않네. B: 널 무시하려는 것은 아니었어.

Screen Patterns : I wouldn't be surprised if they show up

Don't be surprised if S+V …해도 놀라지마

● **Don't be surprised if** I just pop in unannounced just to check up.
점검차 예고없이 들러도 놀라지마.

● **I wouldn't be surprised to** find you have a stalker. 너를 쫓아다니는 사람이 있다고 해도 놀라지 않을거야.

● **I wouldn't be surprised if** they show up. 걔네들이 나타나도 난 놀라지 않을거야.

A: This computer is a piece of shit! 이 컴퓨터는 쓸모없어!

B: Don't be surprised if it breaks again. 다시 고장나도 놀라지마.

개를 설득해서 그걸 하지 못하게 할 수 없었어
I couldn't talk her out of it

talk sb into~하면 「sb를 설득하여 …하게 하다」라는 의미. 특히 talk sb into it[this] 형태가 많이 쓰인다. sb 자리에 oneself가 와서 talk oneself into하면 「맘잡고 …해보다」라는 뜻. 반대로 talk sb out of~는 반대로 「sb를 설득해서 …하지 못하게 하다」라는 의미. of 다음에는 명사나 ~ing가 오게 된다.

● Screen Expressions

talk sb into~ …을 설득하여 …하도록 하게 하다

I'm glad you talked me into this.
날 설득해서 이걸 하게 해줘서 고마워.

talk oneself into~ 맘잡고 …하다

First, I would have to talk myself into trying again.
먼저 내가 맘잡고 다시 해봐야 될 것 같아.

talk sb out of~ 설득해서 …하지 못하게 하다

Talk her out of it.
개 설득해서 그거 못하게 해.

이 표현이 나오는 영화
〈왓이프〉
〈첫키스만 50번째〉
〈로맨틱 홀리데이〉

● Dialog

A: Mike took you to see the ocean?

B: He talked me into coming along.

A: 마이크가 널 데리고 바다구경 했다는 말야?   B: 날 설득해서 함께 가자고 했어.

A: Nelson gets drunk every night of the week.

B: There's no way to talk him out of drinking.

A: 넬슨은 주중 매일 밤 술에 취해.   B: 걜 설득해서 술을 안마시게 할 방법이 없어.

Screen Patterns : I can take it if it's that

I can take it 참을 수 있어, 받아들일 수 있어

• She's pretty hard on me, but **I can take it.** 걘 날 심하게 대하지만 난 참을 수 있어.

• **I can't take it** anymore! This man is straight! 더 이상 못참겠어! 이 남자는 너무 답답해!

• Am I not your type? **I can take it if** it's that. 내가 당신 타입이 아네요? 그렇다면 받아들일게요.

A: I hear you guys fighting all the time. 너희들 늘상 싸운다며.

B: This is too stressful. I can't take it. 너무 스트레스 받아. 참을 수가 없어.

상스런 말해서 미안해
Pardon my French

상스러운 말을 하기 전이나 하고 나서 상대에게 사과하는 표현. 이걸 프랑스어를 써서 미안하다고 하면 큰 오역. French하면 상스러운 욕도 잘하고 키스도 진하게 하는 등의 의미를 담고 있다. 그래서 Friends with benefits?! Are you French?하면 "섹스친구?! 네가 프랑스인이야?"라고 하는 말.

Screen Expressions

Pardon my French[language, expression] 욕설해서 미안

▶ Pardon 대신에 Excuse를 써도 된다.

If you'll pardon the expression, 이런 표현을 써도 될지 모르겠습니다만.

watch one's language 말조심하다

I asked you to watch your language. 말조심하라고 말했잖아.

I'm sorry for my profanity 욕설을 해서 미안해

I'm sorry for my profanity. **I didn't mean to shock anyone.**
욕설을 해서 미안해. 누구를 놀라게 하려는 것은 아녔어.

이 표현이 나오는 영화
〈굿럭척〉
〈프렌즈 위드 베네핏〉
〈로맨틱 홀리데이〉

Dialog

A: How is your new relationship going?

B: It's all fucked up, pardon my French.

A: 새로운 관계는 어떻게 돼가? B: 완전히 좆됐어, 험한 말해서 미안해.

A: The new guy fucked up our computers.

B: Could you watch your language around the kids?

A: 새로운 사람이 컴퓨터를 개판으로 만들어놨어. B: 애들 옆에 있는데 말 조심할래?

Screen Patterns : I can't say I like her

I can say S+V …라고 말할 수는 있어

- **I can say** he impressed us. 걔가 우리에게 강한 인상을 줬다고 할 수 있지.
- **I can't say that** I like him. 내가 걜 좋아한다고 할 수는 없지.
- **I won't say** it's been a pleasure. 즐거웠다고 말하지 않을게.

A: How was your vacation in Thailand? 태국에서의 휴가는 어땠어?

B: I can say we met some interesting people. 흥미로운 사람들을 좀 만나기는 했어.

신세가 많아
I owe you one

뭔가 도움을 받고 난 후에 "너한테 신세졌어"라고 하는 표현. 여기서 one은 그냥 「신세진 것」을 말한다. I owe you big time과 같은 의미. 또한 I owe you an apology는 사과를 빚겼다라는 말로 "내가 사과할게," 반대로 You owe me an apology하면 "너 나한테 사과해야 돼"라는 뜻이 된다.

● **Screen Expressions**

이 표현이 나오는 영화
〈프렌즈 위드 베네핏〉
〈브리짓 존스의 일기〉
〈브리짓 존스의 베이비〉

I owe you one 신세 많이 졌어

Keep your mouth shut, I owe you one. 비밀로 해줘, 내 신세졌어.

I owe you big time 신세 많이 졌어

Thanks for coming over. I owe you big time. 와줘서 고마워. 신세 많이 졌어.

I owe you an apology 내가 사과할게

⇔ You owe me an apology 넌 내게 사과해야 돼

I owe you an apology. **I don't know how I can make it up to you.**
사과할게. 어떻게 보상해야 할지 모르겠어.

● **Dialog**

A: Here's the money you wanted to borrow.

B: Thanks buddy. I owe you one.

　A: 여기 네가 빌리고 싶어했던 돈이야.　B: 친구야 고마워. 큰 신세졌어.

A: I mistakenly broke your sunglasses.

B: If that's true, you owe me an apology.

　A: 내가 실수로 네 선글라스를 깨트렸어.　B: 그게 사실이면 넌 내게 사과해야 돼.

Screen Patterns : I wish I had a girlfriend

I wish I had+명사 내게 …가 있으면 좋겠어

● **I wish I had** a girlfriend. 여자친구가 있으면 좋겠어.

● **I wish I was** as good a cook as Randy. 내가 랜디처럼 요리를 잘했으면 좋겠어.

● I know **you wish I was** making all this stuff up. 내가 이 모든 것을 꾸며낸거라 생각하고 싶은거 알아요.

● **I wish I could** turn back the clock and make it yesterday. 시간을 거꾸로 돌려서 어제로 만들 수 있다면 좋겠어.

A: The concert is several miles away. 그 콘서트는 멀리 떨어진 곳에서 열려.

B: I wish I had a car to drive there. 몰고 갈 차가 있다면 좋겠다.

내 예약을 9시로 미뤄주세요

Push my reservation to nine

예약이나 일정 등을 뒤로 미룰 때는 push[move] to~를 쓰며, 반대로 일정을 당길 때는 push up to~
혹은 move ~ up to~을 쓰면 된다. up의 있고 없음에 주목한다.

Screen Expressions

push the reservation 예약을 미루다

We'll have to push the reservation **to another night.**
우리 예약을 다른 저녁으로 미뤄야 될 것 같아요.

push the PT up a half an hour 발표회를 30분 당기다

▶ push sth back to~ …을 늦추다

The exam start time has been pushed up a half an hour.
시험시작 시간이 30분 앞당겨졌어.

move ~ up to 일정을 당기다

Let's move **our date** up to **seven o'clock.** 우리 데이트를 7시로 앞당기자.

Dialog

A: There's no way I can get there in an hour.

B: Call the restaurant and push the reservation to 10.

A: 한 시간내로 거기에 도저히 못가. B: 식당에 전화해서 예약을 10시로 미뤄.

A: We're supposed to gather in the conference room at three.

B: Can we move the meeting up to an earlier time?

A: 우리는 3시에 회의실에 모여야 돼. B: 좀 더 이른 시간으로 당길 수 있을까?

Screen Patterns : Why would I lie to you?

Why would I be+형용사? 내가 왜 …하겠어?

• **Why would I be** mad at you? 내가 왜 너한테 화를 내겠어?

• **Why would I lie** to someone I'm fairly fond of? 내가 무척 좋아하는 사람에게 왜 거짓말을 하겠어?

• If I knew, **why wouldn't** I say? 내가 알고 있다면 왜 말하지 않겠어?

A: You should go flirt with her boyfriend. 가서 그녀의 남친에게 집적대봐.

B: Why would I like to cause problems? 내가 왜 문제를 일으키려고 하겠어?

듣고 있으니 어서 말해
I'm listening

내가 귀기울이고 있으니 「어서 말해」라고 재촉하는 표현이다. 반대로 I'm not listening은 "네 말 안들을래," listen to sb을 이용한 You're not listening to me하면 상대가 자신의 말에 집중하지 않을 때 질책하면서 쓸 수 있는 말. 이럴 때 "내 말을 끝까지 좀 들어봐"라고 하려면 Hear me out이라고 한다.

● Screen Expressions

I'm listening 어서 말해 ▶ **I'm not listening** 네 말 안들을래

I'm listening. Talk fast. 듣고 있어, 빨리 말해

You're not listening to me 너 내 말 안듣는구나

▶ **Are you listening to me?** 내 말 듣고 있어?

I feel like you are not listening to me. 네가 내 말을 듣지 않는 것 같아.

Hear me out 내 말 끝까지 들어봐

Please, hear me out. This is important.
제발 내 말 좀 끝까지 들어봐. 중요한 문제라고.

● Dialog

A: Look, there's something I need to tell you.

B: Go ahead and explain. I'm listening.

　A: 저기, 네게 해야 될 말이 있어.　B: 어서 설명해봐. 듣고 싶어.

A: Hey, are you listening to me?

B: Yeah, sorry. I was just feeling sleepy.

　A: 야, 너 내 말 듣고 있어?　B: 어, 미안. 좀 졸렸어.

Screen Patterns : Are you still working on it?

I've got to work on~ …일을 해야 돼 ▶ **I'm going to work on~** …일을 할거야

- **I'm going to work on** this stuff at home tonight. 오늘 밤 집에서 이 일을 할거야.

- **I was working on** a crossword puzzle when you called this morning.
아침에 네가 전화할 때 난 크로스워드 퍼즐을 풀고 있었어.

- You were up all night **working on that project.** 너 밤새고 그 프로젝트 일했지.

A: **Why are you staying in your hotel room?** 왜 호텔방에 남아 있는거야?

B: I've got to work on **my speech.** 연설문 준비해야 돼.

나도 그래
Likewise

조금은 오래된 표현으로 일상생활에서는 그렇게 자주 쓰이지는 않지만 스크린에서는 종종 나오는 표현이다. 만나서 상대방이 반갑다는 인사를 하면 "이하동문이야," "마찬가지야"라는 의미로 이 단어를 쓰면 된다. 이런 대구로는 You too, So do I, Me neither 등이 있다.

Screen Expressions

Likewise 나도 마찬가지야

Likewise, **and thanks again for letting me stay here.**
마찬가지야. 그리고 여기 머물게 해줘서 다시 한번 고마워.

You too 나도 그래

You too. **Let's get together again soon.**
나도 그래(It was nice talking to you too의 준 표현). 곧 다시 만나자.

So does Chris 크리스도 그래

▶ So do I 나도 그래 Me neither 나도 안그래

You deserve to be happy. And so do I. 넌 행복할 자격이 돼. 나도 그렇고.

이 표현이 나오는 영화
〈러브, 로지〉
〈브리짓 존스의 일기〉
〈악마는 프라다를 입는다〉
〈쉬즈더맨〉
〈어바웃타임〉
〈러브액츄얼리〉

Dialog

A: It was really nice meeting you.
B: Likewise.
　A: 정말 반가웠어. B: 나도.

A: Well, it was nice talking to you.
B: You too. Let's get together again soon.
　A: 얘기 나눠서 기뻤어. B: 나도 그래. 곧 다시 만나자.

Screen Patterns : How much longer are you gonna do that?

How much longer~? 얼마나 더 오래 …할거야?

- **How much longer** are you gonna do that? 얼마나 더 오래 그걸 할거야?
- **I know how much** you hate it when I'm happy. 내가 행복한 때를 네가 얼마나 싫어하는지 알고 있어.
- **I don't know how much** help she's going to be. 걔가 얼마나 도움이 될지 모르겠어.

A: How much longer **are they staying?** 걔네들 얼마나 더 오래 남아있을거래?
B: They say they'll be here a few more days. 며칠 더 남아있을거래.

하늘에 두고 맹세하건대

I swear to God

I swear는 "맹세해," "정말야"라는 뜻으로 문장의 앞뒤에서 활약한다. 이게 약하다 싶으면 신을 모셔와서 I swear to God이라고 한다. 또한 swear on sb[sth]이 있는데 이는 맹세할 때 「…을 두고[걸고] 맹세하다」에 해당되는 표현이다. I swear to God[on sb/sth] 다음에는 S+V을 연결해서 쓸 수 있다.

Screen Expressions

I swear, 정말이야, 맹세해 ▶ I swear to God 하늘에 두고 맹세코

I didn't know anything about this, I swear.
난 이거에 대해 전혀 몰라, 정말야.

swear on sb[sth] …을 걸고 맹세하다

▶ I swear on sb[sth] S+V …을 걸고 …을 맹세해

I swear to God, I am done with guys like that.
하늘에 두고 맹세하는데, 저런 놈들하고는 끝이야.

Then swear on my life that you didn't sleep with her.
그럼 내 목숨을 걸고 걔와 안잤다고 맹세해봐.

Dialog

A: You really saw a UFO?

B: I swear to God, I saw it right there.

A: 너 정말 UFO 봤어? B: 정말이야, 바로 저기에서 봤다고.

A: There was no money anywhere in the house.

B: I swear on the Bible, I left the money on the table.

A: 이 집 어느 구석에도 돈이 없었어. B: 성경에 두고 맹세코, 테이블 위에 돈을 남겨 놨다고.

스크린 명대사 : 500일의 썸머

"What if I'd gone to the movies?
What if I had gone somewhere else for lunch?
What if I'd gotten there 10 minutes later? It was meant to be." - Summer

내가 영화를 보러 갔더라면 어떻게 됐을까?
내가 점심먹으러 다른 곳으로 갔더라면 어떻게 됐을까?
내가 10분 늦게 도착했다면 어땠을까? 그건 운명적인 만남이었어.

정말이야, 잘 들어,

I'm telling you,

「정말이야」, 「잘 들어」라는 말. I'm telling you S+V의 형태로 자신의 말하는 내용을 붙여 써도 된다. 반대로 You're telling me는 상대방의 말에 강한 동의를 하는 것으로 "정말 그래," "누가 아니래," "나도 알아" 등의 의미. S+V를 붙여 You're telling me S+V하면 「…라고 말하는거야?」라는 표현.

● **Screen Expressions**

I'm telling you, 정말이야, 잘 들어 ▶ I'm telling you S+V 정말이지 …야

I'm telling you, **something's wrong!**
잘 들어. 뭔가 이상해!

You're telling me 정말 그래, 누가 아니래

▶ You're telling me S+V …라는거야?

You're telling me. **There's no need to be embarrassed.**
정말 그래. 당황해할 필요없어.

Tell me about it 누가 아니래, 네 말이 맞아

Tell me about it. **It's so frustrating.** 네 말이 맞아. 정말 실망스러워.

이 표현이 나오는 영화
〈노트북〉
〈쉬즈더맨〉

● **Dialog**

A: Samantha looks like a sweet girl.

B: I'm telling you, she's a troublemaker.

A: 사만다는 착한 여자애 같아. B: 정말이지, 걘 문제아야.

A: He is always hitting on married women.

B: You're telling me. What an asshole.

A: 걘 항상 유부녀를 유혹해. B: 정말 그래. 정말 한심한 놈이야.

Screen Patterns : Why can't you just marry me?

Why can't you+V? 넌 왜 …을 할 수 없는거야?

- **Why can't you just** marry me? 넌 왜 나와 결혼을 할 수 없는거야?
- **Why can't you just** admit that she's your girlfriend? 걔가 네 여친이라는걸 왜 인정할 수 없는거야?
- **Why can't you just** let me die in peace? 넌 왜 내가 평안하게 죽도록 내버려두지 않는거야?
- **Why couldn't you just** tell me this? 왜 내게 이 얘기를 하지 않았어?

A: It hasn't been possible to contact Gina. 지나에게 연락할 수가 없었어.

B: Why can't you write her an e-mail? 왜 이멜은 써볼 수 없는거야?

이게 어때, 실은 이래
I'll tell you what

상대방에게 뭔가 제안하기 위해 말을 꺼내면서 서두에 하는 말로 앞서 나온 You know what?이나 Guess what?과 같은 계열의 표현이다. 그냥 Tell you what이라고 해도 된다. Let me tell you something이나 I have to tell you (something)도 뭔가 말하기 전에 꺼내는 문구이다.

● **Screen Expressions**

(I'll) Tell you what 이게 어때, 실은 이래

I'll tell you what. How about I cook dinner at my place?
이럼 어때. 우리 집에서 저녁 해먹자?

Let me tell you something 내 말 좀 들어봐, 내 말할게 있어

Let me tell you something. Your girlfriend isn't cute.
말할게 있는데. 네 애인 안 귀여워.

I have to tell you (something) (진지하게) 정말이지, 할 말이 있는데

I have to tell you something. It's about your ex-wife.
말할게 있는데 네 전 부인 이야기야.

이 표현이 나오는 영화
〈프로포즈〉
〈어바웃타임〉
〈러브액츄얼리〉
〈노팅힐〉
〈브리짓 존스의 일기〉
〈첫키스만 50번째〉
〈프렌즈 위드 베네핏〉
〈미비포유〉

● **Dialog**

A: I feel so bad about our argument.
B: I'll tell you what. Let's just forget it.
   A: 우리가 싸워서 슬퍼. B: 저기 말야. 우리 그거 잊어버리자.

A: At this point, I should have a much better job.
B: Let me tell you something. Life isn't fair.
   A: 지금쯤이면, 난 훨씬 더 나은 직장에서 일해야 하는데. B: 내가 말해줄게. 인생은 공평하지 않은거야.

Screen Patterns : Make a good impression on your boss

I get the impression S+V …하다는 인상을 받다

- **I got the impression** he was going to meet someone. 걔가 누군가를 만날 것 같은 인상을 받았어.
- **You gave us the impression that** you could handle him. 넌 네가 걜 다룰 수 있다는 인상을 줬어.
- I think **you made a strong impression on** your father-in-law.
  네가 장인에게 강한 인상을 심어 줬다고 생각해.

A: Steve just uses the Internet all day long. 스티브는 하루 종일 인터넷을 해.
B: I get the impression he is lazy. 게으르다는 인상을 받아.

얘기 끊어서 미안하지만,

I hate to break this up,

그밖에 I don't know how to tell you this, but~은 「어떻게 이걸 말해야 할지 모르겠지만」, It's kind of hard to explain(설명하기 좀 어렵지만), I'll tell you the truth(내 사실을 말해줄게), like I said(내가 말한 것 처럼), if you ask me(내 생각에는), the way I see it(내가 보기에는) 등이 있다.

● Screen Expressions

I hate to break this up, 얘기 끊어서 미안하지만,

I hate to break this up, **but I have to go.** 얘기 끊어서 미안하지만, 나 가야 돼.

I don't know how to tell you this,

어떻게 이걸 말해야 할지 모르겠지만,

I don't know how to tell you this, **but your wife is in the hospital.**
어떻게 말해야 할지 모르겠지만 네 아내가 병원에 있어.

If you ask me, 내 생각에는, ▶ the way I see it 내가 보기에는

If you ask me, **I think he complains too much.**
내 생각은 걔가 불평을 너무 많이 하는 것 같아.

이 표현이 나오는 영화
〈500일의 썸머〉
〈노트북〉
〈러브액츄얼리〉
〈로맨틱 홀리데이〉
〈브리짓 존스의 일기〉
〈첫키스만 50번째〉
〈프렌즈 위드 베네핏〉

● Dialog

A: I hate to break this up, but we've run out of time.

B: Too bad. It was so much fun.

A: 얘기 끊어서 미안하지만, 우리 시간이 없어. B: 안됐네. 정말 재미있었는데.

A: How do you become successful in life?

B: The way I see it, you have to try your best.

A: 어떻게 인생에서 성공하게 된거야? B: 내 생각에는, 최선을 다해야 해.

Screen Patterns : It's not my fault I got shanghaied

It's my fault that S+V …는 내 잘못이야

- Are you implying that **it's my fault that** he left? 걔가 떠난게 내 잘못이라는 말야?
- **It's not my fault** I got shanghaied. 사기당한 것은 내 잘못이 아냐.
- **It is total bullshit that** Josh got the project manager job over you.
조쉬가 너 대신에 프로젝트 팀장이 된 것은 말도 안되는 얘기야.

A: You shouldn't have gone with them. 넌 걔네들과 함께 가지 말았어야 했는데.

B: It's not my fault I got shanghaied. 내가 사기당한 것은 내 잘못이 아냐.

네가 잘 돼서 기뻐
I'm happy for you

상대방의 승진 등 좋은 소식에 같이 기뻐해주면서 하는 말. 강조하려면 happy 앞에 so나 very를 넣으면 된다. 또한 상대방의 상황을 이해한다면서 하는 말로 I don't blame you가 있는데, 이는 그냥 "너도 어쩔 수 없는 상황이니 이해가 된다" 정도로 이해하면 된다.

● Screen Expressions

I'm so[very] happy for you 네가 잘 돼서 기뻐
You look so good! We're so happy for you.
너 정말 좋아 보여! 네가 잘돼서 기뻐.

I don't blame you 이해해, 그럴 만도 해
I don't blame you. **It was an accident.**
그럴 수도 있지. 사고였는데.

I don't blame you for~ 네가 …할 만해
I don't blame you for **being angry.**
네가 화낼 만도 해.

이 표현이 나오는 영화
〈라라랜드〉
〈굿럭척〉
〈프로포즈〉
〈악마는 프라다를 입는다〉

● Dialog

A: Kyle finally asked me to marry him.
B: That's good news. I'm so happy for you.
　　A: 카일이 마침내 내게 청혼했어. B: 좋은 소식이네. 네가 잘 돼서 정말 기뻐.

A: There's no way I can turn down the promotion.
B: I don't blame you. It's a good opportunity.
　　A: 승진을 거절할 수가 없어. B: 이해해. 좋은 기회잖아.

Screen Patterns : I wouldn't wanna keep you any longer

I would not+V 난 …하지 않을거야

- **I wouldn't** wanna keep you any longer. 네 시간 많이 뺏지 않을게.
- **I wouldn't** do anything to put my girl in danger. 내 여자를 위험에 빠트리는 어떤 일도 하지 않을거야.
- There isn't anything **I wouldn't** do for my family. 가족을 위해서 내가 하지 못할 일은 아무 것도 없어.

A: Any suggestions about attending the meeting? 회의참석하는데 뭐 제안할거라도 있어?
B: I wouldn't do anything to cause trouble. 나같으면 문제일으키는 일은 그 어떤 것도 하지 않을거야.

그만할래?, 괜찮겠어?

Do you mind?

이는 두 가지 의미로 쓰인다. 상대방에게 화가 나서 "그만 좀 할래?"라고 하는 뜻이고 또 다른 하나는 상대방에게 "…해도 괜찮겠어?"라는 말로 상대방의 의향을 물어볼 때도 쓰인다. You mind ~ing?나 I hope you don't mind(~)는 「(…해도) 괜찮겠지」라는 말로 역시 상대방의 의향을 물어보는 것이다.

● **Screen Expressions**

Do you mind? 그만 좀 할래?, 괜찮겠어?

I'd like to go for a walk. Do you mind?
산책하고 싶은데, 괜찮겠어?

You mind ~ing? …해도 괜찮겠어? ▶ You mind if S+V? …해도 괜찮겠어?

You mind if **I ask you a few questions?**
질문 몇 개 좀 해도 돼?

I hope you don't mind (~) (…해도) 괜찮겠지

I hope you don't mind me calling you.
내가 네게 전화를 해도 괜찮기를 바래.

이 표현이 나오는 영화
〈첫키스만 50번째〉
〈노트북〉
〈브리짓 존스의 일기〉
〈쉬즈더맨〉

● **Dialog**

A: I want to smoke. Do you mind?

B: No, but please open up a window.

A: 담배피고 싶은데, 괜찮겠어? B: 괜찮지만 창문을 열어놓을테야.

A: Well, this must be your apartment.

B: I need to get my keys. You mind holding my umbrella?

A: 음, 이게 네 아파트이구나. B: 나 열쇠를 집어야 하니 우산 좀 들어줄테야?

Screen Patterns : I get that we need help

I get that S+V …을 알겠어, 이해해

- **I get that,** okay, **I get that** big time. 좋아, 충분히 알아들었어.
- Yeah, **we get that** a lot. 자주 듣는 핑계야.
- **I get that** guys don't want to hang out with the girl with the boyfriend.
남자들은 남친이 있는 여자하고는 놀고 싶어하지 않는걸 알겠어.

A: People are very worried about you both. 사람들은 너희 둘 모두 다 무척 걱정하고 있어.

B: I get that we need help. 우리에게 도움이 필요하다는 것을 알겠어.

직장에서 꼼짝달싹 못했어

I was tied up at work

be tied up은 「묶여있다」라는 1차적 의미에서 발전하여 비유적으로 「무슨 일에 묶여서 꼼짝달싹 못하다」라는 의미. 그게 무슨 일인지 말하려면 be tied up with sth[~ing]라고 써주면 된다. be busy (with) ~ing라고 해도 되고 keep oneself busy나 keep oneself occupied라고 해도 된다.

Screen Expressions

be tied up with~ …로 꼼짝달싹 못하다

I got a little tied up with work.
난 일하느라 좀 바빴어.

be busy with[~ing] …하느라 바쁘다

I'm sorry. I've just been so busy with work.
미안해. 난 일하느라 너무 바빴어.

keep oneself busy[occupied]~ …하느라 바쁘다

She keeps herself busy with her kids.
그녀는 아이들로 바뻐.

이 표현이 나오는 영화
〈로맨틱 홀리데이〉
〈러브액츄얼리〉
〈브리짓 존스의 일기〉
〈노팅힐〉
〈프렌즈 위드 베네핏〉
〈악마는 프라다를 입는다〉

Dialog

A: Can we talk to your lawyer?

B: He's tied up reviewing contracts.

A: 우리가 네 변호사랑 얘기해도 될까?　B: 계약서 검토하느라 정신없이 바쁜데.

A: Old people seem to get so bored.

B: It's important to keep yourself occupied.

A: 노인들은 지루한 것 같아 보여.　B: 바쁘게 뭔가 하는게 중요해.

Screen Patterns : You could use some help

I can[could] use+명사 …가 있으면 좋겠어, …가 필요해

• **We could use** more time to get this done.　이거 끝내는데 좀 더 많은 시간이 있으면 좋겠어.

• I thought **you could use** some company.　난 너에게 좀 친구가 있었으면 좋겠다고 생각했어.

• **What I could do with** a chance at a good job.　좋은 일자리에서 일할 기회가 있으면 얼마나 좋을까.

A: You won't be here tomorrow?　내일 여기에 오지 않을거야?

B: I could use a day to relax.　하루 휴식했으면 좋겠어.

넌 올바른 일을 했어
You did the right thing

do the right thing하면「올바른 일을 하다」,「일을 똑바로 하다」라는 말이 된다. 현재형으로 You're doing the right thing하게 되면 "지금 너 일을 잘하고 있어"라고 말하는 표현이 된다. Do the right thing은 〈똑바로 살아라〉라는 영화제목이기도 하다.

● **Screen Expressions**

You did the right thing 올바른 일을 했어

You didn't let me down. You did the right thing.
넌 날 실망시키지 않았어, 제대로 했어.

You're doing the right thing 일을 제대로 하고 있어

Don't worry. You're doing the right thing.
걱정마. 넌 일을 제대로 하고 있어.

이 표현이 나오는 영화
〈500일의 썸머〉
〈미비포유〉

● **Dialog**

A: I wonder if I did the right thing.
B: I'm sure you did.

A: 내가 옳은 일을 한 건지 모르겠네. B: 분명 잘 한거야.

스크린 명대사 : 브리짓 존스의 베이비

"I still love him, just like yours.
As you were, are, and always will be." - Darcy

그래도 그 아이를 사랑할거예요.
당신을 사랑하듯이요. 당신의 과거, 현재, 미래까지 사랑해요. 있는 그대로의 당신을..

차 있는데까지 태워줄까?

Do you want a ride to your car?

ride는 「차를 타는 것」을 말해서 give sb a ride는 「차태워주다」, 「집까지 태워다주다」라고 하려면 give sb a ride home이라고 한다. ride는 lift로 바꿔써도 된다. 또한 give 대신 get을 써서 get a ride하면 「차를 얻어타는」 것을 말한다. 그래서 "차 얻어타고 파티에 왔다"는 I got a lift to the party.

Screen Expressions

give sb a ride[lift] …을 차 태워주다 ▶ get a ride[lift] 차를 얻어타다

How about I give you a ride home?
내가 집까지 데려다 줄까?

offer sb a ride[lift] 차 태워주겠다고 하다

▶ want a ride[lift] 차 태워달라고 하다

Can I offer you a lift home? 집까지 차로 데려다줄까?

walk sb to the car 차 있는데까지 …와 함께 걸어가다

Would you like to walk me to my car? 내 차 있는 데까지 함께 걸어가 줄테야?

이 표현이 나오는 영화
〈라라랜드〉
〈어바웃타임〉
〈로맨틱 홀리데이〉

Dialog

A: Do you want me to give you a ride to the airport?

B: Yes, I would really appreciate it.

A: 내가 공항까지 태워다줄까? B: 그래주면 정말 고맙지.

A: Want a ride to the subway?

B: No, it's only a short distance away.

A: 전철역까지 태워다줄까? B: 아니, 바로 가까이 있는데 뭐.

Screen Patterns : Deep down, I knew better

Deep down, S+V 사실은 …해

- **Deep down,** you didn't want to show up at the party. 사실은 넌 파티에 오고 싶지 않았어.
- **Deep down,** you just know she's a bitch. 사실은 걔가 나쁜 년이라는거 넌 알고 있어.
- They called her a bitch, but **deep down,** they know she's right.
  걔들은 그녀를 나쁜 년이라고 불렀지만 사실은 걔가 맞다는 걸 알아.

A: Karen never seems sad that she's single. 카렌은 독신인 것을 전혀 슬퍼하지 않는 것 같아.

B: Deep down, she worries about it. 사실은, 걱정을 하고 있어.

나를 다시 불러줘서 고마워
Thanks for having me back

have sb는 「…와 함께 하다」, 「…가 오다」 등의 의미이고, have sb back은 「다시 …와 함께 하다」, 「…가 다시 오다」, 혹은 「…을 다시 부르다」라는 뜻. 또한 같은 맥락에서 have company란 표현이 있는데 이는 「손님이나 일행이 있다」라는 의미이고 keep sb company는 「…와 말동무하다」라는 뜻이다.

● **Screen Expressions**

have sb (back) …와 (다시) 함께 하다, 불러주다

Good to have you back. 너와 다시 함께 해서 좋아.

have company 일행이 있다, 손님이 있다

You have company? 손님이 있어?
Do you want some company? 말동무가 필요해?

keep sb company …와 말동무하다

Thanks for keeping me company.
나와 말동무해줘서 고마워.

이 표현이 나오는 영화
〈라라랜드〉
〈어바웃타임〉
〈로맨틱 홀리데이〉
〈러브액츄얼리〉
〈프로포즈〉
〈프렌즈 위드 베네핏〉

● **Dialog**

A: Hey Tracey. Good to have you back.
B: Thanks. I'm ready to start working.
> A: 안녕, 트레이시. 너와 다시 함께 해서 기뻐. B: 고마워. 난 일할 준비됐어.

A: Please keep me company tonight.
B: I can only stay for a few hours.
> A: 오늘밤 말동무 해줘. B: 몇 시간 밖에 못 있어.

Screen Patterns : Don't you dare touch me!

Don't you dare+V 네 멋대로 …하지 마라

- Don't touch me. **Don't you dare** touch me! 만지지 마. 만질 생각은 꿈도 꾸지마!
- **How dare you** give me that look? 어떻게 나를 그런 식으로 쳐다볼 수가 있어?
- **How dare you** invite strange men into my home! 어떻게 네가 감히 낯선 사람들을 우리 집에 초대할 수 있어!

A: I saw you kissing that guy. 너 저 남자하고 키스하는거 봤어.
B: Don't you dare tell anyone about it! 아무한테도 얘기하지마!

그랬어?
You did?

맞장구치는 표현. 상대방이 과거의 행동을 말했으면 You did?, 현재형으로 말하면 You do?라고 한다. 물론 be동사를 쓰면 You were?, You are?라고 한다. 또한 You did what?이라고 하면 "뭘했다고?"라는 말로 무슨 일을 했다는건지 잘 못들었을 경우나 믿기지 않는 행동을 했다고 했을 때 쓴다.

● **Screen Expressions**

You did? 그랬어? ▶ You do? 그래?

You did? What was he talking about?
그랬어? 걔는 뭐랬어?

You were? 그랬어? ▶ You are? 그래?

You were? I didn't see you.
그랬어? 난 널 못봤는데.

You did what? 뭘 어쨌다고? ▶ You're what? 뭘 어쩐다고?

You did what? I can't believe it.
뭘했다고? 안 믿어져.

이 표현이 나오는 영화
〈500일의 썸머〉
〈쉬즈더맨〉
〈친구와 연인사이〉

● **Dialog**

A: I had to spend some time in hospital.
B: You did? What caused you to do that?
　A: 병원에 좀 입원해야됐어. B: 그랬어? 왜 그랬는데?

A: I went to get plastic surgery.
B: You did what? No one told me.
　A: 성형수술 받으러 갔어. B: 뭘 했다고? 아무도 말해주지 않았는데.

Screen Patterns : What is it that all women want?

What is it about~? …는 뭐야?

- **What is it about** eating cereal for breakfast? 아침으로 시리얼을 먹는게 왜 중요해?
- **What is it that** you want me to say to you? 나보고 너한테 무슨 말을 하라는거야?
- **What is it that** I do best? 내가 제일 잘하는게 뭐라는거야?
- **What is it** you've done? 너 무슨 짓을 저지른거야?

A: Oh my God, that was so scary! 맙소사, 정말 무서웠어!
B: What is it that you saw out there? 밖에서 네가 본게 뭔데?

네게 보상해줄게
Let me make it up to you

자신의 실수 등을 「보상」하겠다고 하는 말. make it up to sb의 형태로 쓰이며 make up for sth이라고 써도 된다. make up for 다음에는 보상해야 할 잃어버린 것을 나타내는 명사가 오며, make it up to~ 다음에는 sb가 와서 sb에게 끼친 실수나 문제 등을 보상하겠다는 미안한 마음을 담고 있다.

● **Screen Expressions**

이 표현이 나오는 영화
〈라라랜드〉
〈굿럭척〉
〈어바웃타임〉

make it up to sb …에게 보상하다

I screwed up. I'll make it up to you.
내가 망쳤어. 내가 보상해줄게.

Don't leave. Let me make it up to you. Let me buy you a drink.
가지마. 보상해줄게. 술 한잔 살게.

make up for sth …을 보상하다

You want to do this to make up for the past?
과거를 보상하기 위해 이걸 하고 싶은거야?

● **Dialog**

A: What can I do to make it up to you?

B: Nothing, just don't do it again.

A: 어떻게 하면 이 실수를 만회할 수 있을까요? B: 아무것도 필요없어요. 다시 그러지 않기만 하면 돼요.

A: So Brad didn't show up for your date?

B: He took me out later to make up for the mistake.

A: 그래 브래드가 데이트 장소에 오지 않았다고? B: 실수를 보상한다고 나중에 나를 데리고 외출했어.

Screen Patterns : What is it with you today?

What is with sb[sth]? …는 왜 그래?

• **What's with** the pants? 바지가 왜 그래?
• **What's with** your hair? 머리가 왜 그래?
• **What's up with not** calling me back? 어쩐 일로 내게 전화를 다시 하지 않은거야?
• You are acting strangely today. **What's with** you? 너 오늘 이상해. 무슨 일야?

A: I'm so sorry I wasn't at the restaurant. 식당에 가지 못해서 정말 미안해.

B: What's up with not showing up for the date? 왜 데이트에 나오지 않은거야?

다치게 할 생각은 없었어

I didn't mean any harm

not mean any harm하면 자신의 말이나 행동이 상대방에게 피해를 입혔을 경우 그것이 그 사람을 다치게 하거나 피해를 주려고 일부러 그런 것이 아니었음을 해명하는 표현. mean no harm이라고 해도 된다. 또한 do harm (to)은 「(…에) 해를 끼치다」, No harm (done)은 「별로 피해를 입지 않았다」.

● **Screen Expressions**

I didn't mean any harm 피해를 줄 생각은 없었어

I'm very sorry. I did not mean any harm.
미안. 피해를 줄려는 건 아니었어.

do harm 해를 끼치다

If we're very careful, it shouldn't do any harm.
우리가 주의를 많이 기울이면, 아무런 해를 끼치지 않을거야.

No harm done 괜찮아 ▶ What's the harm? 손해볼게 뭐 있어?, 한번 해봐

What's the harm in believing?
믿어서 손해볼 것 있어?

이 표현이 나오는 영화
〈노팅힐〉
〈어바웃타임〉

● **Dialog**

A: You have really messed up my schedule.

B: I'm sorry, I didn't mean any harm.

A: 너 정말 내 일정을 엉망으로 만들었네. B: 미안해, 피해를 줄 생각은 없었어.

A: I accidentally ate some old fish.

B: Really? Did it do any harm?

A: 실수로 오래된 생선을 좀 먹었어. B: 정말? 어디 안좋은데 있었어?

Screen Patterns : What do you say to a cup of coffee?

What do you say to+명사? …는 어때? …를 어떻게 생각해?

- **What do you say to** a cup of coffee? 커피한잔 하는게 어때?
- **What do you say to** going for a drink tonight? 오늘밤 한잔 하러 가는거 어때?
- **What do you say** I take you to dinner tonight? 오늘 밤 저녁먹으러 갈래?
- **What do you say** like, we officially start dating other people? 공식적으로 다른 사람들과 데이트하면 어떨까?

A: What do you say to taking a walk on the beach? 해변가 산책을 하는게 어때?

B: Sure, it's a beautiful evening. 좋아, 아름다운 저녁이야.

난 가슴이 완전 좋아

I'm all about the boobies

아주 생기초 단어들로만 이루어졌지만 이렇게 더 어렵다. I'm all about sb[sth]은 「난 …뿐이야」, 「난 …을 정말 좋아해」, It's all about~하게 되면 「…가 가장 중요해」라는 의미가 된다. 참고 boobie는 여자의 가슴을 뜻하는 속어 boob과 같은 말이다.

● **Screen Expressions**

이 표현이 나오는 영화
〈굿럭척〉
〈왓이프〉

I'm all about sth[sth] …뿐이야, …가 정말 좋아

These days I'm all about you, **baby.**
요즘 난 너 뿐이야.

It's all about~ …가 가장 중요해

Life is all about **making choices.**
인생은 선택들을 하는 것에 다름 아니야.

What's it all about? 왜 그래?, 무슨 일이야?

I'd like to know what this is all about.
이게 무슨 일인지 알고 싶어.

● **Dialog**

A: Can you come over tonight?

B: Sure babe, I'm all about you.

A: 오늘밤에 올 수 있어? B: 그럼 자기야. 난 너 뿐인데.

A: The construction guys have been working day and night.

B: It's all about finishing up the project.

A: 건축하는 사람들이 밤낮으로 일하고 있어. B: 프로젝트를 끝내는게 중요하거든.

Screen Patterns : What would you say if I stayed?

What would you say to+명사? …하는게 어떨까?

● **What would you say to** dinner tonight? 오늘 저녁 먹으면 어떻겠어?

● **What would you say if** he asked you to marry him? 걔가 너한테 결혼하자고 한다면 어떻겠어?

● **What would you say if** I told you you didn't have to?
내가 너한테 넌 그럴 필요가 없다고 말한다면 어떻겠어?

A: What would you say to **a trip to Italy?** 이태리 여행을 하면 어떻겠어?

B: I don't have the time or money for that. 그럴 시간도 돈도 없어.

네가 내 맘을 찢어놨어

You broke my heart

남녀관계에서 헤어지게 되면 마음에 상처를 입게 되는데 이럴 때 쓰는 표현이 바로 break one's heart 이다. have[get] one's heart broken이라고 바꿔 써도 된다. 참고로 이렇게 「마음을 찢어놓는 사람」 은 heartbreaker라고 한다.

● Screen Expressions

break one's heart 가슴을 아프게 하다

I've just seen the girl who broke my heart three summers ago.
3년 전 여름에 내 맘을 아프게 한 여자를 방금 봤어.

have[get] one's heart broken 상심하다, 상처받다

You shouldn't listen to a woman who's just had her heart broken.
마음에 상처를 입은 여인의 말에 귀기울이면 안돼

이 표현이 나오는 영화
〈미비포유〉
〈왓이프〉
〈노팅힐〉
〈어바웃타임〉

● Dialog

A: He refused to ever speak to her again.

B: When that happened, it broke her heart.

A: 걔는 그녀에게 다시는 말을 걸지 않았어. B: 그랬을 때 그녀가 맘에 상처를 받았어.

A: I heard that Chris had his heart broken.

B: There's someone he really misses.

A: 크리스가 상심이 크다며. B: 걔가 정말 그리워하는 사람이 있어.

Screen Patterns : Which is why she left me, of course

Which is what S+V 그게 바로 …하는 것이야

- **Which is what** happened with Betty. 그게 바로 베티에게 일어난 일이야.
- **Which is when** the trouble started. 바로 그때에 문제가 발생했어.
- She wants to keep it casual, **which is why** she's in my bed right now.
  걘 별일 아닌 듯하고 싶어서 지금 내 침대에 있는거야.

A: Georgia suspected Vern was with other women. 조지아는 번에게 다른 여자들이 있다고 생각해.

B: Which is when she decided to break it off. 바로 그때 걔는 헤어지기로 결심했어.

너와 크리스가 결혼한다고?

You and Chris are getting hitched?

hitch는 고리나 줄 등을 「걸다」, 「묶다」라는 뜻으로, get hitched하면 속어로 「결혼하다」라는 뜻으로 쓰인다. 또한 walk sb down the aisle은 「결혼식장에서 입장할 때 함께 걸어가주다」라는 의미로 sb를 빼고 walk down the aisle하면 「그냥 복도를 걸어가다」 혹은 「결혼하다」(tie the knot)라는 의미가 된다.

● **Screen Expressions**

get hitched 결혼하다

> **We're heading to Las Vegas to** get hitched.
> 우리는 결혼하기 위해 라스베거스로 갈거야.

walk down the aisle 복도를 걸어가다, 결혼하다

> **As she** walks down the aisle **and the guests stand up.**
> 걔가 통로로 걸어들어오자 하객들은 일어섰어.

tie the knot (밧줄로 묶다) 결혼하다

> **He's not exactly nervous about** tying the knot.
> 걘 결혼 땜에 초조한 건 아냐.

이 표현이 나오는 영화
〈미비포유〉
〈왓이프〉
〈노팅힐〉
〈어바웃타임〉

● **Dialog**

A: You and your wife seem happy.

B: We got hitched over 10 years ago.

> A: 너희 부부는 행복해보여. B: 우린 결혼한지 10년 더 됐어.

A: Gee, Randy has gotten married and divorced a lot.

B: He has walked down the aisle four times.

> A: 저런, 랜디는 결혼과 이혼을 많이 했어. B: 걘 결혼을 네번씩이나 했다고.

Screen Patterns : Which means you made a mistake

S+V, which means S+V 이 말은 …라는거야

- **Which means** you made a mistake. 그건 네가 실수를 했다는거야.
- **Which means** they won't come. 그건 걔네들이 오지 않을거란 말이야.
- I ate, **which means** I don't want a snack. 난 식사를 했어. 이 말은 난 스낵을 원치 않는다는거야.
- She got upset, **which means** she left early. 걔는 화가 났어, 그래서 일찍 가버렸어.

A: It's a nice picnic, but I see storm clouds. 멋진 피크닉이지만 먹구름이 보이네.

B: Which means we can't stay here. 그럼 여기 계속 있으면 안되지.

개네들은 내 노랫말에 열광했어
They went nuts for my lyrics

go[be] nuts하게 되면 기본적으로 「미치다」, 혹은 「무척 화내다」라는 의미가 된다. 여기에 전치사가 붙어서 go[be] nuts for[over, about] 등으로 쓰이면 「미치도록 좋아하다」, 「열광하다」, 「몰입하다」라는 뜻이 된다. 또한 Go nuts!하게 되면 "실컷 놀아봐!," "어서 해봐!"라는 표현이 된다.

Screen Expressions

go[be] nuts 미치다, 무척 화내다 ▶ drive sb nuts[crazy] 돌게 만들다

Tom, will you stop? This is nuts.
탐, 그만 좀 할래? 이건 미친 짓이야.

go[be] nuts for[over, about] 열광하다 = be crazy[mad] for[about]

I am nuts[mad] about you.
난 널 열렬히 좋아해.

Go nuts! 실컷 놀아봐!, 어서 해봐!

Go nuts. It's really nice to sit in the warm water.
실컷 즐겨. 따뜻한 물에 앉아있는 건 정말 좋아.

이 표현이 나오는 영화
〈첫키스만 50번째〉
〈로맨틱 홀리데이〉
〈쉬즈더맨〉
〈러브, 로지〉
〈프렌즈 위드 베네핏〉

Dialog

A: Steve was acting strangely last night.
B: We were afraid he would go nuts.
A: 스티브가 어젯밤에 이상하게 행동했어. B: 미치는게 아닌가 걱정했어.

A: You always bring something for the kids.
B: They go nuts for the chocolate candies.
A: 넌 항상 아이들 줄 것을 가져오더라. B: 아이들이 초콜릿 사탕을 엄청 좋아하잖아.

Screen Patterns : It doesn't mean she's bad in bed

It[That] means ~ to sb (that S+V) (…하는 것은) …에게 …해

- **It really means a lot to me that** you're here. 네가 여기 있는 것은 내게는 정말 아주 큰 의미야.
- **It means** he likes you but he wants to take it slow.
그건 걔가 널 좋아하지만 진도를 천천히 나가고 싶어한다는거야.
- **It doesn't mean** she's bad in bed. 그렇다고 걔가 섹스가 형편없다는 얘기는 아냐.

A: Your friends contacted you on Facebook, right? 네 친구들이 페이스북에서 연락했다는거지, 맞지?
B: It means a lot to me that **they got in touch.** 걔네들이 연락을 취한 것은 내게는 의미가 커.

그거에 대해 바보같이 굴지마
Don't be a jerk about it

jerk는 동사로 뭔가 「홱 잡아채다」라는 의미로 jerk off하면 비속어로 「자위하다」(masturbate)라는 뜻으로 사용된다. 위에서처럼 명사로 쓰이면 「바보」, 「멍충이」라는 말.

● **Screen Expressions**

a jerk 바보, 멍충이

I just got that jerk out of my mind!
나 그 자식 잊어 버렸어!

I think you all are a bunch of jerks!
너희들 모두 다 멍청한 놈들이야!

jerk off 자위하다 = beat off, yank off, jack off, whack off

Maybe he jerked off before you got there.
걘 아마 네가 거기 도착하기 전에 자위했나보다.

● **Dialog**

A: You said I'm such a jerk?

B: Don't be upset. I didn't mean that.

    A: 내가 아주 별난 놈이라고 했다며? B: 화내지마. 그럴려고 그런 게 아니야.

A: Do you think your roommate masturbates?

B: He jerks off at least once a day.

    A: 네 룸메이트가 자위하는 것 같아? B: 적어도 하루에 한번씩은 자위해.

Screen Patterns : I was told I could find Jessica here

I was told that S+V …라고 들었어

- **I was told** I could find Jessica here. 여기서 제시카를 찾을 수 있다고 들었는데.
- **I've been told that** a famous person is coming here. 한 유명인사가 여기 온다고 들었어.
- **I'm told** it was worth quite a lot of money. 그것의 가치가 돈으로 엄청나다고 들었어.

A: Why are you asking about your brother? 왜 네 형에 대해서 묻는거야?

B: I was told that he was here. 여기 있다고 얘기를 들었어.

남친과 헤어졌어

I split up with my boyfriend

split up하면 남녀관계가 주인 로코에서 빠질 수 없는 표현이다. 「갈라서다」, 「헤어지다」, 「이혼하다」 등의 의미로 연인사이든 혹은 부부사이든 서로 헤어지는 것을 말한다. 헤어진 사람을 함께 말하려면 split up with sb라고 하면 된다.

● **Screen Expressions**

split up 헤어지다, 갈라서다

Bill and Susan decided to split up.
빌과 수잔은 헤어지기로 했어.

How soon after did you split up?
그런 다음 얼마나 있다 헤어진거야?

split up with sb …와 헤어지다, 갈라서다

I split up with a bitch who broke my heart.
내 맘을 찢어 놓은 년과 헤어졌어.

Did you know that he had recently split up with his wife?
걔가 최근에 이혼했다는 걸 알고 있었어?

이 표현이 나오는 영화
〈굿럭척〉
〈프렌즈 위드 베네핏〉
〈악마는 프라다를 입는다〉

● **Dialog**

A: Why is your co-worker divorcing?

B: An affair split up his marriage.

A: 왜 네 직장동료는 이혼하는거야? B: 불륜 때문에 결혼이 깨진거지.

A: Any chance you and Kelly won't get married?

B: No, I will never split up with her.

A: 너와 켈리가 결혼 안할 가능성이 좀이라도 있어? B: 없어. 난 걔랑 절대 헤어지지 않을거야.

🎞 스크린 명대사 : 이비포유

"Please! listen.
This tonight being with you is the most wonderful thing
you could have ever done for me." - Will

내 말 들어요!
이렇게 함께 있는 이 밤이 당신이 내게 준 가장 멋진 선물이에요.

전혀 너같지 않아, 너답지 않아

It's not you at all

That[It] is~ 다음에 me, you, him 등이 오면 「…답다」라는 의미. 부정하려면 That[It] is not~ 로 쓰면 된다. 그래서 "정신차려, 너답지 않아"라고 하려면 Listen to yourself. That's not you라고 한다. 비슷한 표현으로 be oneself가 있고, I'm not usually like this하면 "난 보통 이렇지 않아"라는 뜻.

● **Screen Expressions**

That[It] is~ …답다, …가 그렇지 ▶ That[It] is not~ …답지 않아

This is just me, like, being stupid.
바보같이 구는게 원래 나답죠.

be (usually) like this[that] 보통 이렇다

How long has he been like this?
걔가 얼마나 이런 상태였던거야?

be oneself~ …다워, 제정신이다

So why is it you aren't quite yourself at the moment?
그럼 넌 지금 왜 이렇게 제 정신이 아닌거야?

이 표현이 나오는 영화
〈미비포유〉
〈노트북〉
〈프렌즈 위드 베네핏〉
〈러브액츄얼리〉
〈로맨틱 홀리데이〉

● **Dialog**

A: The way you acted was very insulting.

B: That's not me. I was really drunk.

A: 네 행동은 아주 모욕적이었어. B: 나 원래 그렇지 않은데. 너무 취했었어.

A: Does this dress make me look good?

B: It's all wrong. It's not you at all.

A: 이 드레스 입으니까 내가 멋지게 보여? B: 전혀 틀렸어. 전혀 안 어울려.

Screen Patterns : He's trying to figure out what to do with me

I'm trying to figure out how to+V …하는 방법을 알아내려고 하고 있어

- **I'm trying to figure out how to** open the gates. 문을 어떻게 여는지 알아내려고 하고 있어.
- **I'm just trying to figure out why** you didn't tell me about them.
왜 네가 그것들에 대해 내게 말하지 않았는지 알아내려고 하고 있어.
- **I'm just trying to understand why** you don't like him. 왜 네가 걔를 싫어하는지 이해하려고 노력하고 있어.

A: The students put a cake in the meeting room. 학생들이 회의실에 케이크를 갖다 놓았어.

B: I'm trying to figure out why **they brought it.** 왜 그걸 가져왔는지 이유를 생각중이야.

어떻게 한거야?

How do you do that?

상대방이 어떤 놀라운 일을 해내거나 잘 할 때, 이를 보고 감탄하면서 쓰는 표현. "어쩜 그렇게 잘하니?," "어떻게 해낸거야?"라는 의미이다. 또한 동사만 바꾼 How do you know that?이 있는데 이는 "어떻게 안거야?," How would you know that?하면 "네가 그걸 어떻게 알겠어?"라는 뜻이 된다.

● Screen Expressions

How do you do that? 어떻게 한거야?

You won the first prize. How do you do that?
네가 일등 했어. 어떻게 해낸거야?

How do you know that? 어떻게 안거야?

It's going out of business? How do you know that?
폐업한다고? 넌 어떻게 안거야?

How would you know that? 네가 그걸 어떻게 알겠어?

Well how would you know, **were you here?**
네가 어떻게 알겠어, 여기 있었어?

이 표현이 나오는 영화
〈미비포유〉
〈어바웃타임〉
〈굿럭척〉
〈브리짓 존스의 베이비〉

● Dialog

A: **You got rich.** How do you do that?

B: **I was lucky, and I worked hard.**

A: 넌 부자인데 어떻게 한거야? B: 운이 좋았지, 일도 열심히 하고.

A: **Mindy's dad was arrested years ago.**

B: How do you know that? **It was a secret.**

A: 민디 아버지는 오래전에 체포됐어. B: 네가 그걸 어떻게 알아? 비밀였는데.

Screen Patterns : Why do I get the feeling Emma is lying?

Why do I get the feeling S+V? 왜 난 …라는 느낌이 들까?

● **I started to get the feeling that** my secretary's coming on to me.
내 비서가 날 유혹한다는 느낌이 들기 시작했어.

● Do you ever **get the feeling** it won't work? 그게 먹히지 않을거라는 느낌이 들어본 적이 있어?

● **Why do I get the feeling** you don't do this very often? 넌 자주 이러지 않는다는 느낌이 난 왜 들까?

A: **No one has seen Denise.** 아무도 데니즈를 못봤어.

B: I get the feeling **she was here.** 여기 왔던 것 같아.

잘되기를 바래
I hope for the best

hope for the best는 안좋은 상황에서 가능성은 희박하지만「가능한 잘되기를, 잘 풀리기를 바란다」
는 의미이다. 또한 work out for the best는「결국 다 잘되다」, turn out for the best는「일이 잘 풀
리다」, 그리고 be (all) for the best는「지금은 좋지 않지만 그게 잘하는 일이다」라는 표현이 된다.

● Screen Expressions

I hope for the best 잘 되기를 바래

All we can do is wait and hope for the best.
우리가 할 수 있는 건 기다리며 잘되기를 바라는게 전부야.

work out for the best 결국 잘 되다

▶ turn out for the best 일이 잘 풀리다

Everything will work out for the best. 결국에는 다 잘될거야.

be (all) for the best 그게 최선의 길이다, 잘하는 일이야

It's all for the best. 앞으로 나아질거야.

이 표현이 나오는 영화
〈왓이프〉
〈로맨틱 홀리데이〉
〈악마는 프라다를 입는다〉
〈브리짓 존스의 베이비〉

● Dialog

A: The doctor said you are critically ill.

B: It looks bad, but I hope for the best.
A: 의사가 그러는데 네 병은 치명적이래. B: 안좋아 보이지만, 잘 되기를 바래.

A: Glad to hear you found a nice apartment.

B: Yeah, everything turned out for the best.
A: 멋진 아파트를 발견했다니 기쁘네. B: 그래, 모든게 다 잘되었어.

Screen Patterns : I'd rather not talk about it

I'd rather+V 차라리 …할래 ▶ I'd rather sb+V …가 하면 좋겠어

• **I'd rather** stay here and listen to you sing. 차라리 여기 남아서 네가 노래하는 것을 들을래.

• Tony, **I'd rather not** talk about it. 토니, 그건 얘기하지 않는게 낫겠어.

• It just means he **would rather** sleep with a hooker than me.
그건 걔가 나와 자느니 차라리 창녀하고 자겠다는걸 의미해.

A: Throw away that phone and get a new one. 그 핸드폰 버리고 새로 하나 사라.

B: I'd rather **have it repaired.** 차라리 수리해서 쓸래.

비밀야
Mum's the word

「입다물고 있다」, 「비밀이니 누구에게도 발설하지 않다」라는 의미로 My lips are buttoned라고 해도 된다. 이런 비밀을 발설하는 것은 spill the beans (about), let on이라고 한다. 한편 상대방에게 뭐든 지 들어줄 준비가 되어 있으니 "말만해"라고 할 때는 Just say the word라고 하면 된다.

● **Screen Expressions**

Mum's the word 비밀이야 ▶ My lips are buttoned 비밀 지킬게

I have never spoken about it, so again, mum's the word, OK?
그거 전혀 말한 적 없어, 그러니 이거 꼭 비밀지켜야 돼, 알았지?

spill the beans 비밀을 누설하다 ▶ let on 비밀을 말하다

She's a lot prettier than you let on.
걘 네가 얘기한 것보다 훨씬 예쁘더라.

Just say the word 말만해

But if there's any part of you that isn't sure, even now, say the word.
맘 한 구석에 확실하지 않은 부분이 있다면 지금이라도 그냥 말해.

이 표현이 나오는 영화
〈노트북〉
〈러브, 로지〉
〈500일의 썸머〉
〈쉬즈더맨〉

● **Dialog**

A: We got the information from the Senator.

B: It is top secret, so mum's the word.

A: 상원의원으로부터 정보를 들었어. B: 일급비밀이야, 그러니 비밀지켜.

A: Look, it's getting very late at night.

B: We can leave, just say the word.

A: 이봐, 밤이 매우 늦었네. B: 우리 가도 돼, 말만해.

Screen Patterns : I never thought I'd be able to do that!

I never thought of[about]~ …에 대해서는 전혀 생각안해봤어

- **I never thought** anything like that. 난 절대로 그와 같은 것은 생각도 안해봤어.
- **I never thought** I'd be able to do that! 내가 그걸 할 수 있을거라 생각못했어!
- **I never thought** I'd say this, but I've fallen in love. 내가 이런 말할 줄 몰랐지만, 나 사랑에 빠졌어.

A: Sorry to hear that Cindy broke up with you. 신디가 너와 헤어졌다니 안됐어.

B: I never thought she'd leave me. 걔가 나를 떠나리라고는 생각도 못했어.

어 맞아
Guilty as charged

상대방 말이 맞다고 할 때 좀 코믹하게 표현하는 것이다. "어 맞아." "내가 그랬어" 정도로 생각하면 된다. 간단히 Guilty라고만 해도 된다. 반면 You got me는 내가 모르는 질문을 상대방이 했을 때 "나 몰라." "내가 졌어"가 되고, 또한 내가 거짓말 등을 하다 걸렸을 때는 "알아차렸네"라는 뜻이 된다.

● **Screen Expressions**

Guilty (as charged) 어 맞아, 내가 그랬어

You think I enjoyed that? Guilty as charged.
내가 그걸 즐겼다고 생각해? 맞아 그랬어.

You got me 너한테 졌다, 나 몰라, 알아차렸네, 들켰네

Okay, you got me. What do you want?
그래, 내가 졌어. 원하는게 뭐야?

You got me there 모르겠어, 네 말이 맞아

You got me there, but you're wrong about this!
그건 네가 맞아. 하지만 이건 네가 틀렸어!

● **Dialog**

A: You sleep with tons of women.
B: That's right. Guilty as charged.
> A: 너 정말 많은 여자들과 자더라. B: 맞아, 내가 그러지.

A: Did you send a package to my house?
B: You got me. I'm the one that did it.
> A: 내 집에 소포 네가 보냈어? B: 네 말이 맞아. 내가 그랬어.

Screen Patterns : Don't let this come between you

Don't let sb+V …가 …하지 못하도록 해

● **Don't let** your soul mate slip away. 네 천생연분이 떠나가지 못하도록 해.
● **Don't let** them see you talking to me. 네가 나하고 얘기하는거 걔네들이 모르게 해.
● **Don't let** this come between you. 이걸로 서로 맘이 상하지 않으면 해.
● **Don't let** it happen again. 다시는 그런 일이 없도록 해.

A: Brian has threatened to punch me. 브라이언이 나를 때리겠다고 협박했어.
B: Don't let him bully you. 걔가 널 괴롭히지 못하게 해.

이거 해본 적 없어?, 이거 처음이야?

You've never done this before?

현재완료를 써서 「경험」을 물어보는 문장으로 과거에 this를 해본 적이 있는지 여부를 묻는 문장이다. 문맥에 따라서는 약간 놀라면서 여짓껏 한번도 안해봤냐는 뉘앙스를 담고 있을 수도 있다. 해본 적이 한번도 없다고 할 때는 I've never done this before라고 하면 된다.

● **Screen Expressions**

You've never done this before? 이거 해본 적 없어?

Seriously? You've never done this before?
정말? 이거 해본 적이 없다고?

I've never done this before 이거 해본 적 없어

Give me a break. I haven't done this before.
좀 봐주라. 나 이런 적 없었잖아.

It means we've never done this before.
그건 우리가 이전에 이걸 해본 적이 없다는거야.

이 표현이 나오는 영화
〈러브, 로지〉
〈프렌즈 위드 베네핏〉

● **Dialog**

A: Tomorrow we can go skydiving.

B: You've never done that before? **Maybe we shouldn't.**

A: 내일 스카이다이빙하러 갈 수 있어. B: 너 이거 해본 적 없지? 안하는게 좋겠다.

A: I'm nervous. I've never done this before.

B: Just relax. Everything is going to be fine.

A: 나 초조해. 이거 해본 적이 없어. B: 긴장풀어. 다 괜찮아질거야.

Screen Patterns : I wonder why she broke up with me

I wonder what S+V …를 모르겠어, …가 궁금해

● **I wonder what** will happen. 어떻게 될지 궁금하군.

● **I wonder where** she is. 그녀가 어디 있는 건지 모르겠어.

● **I was wondering when** she'd show up. 걔가 나타날지 궁금했어.

● **I wonder why** she broke up with me. 걔가 왜 나랑 헤어졌는지 모르겠어.

A: The relationship is a mess. They're both unhappy. 걔네들 사이가 엉망이야. 둘 다 불행해.

B: I wonder what will happen next. 어떻게 될지 궁금하군.

밑져야 본전이지
You've got nothing to lose

have (got) nothing to lose는 「잃을 게 없다」, 「손해볼게 없다」는 말로 뭔가 과감히 해보라고 상대방에게 권할 때 필요한 표현이다. 비슷한 표현으로는 There's not harm in ~ing(…해도 손해볼게 없다), not hurt to try(해봤자 손해볼게 없다) 등이 있다.

Screen Expressions

You've got nothing to lose 밑져야 본전이야

Go for it. You've got nothing to lose.
한번 해봐. 밑져야 본전이지.

There's no harm in ~ing …해도 손해볼게 없어

There's no harm in **looking for a girlfriend.**
여친 구한다고 손해볼게 있나.

not hurt to try 해봐도 손해볼게 없어

Go ahead! It won't hurt to try.
해봐! 손해 볼 것 없잖아.

이 표현이 나오는 영화
〈노트북〉
〈러브액츄얼리〉

Dialog

A: Should I go camping with the church group?

B: **Why not?** You've got nothing to lose.

A: 교회사람들과 캠핑을 가야 할까? B: 안될거 있어? 밑져야 본전이지.

A: They are offering a free software upgrade.

B: **Try it out.** What's it gonna hurt?

A: 무료 소프트웨어 업그레이드를 제공하고 있어. B: 한번 해봐. 손해볼게 뭐야?

Screen Patterns : I wondered if you were dating anyone

I wonder if[whether] S+V …인지 모르겠네

- **I wonder if** she had a good time. 걔가 즐겁게 보냈는지 모르겠네.
- **I wondered if** you were dating anyone. 혹 누구와 데이트하고 있는지 궁금했어.
- **I was wondering if** you're free Friday. 금요일에 네가 시간있는지 궁금했어.
- **I'm wondering if** your house is available this Christmas. 이번 크리스마스 때 집을 이용할 수 있는지 몰라서.

A: It's been a few years since we've seen Bonnie. 보니를 본지 몇 년 지난 것 같아.

B: I wonder if she thinks of me. 걔가 내 생각을 하는지 모르겠네.

난 네가 걜 좋아한다는 걸 알고 있어

I know you got a soft spot for the guy

soft spot은 「약점」이라는 말로 have a soft spot for~하게 되면 「…약하다」, 「사족을 못쓰다」, 「…을 좋아하다」라는 의미가 된다. soft spot 대신에 weak spot을 써도 되며 아니면 그냥 weakness라고 해도 의미가 통한다. 좀 어렵지만 be gagging for~도 「…에 사족을 못쓰다」라는 뜻이 된다.

● Screen Expressions

have a soft[weak] spot for~ …에 약하다, 사족을 못쓰다

We also have a soft spot for **the love.**
우린 또한 사랑에 약해.

have a weakness for~ …에 약하다, 사족을 못쓰다, 좋아하다

He has always had a weakness for **chocolate.**
걘 초콜릿하면 늘상 사족을 못써.

be gagging for~ …에 약하다, 특히 섹스를 하고 싶어하다

She's been gagging for **me to get with her.**
걔는 내가 자기와 함께 데이트하기를 바라고 있어.

이 표현이 나오는 영화
〈미비포유〉
〈노팅힐〉
〈어바웃타임〉

● Dialog

A: Your family always has large gatherings.

B: Grandpa has a soft spot for **all his grandchildren.**

A: 너희 가족은 항상 많이 모이더라. B: 할아버지가 손자들에 사족을 못쓰잖아.

A: Are you sure you can hook up with Trina?

B: She's been gagging for **me to get with her.**

A: 정말 트리나하고 잘 수 있을 것 같아? B: 걘 내가 자기와 함께 데이트하기를 바라고 있어.

Screen Patterns : I'm beginning to wonder if they survived

I'm beginning to wonder if S+V …인지 궁금해지기 시작해

- **Wonder if** he's trying to tell you something with that.
  걔가 그거에 관해 뭔가 너에게 말하려고 하는지 모르겠어.

- **I found myself wondering if** the phone was broken. 핸드폰이 망가졌는지 궁금해하고 있었어.

- **I'm beginning to wonder if** they survived. 걔네들이 살아있는지 궁금해지기 시작해.

A: I thought Rick was supposed to get in touch. 난 릭이 연락을 취할거라고 생각하고 있었어.

B: I found myself wondering if **he would call.** 걔가 전화를 할지 궁금해하고 있었어.

참고 견뎌
Just hang in there

「힘내고 참고 견뎌라」라고 하는 말. 또한 어려움에 처해 있는 상대방에게 어떻게 견디고 있냐고 물어볼 때 쓰는 How are you holding up?이 있다. 좀 생소하지만 soldier는 동사로 「버티다」, 「견디다」라는 뜻으로 쓰이고 hold tight는 「꽉잡고 버티다」, hold still은 「가만히 있으라」는 뜻이다.

● **Screen Expressions**

Hang in there! 참고 견뎌!
You're going to be all right. Just hang in there.
너 괜찮을거야. 그냥 참고 견뎌.

How are you holding up? 어떻게 견디고 있어?
I'm sorry about your house. How you holding up?
집이 망가져 안됐네요. 어떻게 지내?

I wanna soldier on 난 견디고 싶어
I wanna soldier on in spite of the injury.
부상에도 불구하고 난 견디고 싶어.

이 표현이 나오는 영화
〈이프온리〉
〈첫키스만 50번째〉
〈프로프즈〉
〈러브액츄얼리〉

● **Dialog**

A: This has been the most tiring week of my life.
B: Hang in there. It will get better.
A: 내 인생에서 가장 지친 한 주었어. B: 참고 견뎌. 점점 좋아질거야.

A: I heard about your accident. How are you holding up?
B: I'm a little sore, but I'm fine.
A: 사고 소식들었어. 어떻게 견디고 있어? B: 좀 아프지만 괜찮아.

Screen Patterns : I was wondering if you could pick Tim up

I was wondering if S+V[could~] …해도 될까(요)?

- **I wonder whether** you **might** give us a second. 잠깐 시간 좀 줄래요?
- **I just wondered if** you **might** come and have a bite to eat with me instead?
대신에 네가 와서 함께 간단히 식사할 수 있을까?
- **I was just wondering if, um- if I could** take you out tonight. 오늘밤 데이트 가능한가요?

A: You need to go to the airport tomorrow? 너 내일 공항에 가야 돼?
B: I just wondered if you could take me there. 네가 나 좀 데려다줄래?

내 말 진짜니 믿어
Take my word for it

여기서 take는 「받아들이다」라는 말로 take one's word for it하게 되면 「…의 말을 받아들이다」, 즉 「…의 말을 믿다」라는 뜻이 된다. take it from sb나 have one's word라고 해도 된다. 한편 give (sb) one's word하면 「(…에게) 약속하다」라는 뜻이 된다.

● Screen Expressions

Take my word for it 내 말 진짜야

You just have to take my word for it. **Do not trust him.**
너 그거 내 말을 믿어야 돼. 걜 믿지 말고.

take it from sb …의 말을 믿다

Take it from me, Mom loves you.
내 말을 믿어. 엄만 널 사랑하서.

give sb one's word …에게 약속하다 ▶ have one's word …의 말을 믿다

You have my word.
내 약속하지

● Dialog

A: It will be tough to get this done.
B: I'll help you out. Take my word for it.
> A: 이거 끝내는데 힘들거야. B: 내가 도와줄게. 내 말 진짜야.

A: Have you had to deal with Don before?
B: Take it from me, he's a jerk.
> A: 전에 돈을 다루어야 했던 적 있어? B: 내 말 믿어, 걘 정말 멍충이야.

Screen Patterns : What do you mean, too late?

What do you mean,~? …하다니 그게 무슨 말이야?

- **I'm meaning** the storm flooded the roadway. 내 말은 폭풍으로 도로가 침수됐다는거야.
- **What I mean is,** there is at least a fifty per cent chance. 내 말은 적어도 50%의 가능성이 있나는거에요.
- **What do you mean,** too late? 너무 늦었다니. 그게 무슨 말이야?
- **What do you mean** you got fired? 네가 잘렸다니 그게 무슨 말이야?

A: So he didn't treat you very nicely? 그래 걔가 너를 좋게 대하지 않았다는거지?
B: I'm meaning he told me to leave. 내 말은 걔가 나보고 가라고 했다는거야.

욕하지마!
Don't call me names!

call sb's name과 비교해서 sb's가 아니라 sb이라는 점, 그리고 name이 아니라 names로 복수로 쓰인다는 두가지 차이점을 알아둔다. 의미는 「욕하다」, 「험담하다」. 또한 「호되게 야단치다」는 bite one's head off, 「화내거나 비난하다」는 lash out, 그리고 「분통을 터트리다」는 wig sb out 등이 있다.

● Screen Expressions

call sb names 욕하다, 험담하다

It's not good to hear the manager calling people names.
매니저가 사람들 욕하는 것을 듣는 것은 좋지 않아.

bite one's head off 호되게 야단치다 ▶ take sb down 혼내주다

Calm down. Don't try to bite my head off.
진정해. 나한테 화내려고 하지마.

lash out 화내다, 비난하다 ▶ wig sb out 분통을 터트리다

He lashed out **at everyone in the office.**
걘 사무실의 모든 사람에게 화를 냈어.

이 표현이 나오는 영화
〈왓이프〉
〈로맨틱 홀리데이〉
〈러브, 로지〉
〈프렌즈 위드 베네핏〉

● Dialog

A: Why are you so pissed off at your brother?

B: He was drunk and calling me names.

    A: 왜 네 형에게 그렇게 화가 난거야? B: 취해서 날 욕했어.

A: I'm not your type, okay? Don't ask me out.

B: Okay! You don't have to bite my head off!

    A: 난 당신 이상형 아네요. 알겠죠? 데이트 신청 하지마세요. B: 알았어요! 그렇게 으르렁거리지 말라구요!

Screen Patterns : I wish I hadn't seen that!

I wish I hadn't+pp …안했더라면 좋았을텐데

• **I wish I had been married** to you. 너와 결혼했더라면 좋았을텐데.

• **I wish he hadn't asked** me out on a date. 걔가 데이트 신청 안했으면 좋았을텐데.

• **I wish I had never met** you. 널 안 만났더라면 좋았을텐데.

• **I wish I had never started.** 시작을 안했더라면 좋았을텐데.

A: I hated your husband. He was an asshole. 난 네 남편을 싫어했어. 한심한 놈였어.

B: I wish I had been married to you instead. 대신 너와 결혼했었더라면 좋았을텐데.

일이 좀 생겼어
Something came up

come up은 「올라오다」, 「다가가[오]다」, 「발생하다」, 「(어떤 일이) 일어나다」라는 뜻으로 Something's come up 혹은 Something's up하게 되면 어떤 예상치 못한 일이 발생해서 약속이나 예약 등 뭔가 잡혀진 계획대로 할 수 없을 때 쓰면 된다.

● Screen Expressions

Something's come up 일이 좀 생겼어(Something has come up)

I can't go out tonight. Something's come up.
오늘밤 못 나가. 일이 좀 생겨서.

Something's come up and he can't attend our wedding.
일이 생겨서 우리 결혼식에 참석할 수가 없대.

Something's up 일이 좀 생겼어(Something is up)

Is there something up?
무슨 일 생겼어?

이 표현이 나오는 영화
〈프로포즈〉
〈프렌즈 위드 베네핏〉

● Dialog

A: I can't make it. Something's come up.

B: That's too bad, we were hoping you'd be there.

A: 나 못갈 것 같아. 일이 좀 생겼어. B: 안됐네, 네가 오기를 바랬는데.

A: I'm sorry, but we can't meet tonight.

B: Why not? Is there something up?

A: 미안, 오늘 저녁 우리 못만나. B: 왜 안돼? 무슨 일 생겼어?

Screen Patterns : Who's to say what regular is?

Who's to say S+V? 누가 …라고 할 수 있겠어?

- **Who's to say** what regular is? 뭐가 균형잡힌거라고 누가 말할 수 있겠어?
- **Who's to say** you were right? 네가 옳았다고 누가 말할 수 있겠어?
- **Who can say** why people do what they do? 사람들이 무엇을 왜 하는지 누가 알겠어?
- **Who says** I can't handle it? 내가 그걸 처리 못한다고 누가 그래?

A: I think those people saw us kissing. 저 사람들이 우리가 키스하는 것을 본 것 같아.

B: Who's to say **they saw anything?** 걔네들이 뭘봤다고 누가 그러겠어?

잠깐이면 될거야
It'll just take a second

take a second[minute]는 뭔가 일이 금방 끝난다고 할 때 쓰는 표현. 주로 This[It] will just[only] take a minute[second] 형태로 쓰인다. long을 써서 This shouldn't take too long, I won't be long 등으로 써도 된다. 시간이 많이 걸렸을 때는 What took you so long?이라고 물어본다.

Screen Expressions

This[It] will just take a second 잠깐이면 돼
It really is only going to take a minute. 정말이지 금방이면 될거야.

Sb take a second to+V 잠깐 시간내서 …하다
I have to take a minute to **check it out.** 잠깐 시간내서 그걸 확인해봐야겠어.

What took you so long? 왜 이리 늦은거야?
▶ I won't be long 금방 올게(I'll be back in a tick)
What took you so long? I called you hours ago.
왜 이리 늦었어? 몇 시간 전에 전화했는데.

Dialog

A: Are you sure you can remove the splinter?
B: Relax. This will just take a sec.
A: 정말 나무조각 제거할 수 있는거야? B: 진정해. 잠깐이면 돼.

A: It's late. What took you so long?
B: I was stuck in rush hour traffic.
A: 늦었네. 왜 이렇게 늦은거야? B: 러시아워 교통체증에 꼼짝달싹 못했어.

Screen Patterns : What I'd like to say is I'm pregnant

What I'm saying is S+V 내 말은 …하다는거야

• **What I'm saying is** Kate likes you. 내 말은 케이트가 널 좋아한다는거야.
• **What I'd like to say is that** I'm pregnant. 내가 말하고 싶은 건 내가 임신했다는거야.
• **What I'm trying to say is that** he's rich. 내가 하려는 말은 걔가 부자라는거야.

A: You weren't able to understand what I said? 내가 한 말을 이해못했어?
B: What I'm saying is I couldn't hear you. 내 말은 네 말을 못들었다는 말이야.

같은 걸로 2개 줘요
Make that two

식당에서 같은 걸로 2개 달라고 할 때, Make that[it] two 혹은 Make mine the same이라고 한다. 종업원이 "뭘 갖다드릴까요?"라고 할 때는 What can I get for you?, "그걸로 주세요."는 I'll have it, 그리고 상대방에게 "좀 더 먹을거냐?"고 권할 때는 Do you want some? 혹은 Want some?이라 한다.

● Screen Expressions

Make that[it] two 같은 걸로 2개 주세요

Make it two. It's very healthy to eat salads.
같은 걸로 2개 줘요. 샐러드를 먹는게 건강에 아주 좋아요.

I'll have it 그걸로 주세요 ▶ What can I get for you? 뭘 갖다드릴까요?

I'll have it with a side of French fries. 프렌치 후라이와 함께 그걸로 주세요.

Do you want some? 좀 먹을래?

▶ **Do you want some more?** 좀 더 먹을래?

Do you want some more beer? 맥주 좀 더 먹을래?

이 표현이 나오는 영화
〈어바웃타임〉
〈첫키스만 50번째〉
〈러브앤츄얼리〉
〈프렌즈 위드 베네핏〉

● Dialog

A: I'm ordering the lobster with a side of corn.

B: Sounds great. Make that two.

A: 옥수수 달려 나오는 랍스터 주문할게요. B: 좋아. 같은 걸로 2개 줘요.

A: Is that chocolate cake any good?

B: It's delicious. Do you want some?

A: 저 초콜릿 케익 좀 괜찮아? B: 맛있어. 좀 먹을래?

Screen Patterns : I love it when you talk dirty to me

They always do that when S+V 걔네들은 …할 때면 항상 그러더라

- **They always do that when** they come here. 걔네 여기 오면 항상 그러더라.
- **I love it when** you talk dirty to me. 네가 나한테 야한 말을 할 때가 좋아.
- **I don't like it when** people hurt my friends. 사람들이 내 친구들 맘을 아프게 할 때 싫어.
- **I get nervous when** he gets angry. 걔가 화를 내면 난 긴장돼.

A: Everyone has gotten very quiet. 다들 아주 조용해졌어.

B: They always do that when **they are scared.** 걔네들은 무서우면 항상 그러더라.

어때?
What do you say?

상대방의 동의[의견]를 물어보는 표현. What do you say?라고 해도 되고, What do you say, 7:30, my place?(7시 반 우리집 어때?)처럼 What do you say, ~?로 써도 된다. 또한 「제안」하는 내용을 함께 말하려면 What do you say to+명사[~ing]? 혹은 What do you say S+V?라고 하면 된다.

● **Screen Expressions**

What do you say? 어때? ▶ What do you say to that? 그거 어때?

Let's go out on a date. What do you say?
나가서 데이트하자. 어때?

What do you say to+명사[~ing]? …하는게 어때?

What do you say to meeting some of my friends?
내 친구들 좀 만나는게 어때?

What do you say S+V? …하는게 어때?

What do you say we get together for a drink?
만나서 술 한잔 하면 어때?

이 표현이 나오는 영화
〈브리짓 존스의 베이비〉

● **Dialog**

A: I may not be able to afford a different car.

B: It's a good deal. What do you say?

A: 다른 차를 살 여유가 없을 수도 있어요. B: 이거 좋은 가격인데요. 어때요?

A: My cousin would love to meet your sister.

B: What do you say we introduce them?

A: 내 사촌이 네 누이를 만나고 싶어해. B: 우리가 서로 소개시켜주면 어떨까?

Screen Patterns : I forgot what I was going to say

I forgot what S+V …을 잊었어

- **I forgot what** I was going to say. 내가 하려는 말을 잊었어.
- **I forgot what** it was like to have sex with a girl. 여자랑 섹스하는게 어떤 것인지 잊었어.
- **I forgot what** it felt like to sleep late into the afternoon. 오후 늦게까지 자는게 어떤 느낌인지 잊었어.

A: Why are you asking for instructions? 왜 지시사항들을 물어보는거야?

B: I forgot what we were supposed to do. 우리가 뭘 해야 하는지 잊어버렸어.

너 제 정신이야?, 너 무슨 생각으로 그런거야?

What were you thinking?

"네가 무슨 생각을 했냐?"고 물어볼 수 있겠지만 주로 "무슨 생각으로 그런 실수를 했을까?"라는 뉘앙스가 담겨진 문장. 또한 What was he thinking?도 같은 맥락이지만 현재형으로 What is he thinking?하면 "걔가 무슨 생각을 하고 있는걸까?"라는 뜻이 된다.

Screen Expressions

What were you thinking (about)? 무슨 생각으로 그런거야?

That was dumb. What were you thinking?
멍청했네. 무슨 생각으로 그런거야?

What was he thinking? 걘 무슨 생각으로 그런거야?

He drank a bottle of whiskey. What was he thinking?
위스키 한병을 다 마셨어. 무슨 생각으로 그랬대?

What was I thinking? 내가 무슨 생각으로 그랬을까?

We should have never broken up. What was I thinking?
우리는 절대로 헤어지는게 아니었어. 내가 무슨 생각으로 그랬을까?

이 표현이 나오는 영화
〈브리짓 존스의 베이비〉
〈프로포즈〉
〈노팅힐〉

Dialog

A: Everyone thinks that Dave is an asshole.

B: I agreed to date him. What was I thinking?

A: 다들 데이브가 멍충이라고 생각해. B: 난 걔와 데이트하기로 했는데. 내가 무슨 생각으로 그랬대?

 스크린 명대사 : 이프온리

"Thank you for being the person who taught me to love
and to be loved." - Ian

사랑하는 법을 알려줘서 고마워,
또 사랑하는 법도.

I'm just doing my job

내 일을 한 것뿐인데요

문맥에 따라 「그냥 내 일을 한 것뿐이다」, 혹은 「어쩔 수 없이 내 직업이 요구하는 걸 했다」라는 뜻. Do your job이라고 쓰이면 "네 일이나 잘해"라는 의미가 된다. 참고로 It[This] is your job하면 "그건 네가 할 일이다"라는 뜻이고, It's one hell of a job이라고 하면 "그거 힘든 일이다"라는 말이 된다.

Screen Expressions

I'm just doing my job 내 일을 한 것뿐인데

Don't make me feel bad for doing my job.
내 일을 한 것 뿐인데 날 기분나쁘게 하지마.

Do your job 네 일이나 잘해 ▶ Do your job right 차질없이 일 제대로 해라

Either do your job **or go home. Leave me out of it.**
일을 하던지 집에 가. 난 빼주고

This[It] is your job 이건 네가 할 일야 ▶ It's one hell of a job 힘든 일야

It's difficult, but this is your job.
어렵지만 이건 네가 할 일이야.

이 표현이 나오는 영화
〈노팅힐〉
〈악마는 프라다를 입는다〉

Dialog

A: Please, please don't arrest me.

B: Don't blame me, I'm just doing my job.

A: 제발, 날 체포하지마요. B: 원망하지 마세요. 내 일을 할 뿐예요.

A: My boss expects me to design a large building.

B: You may not be successful. It's one hell of a job.

A: 사장은 내가 큰 빌딩을 디자인하기를 바래. B: 성공하지 못할 수도 있겠는데. 어려운 일이잖아.

Screen Patterns : All we do is argue

All I can do is+V 내가 할 수 있는거라고는 …뿐이야

- **All I can do is** tell him to go home. 내가 할 수 있는거라고는 걔보고 집에 가라고 말하는 것뿐이야.
- **All we can do is** to wait and hope for the best. 우리가 할 수 있는 일은 기다리면서 잘 되기를 바라는거야.
- **All we do now is** we e-mail. 우리가 지금 하는거라고는 이멜을 주고 받는거야.

A: A lot of people complain and are pessimistic. 많은 사람들이 불평을 하고 비관적으로 생각해.

B: All we can do is do our best to be happy. 우리가 할 수 있는거라고는 최선을 다해 행복해지는거야.

짜증나요?
Would that bother you?

It bothers me는 "정말 짜증나." Does it bother you?하면 상대방이 짜증나는지 물어보는 문장. 이것의 가정문장으로 Would that bother you?하면 자기가 하려는 행동을 한다면 짜증나겠냐고 물어보는 표현이다. Don't bother~하면 「굳이 …할 필요가 없다」, Don't bother me는 "저리 좀 가라"는 말.

● Screen Expressions

Would that bother you? 그럼 방해가 되겠어요?

I'll ask her out. Would that bother you?
걔한테 데이트 신청할건데, 그러면 안되겠어?

Don't bother to~[~ing] 굳이 …할 필요없어

I'm done with you, Mike. Don't bother coming home.
난 너랑 끝났어, 마이크. 굳이 집에 올 필요 없어.

Don't' bother 그러지마, 괜한 고생마

▶ Don't bother me 귀찮게 하지 말고 저리 가

Don't bother. I'm not hungry. 신경쓰지마. 나 안 배고파.

이 표현이 나오는 영화
〈미비포유〉
〈프렌즈 위드 베네핏〉
〈500일의 썸머〉

● Dialog

A: I want to change the channel. Would that bother you?

B: No, go ahead. This show is boring.

　　A: 채널 바꾸려고 하는데 괜찮겠어?　B: 괜찮아. 바꿔. 이 쇼는 지루해.

A: I am going out with another woman tonight.

B: Don't bother to come back here.

　　A: 오늘밤에 다른 여자랑 데이트해.　B: 굳이 이리로 돌아오지마.

Screen Patterns : All I wanted was to have sex with you

All I want is (for sb) to+V 내가 원하는 것은 …하는거야

- **All I want is to** be loved by you.　내가 원하는 것은 너의 사랑을 받는게 전부야.
- **All I want is for** this **to** be over.　이게 끝나기를 바랄 뿐이야.
- **All I wanted was to** have sex with you.　내가 원했던 것은 너와 섹스를 하는거였어.
- **All I wanted to do was** make her happy.　내가 바랬던 것은 오직 걔를 행복하게 해주는거였어.

A: You thought the party sucked?　파티가 엉망이었다고 생각했어?

B: All I wanted was to go home.　내가 원했던 것은 집에 가는거였어.

손떼!, 건드리지마!

Get your hands off!

keep[take, get] one's hands off는 단독으로 「손을 떼다」라는 의미로 물리적으로 손을 치우다 혹은 추상적으로 「어떤 일에서 빠지다」라는 뜻. keep[take, get] one's hands off of~의 형태로도 쓰인다. 「···에게서 손을 떼라」는 말로 of는 생략가능. 그냥 명령문으로 Hands off~라고도 자주 쓰인다.

● **Screen Expressions**

keep[take, get] one's hands off (of) ~

···에게서 손을 떼다, 건드리지 않다

Please get your hands off my breasts! 내 가슴에서 손 좀 치워!

Hands off~ ···에게서 손을 떼다, 건드리지 않다

Hands off my woman. 내 여자에게서 손 떼.

Get off (of) me! 날 놓아줘! ▶ Get it off! 놔!(누가 머리를 채고 있을 때)

Leave me alone. Get off me!
날 내버려 둬, 날 놓아달라고!

● **Dialog**

A: Get your hands off me! I'm not interested.

B: Come on baby, you're so sexy.

A: 건드리지마! 난 관심없다고. B: 이러지마, 자기야. 넌 너무 섹시해.

A: Do you like it when I touch you like this?

B: Hands off my ass! We're not going to have sex.

A: 내가 이렇게 널 만지면 좋아? B: 내 엉덩이에서 손 떼! 우린 섹스하지 않을거야.

Screen Patterns : I couldn't care less about your sex life

I couldn't care less about[if S+V] ···은 알게 뭐람

- **I wouldn't care about** you tumbling into some mess with a girl. 네가 여자와 지저분한 일에 휘말려도 난 알바아냐.
- **I wouldn't care if** he dropped dead. 걔가 갑자기 죽어도 난 신경안쓸거야.
- **I could not care less about** your sex life. 네 성생활은 알바아냐.
- **I couldn't care less if** you leave me. 네가 날 떠나도 상관없어.

A: Would it be a problem if my friend slept over? 내 친구가 자고 간다면 문제가 될까?

B: I wouldn't care about her staying here. 난 걔가 여기 남아 있어도 상관안할거야.

문제가 되는 건, 실은 말야
Here's the thing

앞서 한 말에 대한 이유를 대거나 아님 내가 지금 말하려고 하는게 핵심사항이다라고 말할 때 쓴다. "문제가 되는 건," "실은 말야," "내가 말하려는 건"이라는 의미. 참고로 The thing is (that)~은 「중요한 건 …야」, 「문제의 요점은 …야」, (if) truth be known[told]는 「사실을 말하자면」이라는 의미이다.

Screen Expressions

Here's the thing 내가 말하려는 건, 실은 말야
Here's the thing. I really like you.
내 말은 말야. 난 정말 네가 좋다구.

The thing is~ 중요한 것은 …야
The thing is I don't really believe you.
요는 내가 널 안 믿는다는거야.

(if) truth be known[told] 사실을 말하자면
I was in love with him, truth be known.
사실을 말하자면 난 그를 사랑하게 되었어.

이 표현이 나오는 영화
〈노팅힐〉
〈로맨틱 홀리데이〉
〈미비포유〉

Dialog

A: Why can't you hire me for this job?
B: Here's the thing. You have no experience.
A: 왜 저를 고용할 수 없는거죠? B: 실은 말이죠. 경력이 없어서요.

A: John was very unpopular in our office.
B: If truth be told, we thought he was crazy.
A: 존은 우리 사무실에서 아주 인기가 없었어. B: 사실을 말하자면, 우리는 걔가 미쳤다고 생각했어.

Screen Patterns : I tend to work better at night

I tend to+V …하기 쉽다, …하는 편이야 ▶ **I tend not to+V** …하지 않는 경향이 있어

- **I tend to** work better at night. 난 저녁에 일이 잘되는 편이야.
- I find **I tend to** hurt women simply by being myself.
난 단지 이기적으로 굴어서 여자들에게 상처를 주는 경향이 있어.
- They **tend to** make me nervous. 걔네들은 나를 긴장하게 하는 경향이 있어.

A: All they do is talk about their problems. 걔네들이 하는거라고는 자신들의 문제를 얘기하는거야.
B: I find I tend to understand why they're angry. 난 왜 걔네들이 화가 났는지 이해하려는 편이야.

갠 우리 일행이야
She's with us

아주 영어적인 표현. 다른 사람에게 자기 옆에 있는 사람이 「자신의 일행」이라고 확인해주는 문장이다. He's with me하면 "그는 나와 함께 왔어요," "내 일행예요"라는 말이다. I'm with you (there)도 함께 알아두는데 이는 "난 너와 동감이야"라는 뜻이다.

● Screen Expressions

be with sb …는 …와 일행이다

▶ sb be with+기관 …에서 일하다, …에서 나오다

She's with us.
갠 우리 일행이야.

I'm with you (there) 동감야, 알았어

I hear what you're saying. I'm with you.
무슨 말인지 알아. 동감야.

I'm with you. What do you want to say?
알았어. 무슨 말 하려고?

● Dialog

A: Everyone needs to eat a healthy diet.

B: I'm with you there. It's very important.

A: 모두들 건강식을 먹어야 돼. B: 그 점에 동의해. 매우 중요한 점이야.

스크린 명대사 : 어바웃타임

"He says worrying about the future is as effective as trying to solve an algebra equation by chewing bubble gum.
The real troubles in your life will always be things that never crossed your worried mind." - Tim

그는 미래를 걱정하는 것은 풍선껌을 씹어서 방정식을 풀려고 하는 것만큼이나 소용없는 짓이라고 했다.
인생에서 정말 문제들은 항상 걱정하는 마음이 생각하지 못한 것들이기 때문이다.

날 그런 식으로 쳐다보지마
Don't give me that look

look은 「눈의 시선」이나 「얼굴의 표정」을 뜻한다. 위 문장을 다시 쓰자면 Don't look at me like that
이 된다. 참고로 Don't look at me!는 "내가 안그랬으니 쳐다보지마!"라는 의미. 또한 pull[make] a
face하면 「인상을 찡그리다」, pull the funny face는 「이상한 표정을 짓다」라는 표현이 된다.

● Screen Expressions

Don't give me that look
날 그런 식으로 쳐다보지마 = Don't look at me like that

Don't give me that look. It's written all over your face.
그런 표정 짓지마. 네 얼굴에 다 쓰여있다고.

Don't look at me   내가 안그랬어

Don't look at me. It was his idea. 나 아니야. 걔 생각이었어.

pull the funny face 이상한 표정을 짓다 ▶ pull[make] a face 인상쓰다

She pulls this funny face during sex like this.
걘 섹스할 때 이처럼 이상한 표정을 지어.

이 표현이 나오는 영화
〈노팅힐〉
〈노트북〉

● Dialog

A: You really think this is a good idea?

B: Don't give me that look. You know I'm right.

A: 이게 정말 좋은 생각일 것 같아? B: 날 그렇게 쳐다보지마. 내가 맞다는거 알잖아.

A: Yeah, it may be helpful to do that.

B: So why are you pulling a funny face?

A: 그래, 그렇게 하면 도움이 될 수도 있겠다. B: 그런데 왜 그런 이상한 표정을 짓는데?

Screen Patterns : The hard part is finding what I want

The best part is that S+V 가장 좋은 부분은 …이야

- **The best part is that you already know everything about her!**
가장 좋은 점은 네가 걔에 대해서 이미 다 알고 있다는거야!

- **The worst part is I'm starting to get used to it.** 최악인 것은 내가 그거에 익숙해지기 시작한다는거야.

- **The hard part is finding what I want.** 힘든 부분은 내가 원하는 것을 찾는거야.

A: They shipped a replacement phone to me. 내게 대체 핸드폰이 발송됐어.

B: The best part is that you get it for free. 가장 좋은 점은 공짜로 그것을 받는다는거야.

왜 걔편을 드는거야?
Why are you taking his side?

take one's side는 「어느 한 쪽편을 들다」라는 의미로 take sides라고도 하며, pick sides는 「편을 들다」라는 문구이다. 같은 의미로 논쟁이나 다툼에서 「…의 편을 들다」라고 할 때의 be on sb's side가 있다. 또한 어느 편인지 물어볼 때는 Whose side are you on?라 한다.

● Screen Expressions

take one's side …의 편을 들다 = take sides

Why can't you ever take my side? 넌 왜 내 편을 들어줄 수 없는거야?

pick sides 편을 들다

The point is, in a situation like this you got to pick sides.
이런 상황에서, 요점은 네가 어느 쪽이든 편을 들어야 한다는거야.

be on one's side …의 편을 들다

I have no idea whose side you're on. 네가 누구 편인지 모르겠어.

Whose side are you on? 넌 누구 편이야?

이 표현이 나오는 영화
〈굿럭척〉
〈브리짓 존스의 일기〉

● Dialog

A: Brian is treating you well today.

B: I took his side in the argument.

A: 브라이언이 오늘 너에게 잘하더라. B: 다툴 때 내가 걔 편을 들었거든.

A: Most people think you're full of crap.

B: Why do you say that? Whose side are you on?

A: 대부분 사람들이 네가 떠벌이라고 생각해. B: 왜 그렇게 말하는거야? 넌 누구 편이야?

Screen Patterns : I just thought I'd bring some food

I just thought I'd+V 난 …할 줄 알았어

● **I thought I'd** come by and scare the shit out of you. 난 잠깐 들러서 널 깜짝 놀래켜줄 생각을 했어.

● **I thought** it might be fun if we made snacks. 우리가 스낵을 만든다면 재미있을 수도 있겠다 생각했어.

● **I thought** best thing is to find a book about speeches.
가장 좋은 것은 연설관련 책자를 찾는거라 생각했어.

A: Are you taking anything to the picnic? 피크닉에 뭐 가져갈거야?

B: I just thought I'd bring some food. 음식 좀 가져가려고 생각했어.

간단히 먹자
Let's grab a bite

grab a bite은 식당에 가서 「간단히 요기하다」라는 말로 뒤에 to eat을 붙여서 grab a bite to eat라고 해도 된다. grab 대신에 take나 have를 써도 된다. 또한 take[have, get] a bite (out of)는 「…를 한입 베어 먹다」, get out for a bite (to eat)는 「외식하러 나가다」라는 의미.

● **Screen Expressions**

이 표현이 나오는 영화
〈라라랜드〉
〈어바웃타임〉
〈브리짓 존스의 일기〉

grab[take, have] a bite (to eat) 간단히 요기하다

We're planning to go grab a bite to eat.
우리는 좀 간단히 요기채울 생각이야.

take[have, get] a bite out of~ …을 한입 베어먹다

He takes a bite out of **the sandwich.**
걔는 샌드위치를 한입 먹고 있어.

grab a drink 간단히 한잔하다

Come on in and grab a drink.
어서 들어와 한잔 하자.

● **Dialog**

A: **Let's** grab a bite to eat.

B: **Do you know any good restaurants?**

A: 뭐 좀 먹으러 가자. B: 좋은 식당 아는 데 있어?

A: **Hope I'm not interrupting your work.**

B: **It's okay, I was just** having a bite to eat.

A: 네 일을 방해하지 않기를 바래. B: 괜찮아, 간단히 요기 좀 하려던 참이었어.

Screen Patterns : There were times when I didn't believe you

There have been times when S+V …할 때가 있었어

• **There were times when** I didn't believe you. 너를 믿지 못했던 때가 있었어.

There never comes a time S+V …할 때는 결코 없을거야

• **There never comes a time when** things get so tough. 일이 이렇게 어려워진 때는 결코 없었어.

A: I don't like him. He treats everyone like garbage. 난 걔가 싫어. 사람들을 쓰레기 취급해.

B: There's gonna be a time when **he feels sorry.** 미안하다고 느낄 때가 있을거야.

우리 잠시 떨어져 있어야 될 것 같아

I think we should take a break

문맥을 모르면 take a break를 「잠시 쉬다」로 해석하여 "우리 잠시 쉬어야 될 것 같아"로 생각할 수도 있다. 이는 〈프렌즈 위드 베네핏〉에 나오는 대사로 연인 사이에 문제가 있어 잠시 떨어져 있는 것을 말한다. 그런 맥락에서 be on a break하면 「연인들이 잠시 떨어져 지내다」가 된다.

● **Screen Expressions**

이 표현이 나오는 영화
〈프렌즈 위드 베네핏〉

take a break 잠시 쉬다

Maybe we should take a break.
우리 좀 쉬자.

take a break 연인들이 잠시 떨어지다

They decided to take a break **from their relationship.**
그들은 잠시 휴지기를 갖기로 했어.

be on a break 연인들이 잠시 떨어져지내다

We're on a break. I don't know if we'll get back together.
잠시 냉각중인데 다시 사귈지 모르겠어.

● **Dialog**

A: It seems like we always fight and never have sex.

B: Maybe it's time that we took a break.

　A: 우린 늘상 싸우고 섹스는 안하는 것 같아.　B: 우리가 좀 휴지기를 가져야 할 때일지도 몰라.

A: People say you've been out with other girls.

B: I've slept with a few women while we're on a break.

　A: 사람들이 그러는데 너 다른 여자들과 데이트했다며.　B: 우리가 휴지기일 때 몇몇 여자와 잤어.

Screen Patterns : It's not that I don't love her

It's not that+형용사 그 정도로 …한게 아니야

● Calm down. **It's not that** bad. 진정해. 그리 나쁘지 않아.

● **It's not that** I don't wanna have sex with men. 내가 남자들하고 섹스를 원치 않는 것은 아니야.

● **Not that** there's anything wrong with that. 그거에 잘못된게 없다는 것은 아냐.

A: My mom is always yelling at me. 엄마는 늘상 내게 소리를 질러대.

B: It's not that she is unkind, she's just strict. 엄마가 못돼서 그런게 아니라 엄격하셔서 그래.

그런게 아냐
It's not like that

It's not like that은 "그런게 아냐," 그리고 반대로 It's like that은 "그 경우와 비슷해," "그런거야"라는 말. 'like that'이 나오는 표현들로는 Just like that?(그냥 그렇게), Something like that(뭐 그런 것들), Don't talk to me like that(그런 식으로 내게 말하지마) 등이 있다.

Screen Expressions

It's not like that 그런게 아냐

It's not like that. **We're together.** 그런게 아냐. 우리 사귀는 사이야.

Just like that? 그냥 그렇게?

So that's it? It's over? Just like that?
그래서 그게 다야? 정말 끝이란 말야? 그냥 이렇게?

something like that 뭐 그런 비슷한 것

▶ Anything like that 그런 것 어떤 것이나

Who are you to say something like that? 네가 뭔데 그런 말을 하는거야?

Dialog

A: What the hell is he doing in my house?

B: Don't get mad. It's not like that.

　　A: 도대체 걔가 우리 집에서 뭐하는거야? B: 화내지마. 그런게 아냐.

A: This is too stressful. I quit.

B: You're giving up? Just like that?

　　A: 이거 너무 스트레스 받는다. 그만둘래. B: 포기한다고? 그냥 그렇게?

Screen Patterns : The fact she survived is beyond me

The fact that S+V is beyond sb …하는 사실은 내가 이해할 수가 없어

- The fact that **we kept having sex is proof that it didn't mean anything.**
  우리가 계속 섹스를 하는 사실은 그게 별 의미를 갖지 않는다는 증거야.

- The fact that **you're harping on it makes me think you might be.**
  네가 그거에 대해 계속 얘기를 하니까 네가 그럴 지도 모른다는 생각이 들어.

　　A: Jason said he never met that woman, but he lied. 제이슨은 걔랑 절대 만난 적이 없다고 했는데 거짓말한거야.

　　B: The fact that he lied is proof that he cheated. 걔가 거짓말을 했다는 사실은 바람피고 있다는 증거야.

좋아, 그래
You're on

상대방의 내기 제안 혹은 도전에 "그래 해보자"라는 의미. "상대방보고 내기하자"고 할 때는 You wanna bet?, I('l) bet (you) S+V는 「…가 확실해」, You (can) bet S+V는 「틀림없이 …이다」. 그리고 I'll bet은 "틀림없어," You bet은 "물론이지," "그럼"이라는 뜻.

● *Screen Expressions*

You're on (내기) 좋아, 그래 ▶ **I'm on** 난 찬성

You're on. **I can beat you.** 좋아. 난 널 이길 수 있어.

You bet 물론이지, 그럼, 확실해 ▶ **I'll bet** 틀림없어

You bet. **I wouldn't miss it.** 물론이지 꼭 갈게.

place one's bet 내기를 걸다

▶ **all bets are off** 모든게 백지화되다, 무효가 되다

Place your bet over there at that table.
저기 저 테이블에서 내기를 해봐.

이 표현이 나오는 영화
〈미비포유〉
〈러브액츄얼리〉
〈로맨틱 홀리데이〉
〈첫키스만 50번째〉
〈노트북〉

● *Dialog*

A: Loser does the dishes?

B: You're on.

A: 진 사람이 설거지 하기? B: 좋아.

A: My boss has been known to flip out.

B: All bets are off when she is in a bad mood.

A: 우리 사장은 벌컥 화내는 것으로 유명해. B: 사장이 기분 안좋을 때면 모든게 백지화돼.

Screen Patterns : You make me want to be a better man

make me want to+V … 때문에 내가 …하고 싶어지다

• Christmas **makes you want to** be with people you love.
크리스마스는 사랑하는 사람들과 함께 보내고 싶게 만들어.

• I have an idea that may **make you want to** stay married.
네가 결혼을 유지하고 싶게 만들 수 있는 생각이 하나 있어.

A: I hate Ashley. She is the worst person I know. 난 애슐리가 싫어. 내가 아는 최악의 사람이야.

B: She makes me want to punch her. 걜 보면 때리고 싶어져.

이리로 튀어와봐

Get your sweet ass over here

조금은 무례한 표현. 특히 여성에게 쓰면 말이다. 여기서 알아두어야 할 표현은 ass가 아니라 get over 이다. 앞서 「끝장나다」라는 뜻으로 be over처럼 쓰인다고 알았지만 여기서는 「이겨내다」, 「끝내다」, 혹은 「어떤 장소로 오다」라는 표현들을 학습해본다.

● **Screen Expressions**

get over sth[sb] 극복하다, 이겨내다, 잊다

You'll never get over your broken heart.
넌 실연의 상처를 절대 극복하지 못할거야.

get over with~ 끝내다 ▶ get it over with 빨리 끝내버리다

I just want to get it over with.
난 그냥 빨리 해치워버렸으면 좋겠어.

get over (to+장소) ...로 오다

Get over here! I need to talk to you.
이리와! 너랑 얘기해야 돼.

이 표현이 나오는 영화
〈굿럭척〉
〈노팅힐〉

● **Dialog**

A: Did you want to talk to me about something?

B: Get your ass over here right now!

　A: 저한테 뭐 얘기할게 있으시다구요?　B: 당장 이리로 튀어와!

A: Yes sir, how can I help you?

B: Get over here. I need to talk to you.

　A: 네, 뭘 도와드릴까요?　B: 이리로 와봐요. 얘기 좀 해요.

There's goes sth ...가 끝장나다, ...는 다 틀렸네, ...가 물건너갔네

- **There goes** Mike. 저기 마이크가 가네.
- If Danny cheats on his wife, **there goes** his marriage. 대니가 바람핀다면 결혼생활은 끝장날거야.
- I guess the company decided not to hire me. **There goes that.** 회사가 날 고용않기로 했나봐. 어쩔 수 없지.

A: Louie is in trouble. His wife found texts to other women.
　루이는 큰일났어. 다른 여자에게 보내는 문자를 아내가 봤어.

B: You're right. There goes his marriage. 네 말이 맞아. 걔 결혼생활은 끝날거야.

모두들 있는데 혼줄 났어
I got my ass kicked in front of everyone

kick one's ass는 「…을 혼내주다」, be on one's ass하면 「…을 귀찮게 하다」. kick one's ass는 get one's ass kicked로 써도 된다. 또한 be a bit of an ass는 「좀 허풍이 세다」, throw out on one's ass는 「질질 끌어내쫓다」, one's ass off는 강조어구로 V+one's ass off는 「무척 …하다」라는 표현.

● Screen Expressions

kick one's ass …을 혼내주다 = get one's ass kicked ▶ kick ass 멋지다

Let's all get together and kick his ass!
모두 함께 모여서 걔를 혼내주자!

be on one's ass …을 귀찮게 하다

You've been on my ass all day.
종일 귀찮게 하네.

throw out on one's ass …을 질질 끌어내쫓다

Andrew here is gonna have you thrown out on your ass.
여기 앤드류가 당신을 질질 끌어 내쫓을거예요.

이 표현이 나오는 영화
〈라라랜드〉
〈노팅힐〉
〈프로포즈〉
〈첫키스만 50번째〉

● Dialog

A: What if Kevin hits your sister?

B: I'd be the first to kick his ass.

A: 케빈이 네 누이를 때리면 어쩌지? B: 내가 당장 가서 혼찌검을 내줄거야.

A: You aren't going to wear those ugly clothes.

B: Cut it out. You've been on my ass all day.

A: 그 보기 흉한 옷들은 입지 마라. B: 그만해. 종일 귀찮게 하네.

Screen Patterns : What's it like to get married?

What's it like to+V? …하는게 어때?

- **What is it like to** get married? 결혼하니까 어때?
- **What is it like to** live in New York? 뉴욕에서 사는게 어때?
- **What's it gonna take to** get you to break up with Tim?
어떻게 해야 네가 팀하고 헤어지게 할 수 있겠어?

A: What's it like to be rich? 부자가 되니까 어때?

B: It's nice. You have a lot more choices. 좋아. 선택할 것들이 훨씬 많아.

야비한 짓이예요, 아빠
Cheap shot, Dad

be a cheap shot은 「비열하다」, 「치사하다」라는 뜻으로 low blow와 같은 맥락의 표현. shot이 들어간 표현으로는 call the shots는 「결정하다」, be one's shot하면 「…가 결정해야 할 일이다」, a hot shot은 「중요한 사람」으로 big shot이라고 해도 된다. You're the boss하면 "분부만 내리세요"라는 의미.

Screen Expressions

be a cheap shot 비열하다, 치사하다
I know it was a cheap shot, **but I feel so much better now.**
치사했던 건 알지만 기분은 훨씬 좋네.

low blow 비열한 행위, 치사한 짓
That's such a low blow.
그건 정말 비열한 행동이야.

call the shots 결정하다 ▶ be one's shot …가 결정할 일이다
It's my life. I call the shots.
내 인생이니 내가 결정할게.

Dialog

A: Then I told him his mother was stupid.
B: That wasn't cool. It was a cheap shot.
A: 그래서 난 걔한테 걔 어머니가 멍청하다고 했지. B: 쿨하지 못했네. 그건 비열한 짓이야.

A: Everyone thinks Chris is too pushy.
B: He thinks he should call all the shots.
A: 다들 크리스가 너무 몰아붙이고 있다고 생각해. B: 자기가 모든 걸 결정해야 한다고 생각하는 것 같아.

Screen Patterns : What's the deal with you and your father?

What's the deal with~ ? …의 문제가 뭐야? …는 무슨 일이야?

• **What's the deal with** you and your father? 너희 부자는 무슨 일이야?
• **What's the deal with** your grumpy girlfriend? 짜증 잘내는 네 여친은 어떻게 된거야?
• **What's her deal with** spending money? 걔는 왜 돈을 낭비하는거야?
• **What's his deal with** shouting at his friends? 걔는 왜 친구들에게 소리를 질러대는거야?

A: What's the deal with Alice? She seems sad. 앨리스는 왜 그래? 슬퍼보여.
B: She is worried that she can't find a boyfriend. 남친이 생기지 않을까봐 걱정하고 있어.

항상 네 꿈을 이룰 수 있도록 지켜줄게

I'll always stand guard over your dreams

〈러브, 로지〉에서 Rosie가 Alex의 결혼식에서 하는 축사. stand[keep] guard over~는 「보호하다」, 「지켜주다」, 「지켜보다」라는 뜻으로 위 문장은 Rosie가 Alex의 꿈을 이룰 수 있도록 「지켜주겠다」, 「지켜보겠다」라는 의미이다. 또한 guard it with one's life는 「목숨걸고 그것을 지키다」라는 표현이다.

● Screen Expressions

이 표현이 나오는 영화
〈러브, 로지〉
〈악마는 프라다를 입는다〉

stand[keep] guard over~ …을 지켜보다, 지켜주다, 보호하다

She stood guard over the money she found.
걔는 자기가 발견한 돈을 지키고 있었어.

guard it with one's life 목숨걸고 그것을 지키다

This is real gold. Guard it with your life.
이건 순금이야. 목숨걸고 지켜.

catch sb off guard 전혀 예상하지 못한 일이다

No, it's not okay. You just caught me off guard.
아니, 괜찮치 않아. 전혀 예상치 못한 일이었어.

● Dialog

A: Is Pat back from the store?

B: Yeah, but he's standing guard over his purchases.

　　A: 팻이 가게에서 돌아왔어?　B: 어, 하지만 사온 물건들 지키고 있어.

A: Here's a diamond ring. Guard it with your life.

B: It looks like it was very expensive.

　　A: 다이아몬드 반지야. 목숨걸고 지켜.　B: 꽤 비싼 것처럼 보여.

Screen Patterns : You're going to stop seeing Noah

You are not ~ing …하지마라

- **You're not going** anywhere near our girls. 넌 우리 여자애들 근처에 오지 마라.
- **You're not using** the Internet here. 넌 여기서는 인터넷을 사용하지마.
- **You're going to** get the package and come home. 그 소포가지고 집에 와라.
- **You're not going to** do a damn thing to him. 넌 걔한테 아무 짓도 하지마라.

A: I like him, but sometimes he scares me. 걔를 좋아하지만 가끔은 걔가 무서워.

B: You're going to stop seeing Noah. 넌 노아를 그만 만나라.

노력을 기울여라, 온 힘을 다해라
Put your back into it

영국식 영어로 육체적으로 「많은 노력을 기울이다」, 「전력투구하다」라는 의미의 표현이다. 「최선을 다하다」는 잘 알려진 do one's best (one can), do everything one could think of 등이 있다. 좀 어려운 표현으로는 make the best of~, pull out all the stops도 있다.

● **Screen Expressions**

put one's back into it 전력투구하다, 온 힘을 기울이다

My grandma's moving faster than you. Put your back into it.
할머니가 당신보다 더 빨리 움직이시네요. 노력을 더 해봐요.

do one's best one can[could]

최선을 다하다 = do everything one could think of~

I did the best I could. 할 수 있는 최선을 다했어.

pull out all the stops 최선을 다하다 ▶ make the best of~ 최선을 다하다

We're pulling out all the stops.
최선을 다하고 있어요.

이 표현이 나오는 영화
〈라라랜드〉
〈악마는 프라다를 입는다〉
〈로맨틱 홀리데이〉
〈어바웃타임〉
〈프로포즈〉

● **Dialog**

A: What did you think of my golf swing?

B: Come on now, put your back into it.

    A: 내 골프스윙 어떤 것 같았어? B: 자 어서, 전력투구해봐.

A: The man died before paramedics could get here.

B: I did everything I could think of to save him.

    A: 그 남자는 구급요원들이 오기 전에 사망했어. B: 난 그를 살리기 위해 최선을 다했어.

🎞 스크린 명대사 : 프렌즈 위드 베네핏

"You wanna lose weight? Stop eating, fatty.
You wanna make money? Work your ass off, lazy. You wanna be happy?
Find someone you like and never let him go.
Or her, if you're into that kind of creepy shit." - Tommy

살빼고 싶으면 그만 먹어 뚱땡아. 돈벌고 싶으면 당장가서 일해 게으름뱅이야.
행복해지고 싶다고? 그럼 사랑하는 남자를 찾아서 절대 놓아주지마.
아니면 여자를, 그런 끔찍한 종류를 좋아한다면 말야.

바로 잡을 방법이 있어
I've got a way to make it right

「제대로 하다」, 「똑바로 일처리하다」는 get it right, make it right은 「잘못된 일을 바로잡다」라는 뜻. 〈러브액츄얼리〉에 나오는 He got me right, though는 이름이 Jack인데 다른 사람인 He가 자신을 John이라고 소개했다고 바로 잡으니까 여자가 하는 말로 He가 자기 이름은 제대로 말했다라는 뜻.

● **Screen Expressions**

get it right 일을 제대로 하다, 똑바로 일처리하다
I need you to get this right.
이거 제대로 처리해요

make it right 일을 제대로 바로 잡다
I want to make it right.
난 그것을 제대로 바로 잡고 싶어.

straighten it out 일을 제대로 바로 잡다
We're gonna straighten things out.
우리는 상황을 제대로 바로 잡을거야.

이 표현이 나오는 영화
〈러브액츄얼리〉
〈브리짓 존스의 베이비〉
〈왓이프〉
〈브리짓 존스의 일기〉
〈프로포즈〉
〈첫키스만 50번째〉
〈쉬즈더맨〉

● **Dialog**

A: The newspaper article has tons of errors.
B: They never get it right.
　　A: 신문 기사에 정말 많은 실수가 있네.　B: 전혀 일을 제대로 못해.

A: Look, you have made a lot of people upset.
B: Is there a way for me to make it right?
　　A: 이봐, 넌 많은 사람들을 열받게 했어.　B: 바로잡을 수 있는 방법이 있을까?

Screen Patterns : It's just that she got angry with me

It's just that S+V …해서 그래, …한 것 같아서

- **It's just that** she got angry with me. 걔가 나한테 화가 나서 그래.
- **It's just that** we must visit my family. 우리가 가족을 방문해야 해서 그래.
- It's not that she lied, **it's just that** I don't like her. 걔가 거짓말을 했다는게 아니라 내가 걜 싫어하다는거야.
- **Is it that** my mom still sleeps over when I'm sick? 내가 아플 때마다 엄마가 주무시고 가고 그런거야?

A: You don't actually have to go on the trip. 넌 그 여행을 하지 않아도 돼.
B: It's just that we agreed to do it. 우리가 함께 하기로 한거잖아.

만남을 주선해달라는 얘기가 아니야
I'm not asking you to set me up

남녀간의 이야기가 주인 로코에서 역시 빠질 수 없는 표현이다. set sb up은 sb를 다른 이성에게 「소개시켜주다」라는 말이 되며 소개시켜줄 사람까지 말하려면 set sb up with~라고 하면 된다. set 대신 fix를 써서 fix sb up with~라 해도 된다.

● **Screen Expressions**

이 표현이 나오는 영화
〈브리짓 존스의 일기〉
〈프렌즈 위드 베네핏〉

set sb up …을 소개시켜주다 ▶ set sb up on a date 소개시켜주다

Is it okay with you if I set him up on a date?
걔 미팅시켜줘도 너 괜찮겠어?

set sb up with~ …을 …에게 소개시켜주다

He wants to set you up with his brother.
걘 너를 자기 형에게 소개시켜주고 싶어해.

fix sb up with~ …을 …에게 소개시켜주다

You want me to fix you up with Chris?
내가 널 크리스에게 소개시켜줄까?

● **Dialog**

A: Gina wanted Phil to go on a date tonight.
B: She set him up with one of my friends.
　　A: 지나는 필이 오늘밤 데이트가기를 바랬어.　B: 그녀는 내 친구들 중 한명을 소개시켜줬어.

A: I fixed your cousin up with Abbie.
B: But Abbie is fat and has a bad personality.
　　A: 네 사촌을 애비에게 소개해줬어.　B: 하지만 애비는 뚱뚱하고 성격도 안좋잖아.

Screen Patterns : All I'm asking is that you meet the guy

All I'm asking is to+V 내가 바라는 것은 단지 …야

● **All I'm asking is to** stop using it for a while. 내가 바라는 건 단지 잠시동안 그거 사용을 중단하라는거야.

● **All I'm asking is for you to** tell me how to find him.
내가 너에게 바라는 건 걔를 찾을 방법을 알려달라는 것뿐이야.

● **All I'm asking is that** we wait for a while. 내가 바라는건 우리가 잠시동안 기다리는거야.

A: She told me that she doesn't want to see you. 걔는 너를 더 이상 보고 싶지 않다고 내게 말했어.
B: All I'm asking is to talk to her. 내가 바라는 것은 단지 걔한테 말하는거야.

내 (진료) 끝났어요?

You through with me?

be through~는「…을 끝내다」,「이성관계가 끝나다」라는 의미로 위 문장은 병원에서 내 진료가 다 끝났냐고 물어보는 문장이다. 끝낸 일과 사람은 with sb[sth]으로 써주면 된다. 반면 get through~는「어려운 일을 해내다」,「이겨내다」혹은「사람과의 관계를 끝내다」라는 의미로 쓰인다.

Screen Expressions

be through (with~) (…을) 끝내다, 끝나다

I'm through with you.
너랑은 끝났어.

get through~ (…을) 이겨내다, 해내다, 끝내다

I'm not sure we can get through **this difficult time.**
우리가 이 어려운 시기를 헤쳐나갈 수 있을지 모르겠어.

see through~ 꿰뚫어보다, 속셈을 눈치채다

Maybe she'll see through **it.**
그녀가 속셈을 눈치챘을 수도 있을거야.

Dialog

A: Sorry about that. I was mistaken.
B: I'm through with taking your advice.
A: 그거 미안해. 내가 잘못 알았어. B: 네 조언은 이제 안 받는다.

A: I'm not sure I want to keep dating you.
B: Will we be able to get through this?
A: 너랑 계속 데이트를 할 수 있을지 모르겠어. B: 우리가 이 어려운 때를 이겨낼 수 있을까?

Screen Patterns : There's a part of me that doesn't want to know

There's a part of me that~ 내 맘속 일부는 …해

• **There's a part of me that** doesn't want to know. 내 맘속 일부는 그걸 알고 싶지 않아.
• **I guess a part of me** wanted to even the score. 내 맘속 일부는 복수하고 싶었어.
• I feel like **there are parts of me that** I haven't explored yet. 내가 아직 모르는 내가 있는 것 같아.
• **No part of you** wants a life of actual commitment. 넌 실제로 헌신하는 삶을 원치 않아.

A: Do you miss living with your parents? 부모님과 살 때가 그리워?
B: There's part of me that feels lonely. 내 맘속의 일부는 외로움을 느끼고 있어.

모험을 해보겠어

I'll take my chances

take a[one's] chance나 take chances는 「운에 맡기고 해보다」, 「위험 부담을 감수하다」라는 의미이
며 이에 반해 take the chance는 「특정 기회를 잡다」라는 뜻. 또한 「용기를 내서 …하다」라고 할 때
는 get courage up to+V나 pluck up courage to+V, 혹은 take (a lot of) courage to+V라고 쓴다.

● **Screen Expressions**

take a chance[chances] 위험부담을 감수하다

▶ take the chance 그 기회를 잡다

Sometimes you have to take chances. 때론 위험을 감수해야 돼.

take (a lot of) courage to+V 용기를 내서 …하다

It will take a lot of courage to do that. 그거 하려면 많은 용기가 필요할거야.

get courage up to+V 용기를 내서 …하다 = pluck up courage to+V

He never got his courage up to ask her out.
걘 그녀에게 데이트 신청할 용기를 전혀 내지 못했어.

이 표현이 나오는 영화
〈미비포유〉
〈악마는 프라다를 입는다〉
〈러브액츄얼리〉
〈노팅힐〉
〈브리짓 존스의 베이비〉

● **Dialog**

A: Should I invest in the Techno Company?

B: Why not take a chance?

A: 테크노 회사에 투자를 해야 될까? B: 한번 모험을 해봐.

A: My salary is pathetically low.

B: You need to get your courage up to ask for a raise.

A: 내 급여는 비참하게 적어. B: 용기를 내서 인상해달라고 해야 돼.

Screen Patterns : I don't suppose you will change your mind

I don't suppose S+V …은 아니겠지

● **I don't suppose** you will change your mind. 생각을 바꾸지는 않겠지요.

● **Do you suppose** they took it? 걔네들이 그걸 가져간 것 같아?

● **What do you suppose** they're doing out there? 걔네들이 거기서 뭘하고 있다고 생각해?

A: I heard that you need a thousand dollars. 너 천 달러가 필요하다고 들었어.

B: Yeah. I don't suppose you would loan me the money. 그래. 그 돈을 빌려주지는 않겠지.

개가 날 쳤을 때 내가 엄청 화났어

I lost my shit when he hit me

lose one's shit은 「화내다」 혹은 감정이 벅차오를 정도로 「열광하다」라는 의미. 두 의미 다 이성을 잃는다는 공통점을 갖고 있다. 또한 lose it은 「버럭 화내다」, 「미치다」, 같은 맥락으로 fly into a rage(버럭화를 내다), flip out(벌컥 화내다, 열광하다) 그리고 잘 알려진 get (oneself) worked up 등이 있다.

● **Screen Expressions**

lose one's shit 화를 내다, 열광하다 ▶ lose it 화내다, 미치다

Sam is proposing, she'll lose it and they'll break up.
샘이 프로포즈를 한다는데, 걔가 화를 낼거고 그럼 헤어지겠지.

fly into a rage 버럭 화를 내다 ▶ get snaky 화를 내다

He flew into a rage and threw a chair.
걘 화를 버럭내고 의자를 집어 던졌어.

flip out 벌컥 화내다, 열광하다 ▶ get (oneself) worked up 화내다

I'm just flipping out a little bit.
난 조금 화가 났을 뿐이야.

이 표현이 나오는 영화
〈500일의 썸머〉
〈로맨틱 홀리데이〉
〈왓이프〉

● **Dialog**

A: What the hell was wrong with Tommy?

B: He lost his shit and began screaming.

A: 토미는 도대체 뭐가 문제인거야? B: 화를 벌컥 내더니 비명을 지르기 시작했어.

A: There is a lot of tension in your house.

B: Dad flies into a rage at the smallest things.

A: 너희 집에는 긴장감이 너무 많아. B: 아버지는 아무 일도 아닌 일에 벌컥 화를 내.

Screen Patterns : I have to say you really impressed me today

I should say that S+V …라고 해야겠네

● **I should say that** we weren't together. 우리는 함께 있지 않았다고 말해야 되겠어.

● **I have to say** you are much smarter than me. 네가 나보다 훨씬 영리하다고 해야겠어.

● **I would have to say that** it's a tragic love story. 아주 비극적인 사랑이야기라고 말해야 되겠지.

A: Should we plan a surprise party for Ken? 켄을 위해 깜짝 파티를 해야 될까?

B: I have to say he hates surprises. 걘 깜짝 파티를 싫어하지.

너 임신했구나!

You got a baby in you!

have a baby는 「임신하다」, 「임신중이다」라는 뜻으로 "애를 낳았다"(give birth to~)라고 하려면 She had a baby. "임신 4개월이다"는 She's having a baby in about 4 months라고 하면 된다. 속어로 「...을 임신시키다」는 get sb pregnant, 혹은 knock sb up이라고 한다. be expecting은 완곡어법.

Screen Expressions

have a baby 임신하다, 임신중이다(get up the duff)

▶ be expecting 임신중이다

I'm going to have a baby. 난 애를 낳을거야.

get sb pregnant 임신시키다 = knock sb up ▶ get knocked up 임신하다

You knocked her up, but you're not going to marry her.
걜 임신시켜놓고 결혼은 안 할거라고.

When is the baby due? 출산예정일이 언제야? *the baby 대신 it을 써도 된다.

When is your baby due?
출산예정이 언제야?

이 표현이 나오는 영화
〈미비포유〉
〈왓이프〉
〈브리짓 존스의 베이비〉
〈친구와 연인사이〉

Dialog

A: Is Pam really ready to get married?

B: All she wants is to have a baby.

A: 팸은 정말 결혼할 준비가 된거야? B: 걔가 바라는 것은 아기를 갖는거야.

A: When is the baby due?

B: She'll give birth in mid-November.

A: 출산일이 언제야? B: 11월 중순에 출산할거야.

Screen Patterns : You suck at being a dad

I suck at+명사[~ing] …에 서투르다

- **You suck at** being a dad, and you're taking it out on me. 아빠노릇에 서투르다고 내게 화풀이하지마.
- **I suck at** this job. 난 이 일에 서툴러.
- **I'm terrible at** buying gifts. 난 선물을 사는데 서툴러.
- **I'm not really good at** talking to girls. 난 정말이지 여자한테 말거는데 서툴러.

A: Look at me. How old do I look? 날 봐봐. 내가 몇 살로 보여?

B: I suck at guessing people's ages. 난 사람들 나이 잘 맞추지 못해.

알렉스 만나봐
You should look up Alex

look up은 사전이나 인터넷에서 어떤 정보를 「찾아보다」라는 의미. 위 문장에서처럼 look up sb하면 근처에 가게 되면 「연락하다」, 「찾아가다」라는 표현이 된다. 시내 오면 한번 들르라고 하려면 Look me up when you're in town이라고 한다.

● **Screen Expressions**

look (sth) up 정보를 찾다

I'll get on Wikipedia and look it up.
위키피디아에 검색해서 그걸 찾아볼게.

look up sb 방문하다, 들르다

I'll look you up **next time I'm in New York.**
내가 담에 뉴욕가면 들를게.

Don't be a stranger 자주 보자

Come back and see us. Don't be a stranger.
다시 와서 얼굴 보자. 자주 보자고.

이 표현이 나오는 영화
〈러브, 로지〉
〈악마는 프라다를 입는다〉

● **Dialog**

A: My sister lives in Atlanta.

B: We'll look her up when we visit her city.

A: 내 누이는 애틀란타에 살고 있어. B: 그 도시에 갈 때 찾아볼거야.

A: Thank you for having me over for dinner.

B: I love seeing you. Don't be a stranger.

A: 저녁 식사에 초대해줘서 고마워요. B: 만나고 싶은데요. 자주 뵈요.

Screen Patterns : I don't buy the bullshit he's been saying

I don't buy~ …을 믿지 않아

- **I'll buy that** when you can honestly tell me that you have loved.
네가 솔직히 사랑했다고 말할 수 있을 때 그 말을 믿을거야.

- **I don't buy the bullshit** he's been saying. 걔가 얘기한 말도 안되는 소리는 믿지 않아.

- **I take it that** you are unhappy. 네가 불행하다는거 믿어.

A: Britt didn't show up when he promised. 브릿은 약속한 때에 나오지 않았어.

B: I'll buy that he is in trouble. 걔가 곤란한 처지에 있다고 믿을거야.

아직도 당겨?
You still in the mood?

be in a mood만으로도 「기분이 안좋다」라는 의미가 되지만 좀 더 분명히 기분의 좋고 나쁨을 말할 때는 be in a good[bad] mood라고 하면 된다. 또한 be[feel] in the mood for[to do]~는 「…할 기분이 나다」, 반대로 be in no mood for[to do]는 「…할 기분이 아니다」라는 말.

● *Screen Expressions*

be in good[bad] mood …할 기분이다[아니다]

She is just in a bad mood **this evening.**
걘 오늘 저녁 그냥 기분이 안좋을뿐야.

I'm not in the mood 그럴 기분 아냐

No thank you. I'm not in the mood.
고맙지만 됐어. 그럴 기분이 아냐.

I'm not in the mood for[to do]~ …할 기분 아냐

I'm really not in the mood to see a movie anymore.
더 이상 영화를 볼 기분이 아냐.

이 표현이 나오는 영화
〈굿럭척〉
〈500일의 썸머〉

● *Dialog*

A: Neil looks like he is angry at someone.

B: Stay away from him. He's in a bad mood.

    A: 닐이 누군가에게 화가 난 것처럼 보여. B: 가까이 가지마. 기분상태가 안 좋으니까.

A: The candidate you supported is an idiot.

B: I'm not in the mood to argue about it.

    A: 네가 지지했던 후보는 멍청이야. B: 그걸 다툴 기분이 아냐.

Screen Patterns : It occurred to me that we made a mistake

It occurred to me that S+V …가 생각났어

● **It occurred to her that** he would be a bad husband. 걔는 그가 나쁜 남편이 될거라는 생각이 들었어.

● **It never occurred to me** it could actually be true. 그게 실제 사실일 수도 있다는 생각이 전혀 들지 않았어.

● **Did it ever occur to you that** he dated many women?
개가 여러 여자와 데이트한다는 생각이 들기는 했어?

A: Do you think we should have made out? 우리가 키스를 했어야 했다고 생각해?

B: It occurred to me that we made a mistake. 우리가 실수했다는 생각이 들었어.

내가 잘못했어
That's my bad

조금은 낯설을 수 있는 표현이다. That's my bad 혹은 My bad하면 구어체로 "내 잘못이야"라는 말이다. 다시 말해 It's my fault란 말씀. 역시 조금은 어렵지만 잘 되리라 예상했는데 잘못이나 실수로 판명난 경우 It's a fail이라고 한다.

Screen Expressions

(That's) My bad 내가 잘못했어 ▶ It's my fault 내 실수야

It's my bad. I should have called her last night.
내 잘못이야. 내가 지난밤 걔한테 전화했어야 했는데.

own up to~ 잘못한 것을 인정하다

Just own up to it.
그 실수한 것을 그냥 인정해.

be a fail 실수야, 잘못이야

That was such a fail on my part.
그건 정말이지 내가 잘못한거였어.

이 표현이 나오는 영화
〈쉬즈더맨〉
〈노팅힐〉
〈굿럭척〉
〈친구와 연인사이〉

Dialog

A: A date? No, I'm happily married.
B: My bad. I thought you were single.
A: 데이트하자고요? 안돼요, 난 행복한 유부남인데요. B: 제 실수예요. 싱글인줄 알았어요.

A: His parents gave him everything when he was a kid.
B: Hard to believe he's such a fail.
A: 걔 부모는 어렸을 때 안해준게 없었어. B: 걔가 그렇게 실패하다니 믿기 어렵구만.

Screen Patterns : It hit me he must have been cheating

It dawned on me that S+V …가 문득 생각났어

- **It dawned on me that** he didn't have my phone number.
걔가 내 전화번호를 안갖고 있다는 생각이 문득 들었어.

- **It hit me that** he must have been cheating. 걔가 바람을 폈겠다는 생각이 들었어.

- **It struck me that** I haven't seen Gary lately. 최근에 게리를 보지 못했다는 생각이 났어.

A: Why did you start sending out resumes? 왜 이력서를 보내기 시작한거야?
B: It dawned on me that I need a new job. 새로운 직장이 필요하다는 생각이 들었어.

내가 우리 커피 가져올게
I got us coffee

영어로 말하기가 어려운 표현. 내가 가서 우리 커피 사올게(가져올게)라는 의미. 그래서 우리 예약 좀 해는 Get us a reservation이라고 한다. 또한 get oneself~는 「스스로 …을 하다」로 get ourselves to+ 장소명사는 「우리가 …에 가다」, get oneself+음식명사는 「…을 챙겨서 먹다」라는 의미.

● Screen Expressions

I got us coffee 내가 우리 커피 사[가져]올게

Wait a minute. I got us coffee. 잠깐만. 내가 커피 사올게.

get oneself to+장소 …에 가다 ▶ get oneself+음식 내가 챙겨서 …을 먹다

We need to get ourselves to the immigration office.
우리는 이민국에 출두해야 돼.

show oneself out 알아서 혼자 나가다

▶ let oneself in[out] 알아서 혼자 들어오다[나가다]

Go ahead and let yourself out. 어서 알아서 나가.

> **이 표현이 나오는 영화**
> 〈노트북〉
> 〈프로포즈〉
> 〈프렌즈 위드 베네핏〉
> 〈악마는 프라다를 입는다〉
> 〈러브액츄얼리〉

● Dialog

A: You look tired. I got us coffee.

B: Thanks. I was up real late last night.

A: 피곤해보이네. 커피가져올게. B: 고마워. 지난밤에 정말 늦게까지 안잤어.

A: When I woke up, my apartment was empty.

B: I let myself out after you fell asleep.

A: 내가 일어났을 때 아파트에는 아무도 없었어. B: 네가 잘 때 내가 알아서 나갔어.

Screen Patterns : You strike me as an honest woman

You strike me as+명사[~ing] 넌 …처럼 보여

- **He doesn't strike me as** the type to stand up to a bully.
  걘 불량배에게 대항하는 타입의 사람으로 생각되지 않아.

- **Do I strike you as** being out of harmony? 내가 별로 잘 어울리지 못하는 사람으로 보여?

- I believe you. **You strike me as** an honest woman. 네 말을 믿어. 넌 정직한 여자로 생각돼.

A: I can't believe Russ got into medical school. 러스가 의대에 갔다는게 놀라워.

B: He doesn't strike me as **being intelligent.** 내가 보기에 걔 똑똑한 사람으로 보이지 않는데.

뭐라 말해야 할지

I don't know what to say

상대방이 친절을 베풀어 감사인사를 할 때 혹은 실망스러운 상황 하에서 "뭐라고 해야 할지 모르겠다"라는 의미로 쓰이는 표현. 감사나 실망스런 상황까지 함께 말하려면 I don't know what to say about[to] it[that] 등으로 쓰면 된다.

● **Screen Expressions**

I don't know what to say 뭐라 말해야 할지

I don't know what to say. **I'm disappointed in you, Jack.**
뭐라 해야 할지, 잭, 네게 실망했어.

I don't know what to say about[to]~ …에 대해 뭐라 말해야 할지

I don't know what to say to **her.**
걔한테 뭐라고 말해야 할지 모르겠어.

I got nothing to say 할 말이 없네

I have nothing to say to **you.**
네게 아무 할 말이 없어.

이 표현이 나오는 영화
〈로맨틱 홀리데이〉
〈왓이프〉
〈노트북〉
〈프로즈〉

● **Dialog**

A: Karen is pregnant, but she isn't married.

B: I don't know what to say about **her situation.**

A: 카렌은 임신했지만 아직 미혼이야. B: 걔 상황에 대해 뭐라 말해야 할지 모르겠네.

A: We need to talk about the things you've done.

B: Don't look at me. I got nothing to say.

A: 네가 한 짓에 대해 우리 얘기 좀 하자. B: 내가 안그랬어, 할 말이 없어.

Screen Patterns : It'd be nice not to have to work

It'd be nice to+V …한다면 좋을텐데

- I thought **it would be nice to** get to know her. 걔를 알게 되면 좋을거라 생각했어.
- **It would be nice not to** have to work. 일하지 않아도 된다면 좋을텐데.
- **It would be nice if** there weren't so many people. 사람들이 많지 않으면 좋을텐데.

A: I'm always using my credit card to buy things. 난 항상 물건 살 때 신용카드를 이용해.

B: It'd be nice not to **owe a lot of money.** 너무 많은 돈을 빚지지 않는게 좋을텐데.

혼자 남겨졌어
I'm left hanging

leave sb hanging은 「…에게 알리지 않다」, 「기다리게 하다」라는 의미로 be left hanging하게 되면 「혼자 남게 되다」라는 뜻이 된다. be left with no one이라는 표현과 같다. 〈굿럭척〉에서 찰리가 캠을 잃을까봐 만나지 않으려 하자, 캠이 홀로 있는 펭귄에게 자신의 처지를 이입하면서 하는 말이다.

● Screen Expressions

I'm left hanging 혼자 남겨졌어

He never called. I'm left hanging.
걔는 한번도 전화안했어. 나 혼자 남겨졌어.

I'm left with no one 혼자 남겨졌어

She's gone and I'm left with no one.
걔는 가버렸고 난 혼자 남겨졌어.

이 표현이 나오는 영화
〈굿럭척〉
〈러브액츄얼리〉

● Dialog

A: Weren't you supposed to go out with Carl?

B: He never called. I'm left hanging.

A: 칼과 데이트하기로 되어 있지 않았어? B: 전화 한번 하지 않더라고. 혼자 남겨진거지.

A: So your parents and brother have passed away?

B: Since they died, I'm left with no one.

A: 그럼 네 부모님과 형이 돌아가셨다고? B: 돌아가신 다음에 나 혼자 남겨졌어.

Screen Patterns : It'd be great if you could come home

It'd be great to+V …한다면 정말 좋을텐데

● **It would be great to** hang out sometime. 언제 한번 함께 놀면 정말 좋을텐데.

● **It'd be great if** you could come home. 네가 집에 올 수 있으면 정말 좋겠는데.

● **It would be just great if** it could help me get a girlfriend.
그게 내게 여친이 생기는데 도움이 된다면 정말 좋을텐데.

A: The people in the club are very nice. 클럽 사람들은 매우 친절해.

B: It'd be great to make new friends. 새로운 친구들을 사귄다면 정말 좋을텐데.

이거 속임수야?

Is this a trick?

trick도 영화에 자주 나오는 단어로 명사로는 「사기」, 「속임수」, 「비결」, 동사로는 「속여먹다」, 「사기쳐서 ···하다」라는 뜻으로 쓰인다. play tricks on은 「놀리다」, 「장난치다」로 pull a trick과 같은 의미이다. 많이 쓰이는 do the trick은 「효과가 있다」라는 의미이다.

● Screen Expressions

Is this a trick? 이거 속임수야? ▶ It's a trick 이거 사기야

It's a trick, I know he's bluffing.
그건 사기야. 걔가 뻥치는거 알고 있어

trick sb 속여먹다, 속여서 ···하다

I was tricked. I was told there would be free booze.
난 속았어. 공짜술이 있을거라 들었거든.

do the trick 효과가 있다

Hoping a hot bath will do the trick.
뜨겁게 목욕하면 효과가 있을거야.

이 표현이 나오는 영화

〈굿럭척〉

〈러브액츄얼리〉

● Dialog

A: Look, there's an orange light in the sky!

B: Come on now, is this a trick?

A: 저거 봐, 하늘에 오렌지 색 불빛이 있어! B: 사실대로 말해봐, 이거 속임수야?

스크린 명대사 : 첫키스만 50번째

"Nothing beats a first kiss. There's nothing like a first kiss." - Lucy

첫키스가 최고예요. 첫키스만큼 좋은 것은 없어요.

가고 있어

I'm on my way

I'm on my way는 "지금 가고 있다"라는 말로 be on one's way (to~) 혹은 be on the way (to~)하게 되면 「…로 가는 길에 있다」라는 표현. 응용해서 be on the[one's] way out~하면 「…로 나가는 중이다」, be on one's way back~하면 「…로 돌아가는 중이다」라는 뜻.

● **Screen Expressions**

I'm on my way 가고 있어

I'm on my way back now.
지금 돌아가는 중이야.

be on the way to~ …로 가는 중이야

This morning my car broke down on the way to work.
오늘 아침에 출근 길에 차가 고장났어.

You're on the right track 잘하고 있어

I think we are so on the right track!
우린 아주 올바른 방향으로 가는 것 같애!

이 표현이 나오는 영화
《악마는 프라다를 입는다》
《러브액츄얼리》

● **Dialog**

A: I got to get out of here right now.

B: I'm on my way. Wait for me.

　A: 나 지금 당장 여기서 나가야 돼.　B: 지금 가는 중이야. 기다려.

A: This may not be the right career for me.

B: Relax, you're on the right track.

　A: 이건 내 경력에 맞지 않을지도 몰라.　B: 진정하라고, 넌 잘하고 있어.

Screen Patterns : How would you like to join me?

How would like+명사[to+동사]? …는 어때?, …을 어떻게 해드릴까요?

- **How would you like** your steak, sir? 손님, 스테이크를 어떻게 해드릴까요?
- **How would you like** some ice cream? 아이스크림 좀 먹을테야?
- **How would you like to** go out on a date with me? 나랑 데이트 할래?
- **How would you like it if** I told everyone that you were a gay? 네가 게이라고 모두에게 얘기한다면 어떻겠어?

A: How would you like to eat some fish tonight? 오늘 저녁에 생선 좀 먹을래?

B: I'd actually prefer to have beef. 실은 고기먹는게 더 좋아.

이런 모습 보게 해서 미안해요

Sorry you had to see that

have to+V라는 기초표현이 뼈대인 표현이다. 네가 이런 모습을 보게 해야 했던 상황이 미안하다라는 의미이다. have to+V는 잘 알지만 위와 같은 문장을 해석하라고 하면 헤매는 경우가 종종 있다. 1차적 직역을 떠나서 의역하여 우리말 답게 생각하는 습관을 기르도록 한다.

● **Screen Expressions**

Sorry you had to see that 이런 모습 보게 해서 미안해

I am sorry you had to go through it.
그 일을 겪어야 했다니 안됐네.

I did what I had to do 내가 해야 할 일을 했어요

You may not like it, but I did what I had to do.
네가 싫어할지도 모르겠지만, 난 내가 할 일을 했어.

That had to hurt! 아팠겠다!

The window closed on your hand? That had to hurt.
창문이 손등 위로 닫혔다고? 아팠겠다.

● **Dialog**

A: I watched you arguing with your wife.

B: Yeah man, sorry you had to see that.

A: 네가 네 아내와 다투는 것을 봤어. B: 어 그래, 그런 모습 보여서 미안.

A: She stayed at home for months after the divorce.

B: Going through a divorce? That had to hurt!

A: 걔는 이혼 후에 몇 달간 집에만 있었어. B: 이혼을 겪었다고? 아팠겠다.

Screen Patterns : Getting married was my idea

Me ~ing is~ 내가 …하는 것은 …야

- **Being with you is** the only way I find happiness.   너와 함께 있는게 내가 행복을 찾는 유일한 방법이야.
- **Me smashing those was** not an accident.   내가 그것들을 부셔버린 것은 사고가 아녔어.
- **Getting into that place** has been a dream of hers.   그 집에 들어가는 것은 그녀의 꿈이었어.

A: So you really think we should get married?   그럼 넌 우리가 결혼해야 된다고 정말 생각해?

B: Being with you is the only way I imagined the future.
너와 함께 있는게 내가 상상했던 유일한 미래야.

너무 심했어
It's too far

「너무 지나치다」, 「도를 넘다」라는 표현은 go too far를 쓴다. 상대방의 행동이 정도를 넘어서 지나치게 했을 때 던질 수 있는 말로 야단을 치거나 불만을 토로할 때 쓴다. 비슷한 표현으로 go overboard, overdo it 등이 있다. 또한 「선을 넘다」는 cross the line이라 한다.

Screen Expressions

It's too far 너무 심했어 = be (totally) too much for sb = go too far

Her joke went too far.
걔 농담은 지나쳤어.

Don't overdo it 도를 지나치지마 ▶ go overboard 너무하다

Don't you think he went a little overboard?
걔가 좀 심했다고 생각하지 않아?

cross the line 선을 넘다 ▶ That's murder 너무하다, 불쾌하다

There is a line, a line that should not be crossed.
넘어서는 안되는 선이 있어.

이 표현이 나오는 영화
〈라라랜드〉
〈노팅힐〉
〈러브액츄얼리〉
〈노팅힐〉
〈왓이프〉

Dialog

A: The demonstration caused millions of dollars of damage.

B: We have to admit that it went too far.

A: 데모로 해서 막대한 손실이 생겼어. B: 너무 지나쳤다는 것을 인정해야 돼.

A: Every morning I run for at least ten miles.

B: It's good you're exercising, but don't overdo it.

A: 매일 아침 적어도 10마일은 뛰어. B: 운동하는 것은 좋지만 너무 무리는 하지마.

Screen Patterns : Isn't it odd that you've never found it?

It is[was] odd to+V ···하는 것은 이상해[했어]

- We had sex. **It was odd to** fall into our old familiar sex life so easily.
  우리는 섹스를 했어. 그렇게 쉽게 오래전부터 친숙한 성생활에 빠지게 이상했어.

- **Isn't it odd that** you've never found it? 네가 그걸 찾지 못하게 이상하지 않아?

- **What are the odds** we run into this guy? 이 사람을 마주칠 가능성이 얼마나 돼?

A: Katie is so shy. She keeps to herself. 케이티는 매우 수줍어해. 잘 어울리지 않아.

B: Isn't it odd that she doesn't talk to anyone? 사람들하고 얘기하지 않는게 이상하지 않아?

꺼져!, 비켜!, 물러서!

Back off!

화가 치밀어 올라 이성을 잃고 화를 내는 상대방에게 「진정하라」고 할 때 혹은 내가 할 테니 「뒤로 물러서거나 꺼지라」고 할 때 사용하는 표현이다. 또한 앞서 배운 break up은 「헤어지다」라는 말이지만 싸움을 뜯어 말릴 때 Break it up!하게 되면 "싸움을 그만두라!"라는 뜻이 된다.

● **Screen Expressions**

Back off! 물러서!, 진정해!, 꺼져!

Back off. You need time to cool down.
진정해. 넌 진정할 시간이 필요해.

back off 물러서다, 진정하다

Dude, back off. I called dibs on Stephanie.
친구들, 물러서. 스테파니는 내가 찍었어.

Break it up! (싸움) 그만둬!

Guys, come on, break it up guys!
야, 친구들, 그만 싸워!

이 표현이 나오는 영화
〈굿럭척〉
〈쉬즈더맨〉

● **Dialog**

A: You made a serious mistake criticizing Mark.

B: Back off! This isn't your business.

A: 마크를 비난하다니 넌 큰 실수를 한거야. B: 꺼져! 네가 상관할 바도 아니잖아.

A: If he comes near me, I'll punch his face.

B: Break it up! We don't need a fight here.

A: 걔가 내 근처에 오면 얼굴을 갈겨버릴거야. B: 그만둬! 우리가 여기서 싸울게 뭐있어.

Screen Patterns : You don't want to mess with me

You don't want to+V ···하지 마라, ···하지 않는게 좋아

- **You don't want to** take off my bra? 내 브라자를 벗기고 싶지 않다고?
- I'm a dangerous woman. **You don't want to** mess with me. 나 위험한 여자야. 건드리지 말라고.
- **You wouldn't want to** live with a liar. 넌 거짓말쟁이와 함께 살지 않는게 좋겠어.
- **You might want to** see a doctor about that. 그 문제로 병원에 가보는게 좋겠어.

A: Why shouldn't I talk to my boss about this? 왜 내가 사장에게 이 얘기를 하면 안되는데?

B: You don't want to piss him off. 사장 열받게 하지마.

앞으로 더 힘든 상황이 올거야

The hard part is still to come

영화를 보다 보면 많이 나오는 표현중 하나로 the hard part는 「어려운 부분」, the easy part는 「쉬운 부분」, 그리고 「가장 좋은 부분」은 The best part 등으로 쓰면 된다.

● Screen Expressions

이 표현이 나오는 영화
〈이프온리〉

The hard part is~ 힘든 부분[상황]은 …야

▶ The easy part is~ 쉬운 부분은 …이다

The hard part is **truly over.** 힘든 상황은 정말 끝났어.

The worst part is~ 가장 최악은 …이다

The worst part is **I'm starting to get used to it.**
최악은 내가 그거에 익숙해지고 있다는거야.

The best part is~ 가장 좋은 부분은 …이다

The best part is that **you already know everything about her!**
가장 좋은 점은 네가 걔에 대해서 이미 다 알고 있다는거야!

● Dialog

A: It seems you have health problems.

B: The worst part is I don't know what's wrong.

　　A: 너 건강에 문제가 있는 것 같아. B: 어디가 아픈지 모르는게 최악이야.

A: So your grandpa let you use his car?

B: The best part is that I get to keep it.

　　A: 할아버지가 차를 사용하게 해주셨어? B: 가장 좋은 부분은 내가 갖게 된다는거야.

Screen Patterns : You know what sucks?

You know what+V? 뭐가 …한지 알지?

• **You know what** makes me mad? 뭐가 날 열받게 하는지 알아?

• **You know what** happens to someone who snitches? 고자질하는 사람은 어떻게 되는지 알아?

• **You know how** easy it is to score at a wedding? 결혼식에서 한 건 올리는게 얼마나 쉬운지 알아?

A: I'm tired and really don't want to work. 난 정말 피곤해서 일하기 싫어.

B: You know what happens to people who don't work hard?

열심히 일하지 않는 사람은 어떻게 되는지 알아?

정말 놀라웠어
It came as a bit of shock

come as 다음에 감정단어를 넣으면 「···하게 받아들여지다」라는 뜻. 예로 come as a shock (to sb)는 「(···에게) 충격으로 받아들여지다」, come as a surprise는 「놀랍다」, 그리고 반대로 말하려면 come as no surprise라고 하면 된다. come as 다음에 나오는 단어는 주로 surprise, shock, relief 등이다.

● Screen Expressions

come as a surprise 놀라다

This can't come as a total surprise to **you.**
이걸로 해서 넌 전혀 놀라지 않을거야.

come as no surprise 놀라지 않다 ▶ What have you come as? 어땠어?

Jenna's problems come as no surprise.
제나의 문제는 별로 놀랍지도 않아.

knock sb dead 감동시키다, 놀라게 하다

We knocked him dead **with our presentation.**
우리는 발표회로 그를 감동시켰어.

이 표현이 나오는 영화
〈미비포유〉
〈500일의 썸머〉
〈이프온리〉
〈악마는 프라다를 입는다〉

● Dialog

A: No one knew that Katrina was pregnant.

B: The baby's birth came as a surprise.

A: 캐트리나가 임신한 줄 아무도 몰랐어. B: 아기를 출산한 것은 놀라웠어.

A: Was her surprise party a success?

B: The whole party knocked her dead.

A: 걔를 위한 깜짝파티가 성공했어? B: 파티에 걔는 깜짝 놀랐어.

Screen Patterns : There's no way to tell who it was

There's no way to+V ···할 방법이 없어, ···할 수 있는 길이 없어

● **There's no way that** we're gonna have sex together. 우리가 함께 섹스할 일은 없을거야.

● **There's no way to** tell what he will do. 걔가 어떻게 할지 알 길이 없어.

● **There's no telling how long** they've been there. 걔네들이 얼마나 오랫동안 거기에 있었는지 알 수가 없어.

A: Andy is so ugly and Sandra is so pretty. 앤디는 정말 못생겼고 샌드라는 정말 예뻐.

B: There's no way she's dating him. 샌드라가 앤디하고 데이트할 일은 없겠네.

그거 확인해줄게

Let me check on that for you

check on sb[sth]으로 「…가 제대로 되었는지, 안전은 한지 등을 확인해보는」 것을 뜻한다. 위에서처럼 check on sth for sb는 「…위해 …을 확인하다」가 된다. 또한 up을 추가해서 check up on하게 되면 제대로 되고 있는지, 안전한지 확인하다라는 의미가 되며 뒤에는 sb나 sth이 올 수 있다.

● *Screen Expressions*

check on sb[sth] 확인해보다

I came back to check on him to see if he was okay
난 걔가 괜찮은지 확인하려고 살펴보러 돌아왔어.

check up on 확인해보다, 지켜보다

Your ex-wife came by this morning to check up on you.
네 전처가 오늘 아침에 와서 네 상태를 확인했어.

check it out 확인하다 ▶ Check it out! 이것 좀 봐!

I think I should go check it out.
내가 가서 한 번 점검해봐야 할 것 같아.

이 표현이 나오는 영화
〈라라랜드〉
〈프로포즈〉

● *Dialog*

A: I drive by your mom's house every day.

B: Could you stop and check on her?

　　A: 난 매일 네 엄마 집에 차로 들러. B: 엄마 좀 그만 확인할래?

A: The rumor is your ex is a stalker.

B: He was waiting outside, checking up on me.

　　A: 루머에 의하면 네 전 남편이 스토커라며. B: 지금 밖에서 날 지켜보면서 기다리고 있어.

Screen Patterns : What makes you think it's weird?

What makes you think S+V? 왜 …라고 생각하는거야?

● **What makes you think** I'll be kissing you, huh?　내가 왜 너에게 키스할거라 생각하는거야, 응?

● **What made you think that** I wasn't going to show up?　왜 내가 나타나지 않으리라고 생각했어?

● **What makes you say that** I have?　왜 내가 갖고 있다고 말하는거야?

A: This may be the end of the fireworks show.　이게 불꽃놀이의 마지막일거야.

B: What makes you think it's over?　왜 끝이라고 생각해?

그게 내가 좋아하는거지, 내 전공이지
That's my thing

That's my thing하면 그게 바로 내가 좋아하는거, 잘하는거, 다시 말해 "그게 내 전공이지"라는 말이다. 반대로 That's not my thing하게 되면 "난 그런거 질색이야," "싫어해"라는 의미가 된다. 또한 my를 the로 바꿔서 That's the thing!하게 되면 "바로 그거야!"라는 의미이다.

Screen Expressions

That's my thing 내 전공이지, 내 전문이야

I like many women. That's my thing.
난 많은 여자들을 좋아해. 내 전문이지

That's not my thing 질색이야, 싫어해 = That's not my cup of tea

I mean, technology's not my thing.
내 말은 기술은 내가 싫어하는거야.

That's the thing! 바로 그거지! = That's the spirit!

We've got to finish. That's the thing!
우리는 일을 끝내야 해. 바로 그거야!

이 표현이 나오는 영화
〈왓이프〉
〈첫키스만 50번째〉
〈500일의 썸머〉

Dialog

A: There are a lot of model airplanes in here.

B: It's a hobby of mine. That's my thing.

A: 여기에 아주 많은 모형비행기가 있네. B: 내 취미야. 내 전문이지.

A: Come on, let's see a film tonight.

B: I hate going to the movies. That's not my thing.

A: 그러지말고, 오늘밤에 영화보러가자. B: 영화보러 가는거 싫어해. 질색이야.

Screen Patterns : I would kill for this job

I would kill for sth[sb] …을 위해서는 뭐든지 하겠어

• I mean **I would kill for** this job. 내 말은 이 일자리를 정말이지 꼭 잡고 싶어.

• **I would die to** become rich and famous. 돈이 많고 유명해지기 위해서는 뭐든지 하겠어.

• Have you ever wanted someone so badly that **you would do anything to** get them? 넌 누군가를 얻기 위해서는 뭐든지 하겠다고 간절하게 원해본 적이 있어?

A: That is the best neighborhood in Seoul. 저곳이 서울에서 가장 좋은 동네야.

B: I would kill for a chance to live there. 그곳에서 살 수 있는 기회가 있다면 뭐든 하겠어.

이건 정말 아슬아슬했어

This was a really close call

be a close call은 「위험천만이다」, 「구사일생이다」라는 말로 be close라고 해도 된다. 또한 cutting it close란 형태로 「아슬아슬했어」라는 의미로 쓰인다.

● Screen Expressions

That was a close call 위험천만했어

The car almost hit me. That was a close call.
저 차가 날 거의 칠 뻔했어. 위험천만했어.

That was close 아슬아슬했어

That was close. **We nearly didn't make it.**
아슬아슬했어. 우리는 거의 도착하지 못할 뻔했어.

Cutting it close 아슬아슬했어

You're cutting it close. **You may miss the bus.**
너 아슬아슬했어. 버스 놓칠 뻔했어.

● Dialog

A: The cops almost caught us.

B: It's true. That was a close call.

   A: 경찰이 거의 우리를 잡을 뻔했어.   B: 정말이야. 정말 아슬아슬했어.

A: It's not possible for me to arrive at 8:30.

B: You can come at 9 a.m., but it will be cutting it close.

   A: 내가 8시 30분에 도착하는 것은 불가능해.   B: 오전 9시에 와, 하지만 아슬아슬할거야.

Screen Patterns : All I really need to say is I miss you

All I really need to say is S+V 내가 정말로 말해야 하는 것은 …라는거야

- **All I need is** a beautiful girlfriend. 내게 필요한 건 예쁜 여친 뿐이야.
- **All I need is** a car to get to work. 내가 필요로 하는 것은 출근할 자동차뿐이야.
- **All I need to do is** turn on the air conditioner. 내가 해야 되는건 에어콘을 켜기만 하면 돼.
- **All I really need to say** is I miss you. 내가 정말로 말해야 하는 것은 네가 그립다는거야.

A: Many people think you started the argument. 많은 사람들이 네가 논쟁을 시작했다고 생각해.

B: All I really need to do is explain what happened. 내가 해야 되는 것은 오직 무슨 일 있었는지 설명하는거야.

Who says you failed?

"누가 …라고 했냐?"라고 하면서 상대방의 말에 동의못하겠다고 할 때는 Who says S+V?라고 하면 된다. 다만 Who can say S+V?라고 하면 「누가 …을 말할 수 있겠냐」, 즉 아무도 알 수 없는 노릇 이라는 의미로 Who's to say S+V라고 해도 된다. 참고로 Says who?는 "누가 그래?"라는 말이다.

● **Screen Expressions**

Who says you failed? 네가 실패했다고 누가 그래?

Who says I can't handle it?
누가 내가 그걸 처리할 수 없을거라고 말한거야?

Says who? 누가 그래? ▶ Says you! 바로 네 얘기야! ▶ Say what? 뭐라고?

I'm an idiot? Says who?
내가 바보라고? 누가 그래?

Who can say S+V? 누가 알 수 있겠어? = Who's to say S+V?

Who's to say it wasn't you?
네가 아니라는 걸 누가 알 수 있겠어?

● **Dialog**

A: That guy is completely untrustworthy.

B: Who says he lied to us?

> A: 이 친구는 완전히 믿을 구석이 하나도 없네. B: 걔가 우리에게 거짓말하고 있다고 누가 그래?

A: According to the chart, I am a VIP.

B: You get special treatment? Says who?

> A: 챠트에 의하면 내가 VIP네. B: 특별대우를 받으신다고요? 누가 그래요?

Screen Patterns : You're sure you want to marry Chris?

You're sure you don't mind me ~ing? 내가 …해도 정말로 괜찮겠어?

• **You're sure you don't mind me** smoking? 정말로 내가 담배를 펴도 괜찮겠어?

• **You're sure you want to** marry Richard? 정말 리차드하고 결혼하고 싶어?

• **You're sure you want to** go through with this? 정말 이걸 하고 싶은게 확실해?

• **You're sure you don't wanna** know where I was? 내가 어디 있었는지 알고 싶지 않은게 확실해?

A: Drop by tonight, some time after eight. 오늘밤 8시 넘어 한번 들려.

B: You're sure you don't mind me **coming over?** 정말 내가 들려도 괜찮겠어?

바로 그렇게 넌 믿고 싶겠지

That's what you want to believe

That's what S+V는 강조구문으로 "…한 것은 바로 그것이다"라는 뜻이고, That's what+V는 "그것이 바로 …하는 것이다"라는 의미이다. what을 where로 바꿔 That's where S+V하게 되면 "바로 그 점이 …하다"라는 뜻이 된다. 참고로 Here's what~하게 되면 "이게 바로 …하는거야"라는 의미.

● **Screen Expressions**

That's what we do here 여기서 우리는 바로 그렇게 해

▶ That's what+V 바로 그 때문에 …하다

That's what I wanted to hear! 그게 바로 내가 듣고 싶었던거야!

That's what brings you back to me each time.
바로 그 때문에 네가 매번 내게로 돌아오는거야.

That's where you're wrong 바로 그 점이 네가 틀린거야

That's where I turned my life around. 바로 거기서 내 인생이 역전됐어.

Here's what I know about you 이게 너에 대해 내가 알고 있는거야

Here's what I want you to say. 이게 네가 말하기를 바라는거야.

이 표현이 나오는 영화
〈미비포유〉
〈라라랜드〉
〈첫키스만 50번째〉
〈러브액츄얼리〉
〈악마는 프라다를 입는다〉
〈노트북〉

● **Dialog**

A: What is the purpose behind this spa?

B: We make people feel better. That's what we do here.

A: 이 스파의 용도는 뭔가요? B: 사람들의 기분을 좋게 만들어줘요. 그게 우리가 여기서 하는 일입니다.

A: Money can fix any problem.

B: I disagree. That's where you're wrong.

A: 돈이면 어떤 문제든지 해결할 수 있어. B: 그렇지 않아. 바로 그 점이 네가 틀렸어.

Screen Patterns : Am I the only one not getting this?

You're the one ~ing[who S+V] 바로 네가 …하는 사람이야

• **You're the one that** said we had to go. 우리가 가야 된다고 말한 사람은 바로 너야.

• **You're the one** acting crazy today. 오늘 미친 사람처럼 행동한 건 바로 너야.

• **You're not the only one that** gets a say in this! 너만 유일하게 이 문제에서 발언권을 갖고 있는게 아냐!

• **Am I the only one not** getting this? 내가 유일하게 이걸 이해못하는 사람인거야?

A: Those bastards didn't even send an invitation! 저 자식들이 초대장도 보내지 않았어!

B: You're not the only one who they didn't invite. 초대 못받은 사람이 너만 있는게 아냐.

네게 소중하다면 걔를 데리고 가

Take her, if it means that much to you

mean much to sb는 「…에게 소중하다」, 「중요하다」라는 의미로 mean a lot to sb라고 해도 된다. 특히 I'd really mean a lot to me if you+과거동사하면 가정법문장으로 "네가 …한다면 정말 고맙겠다"라는 말이 된다.

● Screen Expressions

mean much to sb …에게 소중[중요]하다

It really meant a lot to **her.**
그건 걔한테 정말 중요했어.

mean a lot to sb …에게 소중[중요]하다

I hope you know you still mean a lot to **me.**
아직 네가 내겐 큰 의미가 된다는 걸 알아주길 바래.

I'd really mean a lot to me if you~ 네가 …한다면 정말 고맙겠어

It would really mean a lot to me if you **guys came.**
너희들이 오면 정말 큰 의미가 될거야.

이 표현이 나오는 영화
〈러브, 로지〉

● Dialog

A: Dad cried when I said I loved him.
B: I didn't know it meant that much to him.

A: 내가 사랑한다고 하자 아빠가 우셨어. B: 아빠에게 그게 그 정도로 의미가 있는지 몰랐네.

A: Thanks for the invitation to your wedding.
B: It would mean a lot to me if you would show up.

A: 결혼식에 초대해줘서 고마워. B: 네가 온다면 정말 고맙겠어.

Screen Patterns : Would it be too weird if I kissed you?

Would it be awful if S+V? …해도 괜찮겠어?

- **Would it be awful if** I began eating? 내가 먹기 시작해도 될까?
- **Would it be very wrong if** I asked you for your number? 네 전번을 알려달라고 하면 정말 안될까?
- **Would it be too weird if** I kissed you? 내가 키스하면 좀 이상할까?
- **Wouldn't it be great if** they didn't argue? 걔네들이 다투지 않는다면 정말 좋지 않겠어?

A: This presentation is going to be boring. 발표회가 지겨울거야.
B: Would it be awful if I skipped it? 내가 빠져도 괜찮겠어?

~, 그걸로 끝이야

Well, that's that

~that's that은 "그게 그렇다"라는 말로 모든 것이 다 끝나서 더 이상 변화를 줄 수 없다는 문장이다. 비슷한 ~that's what은 "그래서 그렇게 된거야"라는 의미이다. 과거형으로 That was that하면 "일이 그렇게 된거야"라는 말이다. 끝으로 This is it!은 "바로 그거야!"라고 잘 알려진 표현이다.

● Screen Expressions

~that's that 그걸로 끝이야, 이게 전부야 ▶ That was that 일이 그렇게 된거야

That's that. I've got some packing to do.
다 끝났어. 짐싸야겠어.

~that's what 그래서 그렇게 된거야

She showed up, that's what.
걔가 나타났고 그래서 그렇게 된거야.

This is it! 바로 이거야!, 이게 다야! = That's it! 바로 그거야!, 이게 다야!

This is it. Take it or leave it.
이게 다야. 하든지 말든지.

이 표현이 나오는 영화
〈노트북〉
〈500일의 썸머〉

● Dialog

A: Is there any way Tony will return?

B: He's been fired, and that's that.

A: 토니가 돌아올 방법이 있을까? B: 해고됐잖아, 그리고 그걸로 끝이야.

A: This new apartment is very modern.

B: It's what I was looking for. This is it!

A: 이 새로운 아파트는 아주 현대적이다. B: 내가 찾고 있던거야. 바로 이거야!

Screen Patterns : You were gonna propose to me?

I was going to+V …을 하려고 했어

- **I was going to** say great minds think alike. 너와 나의 생각이 같다고 말하려고 했어.
- I thought **I was going to** have a heart attack. 난 심장마비가 오는 줄 알았어.
- **You were gonna** propose to me? 너 나한테 프로포즈 할 생각이었어?
- **We were going to** travel the world together. 우리는 함께 세계일주를 하려던 참이었어.

A: I have someone I could set you up with. 너에게 소개시켜 주고 싶은 사람이 있어.

B: I was going to ask about that. 나도 그거 물어볼 참이었어.

시도는 좋았어
Nice try

칭찬하는 표현이지만 결과는 좋지 않았다는 의미가 담겨있는 표현이다. 결과까지 좋은 Good job!과는 구분해야 한다. 한편 상대방을 칭찬하는 표현으로 Nice going(잘했어)이 있는데 이는 문맥에 따라 "자알~한다"로 비아냥거리는 문장이 되기도 한다는 점을 알아둔다.

● **Screen Expressions**

이 표현이 나오는 영화
〈노트북〉
〈500일의 썸머〉

Nice try 시도는 좋았어

It's too bad you lost the contest. Nice try.
네가 떨어지다니 안됐네. 하지만 잘했어.

Good job! 잘했어!

Good job. You are a good girl.
잘했어. 너 참 착하구나.

Nice going! 잘했어!

Let's take a look at it. Nice going.
저것 좀 봐봐. 참 잘했어.

● **Dialog**

A: I did my best to win the tennis match.
B: Nice try. Sorry you lost.

> A: 테니스 경기에서 이기려고 최선을 다했어. B: 시도는 좋았지만 져서 안됐네.

A: Nice going. You screwed up everything.
B: Sorry. I didn't mean to cause problems.

> A: 잘한다. 네가 모든 걸 망쳐놨어. B: 미안. 문제를 일으키려고 한 것은 아니었어.

Screen Patterns : What did you expect me to say?

You expect me to tell the truth about~? …에 대한 진실을 말하길 바래?

- **You expect me to tell the truth about** what happened? 무슨 일인지 내가 진실을 말하기를 바래?
- **You don't really expect me to** believe you accidentally crashed into my yurt, do you? 당신이 실수로 내 텐트에 들어왔다고 내가 믿기를 바라는 것은 아니겠죠, 그렇죠?
- **What did you expect me to** do, not go to college? 어떻게 하기를 바랬어? 대학 안가는거?

A: He told me he goes to church every Sunday. 걘 매주 일요일에 교회에 간다고 그래.
B: You don't really expect me to **believe he is religious.** 걔가 신앙인이라는 걸 나보고 믿으라는건 아니지.

무사히 돌아왔어요
We got here in one piece

in one piece는 여행이나 힘든 상황을 「무사히 안전하게 넘기다」라는 뜻. get here in one piece하면 「무사히 도착하다」라는 의미가 된다. 반대로 go to pieces하면 piece가 여러조각으로 나누어지다라는 말로 「산산 조각나다」, 「엉망이 되다」라는 뜻이 된다. fall to pieces 역시 「엉망이 되다」라는 뜻.

● Screen Expressions

We got here in one piece 무사히 도착하다

Thanks for bringing her back in one piece.
걜 무사히 데려와줘서 고마워.

go to pieces 엉망이 되다

He completely goes to pieces.
걘 완전히 망가지고 있어.

fall to pieces 엉망이 되다, 무너지다

Their alibi fell to pieces.
그들의 알리바이는 완전히 무너졌어.

이 표현이 나오는 영화
〈미비포유〉
〈브리짓 존스의 일기〉

● Dialog

A: The taxi driver drove like a crazy man.

B: At least we got here in one piece.

A: 저 택시기사는 미친 사람처럼 차를 몰았어. B: 적어도 무사히 여기에 도착했잖아.

A: It's so sad that Darren's wife passed away.

B: He's falling to pieces without her.

A: 대런의 아내가 사망해서 정말 안됐어. B: 그녀 없이는 무너질텐데.

Screen Patterns : I don't see any reason why that can't work out

I don't see any reason why S+V 왜 …하는지 이유를 모르겠어

• **That's the reason why** old people don't belong behind the wheel.
그게 바로 노인들은 운전에 어울리지 않는 이유야.

• **I'm running out of reasons why** I stopped attending their meetings.
내가 그들의 회의에 참석하지 않는거에 대한 이유가 바닥났어.

A: Beth has been snapping at all of us today. 베스가 오늘 우리 모두에게 틱틱거렸어.

B: I don't see any reason why **she is acting that way.** 왜 걔가 그러는지 이유를 모르겠어.

아니, 그런게 아냐
No, it's not that

상대방의 말이나 생각이 틀렸을 때 바로 잡아주는 표현으로 It's not what you think라고 해도 된다. 간단히 Not quite that(전혀 그렇지 않아)이라고 해도 되며, 상황이 상대방의 말과 정반대일 경우에 는 It was the other way around라고 한다.

● **Screen Expressions**

이 표현이 나오는 영화
⟨로맨틱 홀리데이⟩
⟨어바웃타임⟩
⟨브리짓 존스의 일기⟩

It's not that 그런게 아냐 ▶ It's not that+형용사 그렇게 …하지 않다

It's not that simple.
그렇게 단순하지 않아.

Not quite that 전혀 그렇지 않아

It's not quite that she is foolish.
걔는 전혀 멍청하지가 않아.

It was the other way around 정반대야

He dislikes her, not the other way around.
걔는 그녀를 싫어해. 좋아하는게 아니고.

● **Dialog**

A: Are you upset because we made out?

B: No, it's not that.

A: 우리가 애무해서 화가 난거야? B: 그런게 아냐.

A: So you broke up with your boyfriend?

B: No, it was the other way around.

A: 그래 너 남친과 헤어졌어? B: 아니, 그 반대였어.

Screen Patterns : You made me feel like an idiot

You make[made] me feel like+명사 너 때문에 …같은 기분이야

• **You made me feel like** an idiot. 너 때문에 바보가 된 기분이야.

• **You make me feel like** I can't do anything well. 너 때문에 난 아무것도 잘하는게 없는 것처럼 느껴져.

• **It makes me feel like** I instantly want to create something.

그 때문에 내가 계속 뭔가 새로운 것을 만들고 싶어한다는 느낌이 들었어.

A: No one was happy with the way you acted. 네 행동방식에 다들 기분 좋지 않았어.

B: You make me feel like I upset everyone. 너 때문에 내가 모두를 화나게 한 것 같은 기분이 드네.

넌 과거에 집착하고 있어

You're holdin' onto the past

hold on to는 손에 꽉쥐고 있다는 말로「고수하다」,「집착하다」, 그리고「끝까지 매달리다」라는 의미이고 비슷하게 생긴 hang on to는「놓치지 않기 위해 꽉 붙잡다」,「계속 지니고 있다」라는 표현이다.

● Screen Expressions

hold on to~ 고수하다, 매달리다

She's not like you. She doesn't hold on to that stuff.
걘 너와 달라. 걘 그런 일에 집착하지 않아.

If we hold on to the past too tight, the future may never come.
우리가 과거에 너무 집착하다보면 미래는 절대 오지 않을지도 몰라.

hang on to~ 꽉 붙잡다, 놓치지 않다

I get that. You should hang on to this.
알았어. 이거 놓치지 않는게 좋겠어.

이 표현이 나오는 영화
〈라라랜드〉
〈러브액츄얼리〉

● Dialog

A: This jewelry was from my grandmother.

B: You should hold on to that.

A: 이 보석은 할머니가 주신거야. B: 잘 간직해야겠다.

A: Could you hang on to my books?

B: Yeah, just leave them next to the table.

A: 내 책들 좀 봐줄테야? B: 그래, 테이블 옆에 둬.

Screen Patterns : What's the worst thing that could happen?

What's the worst thing that~ ? ···한 최악의 일은 뭐야?

- **What's the worst thing that's ever happened to you?** 네가 겪은 일 중에서 가장 최악의 것은 뭐야?
- The divorce **was the worst thing that** ever happened to me. 이혼은 내가 겪은 일 중에서 최악의 것이었어.
- **What's the worst thing that** could happen if we told them?
우리가 걔네들한테 말한다고 무슨 최악의 일이 벌어지겠어?

A: What's the worst thing **that's ever happened to you?** 네가 겪은 일 중에서 가장 최악의 것은 뭐야?

B: One time I got caught shoplifting. 한번은 물건을 훔치다가 잡혔어.

인정할게

I can't deny it

부정을 할 수 없다는 말로 결국 「인정」한다는 의미. Don't bother to deny it(그냥 인정해라)라는 형태로 많이 쓰인다. 그리고 in denial하면 심리학 용어로 「심리적으로 …를 받아들이지 못하는」 상태를 말한다.

● **Screen Expressions**

I can't deny it 인정할게 ▶ **Don't bother deny it** 그냥 인정해

She's a beauty. I can't deny it.
걔는 정말 미인이야. 인정해.

in denial 심리적으로 받아들이지 못하는 상태

And you're in denial!
그리고 넌 심리적으로 받아들이지 못하고 있는거야!

I admit it 내가 인정할게

I admit it, I am in the wrong about the rules.
내가 인정할게, 내가 규칙을 어겼어.

이 표현이 나오는 영화
〈노팅힐〉
〈러브, 로지〉

● **Dialog**

A: Man, your sister is so hot.

B: She's a beauty. I can't deny it.

A: 어휴, 네 누이 정말 섹시하다. B: 미녀지, 인정할게.

A: His parents still think he can become a doctor.

B: They've been in denial for a long time.

A: 걔 부모님은 아직도 걔가 의사가 될 수 있다고 생각해. B: 오랫동안 현실을 부정하고 있어.

Screen Patterns : All I can think about is sex

All I can think about is+명사 내 머리속에는 온통 …생각뿐이야

● **All I can think about is** sex. And who would want to have sex with me?
내 머리속에는 온통 섹스 생각뿐이야. 누가 나랑 섹스를 하고 싶어할까?

● **All I can think about is** putting that ice in my mouth and licking you all over.
난 얼음을 입에 물고서 네 몸을 구석구석 핥고 있는 생각만 하고 있어.

A: It's no fun being broke all of the time. 허구헌날 돈이 떨어지는 건 재미없어.

B: All I can think about **money is that I like it.** 내가 돈생각만 하는 것은 내가 돈을 좋아하기 때문이야.

항상 이러지는 않아
Isn't always the case

be the case는 if that's the case라는 표현으로 유명해진 표현. if that's the case하면 「만약 그렇다면」, 「만약 그게 사실이라면」(if it's true)라는 의미이다. 이를 토대로 Isn't always the case를 유추해 보자. 앞에 주어 It이나 That이 생략됐다고 보면 "그건 항상 그렇지 않다"라는 해석이 가능해진다.

● Screen Expressions

Isn't always the case   항상 이러지는 않아

▶ It's always the case   항상 그 모양이야

That's always the case **with Jenny.** 제니는 항상 그런 식이라니까.
Sadly for Chris, this was not always the case.
크리스에게는 안됐지만 이게 항상 그런 것은 아냐.

(even) if that's the case   만약에 그렇다면

And if that's the case, **why do I want this?**
그게 사실이라면, 내가 왜 그걸 원하겠어?
If that's the case, **there's nothing I can do about it.**
만약 그렇다면 내가 어찌할 도리가 없어.

이 표현이 나오는 영화
〈러브액츄얼리〉

● Dialog

A: Most big cities have a lot of crime.
B: True, but it isn't always the case.
> A: 거의 모든 대도시는 범죄가 많아.   B: 맞아, 하지만 항상 그런 것은 아냐.

A: I punched him because he deserved it.
B: Even if that's the case, **you shouldn't have done it.**
> A: 걔는 그럴만해서 한대 날렸어.   B: 그렇다 하더라도 그러지 말았어야지.

Screen Patterns : This is just the thing to just perk you up

This is just the thing to+V   이건 단지 …하기 위한 것이야

- **This is just the thing to** just perk you up. 이건 단지 너를 기운나게 하기 위한거야.
- **This is the last thing** I wanna deal with. 이건 내가 다루기 가장 싫은 것이야.
- **It was the last thing** I expected. 전혀 예상도 못했던거야.
- **This is the sort of thing that** keeps me awake at night. 이건 밤에 잠을 못자게 하는 그런 종류의 일이야.

A: I set up a big sign for the festival. 난 축제용으로 커다란 표지판을 세웠어.
B: This is just the thing to **attract people.** 이건 단지 사람들의 주목을 끌기 위한 것이야.

네 뒤를 봐줄게
I got your back, man

get sb's back하면 「…의 뒤를 봐주다」, 「도와주다」, 「책임지다」라는 뜻. 그래서 I got your back하게 되면 「네 뒤를 봐줄테니 나 믿어」라는 의미가 담겨져 있다. 또한 watch one's back하면 「조심하다」라는 뜻이고, turn one's back on sb하게 되면 등을 돌리다라는 말로 「배신하다」라는 의미가 된다.

● **Screen Expressions**

I got your back 네 뒤를 봐줄게
I've got your back, **okay? You're not alone.**
너 뒤를 봐줄게. 넌 혼자가 아냐.

Watch your back! 조심해!
Heads up. Watch your back.
조심하고, 뒤를 잘 봐.

turn your back on sb 배신하다
Don't turn your back on **him.**
걔한테 등을 돌리지마.

이 표현이 나오는 영화
〈브리짓 존스의 베이비〉
〈쉬즈더맨〉
〈악마는 프라다를 입는다〉
〈굿럭척〉

● **Dialog**

A: How can I trust you'll help me out?
B: Take it easy. I got your back.
A: 네가 나를 도와줄거라 내가 어떻게 믿을 수 있어? B: 편히 해. 네 뒤를 봐줄게.

A: Sam looks sad these days.
B: Her friends all turned their backs on her.
A: 샘은 요즈음 슬퍼보여. B: 걔 친구들이 모두 걔를 배신했어.

Screen Patterns : I can't believe you would say that!

I can't believe you would say~ 네가 …라고 말할거라 생각도 못했어
- **I would say that** he left town. 걘 아마 마을을 떠났을거야.
- **I would say that** that makes a lot of sense. 그건 정말 말이 되는 것 같아.
- **You would say** it's cute! 넌 그게 예쁘다고 말할거야!
- **I can't believe you would say** that! 네가 그런 말을 하리라고는 꿈에도 생각못했어!

A: Did you hear they asked her to resign? 걔네들이 걔에게 그만두라고 했다는 얘기 들었어?
B: I would say she deserves it. 걘 그런 일을 당할 만하지.

난 여기에 안 어울려
I don't fit in here

fit in하면 「…에 어울리다」, 「적합하다」 혹은 fit sb in하면 「시간을 내서 …을 보다」, fit sth in하면 「시간을 내서 …하다」라는 의미로 쓰인다. 전치사없이 fit sb하면 「옷 등이 …에 맞다」, fit through하면 「…을 지나기에 적절하다」라는 말이다.

● **Screen Expressions**

I don't fit in here 난 여기에 안 어울려

I don't know if it's gonna fit in here.
이게 여기에 어울릴지 모르겠어.

fit sth in 시간을 내서 …하다 ▶ fit sb in 시간을 내서 …보다

We need to fit it in before New York Fashion Week.
뉴욕 패션주간 전에 시간내서 해야 돼.

fit sb (옷 등이) 맞다 ▶ fit through 지나가기에 적합하다

You're never gonna fit through there!
저기 좁아서 지나가지 못할거에요!

> 이 표현이 나오는 영화
> 〈미비포유〉
> 〈쉬즈더맨〉
> 〈악마는 프라다를 입는다〉
> 〈러브, 로지〉

● **Dialog**

A: I notice that you have no close friends.
B: I'm unhappy. I don't fit in here.

> A: 네게 친한 친구가 없다는 것을 알겠어. B: 난 불행해. 난 여기 안어울려.

A: Can I make an appointment with the dentist?
B: Sure, I think we can fit it in.

> A: 치과예약을 할 수 있을까요? B: 그럼요, 시간낼 수 있을 것 같아요.

Screen Patterns : I'm done thinking about the past

I'm done with[~ing] 난 …을 끝냈어

- **I'm done with** trying to help Chris. 크리스를 도와주려고 하는거 그만둘래.
- **I'm done** thinking about the past. 난 이제 과거 생각은 그만뒀어.
- **I'm not done with** my coffee yet. 난 아직 내 커피를 다 마시지 못했어.
- **Are you done with** working on the computer? 컴퓨터 작업 끝냈어?

> A: Come on, let's get going. 자 어서 가자.
> B: I'm not done writing this text. 아직 문자 보내지 못했어.

내가 지금 너하고 뭐하는거지?

What am I doing with you?

"내가 지금 뭘하고 있는거지?." 뒤에 with~를 붙이면 "내가 지금 …을 어떻게 하고 있는 거지?"라는 뜻. 또한 What do I do?는 "내가 어떻게 해야 돼?," What do I do with that?은 "내가 그걸 어떻게 해야 돼?," 그리고 What do you want to do with~?는 "…을 어떻게 하고 싶어?"라는 문장이 된다.

● Screen Expressions

What am I doing with you? 내가 지금 너하고 뭐하는거지?

What am I doing with my life?
내가 인생을 어떻게 살아가고 있는거지?

What do I do with~? …을 어떻게 하지?

What do I do with that?
그걸 어떻게 하지?

What do you want to do with~? …을 어떻게 하고 싶어?

What do you want to do with your life?
네 삶을 어떻게 살아가고 싶어?

이 표현이 나오는 영화
〈미비포유〉
〈친구와 연인사이〉
〈노팅힐〉

● Dialog

A: What do I do with that?

B: Just think about it for a while.

A: 저걸 어떻게 하지? B: 잠시 생각을 해봐.

A: What do you want to do with your life?

B: I'm hoping I can become a teacher.

A: 네 인생을 어떻게 살아가고 싶어? B: 선생님이 될 수 있기를 바래.

Screen Patterns : That's not to say he created the company

That's not to say S+V 그렇다고 …라는 것은 아냐

• **That's not to say** I, um, don't fully support the concept.
그렇다고 해서 그 생각을 전혀 지지하지 않는다는 말은 아냐.

• **That's not to say** he created the company. 그렇다고 걔가 회사를 만들었다는 것은 아냐.

• Pat is the best worker, but **that's not saying much.** 팻은 최고의 직원이지만, 뭐 그 정도로 대단하지는 않아.

A: So the meeting was longer than usual? 그럼 회의는 평소보다 길었어?

B: That's not to say anyone got upset. 그렇다고 누가 화났다는 얘기는 아냐.

왜 그렇게 생각하는거야?

What makes you thinks that?

무엇(What)이 너(you)로 하여금 "…을 생각하게 만들었나?"로 결국 형식은 What으로 시작했지만 내용은 「이유」를 묻는 말로 Why do you+V?와 같은 의미. What makes you think so?, What makes you think that? 등이 있으며, What makes you think S+V?의 형태로도 쓴다.

● Screen Expressions

What makes you think that[so]? 왜 그렇게 생각해?

Really? What makes you think **so?**
정말? 왜 그렇게 생각해?

What makes you think S+V? 왜 그렇게 생각해?

What makes you think **you're right?**
어째서 네가 옳다고 생각하는거야?

What brings[brought]~? 왜 …에 온거야?

What brought **you up there?**
뭐 때문에 거기에 온거야?

이 표현이 나오는 영화
〈500일의 썸머〉
〈굿 럭 척〉
〈악마는 프라다를 입는다〉

● Dialog

A: The new gymnasium sucks.

B: It sucks? What makes you think **that?**

　A: 새로 생긴 짐은 엿같아.　B: 엿같다고? 왜 그렇게 생각하는데?

A: Haven't seen you in a while. What brought **you here?**

B: I wanted to come and buy some baked goods.

　A: 오랜만이네. 여긴 무슨 일이야?　B: 빵들 좀 사러 왔어.

Screen Patterns : How do I go about contacting her?

How do I go about ~ing? 어떻게 내가 …하고 다니겠어?

● **How do I go about** seducing a woman who is apparently out of my league?
내가 어떻게 나와 레벨이 다른 여자를 유혹하겠어?

● **How do I go about** contacting her?　어떻게 내가 걔에게 연락하고 다니겠어?

● **I don't go around** insulting people.　난 사람들 욕하고 다니지 않아.

A: I can give you advice on anything.　난 너한테 무슨 문제든지 조언해줄 수 있어.

B: How do I go about finding a rich boyfriend?　어떻게 하면 내가 부자 남친을 만날 수 있겠어?

우리 그만 가야 되겠어

We should get going

get going은 좀 늦은 뒤 뭔가 하기 「시작하다」혹은 모임자리에서 「그만 가려고 일어날」때도 사용하는 표현이다. 즉 「출발하다」(start), 「떠나다」(leave), 혹은 「착수하다」(start to work on)이라는 의미를 기본적으로 갖는다. 주로 앞에서 had better, gotta, should 등 당위성을 나타내는 조동사가 오게 된다.

Screen Expressions

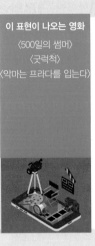

이 표현이 나오는 영화
〈500일의 썸머〉
〈굿럭척〉
〈악마는 프라다를 입는다〉

I gotta get going 나 가봐야 돼 ▶ We should get going 우리 가봐야 돼

I gotta get going in a few minutes myself.
난 좀 후에 가봐야 돼.

We'd better get going 우리 가봐야 돼 ▶ Let's get going 자 가자

Let's get going. **It's really late.**
출발하자. 정말 늦었어.

have to be somewhere 다른 데 가봐야 돼

We really have to be somewhere **now.**
이제 좀 다른데 가봐야 돼서.

Dialog

A: I gotta get going. See you later.
B: All right. It was great talking to you.

A: 나 가야 돼. 담에 봐. B: 좋아. 얘기 나눠서 좋았어.

 스크린 명대사 : 노트북

"The best love is the kind that awakens the soul and makes us reach for more, that plants a fire in our hearts and brings peace to our minds.
And that's what you've given me. That's what I'd hoped to give to you forever.
I love you." - Noah

최고의 사랑은 영혼을 일깨우고 우리들을 더 많이 소망하게 하고,
우리들 가슴에는 열정을 우리들 마음에는 평화를 가져다주지.
바로 너한테서 그걸 받았고, 바로 그걸 네게 평생 주기를 바랐어. 사랑해.

아마 …일지도 몰라

for all I know

자신의 말에 확신이 없을 때 하는 표현으로 「아마도 …일지도 모른다」라는 의미이며, for all intents and purposes는 「사실상」, 「거의 완전히」, all in all은 「대체로」, as fate would have it은 「공교롭게도」, 「운이 안좋게도」, 그리고 when all is said and done은 「모든 것을 고려해볼 때」라는 의미의 표현이다.

● **Screen Expressions**

for all I know 아마도 …일지도 몰라 ▶ for all intents and purposes 사실상

For all I know, that guy's my soul-mate.
아마도 저 남자가 내 소울메이트일지 몰라.

as fate would have it 공교롭게도, 운이 안좋게도 ▶ all in all 대체로

All in all, it was a pretty good childhood.
대체로 꽤 좋았던 어린시절이었어.

when all is said and done 모든 것을 고려해볼 때

When all is said and done, you must tell the truth.
모든 걸 고려해볼 때, 넌 진실을 말해야 돼.

이 표현이 나오는 영화
〈500일의 썸머〉
〈러브액츄얼리〉
〈어바웃타임〉
〈노팅힐〉
〈노트북〉

● **Dialog**

A: Where is Barry at? I haven't seen him lately.

B: He could be in Canada for all I know.

A: 지금 배리 어디에 있니? 최근에 못봤어. B: 아마도 캐나다에 있을 수도 있어.

A: Those teenagers have been breaking into houses.

B: It's a big problem when all is said and done.

A: 저 십대들이 집에 침입을 했어. B: 모든 것을 고려해볼 때 큰 문제야.

Screen Patterns : She got it into her head that she needed it

get it into one's head that S+V …을 이해하다, 확신하게 되다

• **Somebody somewhere got it into their head that** once a girl's been with me, she'll meet her true love with the next guy she goes out with.
어디선가 누가 여자가 나와 하룻밤을 자고 나면 다음 데이트하는 상대와 진정한 사랑을 하게 된다는 확신을 심어줬어.

• **He got the notion into his head that** if he restored the old house where they had come that night, Allie would find a way to come back to him.
노아는 그들이 그날 저녁 함께 왔던 그 낡은 집을 되살리면, 앨리가 자기에게 되돌아오는 길을 찾을 수 있을거라는 생각을 하게 되었다.

NEW
SCREEN
ENGLISH

스크린영어 냄새가 팍팍 풍기는
스크린영어 필수표현
001-151

힘내, 카우보이

Go get 'em, cowboy

Go get 'em[Go get them]처럼 get 다음에 복수형이 오면 상대방을 격려할 때 쓰는 표현으로 "힘내라" 정도로 생각하면 된다. 아니면 단순히 "그들을 데려와라," "가져와라"라는 의미로 쓰이기도 한다. 하지만 Go get her처럼 단수로 쓰이면, 단순히 "…을 데려와라," "잡아와라"라는 뜻.

● Screen Expressions

Go get 'em! 힘내라 = Go get them!

I know you can beat this baseball team, so go get 'em!
네가 이 야구팀을 이길 수 있다는 걸 알아, 그러니 힘내렴!

Go get 'em 그들을 데려와, 그것들을 가져와라 = Go get them

Do you want me to go get them for you?
내가 가서 그것들을 가져올까?

go get her 그녀를 데려오다, 가서 그녀를 잡다

Will you go get her, Andy?
앤디야, 가서 걔를 데려와라.

● Dialog

A: You're saying I should try online dating?

B: That's right! Go get 'em!

　A: 내가 온라인 데이트를 해봐야 한다고 말하는거야?　B: 그래 맞아! 힘내봐!

A: She means everything to me.

B: If you love her, go get her!

　A: 걔는 나의 전부야.　B: 사랑한다면 가서 잡아!

Screen Patterns : We don't have much time to finish this

I have+시간+to+V 난 …하는데 시간이 …가 있어

- **I have a lot of time to** prepare for my overseas trip.　난 해외여행 준비할 시간이 많아.
- **I have a lot of time to** prepare for the exam.　난 시험준비할 시간이 많아.
- **You have 50 seconds to** pull your shit together, OK?　년 50초 안에 전력투구해서 끝내야 돼, 알았어?
- **We don't have much time to** finish this.　이거 마치는데 시간이 얼마 없어.

A: Your first date with Janice is in two weeks?　재니스와의 첫데이트가 2주 후인가?

B: I have a lot of time to **prepare for our date.**　데이트 준비할 시간많아.

튕기지마
Don't play hard to get

남녀사이에서 많이 쓰이는 표현으로 I'm not easy(난 쉬운 사람이 아냐)를 보여주기 위해 「잡기 힘든 척하다」, 「튕기다」, 「비싸게 굴다」라는 의미로 쓰인다. 힘들게 하는 대상까지 함께 쓰려면 play hard to get with sb라 한다.

● **Screen Expressions**

play hard to get 튕기다, 비싸게 굴다, 밀당하다, …얻기 위해 열심히 일하다

I told you to play hard to get.
내가 비싸게 굴라고 했잖아.

You've got to play hard to get anywhere in life.
살면서 성과를 얻으려면 열심히 살아야 돼.

play hard to get with sb …에게 튕기다, 비싸게 굴다

Don't play hard to get with him.
걔한테 빼지마.

이 표현이 나오는 영화
〈굿럭척〉
〈친구와 연인사이〉

● **Dialog**

A: Has Chris asked you to have lunch with him?

B: Yes, but I'm still playing hard to get.

A: 크리스가 너보고 점심먹자고 했어? B: 어, 하지만 아직 튕기고 있는 중이야.

A: How come you never went out with Steve?

B: I played hard to get with him.

A: 넌 왜 스티브와 데이트를 하지 않았어? B: 걔한테 튕겼어.

Screen Patterns : I have no problem helping others

I have no problem with+명사 …에 불만이 없어, 문제가 없어

- **I have no problem with** the concept of Chantry having guy friends.
  남성 친구를 사귄다는 샨트리의 생각에 난 전혀 불만이 없어.

- **I have no problem** talking to strangers. 낯선 사람들과 얘기하는데 문제가 없어.

- **I have no problem with** you borrowing this. 네가 이거 빌려가는데 전혀 문제없어.

A: I can't tell my parents we got engaged. 우리가 약혼했다고 부모님께 얘기 못하겠어.

B: I have no problem telling them. 난 말씀드리는데 아무 문제가 없는데.

사람들의 말처럼 그런 건 아냐

It's not all it's cracked up to be

사람들이 말하는 것보다 만족스럽지 못할 때 쓰는 표현. 주어자리에는 It 대신에 명사[동명사]로 만족
스럽지 못한 일을 말한다. It's not what it's cracked up to be라고 해도 된다. 또한 좀 실망이라고 할
때는 be a bummer, 「전혀 근처에도 못간다」라고 할 때는 Not even close라고 한다.

Screen Expressions

be not all it's cracked up to be

사람들이 말하는 것과 다르다, 그런게 아니다

Having a job is not all it's cracked up to be. 직장다니는게 다 그런 건 아냐.

be a bummer 실망스럽다

I know, so that was kind of a bummer. 알아. 그럼 좀 실망스러운데.

be not like I thought at all 전혀 생각과 달라

▶ Not even close 전혀, 어림도 없어

She's not like I thought at all. 그녀는 내가 생각했던 것과는 전혀 달라.

이 표현이 나오는 영화
〈미비포유〉
〈친구와 연인사이〉
〈브리짓 존스의 일기〉
〈500일의 썸머〉
〈러브액츄얼리〉

Dialog

A: Do you like being in the social club?

B: **Well,** it's not all it's cracked up to be.

A: 사교클럽에 가입하는 걸 좋아해? B: 저기, 그게 사람들이 말하는거하고는 달라.

A: How was the blind date you went on?

B: **I was disappointed.** It was not like I thought at all.

A: 네가 한 소개팅 어땠어? B: 실망했어. 전혀 생각과 달랐어.

Screen Patterns : I wouldn't want you to get upset

I wouldn't want to+V …을 하지 않을거야, …하고 싶지 않아

- **I wouldn't want to** stand in the way of that. 난 그걸 방해하고 싶지 않아.
- **I wouldn't want** you to get upset. 난 네가 화내지 않기를 바래.
- **I wouldn't want** someone staying with me out of pity. 누군가가 날 동정해서 함께 있는 건 원치 않아.

A: The party may last the entire night. 파티는 밤새며 계속될거야.

B: I wouldn't want to stay that long. 난 그렇게 오래 남아있지 않을거야.

아니 이게 누구야!

Look who's here!

예상치 못한 만남으로 놀람과 반가움 속에 하는 말이다. "이게 누구야!"정도로 이해하면 된다. 그리고 좀 구식이긴 하지만 가끔 나오는 To what do I owe this pleasure?는 방문하는 사람에게 정중하게 혹은 문맥에 따라 비아냥거리는 의미를 갖는 표현으로 의미는 "어인 일로 행차하셨나요?."

● **Screen Expressions**

Look who's here! 이게 누구야!

Look who's here. Do a little shopping, ladies?
이게 누구야. 쇼핑 좀 하시나요, 숙녀분들?

What a (nice) surprise! 이게 누구야!

What a nice surprise. Would you like to come in?
이게 누구야. 들어와라.

To what do I owe this pleasure? 어인 일이신가요?

I'm surprised to see you. To what do I owe this pleasure?
널보고 깜짝 놀랐네. 어인 행차신가?

이 표현이 나오는 영화
〈미비포유〉
〈쉬즈더맨〉

CINEMA
★★★

● **Dialog**

A: Hey Cindy, look who's here!

B: Is that my friend from elementary school?

A: 야 신디, 이게 누구야! B: 초등학교 때 친구아냐?

A: To what do I owe this pleasure?

B: I wanted to come by and say hello.

A: 어인 일로 오셨나요? B: 잠깐 들러 인사하려고.

Screen Patterns : We're at the point where we may break up

I[It] got to the point where S+V …하는 지경에 다다르다

- **It got to the point where** everything was so awkward. 모든게 다 어색한 지경에 이르렀어.
- **We're at the point where** we may break up. 우리는 헤어질 수도 있는 단계에 와있어.
- He was your best friend. For years. **Right up until the point where** he had sex with my wife. 걘 오랫동안 네 절친였어. 걔가 내 아내와 섹스를 하기 전까지만.

A: So your wife has been severely depressed? 그래 네 아내의 우울증이 심하다고?

B: It got to the point where she stayed in bed all day. 종일 침대에서 안나올 지경에 이르렀어.

그걸 놓치지마
Don't let that slip through fingers

단순히 slip through one's fingers하면 「기회를 놓치다」, 「잃어버리다」, 「도망치다」, 「빠져나가다」라는 말이 된다. 여기에 let을 붙여서 let sb[sth] slip through one's fingers하게 되면 손가락 사이로 sb[sth]을 미끄러지게 하다라는 말로 뭔가 「손에서 놓치다」라는 뜻이 된다.

● Screen Expressions

slip through one's fingers 기회를 놓치다, 잃어버리다

A fortune just slipped through her fingers.
그녀는 행운을 놓쳤어.

let sb slip through one's fingers …을 놓치다

Twice I've let you slip through my fingers.
두번, 난 너를 놓쳤어.

let sth slip through one's fingers …을 놓치다

You don't let that slip through your fingers.
그걸 떨어뜨리지마.

이 표현이 나오는 영화
〈러브, 로지〉

● Dialog

A: Why didn't you take your dad's advice?
B: The opportunity slipped through my fingers.
> A: 넌 왜 네 아버지 충고를 따르지 않은거야? B: 기회를 놓치고 말았어.

A: I really miss being with my ex-girlfriend.
B: You let her slip through your fingers.
> A: 옛 여친과 함께 있는게 정말 그리워. B: 넌 걔를 놓쳤잖아.

Screen Patterns : What I don't get is why she's such a jerk

What I don't get is why S+V 내가 이해못하는 것은 …야

- **What I don't get is why** she's such a jerk. 내가 이해못하는 건 왜 걔가 그렇게 멍청하냐는거야.
- **What you don't know is that** someone bought it. 네가 모르는 것은 누군가가 그걸 샀다는거야.
- **What's great is that** my parents live close to me. 아주 좋은 것은 부모님이 근처에서 사신다는거야.

A: Mel was put on the overnight shift. 멜은 야간조로 부서 이동했어.
B: What I don't get is why he agreed to do it. 내가 이해못하는 건 왜 걔가 동의했냐는거야.

그게 이거의 장점이지

That's the beauty of this

여기서 beauty는 아름다움이 아니다. the beauty of sth의 형태로 쓰이면 「…의 장점」, 「…의 좋은 점」이라는 뜻이 된다. 주로 주어자리에는 That, This가 오며 beauty of~ 다음에는 좋은 장점을 갖고 있는 것을 말하면 된다.

Screen Expressions

be the beauty of sth …의 장점이다

That is the beauty of divorce.
그게 이혼의 장점이지

The simplicity is the beauty of the design.
단순함이 그 디자인의 장점이야.

High profits are the beauty of the business.
고수익이 그 사업의 장점이야.

이 표현이 나오는 영화
〈쉬즈더맨〉
〈프렌즈 위드 베네핏〉

Dialog

A: It sounds like she gives you a lot of freedom.

B: That is the beauty of our relationship.

　A: 걔가 너한테 많은 자유를 준 것 같아. B: 그게 우리 관계의 장점이지.

 스크린 명대사 : 어바웃타임

"The truth is, I now don't travel back at all. Not even for the day.
I just try to live every day as if I've deliberately come back to
this one day to enjoy it as if it was the full final day of
my extraordinary, ordinary life." - Tim

사실은 난 이제 시간여행을 하지 않는다. 단 하루도 돌아가지 않는다.
나는 단지 매일 살려고 노력한다. 내 특별하고도 평범한 인생의 마지막날 인 듯,
즐기기 위해 일부러 과거로 돌아온 날인 것처럼 말이다.

야, 솔직히 말해봐. 어서

Level with me, man. Come on

level with sb는「솔직히 말하다」라는 뜻. level을 명사로 써서 be on the level with sb라 해도 같은 의미. 또한 가슴 속에 있던 것을 털어놓다는 get~off one's chest, 그리고 get it out of the way는「어려운 문제를 해결하다」,「해치우다」라는 말로 문맥에 따라「솔직히 털어놓다」라는 의미로 쓰이기도 한다.

● *Screen Expressions*

level with sb 솔직히 털어놓다 = be on the level with sb

We're friends. Level with **me.**
우린 친구야. 내게 솔직히 말해.

get ~ off one's chest 가슴 속에 있는 것을 털어놓다

Glad to get that off my chest. **Thank you.**
속에 있는 걸 털어놔서 기뻐. 고마워.

get it out of the way 해치우다, 털어놓다

I think we should just get it out of the way **now.**
이제 우리 빨리 해결해버리는게 나을 것 같아.

● *Dialog*

A: Level with **me, are you dating my sister?**

B: **We have met for lunch a few times.**

　　A: 솔직히 말해봐, 너 내 누이랑 데이트하니?　B: 몇번 점심 때 만났어.

A: **It's such a hassle to go to the dentist.**

B: **Just do it and** get it out of the way.

　　A: 치과가는 것은 정말 귀찮은 일이야.　B: 그냥 가서 빨리 해치워버려.

Screen Patterns : **I'll have you know I'm an excellent dancer**

I'll have you know, S+V 분명히 말해두는데, …해

- **I'll have you know,** Tony is a very bright spirit.　분명히 말해두는데, 토니는 매우 영리한 아이야.

- **I'll have you know,** I was an extremely pretty child.　분명히 말하자면 난 매우 예쁜 아이였어.

- **I'll have you know that** I am an excellent dancer.　분명히 말해두는데 난 아주 뛰어난 댄서야.

A: **I smoke 3 packs a day.**　하루에 담배 3갑을 피워.

B: I'll have you know, **smoking causes health problems.**
　　분명히 말해두는데, 흡연은 건강문제를 일으켜.

나 잠시 외출해
I'm just popping out

pop의 의미는 go[move] quickly로 「…에 잠깐 가다」, 「들리다」라는 뜻으로 쓰인다. pop out은 「잠시 외출하다」, pop over는 「잠시 오다」, pop by는 「잠시 들리다」, pop in(to)는 「잠시 들어가다」, pop down은 「잠시 다녀가다」라는 표현이 된다. pop의 기본의미(go[move] quickly)를 잘 숙지해야 한다.

Screen Expressions

pop out 잠시 외출하다 ▶ **pop by** 잠시 들리다 ▶ **pop over** 잠시 오다

Oh, by the way, you should pop over and meet her.
그건 그렇고 넌 잠시 가서 걜 만나봐.

pop in(to) 잠시 들어가다

▶ **pop down** 잠시 다녀가다 ▶ **pop to~** 잠시 …에 가다

Don't be surprised if I just pop in unannounced just to check up.
불시에 잠깐 확인하러 와도 놀래지마.

pop into one's head 불쑥 …가 생각나다

He just popped into my head. 불쑥 그의 생각이 났어.

Dialog

A: I'm going to pop out and pick up some groceries.

B: Could you pick up some beer and snacks?

　　A: 잠깐 나가서 식료품 좀 사올게.　B: 맥주와 스낵도 좀 사올테야?

A: Why are you asking about sexual things?

B: I guess it just popped into my head.

　　A: 왜 성적인 것에 대해 묻는거야?　B: 그게 불쑥 생각이 났어.

Screen Patterns : I just popped over to see what's going on

I just popped over to+V …하기 위해서 들리다

- **I just popped over to** see what's going on. 무슨 일인지 보려고 들렀어.
- When you told us of your plan, it was the first thing that **popped into my head.**
  네 계획을 우리에게 말했을 때 그게 가장 먼저 머리속에 떠올랐어.
- It was a new idea that **popped into my head.** 내 머리속에 갑자기 새로운 생각이 떠올랐어.

　A: It's been a while since I've seen you. 너 본지 오래간만이다.
　B: I just popped over to **have a chat.** 얘기나누려고 들린거야.

난 끝까지 밀어붙일거야
I won't take no for an answer

not take no for an answer는 거절을 대답으로 받아들이지 않다라는 말로 「상대방이 거부해도 받아들이지 않다」, 쉽게 말해 「싫다고 해도 끝까지 달라붙어 밀어붙이는」 것을 말한다.

● Screen Expressions

I won't take no for an answer 끝까지 밀어붙일거야
You don't strike me as the kind of woman who'd take no for an answer. 넌 거절해도 끈질기게 달라붙는 유형의 여자로 보이지 않아.

Don't take no for an answer 끝까지 밀어붙여
Keep asking him out. Don't take no for an answer.
계속 데이트 신청해. 거절해도 끝까지 밀어붙여.

wouldn't take no for an answer 끝까지 받아들이지 않으려 하다
I told her no, but she just wouldn't take no for an answer.
걔한테 아니라고 말했는데도 받아들이지 않으려고 해.

이 표현이 나오는 영화
〈브리짓 존스의 베이비〉
〈프로포즈〉
〈쉬즈더맨〉

● Dialog

A: It might not be a good idea for me to stay here.
B: I won't take no for an answer from you.
> A: 내가 여기에 남는 것은 좋은 생각이 아닐지도 몰라. B: 네가 거절해도 난 받아들이지 않을거야.

A: Should I ask that girl to dance?
B: Go over, and don't take no for an answer.
> A: 저 여자애에게 춤추자고 해야 할까? B: 가봐, 끝까지 밀어붙여.

Screen Patterns : Is this why you wanted to see me?

Is that[this] why you wanted to+V? 그래서 …을 하고 싶어했던거야?

- **Is this why you wanted to** see me? 이래서 네가 나를 보고 싶어했던거야?
- **Is that why you don't want to** get involved with me? 그래서 넌 나와 엮이고 싶지 않은거야?
- **Is that why you've been acting like** such a nut all day? 그래서 네가 종일 미친놈처럼 행동한거야?

A: I think your brother has been seeing my girlfriend. 네 형이 내 여친을 만나는 것 같아.
B: Is that why you wanted to talk with him? 그래서 형과 얘기를 나누고 싶어했던거야?

네가 그 일을 겪게 돼서 안됐어

I'm sorry you had to go through that

go through sth은 「…을 통과하여 지나가다」, 즉 거쳐오면서 어떤 일을 겪는 일을 말하는데 특히 뭔가 「어렵고 불쾌하고 힘든 일을 경험하는」 것을 말한다. 반대로 「…을 겪게 하다」는 put~ through라고 한다. 또한 go through with sth하게 되면 「끝까지 완수하다」, 「관철하다」라는 의미.

● **Screen Expressions**

go through sth …을 겪다, 경험하다

We're just going through a little bit of a rough patch.
우리는 좀 힘든 시기를 겪고 있어.

go through with sth 끝까지 완수하다, 관철하다

You're sure you want to go through with this?
너 정말 이러고 싶은거야?

put ~ through sth …가 …을 겪게 하다

You're still willing to put them through this?
너 아직도 걔네들이 이걸 겪게 할 생각이야?

이 표현이 나오는 영화
〈브리짓 존스의 베이비〉
〈프로포즈〉
〈쉬즈더맨〉

● **Dialog**

A: Archie had a mental breakdown last month.

B: He went through a terrible time with that.

A: 아치는 지난달 신경쇠약에 걸렸어. B: 엄청 힘든 시간을 겪었겠구나.

A: It's not surprising that Carl and Kim divorced.

B: She put him through hell during that marriage.

A: 칼과 킴이 이혼한 것은 놀랍지 않아. B: 그녀는 결혼생활동안 그에게 지옥을 맛보게 했어.

Screen Patterns : I've been thinking about you all day

I've been thinking about+명사 …을 생각하고 있었어

- **I've been thinking about** you all day. 난 종일 너만 생각했어.
- **I've been thinking about** a girl who was at the party. 난 파티에 있던 한 여자를 생각하고 있었어.
- **I've been thinking a lot about** why we shouldn't get married.
왜 우리가 결혼을 하지 않았는지에 대해 생각을 많이 하고 있었어.

A: I've been thinking about you all day. 난 종일 너만 생각했어.

B: How romantic! I've been thinking about you too. 정말 낭만적이네! 나도 너만 생각했어.

난 여자가 있어야겠어

I need to hook up with a woman

hook up은 관계를 맺기 시작하는 것을 말하는 것으로 「엮이다」라는 뜻이 되고 hookup하면 명사로 「가벼운 만남」을 뜻한다. hook up with sb는 「만나서 친하게 지내다」라는 뜻도 있지만 현지영어에서는 주로 sb와 「성적인 관계를 맺다」라는 뜻으로 쓰인다.

Screen Expressions

hook up 만나다, 엮이다, 섹스하다

We hooked up, and we're been dating ever since.
우리는 관계를 시작해서 그 이후로 계속 데이트를 하고 있어.

hookup 만남

No. I'm looking for a hookup.
아니. 난 그냥 가벼운 만남을 원해.

hook up with sb …와 섹스하다, 친하게 지내다

Are you gonna hook up with him?
걔 낚아서 잘거야?

이 표현이 나오는 영화
〈브리짓 존스의 베이비〉
〈친구와 연인사이〉
〈쉬즈더맨〉
〈왓이프〉
〈첫키스만 50번째〉

Dialog

A: Do you know the girl over there?

B: We hooked up. It was great.

A: 저쪽에 있는 여자애 알아? B: 함께 잤는데 아주 좋았어.

A: Have you hooked up with any of these girls?

B: No. Seriously, I'm having no luck getting laid.

A: 이 여자애들 중 자본 여자 있어? B: 아니. 정말이지, 난 섹스할 운이 없어.

Screen Patterns : I wanted to know who she worked for

I wanted to know wh~[if] S+V …을 알고 싶었어

- **I wanted to know who she worked for.** 난 걔가 어디서 일하는지 알고 싶었어.
- **You wanted to know if you could get off early to see your son.**
  아들 보려고 일찍 나가도 되는지 알고 싶어했지.
- **What I want to know is whether she slept with my husband.** 알고 싶은 건 걔가 내 남편과 잣나 안잣냐야.

A: I can't believe she went out with Carter. 걔가 카터와 데이트를 했다니 놀라워.

B: You wanted to know if it was true. 넌 그게 사실인지 알고 싶어했지.

누가 그걸 화제로 꺼낼거야?

Who's gonna bring it up?

bring up은 어떤 「화제를 꺼내다」라는 말로 "그 주제를 화제로 꺼내다"라는 broach the subject와 같은 의미. drop the subject는 「얘기를 그만두다」, get off the subject는 「주제가 벗어나다」, be off topic 역시 「화제가 벗어나다」라는 의미.

● **Screen Expressions**

이 표현이 나오는 영화
〈왓이프〉
〈러브액츄얼리〉
〈어바웃타임〉
〈러브, 로지〉

bring up 화제로 …을 꺼내다

I wasn't going to bring it up **before sex.**
난 섹스 전에는 그 얘기를 꺼내지 않으려고 했었어.

broach the subject 그 주제를 꺼내다, 화제로 …을 꺼내다

You need to broach the subject **of marriage.**
넌 결혼얘기를 꺼내야 돼.

come up 논의되다, 언급되다

How did you think that was gonna come up?
어떻게 그런 얘기가 나오겠어?

● **Dialog**

A: Does your sister want to talk about her personal life?

B: It's a bad idea to bring it up.

    A: 네 누이가 자기 사생활에 대해 얘기 나누고 싶어해? B: 그 얘기 꺼내는 건 좋지 않은 생각이야.

A: He spent years studying psychology.

B: It never came up in our conversation.

    A: 걘 수년간 심리학을 공부했어. B: 대화하면서 한번도 그 얘기를 꺼내지 않던대.

Screen Patterns : I'd have broken my heart if I lost her love

It would have been nice if S+V …였더라면 좋았을텐데

● **It would have been nice if** you were a party planner. 네가 파티플래너라면 좋았을 수도 있었을텐데.

● **It would have been much better if** we spoke to Jenny.
우리가 제니에게 말할 수 있다면 더 좋았을 수도 있었을텐데.

● **It would have broken my heart if** I lost her love. 내가 그녀의 사랑을 잃었다면 내 맘에 상처를 받았을텐데.

A: How was your tour of the island? 섬투어는 어땠어?

B: It would have been much better if **you came.** 네가 왔더라면 더 좋았을 수도 있었을텐데.

그냥 섹스하자는 전화였어
Those were just booty calls

booty는 쇼핑에서 전리품처럼 당당히 사온 물건들을 말할 때도 있지만 속어로는 「엉덩이」(buttocks)를 말한다. 또한 booty call은 fuck buddy인 friends with benefits들이 하는 전화로 아무 조건없이 그냥 만나서 섹스하자고 하는 전화. 참고로 friends with benefits는 bootycall friends라고도 한다.

● **Screen Expressions**

이 표현이 나오는 영화
〈프렌즈 위드 베네핏〉
〈쉬즈더맨〉

booty 엉덩이

Jack prefers women with big booties. 잭은 엉덩이가 큰 여자들을 더 좋아해.
Check out the booty on that blondie. 저 금발 여자의 엉덩이 좀 봐.

booty call 조건없이 섹스하는 전화

Ooh, booty call? I can take a walk around the block if you want. 섹스하자는 전화야? 원하면 밖에서 산책할게.

friends with benefits 섹스파트너

Are you and Chris friends with benefits? 너하고 크리스는 섹스파트너야?

● **Dialog**

A: Wow, look at that girl's ass!
B: Oh yeah, she has a nice booty.
> A: 와, 저 여자애 엉덩이 좀 봐! B: 야, 엉덩이 멋지다.

A: Was that your boyfriend on the phone?
B: He wanted to make a booty call tonight.
> A: 통화한 사람이 남친였어? B: 오늘밤 섹스하자고 전화했대.

Screen Patterns : No one's worked out how to fix it

I've just worked out why S+V 왜 …인지를 알아냈어, 왜 …인지 알겠네

- **I've just worked out why** the bus was late. 왜 버스가 늦었는지를 알아냈어.
- **I've just worked out why** Chris hates me! 왜 크리스가 나를 미워하는지 알아냈어!
- **No one's worked out how** to win the computer game. 아무도 컴퓨터 게임에서 이기는 방법을 찾지 못했어.
- **No one's worked out how** to fix it yet. 아무도 그것을 고치는 방법을 찾지 못했어.

A: She thinks you started those rumors. 걘 네가 그 소문들을 냈다고 생각해.
B: I've just worked out why Gail hates me! 왜 게일이 날 싫어하는지 알겠네!

너 뭐야, 날 꼬시는거야?

What are you, hitting on me?

hit on sb는 로코에 자주 등장하는 「꼬시다」, 「유혹하다」의 대표적인 표현으로 come on to sb도 같은 의미이다. pick sb up은 대개 「차로 데리러가다」, 「데려다주다」라는 말로 쓰이지만 섹스를 목적으로 「이성을 고르는」 것을 의미하기도 한다.

Screen Expressions

이 표현이 나오는 영화
〈첫키스만 50번째〉
〈굿럭척〉
〈쉬즈더맨〉

hit on sb 유혹하다, 꼬시다

You already hit on **me an hour ago.**
한 시간 전에 이미 유혹했는데요.

come on to sb 유혹하다, 꼬시다 ▶ come on 유혹

Are you coming on to me?
지금 날 유혹하는거야?

pick sb up 낚다

You will not believe this doofus that just tried to pick me up.
이 멍청이가 날 낚으려했다는거 믿지 못할거야.

Dialog

A: Was **that guy** hitting on **you?**

B: Yeah. He said he thought I was cute.

> A: 저 녀석이 너를 유혹했어? B: 어, 내가 귀엽다고 생각한다고 했어.

A: You were talking to Mindy for a long time.

B: I was trying to pick her up.

> A: 너 오랫동안 민디하고 얘기 나누더라. B: 걔를 낚아보려고 했어.

Screen Patterns : What do you think of my breasts?

What do you think of[about]~ ? …을 어떻게 생각해?

• This might seem kind of weird, but **what do you think of** my breasts?
이게 좀 이상할 수도 있지만, 내 가슴 어떻게 생각해?

• **What do you think of** the way I decorated? 내가 장식한거 어떻게 생각해?

• **What do you think** we should do? 우리가 어떻게 해야 된다고 생각해?

A: What do you think of **the new office girl?** 새로운 여직원 어떻게 생각해?

B: She's cute. Is she going out with anyone? 귀여워. 누구와 사귀고 있어?

그만 잊어버리자
Let's move on

move on은 지금의 상처나 아픔은 잊고 「다음으로 넘어가자」는 말이다. 넘어가는 것까지 말하려면 move on to~로 쓰면 된다. 조심할 것은 get a move on하면 「서두르다」, make a move on하면 「집적대다」라는 뜻이 된다는 것이다. 끝으로 이렇게 「잊어버리다」는 let it go라고 쓸 수도 있다.

● Screen Expressions

move on (to~) 잊다, 다음으로 넘어가다

I want to move on. I don't want to go backwards.
다음으로 넘어가고 싶어, 뒤로 돌아가고 싶지 않아.

move on with one's life (잊고) 새롭게 살아가다

Call it even and move on with our lives.
비겼다 생각하고 각자 삶을 살자고

Let it go 잊어버려

It's not too late to let it go and start over.
잊어버리고 새로 시작하기에 늦지 않았어.

이 표현이 나오는 영화
〈브리짓 존스의 베이비〉
〈러브액츄얼리〉
〈로맨틱 홀리데이〉
〈왓이프〉
〈프로포즈〉
〈노트북〉

● Dialog

A: She just never showed any interest in me.

B: You'd better move on to someone else.

A: 걔 내게 관심을 보인 적이 없어.   B: 그만 잊고 다른 사람 찾아봐.

A: I waited for weeks but Bob never called me.

B: Let it go. It's never going to work.

A: 수주간 기다렸는데 밥은 전화를 하지 않았어.   B: 그만 잊어버려. 잘 되지 않을거야.

Screen Patterns : I think there is more to it than that

There is more to A than B   B보다 A에게는 다른 뭔가가 더 있어

- **There is more to** the story **than** you heard.   네가 들은 이야기 외에 다른 게 있어.
- I think **there is more to** it **than** that.   그것보다 다른 뜻이 있는 것 같아.
- This is so much **more than I expected.**   이건 내가 예상한 것보다 훨씬 더해.

A: Zack has a vacation home in Switzerland.   잭은 스위스에 별장을 갖고 있어.

B: There is more to him than his job.   걔에게는 직장 외에 다른 뭔가가 더 있어.

난 잘릴거야
I'll be sacked

가장 우울한 표현 중의 하나. 「직장에서 잘리다」는 be fired, get the ax, get sacked, 그리고 사용자
가 「자르다」라고 할 때는 sack, fire 혹은 let sb go의 형태로 쓰인다. 이렇게 해서 「백수가 되면」 be
out of a job[work], between jobs라고 하고, 「실업수당을 받다」는 be on the dole이라고 하면 된다.

Screen Expressions

sack sb 자르다, 해고하다 = fire

They've sacked me.
그들이 날 해고했어.

be[get] sacked 잘리다, 해고당하다 = be fired

Sam was sacked for speaking his mind at the meeting.
샘은 회의에서 속내 이야기를 해서 잘렸어.

let sb go 자르다, 해고하다

My boss let him go.
우리 사장이 그 사람을 해고시켰어.

이 표현이 나오는 영화
〈브리짓 존스의 일기〉
〈악마는 프라다를 입는다〉
〈어바웃타임〉
〈이프온리〉
〈프로포즈〉

Dialog

A: Weren't you working over at the hospital?

B: I got sacked after working there less than a month.

A: 저 병원에서 일하지 않았어? B: 한 달도 안돼서 잘렸어.

A: What did you want to talk to me about, boss?

B: I'm afraid we have to let you go.

A: 사장님 무슨 말씀을 하실려고 했습니까? B: 유감이지만 자네를 해고 해야겠네.

Screen Patterns : This was the day I met my first girlfriend

This was the day S+V 오늘은 …한 날이었어

• **Tell me exactly how long it is that** we will be in Berlin.   우리가 얼마동안 베를린에 있을건지 알려줘.

• **It takes me ages to** get my car repaired.   내 차 수리하는데 엄청 많은 시간이 걸렸어.

• **This was the day** I met my first girlfriend!   오늘은 내 첫 여친을 만난 날이었어!

A: Your blind date is over 30 minutes late.   네 소개팅 상대는 30분 이상 늦네.

B: Tell me exactly how long it is that **we will wait for her.**   우리가 정확히 얼마나 걔를 기다릴건지 알려줘.

내가 어쨌는데?, 내가 무슨 짓을 한거지?

What have I done?

What have I done?은 문맥에 따라 자책하면서 "내가 무슨 짓을 한거지?"라고 자문할 수도 있고 아니면 상대방의 질책에 저항하면서 "내가 뭘 어쨌는데?"라고 항거할 수도 있다. I 대신에 you를 써서 What have you done?하게 되면 상대방을 질책하는 것으로 "너 무슨 짓을 한거야?라는 의미이다.

● **Screen Expressions**

What have I done? 내가 어쨌는데?, 내가 무슨 짓을 한거지?

> **What's wrong? What have I done?** 뭐가 잘못됐어? 내가 어쨌는데?

What have you done? 너 무슨 짓을 한거야?

> **Oh, my God. What have you done?** 오, 맙소사. 너 무슨 짓을 한거야?

What have you done with~ ?

···을 어떻게 한거야?, ···에게 무슨 짓을 한거야?

> **What have you done with my girlfriend?**
> 내 여친에게 무슨 짓을 한거야?

이 표현이 나오는 영화
〈브리짓 존스의 베이비〉
〈미비포유〉
〈어바웃타임〉

● **Dialog**

A: I swear to God, I never want to see you again!

B: Why are you so upset? What have I done?

> A: 맹세코, 절대로 널 다시 보고 싶지 않아! B: 왜 그렇게 화가 난거야? 내가 어쨌는데?

A: Some guys have been threatening to kill me.

B: What have you done? We're in trouble.

> A: 어떤 사람들이 나를 죽이겠다고 협박하고 있어. B: 너 무슨 짓을 한거야? 우리 큰일 났다.

Screen Patterns : It'd be a shame to let it end a friendship

It would be a shame to+V ···한다면 정말 안타까운 일일거야

- **It would be a shame to** let it end a friendship. 그 때문에 우정이 끝나게 된다면 참 안된 일일거야.
- **It would be a good idea to** calm down. 진정한다면 좋은 생각일거야.
- **It would be a dream come true for me to** see my one grandchild's wedding.
  내가 내 손자의 결혼식을 본다면 꿈이 실현되는 것일거야.

> A: I need to tell them that they did a poor job. 걔네들에게 일을 제대로 못했다고 말해야 돼.
> B: It would be a shame to hurt their feelings. 걔네들 감정을 상하게 한다면 안타까운 일일거야.

어디서 난거야?, 왜 그런 말을 하는거야?

Where did that come from?

where이 come이나 go 동사와 합쳐지면 의미가 비유적으로 변한다. 위에서처럼 단순히 "그게 어디서 난거냐?"라고 물어볼 수도 있지만 이해할 수 없는 상대방의 언행에 "왜 그러는거야?"라고 물어볼 수도 있다. 또한 Let me tell you where this is going하면 "이게 어떻게 돌아가는지 알려줄게"라는 말.

Screen Expressions

Where does[did] it come from? 어디서 난거야?, 왜 그러는거야?

You are always angry. Where does it come from?
넌 항상 화를 내. 왜 그러는거야?

This is a great bed. Where did it come from?
멋진 침대네. 이거 어디서 난거야?

I don't know where this is going 어떻게 돌아가는지 모르겠어

Where are you going with this, Chris?
크리스, 무슨 말을 하려는거야?

I see where this is going.
무슨 말을 하려는지 알겠어.

Dialog

A: It would be a good idea if we see other people.

B: Gee, where did that come from?

A: 우리가 다른 사람들과 사귀는게 좋은 생각일 것 같아. B: 이런, 왜 그런 말을 하는거야?

A: Looks like we're not allowed to come inside.

B: I don't know where this is going, but I don't like it.

A: 우리는 안으로 들어가는게 금지된 것 같아. B: 어떻게 돌아가는지 모르겠지만 맘에 안드네.

Screen Patterns : The only way you lose weight is dieting

It[This] is the only to+V[S+V] 이게 …하기 위한 유일한 방법이야

- We're having sex. Hey, **it's the only way to** even the score with them.
우린 섹스를 하고 있어. 야, 이게 걔네들에게 복수하는 유일한 길이야.

- **The only way to truly learn is** from your mistakes. 진정으로 배울 수 있는 유일한 방법은 자신의 실수에서이다.

- **The only way you lose weight is** dieting. 살을 빼는 유일한 방법은 다이어트를 하는거야.

A: Are you sure I should call the police on Lex? 렉스에 관해 경찰에 정말 신고해야 된다고 생각해?

B: This is the only way to **get him to leave you alone.** 걔가 너를 내버려두게 할 유일한 방법이야.

이제 너희 둘 사귀니?

Are you two an item now?

be an item하면 「연인사이로 지내다」라는 의미이다. 주어에는 복수명사가 와야 된다는 점을 주의한다. 참고로 「오랜 사귄 친구」는 steady라고 해서 be one's steady하면 「오랫동안 사귄 애인」, go steady (with sb)하게 되면 「오랫동안 사귀다」라는 뜻이 된다.

● **Screen Expressions**

복수명사+be an item 사귀는 사이다

John and Rosie have been an item for over a year.
존과 로지는 일년 이상 사귀고 있어.

go steady 오랫동안 사귀다

You're not going steady with the guy.
넌 걔랑 고정적으로 사귀지 못할거야.

be one's steady 오랫동안 사귀는 친구이다

He's my steady.
쟤가 내가 사귀는 남자야.

이 표현이 나오는 영화
〈브리짓 존스의 일기〉
〈러브, 로지〉

● **Dialog**

A: Jill and Sam always seem to be together.

B: It looks like they've become an item.

　　A: 질과 샘은 항상 같이 있는 것 같아.　B: 걔네들 사귀는 것 같아.

A: You really like Doris, don't you?

B: I plan to ask her to go steady.

　　A: 너 도리스 아주 좋아하지, 그렇지 않아?　B: 함께 사귀자고 얘기할 생각이야.

Screen Patterns : I knew that he'd been itching to try it

I know it's hard to believe people when they say~ …라고 말하는 것을 믿기 어렵다는 것을 알아

- **I know it's hard to believe people when they say** they love you.
널 사랑한다고 사람들이 말할 때 믿기 어렵다는거를 알아.

- **I knew that he'd been itching to** ask me to marry him. 몹시 청혼하고 싶은걸 알고 있었어.

A: He swore to me he was telling the truth. 걘 진실을 말하겠다고 다짐했어.

B: I know it's hard to believe people when they say **they're being honest.**
사람들이 솔직히 말한다고 할 때 믿기 어렵다는거를 알아.

나 놀랬어

I freaked out

freak은 놀라운 소식이나 상황에 접해 「놀라거나」, 「기겁하거나」, 「안절부절못하거나」 등 「감정이 상당히 격해 있는」 상태. sb freak(ed) out, sb be freaking out, 및 sb be going to freak out 등으로 쓰인다. 한편 Don't freak out (about)~으로 쓰이면 상대방에게 진정하라고 하는 말.

● Screen Expressions

sb freak(ed) out 놀라다, 기겁하다

You just freaked out about our relationship.
넌 우리 관계에 대해 놀랬을 뿐이야.

be freaking out 놀라다, 기겁하다 ▶ be going to freak out의 형태로 쓰인다

She started freaking out on me, so I backed off.
걔가 내게 한바탕할길래 내가 물러섰어.

Don't freak out 놀라지마, 진정해

Don't freak out, OK?
놀라지마, 알았어?

이 표현이 나오는 영화
〈첫키스만 50번째〉
〈친구와 연인사이〉
〈500일의 썸머〉
〈굿럭척〉
〈악마는 프라다를 입는다〉
〈쉬즈더맨〉
〈이프온리〉
〈프로포즈〉

● Dialog

A: You may not have enough money to pay the rent.

B: Don't worry about me. I'm not freaking out.

A: 임대료 낼 돈이 부족할지도 몰라.　B: 내 걱정은 하지마. 난 놀라지 않아.

A: Oh my God, how can I do all this paperwork?

B: Don't freak out about the details.

A: 맙소사, 내가 어떻게 이 서류작업을 다하지?　B: 자세한 것에 대해서는 놀라지마.

Screen Patterns : How many times do I have to tell them to stop?

How many times have I told you that S+V? 내가 …라고 도대체 몇번이나 얘기했니?

• **How many times have I told you to** stay out of my house? 내 집에 얼씬거리지 말라고 몇번이나 말했니?

• **How many times do we have to** go through this? 얼마나 많이 우리가 이걸 겪어야 하는거야?

• **How many times do I have to tell** them to stop? 내가 얼마나 여러번 걔네들한테 그만하라고 말해야되니?

A: He seemed so sweet, but then he dumped me. 걘 매우 다정한 듯 했지만 나를 차버렸어.

B: How many times have I told you that he breaks hearts?
걔가 실연의 상처를 준다고 몇번이나 너에게 내가 말했니?

너 땜에 놀랐잖아
You're freaking me out

이번에는 타동사 용법. sb freak sb out은 다른 사람을 「기겁하게 하고 걱정하게 하다」, sth freak sb out도 같은 의미지만 원인이 사람이 아니라 어떤 사물이나 행동이 되는 경우. sb get[be] freaked out 은 수동형으로 주어가 놀란 경우를 말할 때 사용한다. a freak은 「괴짜」를 뜻한다.

● **Screen Expressions**

sb[sth] freak sb out 놀라게 하다, 질겁하게 하다

You don't want to freak her out. 걔를 놀라게 하지마라.

sb get[be] freaked out 놀라다

I got so freaked out that I hung up the phone.
넘 놀래서 전화를 끊었어.

a freak 괴짜 ▶ control freak 통제광

Get off me, you freak! 꺼져, 이 괴짜야!
You really are a penguin freak, aren't you? 넌 펭귄광이지, 그렇지 않아?

● **Dialog**

A: You know, there are dangerous people outside.
B: Stop it. You're freaking me out.
  A: 저기, 밖에 위험한 사람들이 있어. B: 그만해. 너 때문에 무섭잖아.

A: You always wear the strangest clothing.
B: That's why they call me a freak.
  A: 넌 항상 아주 이상한 옷을 입더라. B: 그래서 나보고 괴짜라고 하잖아.

Screen Patterns : You want to tell me what happened?

You want to tell me wh~ ? …을 말해봐, …에 대해 말해볼테야?

- **You wanna tell me what** happened? 무슨 일이 있었는지 말해볼테야?
- **You tell me which** is the most unusual. 어떤 것이 가장 이상한지 말해봐.
- **I'm gonna tell you a story that** will make you cry. 네가 울게 될 얘기를 네게 해줄게.

A: We had an exciting evening. 저녁 정말 신나게 보냈어.
B: You want to me tell what you did? 뭐했는지 말해볼테야?

내가 정말 심하게 망쳐놨어
I messed it up really bad

sb mess up은 주어자리에 사람이 와서 목적어없이 혹은 목적어를 대동하고 「(계획) 망치다」, 「실수하다」, 「잘못하다」라는 의미로 쓰인다. 주로 mess it up, mess everything up, mess you up 등의 형태로 사용된다. 또한 sth[sb] be messed up은 뭔가 어지럽혀져 있거나 일이 꼬인 상태를 말한다.

Screen Expressions

sb mess it up 망치다, 잘못하다 ▶ mess everything up 모든 걸 망치다

You think I'm gonna break his heart and mess up **your friendship?** 내가 걔 맘에 상처주고 네 우정을 망칠거라 생각해?

mess sb up 혼란스럽게 하다, 어지럽게 하다

I don't want to mess you up.
난 너를 혼란스럽게 하고 싶지 않아.

sth[sb] be messed up 엉망이 되다

You're so messed up. 넌 완전히 엉망이 됐다.

Dialog

A: How could you borrow money from gangsters?
B: I'm sorry, I messed it up really bad.
A: 어떻게 갱들에게서 돈을 빌릴 수가 있어? B: 미안, 내가 정말 엉망으로 만들어놨어.

A: Go home. You're so messed up.
B: No way. I've only had five or six beers.
A: 집에 가. 너 꼴이 아주 엉망이다. B: 말도 안돼. 겨우 맥주 대여섯 잔 마셨는데.

스크린 명대사 : 프렌즈 위드 베네핏

"I'll tell you something that I wish I knew when I was your age.
And I know you've heard a million times, "life is short."
But let me tell you something, what this is teaching me is that
life is goddamn short and you can't waste a minute of it." - Dylan's father

내가 네 나이에 알고 싶었던 걸 말해줄게. 인생이 짧다는건 수없이 들었지?
근데 이 병(치매)의 교훈이 뭔지 말해줄까?
인생은 빌어먹게도 짧아서 단 1분도 낭비할 수 없다는거야.

내가 일을 망쳐놨어

I've made a mess of it

make a mess of~는 뭔가 「일을 망치다」, 「실수하다」라는 의미. 또한 be (such) a mass는 「엉망진창이다」, 「엉망이다」라는 뜻이고, mess with는 위험하고 문제있는 일이나 사람에 「관여하다」 혹은 누구를 속이거나 누구에게 문제나 말썽을 일으키는 것을 뜻한다.

● Screen Expressions

make a mess of~ 일을 망치다, 실수하다

You made a mess of things. I think we'll have to fire you.
네가 이 일을 망쳐놓았어. 널 해고해야 될 것 같아.

be (in) a mess 엉망이다, 곤경에 빠지다 ▶ clean up the mess 청소하다, 치우다

I wouldn't care about you tumbling into some mess with a girl.
네가 한 여자와 지저분하게 엮인다 해도 난 상관안할거야.

mess with 화나게 하다, 괴롭히다

I'm messing with you. You're such a baby.
내가 장난친거야. 넌 정말 애같아.

이 표현이 나오는 영화
〈왓이프〉, 〈어바웃타임〉
〈브리짓 존스의 베이비〉
〈러브, 로지〉
〈친구와 연인사이〉
〈500일의 썸머〉
〈노팅힐〉, 〈프로포즈〉
〈프렌즈 위드 베네핏〉
〈쉬즈더맨〉

● Dialog

A: Gina kept bothering our guests.

B: She made a mess of the party with her craziness.

　A: 지나가 우리 손님들을 계속해서 괴롭히고 있어.　B: 미친 광기로 파티를 망쳐놨네.

A: I would like to have a relationship with Matt.

B: Don't mess with him. He's bad news.

　A: 난 맷과 사귀고 싶어.　B: 걔 건들지마. 골치 아픈 놈야.

Screen Patterns : See what happens when you lie?

That's what happens when S+V …을 하게 되면 바로 그렇게 되는거야

- **That's what happens when** you do it five times a day. 하루에 다섯번을 하게 되면 그렇게 돼.
- **What happens if** the economy gets bad? 경제가 나빠지면 어떻게 되는거야?
- **You see what happens when** you play with sharks? 상어하고 장난치면 어떻게 되는지 알겠지?

A: They are furious and have ended our friendship. 걔네들은 엄청 화가 나서 우리의 우정을 끝냈어.

B: That's what happens when you do bad things. 네가 나쁜 일을 하면 그렇게 되는거야.

그나마 다행이야
It could be worse

더 나쁠 수도 있었는데 "그나마 다행이다," 반대로 It could be better는 더 좋을 수도 있었는데 "아쉽게 별로였다"라는 말. 또한 I've seen better하면 더 좋은 것을 봤다, 즉 "이건 별로다." can't get any worse는 "더 이상 나빠질 수 없다." Never been better는 "더 이상 좋을 수가 없다"라는 뜻이 된다.

● Screen Expressions

It could be worse 그나마 다행야 ▶ It could be better 별로였어

Things are bad now, but things could be a lot worse.
지금 상황이 나쁘지만, 그나마 다행이야.

I've seen better 그저 그래 ▶ I've seen worse 괜찮은 편이다

I told him I'd seen better. 별로라고 걔한테 말했어.

Never been better 최상이다(= Never better= Couldn't be better)

▶ can't get any worse 더 이상 나빠질 수 없다

It couldn't be better. I love it. 최고야. 정말 좋아.

> 이 표현이 나오는 영화
> 〈라라랜드〉
> 〈굿럭척〉
> 〈브리짓 존스의 베이비〉
> 〈브리짓 존스의 일기〉
> 〈이프온리〉
> 〈첫키스만 50번째〉
> 〈러브, 로지〉

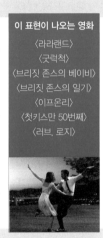

● Dialog

A: That car accident really messed you up.

B: It could be worse. I'm still alive.

　A: 그 차사고로 정말 너 엉망이 됐어.　B: 그나마 다행이지. 아직 살아있잖아.

A: Have you gotten over the flu?

B: Yeah. I feel great. Never been better.

　A: 독감 나았어?　B: 어, 기분이 아주 좋아.

Screen Patterns : She went on about her sexual adventures

go on about how~ 얼마나 …한지 (장황하게) 늘어놓다

● She **went on about her** sexual adventures. 걔 자신의 섹스경험을 늘어놓았다.

● She **went on and on about how** much she loved it. 걔 얼마나 자기가 그걸 좋아했는지 장황하게 늘어놓았어.

● **Why does it bug you** so much that I can't cry? 내가 울지 못하는걸 왜 그렇게 거슬려 해?

● **You couldn't help me with** some advice? 내게 조언을 줄 수 없을까?

A: Why did you think Rhonda was arrogant? 왜 론다가 거만하다고 생각하는거야?

B: She went on about how much money she has. 자기가 얼마나 많은 돈을 가지고 있는지 늘어놨어.

난 걔가 전혀 싫증나지 않아

I can't get enough of her

아무리 봐도 충분하지가 않다, 즉 "싫증나지 않는다"라는 문장이다. 다시 말해서 can't get enough of~는 「아무리 …해도 싫증이 나지 않다」, 「질리지 않다」라고 알고 있으면 된다. 질리는 대상은 of 다음에 사람, 사물이 다 올 수가 있다.

● *Screen Expressions*

Can't get enough of sb …는 싫증나지 않아, 정말 최고야

I can't believe how much I love her, I can't get enough of her.
난 그녀를 너무 사랑해. 그녀는 전혀 싫증이 나지 않아.

Can't get enough of sth …는 싫증나지 않아, 정말 최고야

Can't get enough of this place, huh?
이 곳은 질리지가 않아. 응?

My husband loves my body. He can't get enough of it.
남편은 내 몸을 좋아해. 질리지가 않은 가봐.

이 표현이 나오는 영화
〈브리짓 존스의 일기〉
〈첫키스만 50번째〉

● *Dialog*

A: So your girlfriend likes having sex?

B: She just can't get enough of it.

> A: 그래 네 여친이 섹스하는 걸 좋아한다고? B: 걘 전혀 싫증이 나지 않나 봐.

A: I think you're in love with Cassie.

B: I can't get enough of being around her.

> A: 너 캐시와 사랑에 빠진 것 같아. B: 걔 옆에 있는게 전혀 싫증나지가 않아.

Screen Patterns : You're just gonna give up boning all these women?

You wouldn't happen to know~? …을 모르시겠죠?

- **You wouldn't happen to know** where Rosehill Cottage is? 로즈힐 오두막이 어디에 있는지 모르시겠죠?
- **You're just gonna give up** boning all these women? 이 여자들과 자는 것을 그냥 포기할거야?
- **He'd never truly be happy until** the day he met 'the one.'
  걘 진정한 자기 짝을 만날 때까지는 절대로 행복해질 수 없을거야.

A: I don't want to do it anymore. I quit! 난 더 이상 그 일을 하고 싶지 않아. 그만둘래!

B: Really? You're just gonna give up trying? 정말? 그냥 포기하고 하지 않을거야?

난 네가 여자랑 집적대는 것을 봤어

I've seen you flirt with her

flirt with sb는 남녀관계에서 「작업을 걸거나 히히닥거리는」 것을 의미한다. 비슷한 표현으로 make a move on sb하면 「성적으로 집적대거나 추근대는」 것을 말한다. 하지만 그냥 make a move하면 「이동하다」, 「…하기 시작하다」, 「…자리를 떠나다」라는 의미가 되니 구분해야 한다.

● **Screen Expressions**

flirt with sb ···에 집적대다

Don't lie to me. I've seen you flirt with **him.**
거짓말마. 네가 그 남자랑 집적대는 걸 봤어.

Why do you flirt with **so many girls?**
왜 그렇게 많은 여자들에게 작업들어가는거야?

make a move on sb ···에 집적대다

I didn't make a move on **her.**
난 걔한테 집적대지 않았어.

I don't think he'll make a move on **me again.**
걔가 다시 내게 집적댈거라고 생각안해.

이 표현이 나오는 영화
〈브리짓 존스의 일기〉
〈브리짓 존스의 베이비〉
〈러브액츄얼리〉 ·
〈쉬즈더맨〉
〈왓이프〉

● **Dialog**

A: Why are you going to Kevin's table?

B: I'm going over to flirt with him.

A: 왜 케빈의 테이블로 가는거야? B: 걔한테 집적 좀 대볼려고.

A: Zack has liked Reena for a long time.

B: Do you think he'll make a move on her?

A: 잭은 오랫동안 리나를 좋아해왔어. B: 걔가 그녀에게 작업들어갈거라 생각해?

Screen Patterns : You can never go too far wrong telling the truth

You can never go too far wrong ~ing ···하는 것이 최선이야

• **You can never go too far wrong** telling the truth. 진실을 말하는 것이 최선이야.

• **Do you know what really just kills me** about this is that I made a huge mistake?
이거에 관해 정말 날 미치게 하는게 내가 엄청난 실수를 했다라는걸 알아?

• **She might not think** he works hard enough. 걘 그가 충분히 열심히 일하고 있다고 생각하지 않을지도 몰라.

A: The most important thing in life is my friends. 인생에서 가장 중요한 것은 내 친구들이야.

B: You can never go too far wrong **having a lot of friends.** 친구들이 많은건 아무리 지나쳐도 잘못되지 않아.

너 취했니?
Are you pissed?

be[get] pissed (off, at)는 주로 「열받아 화내다」라는 의미지만 간혹 be[get] pissed의 형태로 「(만)취하다」라는 뜻으로도 쓰인다. 또한 piss off sb는 sb를 「엄청 열받게하다」, 「화나게 하다」라는 뜻이지만 명령문으로 Piss off!하게 되면 영국영어로 "꺼져라!," 즉 Go away와 같은 의미가 된다.

Screen Expressions

be[get] pissed (off, at) (…에) 화나다
I'm sure that Dad is pissed. 아버지가 화나셨겠죠.

be[get] pissed 취하다 ▶ Are you pissed? 너 취했니?
I frequent the local pub and get inordinately pissed, my little sister puts me up so I don't get behind the wheel.
동네 술집에 종종 가서 엄청 취하면 내 여동생이 운전못하도록 잠을 재워줘요.

Piss off! 꺼져! ▶ piss off sb 화나게 하다
Oh, just piss off, will you? 그냥 꺼져 줄래?

Dialog

A: What is the issue between you and Jimbo?
B: I got pissed at him because of the way he acted.
A: 너하고 짐보 사이에 무슨 문제가 있는거야? B: 걔하는 행동 때문에 내가 화를 냈어.

A: What do you do here on the weekends?
B: We usually go out and get pissed.
A: 주말마다 여기서 뭐해? B: 보통 나가서 술에 취하지.

Screen Patterns : Why couldn't I have just shagged a bloody plumber?

Why couldn't I have just+pp? 왜 나는 …을 할 수 없었을까?

• **I think that depends on what** your dad decides. 그것은 네 아버지의 결정에 달린 것 같아.
• **There's no question** you're good at what you do. 네가 네 일을 잘하는 것은 의심의 여지가 없어.
• **Why couldn't I have just shagged** a bloody plumber?
왜 나는 그냥 빌어먹을 한 배관공과 섹스를 할 수 없었을까?

A: Will he be able to attend a top university? 걔가 유명대학에 들어갈 수 있을 것 같아?
B: I think that depends on what **the result of the exam is.** 그건 시험결과에 달린 것 같아.

걘 맛이 갔어, 엄청 취했어
She was wrecked

be wrecked는 「맛이 가다」라는 뜻이지만 영국식에서는 「매우 취하다」라는 뜻으로 쓰인다. 그밖에 get sloshed, get shitfaced 등이 있고, 약에 취할 때는 be stoned, look wasted를 쓴다. 「술을 그만 마신 다고 할 때는 cut off, go cold turkey라고 한다.

● **Screen Expressions**

be wrecked 맛이 가다, 취하다 ▶ get sloshed[shitfaced] 엄청 취하다

I couldn't talk to him. He was wrecked.
걔와 얘기를 할 수 없었어. 엄청 취했거든.

be stoned 약에 취하다 ▶ look wasted 약에 취하다

I was too stoned to understand what was going on.
난 너무 취해서 무슨 일인지 이해하지 못했어.

go cold turkey 술이나 약을 끊다 ▶ cut off 술을 그만 마시다

Can't believe you're going cold turkey for this chick.
이 여자를 위해 술을 끊다니 믿기지 않네.

이 표현이 나오는 영화
〈라라랜드〉
〈로맨틱 홀리데이〉
〈굿럭척〉
〈노팅힐〉
〈브리짓 존스의 베이비〉
〈친구와 연인사이〉

● **Dialog**

A: You and the other guests just stayed in the hotel?
B: We all were too wrecked to do anything else.
  A: 너하고 다른 고객들은 그냥 호텔에 있었어? B: 모두 다 취해서 다른 것을 할 수 없었어.

A: I don't think Neil can give up drinking.
B: There's no way he can go cold turkey.
  A: 닐이 술을 끊을 수 있다고 생각하지 않아. B: 걔가 갑자기 금주하는 것은 말도 안돼.

Screen Patterns : I'm pointing out that you had a dream

I'm pointing out that S+V 내 말은 …란 말이야

- **I'm pointing out that** you had a dream. 내 말은 너에게 꿈이 있었다고 말하는거야.
- **I could put up a video of me** mixing cake batter with my boobs and get eight million hits. 내가 젖가슴으로 케익 반죽 섞는 것을 올리면 조회수가 8백만은 될거야.
- **I'd just like a little credit for the fact that** the event succeeded. 이벤트가 성공했다는거에 좀 인정받고 싶어.

A: You think that your date was a boring person? 네 데이트 상대가 지루한 사람이라고 생각하는거야?
B: I'm pointing out that he fell asleep while we were together. 함께 있을 때 걔가 잠들었다는 말이야.

(포기하고) 받아들여라!, 알아서 처리해라!

Deal with it!

deal with는 「…를 다루다」, 「처리하다」 비유적으로, 「견디다」, 「이겨내다」라는 뜻. I can deal with~는 "…을 처리할 수 있다," "…가 가능하다," 반면 I can't deal with~하면 "…불가능해"가 된다. 한편 Deal with it은 "알아서 처리해라," "포기하고 상황을 받아들여라"라는 뜻이 된다.

Screen Expressions

deal with 다루다, 처리하다, 견디다, 이겨내다 ▶ I can't deal with~ 다루다

And you're gonna have to deal with that.
그리고 넌 그걸 처리해야 할거야.

Deal with it 알아서 처리해라, 포기하고 받아들여라

Deal with it. I have other problems to worry about.
알아서 처리해. 난 다른 문제들이 걱정야.

make a big deal out of~ 과장하다, …으로 큰 소동을 부리다

We're not gonna make a bigger deal out of this than it already is.
실제 이상으로 큰 일이 난 것처럼 소동피지 말자.

Dialog

A: But you can't leave me!

B: I'm divorcing you. Deal with it!

    A: 하지만 날 떠날 수는 없어! B: 당신과 이혼하는거야. 받아들이라고!

A: You came home late and smell like perfume.

B: Come on, don't make a big deal out of this.

    A: 당신 집에 늦게 오고 향수냄새가 나. B: 그러지마, 아무 것도 아닌 일로 소란피지 말라고.

스크린 명장면 No Strings Attached

Adam: So, what's up with not calling me back?

Emma: I'm not good at this stuff.

Adam: At what, talking?

Emma: Yeah, talking. Communicating. Relationship stuff. It's just... This is... If we were in a relationship, I'd become a weird, scary version of myself, and... My throat starts constricting, the walls start throbbing. It's like a peanut allergy, like... an emotional peanut allergy.

아담: 그래, 왜 내게 전화를 하지 않은거야?
엠마: 나 이런거 잘 못해.
아담: 뭐를, 말하는거를?

엠마: 그래, 말하고, 의사소통하고, 관계맺는 것 등을. 우리가 관계를 맺게 되면 난 이상해지고 겁먹은 모습이 될거야. 목구멍이 조여 오고 두통이 심해지기 시작해. 마치 땅콩앨러지 같은거야. 이건 감정적인 땅콩 앨러지인 셈이지.

좋은 생각이 있어, 거래를 하자

Here's the deal

Here's the deal은 얘기를 꺼내면서 하는 말로 "좋은 생각이 있어," 혹은 "거래를 하자"라는 의미. 그리고 big deal (to[for]~)은 「(…에게) 중요한 일」, be a huge deal은 「거물이다」라는 뜻으로 쓰인다. 반대로 "별거 아니네"라고 하려면 (That's) No big deal, 혹은 What's the big deal?이라고 하면 된다.

Screen Expressions

Here's the deal 좋은 생각이 있어, 이렇게 하자, 거래를 하자

Okay, here's the deal. I need information. 좋아, 거래하자. 난 정보가 필요해.

big deal 중요한 일 ▶ a huge deal 거물

It'll be a very big deal to me. Please. Stay.
이건 나한테 아주 중요한 일이야. 제발 남아줘.

No big deal 별거 아냐

▶ **What's the big deal?** 무슨 큰일이라도 있는거야?, 무슨 상관야?

Don't worry! It's no big deal. 걱정마! 별거 아냐.

Dialog

A: The company is planning to promote us?

B: Here's the deal. We can't tell anyone about this.

A: 회사가 우리를 승진시켜줄거라고? B: 이렇게 하자고. 아무한테도 이 말을 하지 말자고.

A: You're not supposed to cheat on your exam.

B: What's the big deal? Everyone does it.

A: 시험에서 부정을 저질러서는 안돼. B: 무슨 상관이야? 다들 그렇게 하는데.

스크린 명장면 | No Strings Attached

Adam의 전애인이 Adam의 아버지와 새로운 삶을 꾸미겠다고 Adam과 Emma에게 말하는 장면

Emma: I'm mean. But you're fucking crazy. 'Cause given the choice between Adam and his dad, given the choice between Adam and anyone, really, I'd choose Adam, every time. Do you want to get out of here?

Adam: Yep.

Emma: Fuck this. Oh, by the way... ...it's the best sex of my life

---

엠마: 난 비열하지만 넌 미친년이야. 아담과 그의 아버지사이에서 선택을 하라면, 아니, 아담과 다른 누구와 선택하라면 난 언제나 아담을 선택할거야. 여기서 나갈까?

아담: 그래.
엠마: 젠장헐. 오 그건 그렇고, 그건 내 생애 최고의 섹스야.

그러기로 한거야, 결정이 난거야
That was a done deal

That[It]'s done deal은 "그러기로 한거야," "다 끝난 얘기야"라는 뜻으로 줄여서 Done deal이라고도 한다. have a deal은 「동의하다」, 그리고 It's [That's] a deal은 "그러기로 한거야," Deal!하면 "알았어," "그렇게 하자," "약속한거야," 그리고 A deal's a deal은 "약속은 약속이야"라는 표현.

● *Screen Expressions*

(That's a) Done deal 그러기로 한거야, 다 끝난 얘기야

I'm afraid it's a done deal.
이미 결정이 난거잖아.

It's a deal 그렇게 하자, 좋아 ▶ Deal! 알았어, 그렇게 하자, 약속한거야

You want a hundred dollars? It's a deal.
100 달러를 원한다고? 그렇게 하자.

That's not the deal 얘기가 다르잖아 ▶ A deal's a deal 약속은 약속이야

Yeah, maybe so, but a deal's a deal. **I'm sorry.**
그래, 아마도 그렇지. 다만 약속은 약속이잖아. 미안해.

이 표현이 나오는 영화
〈프로포즈〉
〈로맨틱 홀리데이〉
〈쉬즈더맨〉
〈러브액츄얼리〉
〈미비포유〉
〈굿럭척〉
〈친구와 연인사이〉

● *Dialog*

A: I object to terms in this contract.

B: There's no way to stop it. It's a done deal.

　　A: 이 계약서의 조건에 반대해.　B: 막을 길이 없어. 다 끝난 얘기야.

A: I'll offer you three hundred thousand dollars.

B: Deal! Let's write up a contract.

　　A: 300 달러를 제의할게요.　B: 그렇게 하죠! 계약서를 쓰죠.

 스크린 명장면 **No Strings Attached**

Adam과 Emma는 데이트를 헤보려고 하지만 그만 실패로 끝난다.

Adam:　You're so messed up.

Emma:　Yeah? I don't need you to take care of me. I take care of myself. That's what I do.
　　　　Why don't you go find some other girl who's not gonna hurt you?

Adam:　Because I love you.

아담:　넌 아주 엉망이 되었구나.
엠마:　그래? 난 네가 날 돌볼 필요가 없어. 난 자신을 돌본다고. 난 그렇게 해. 널 상처주지 않는 여자를 가서 찾아보는게 어때?
아담:　널 사랑하니까.

자자, 다들 진정하라고

Come on, guys. Settle down

settle down은 1차적으로는 「자리에 앉다」, 비유적으로 「진정하다」, 혹은 어느 한곳에 「정착하여 자리잡다」라는 의미이며, settle in 또한 새로운 집이나 직장 등에서 「자리잡다」, 「적응하다」라는 뜻으로 사용된다. 또한 That settles it은 "그것으로 결정된 것이다," "그것으로 해결된 것이다"라는 의미.

● Screen Expressions

settle down 자리에 앉다, 진정하다, 정착하다

Settle down and eat your pancakes. 자리에 앉아서 팬케익 먹어.

I think it's time for you to settle down.
네가 이제 자리 잡아야 할 때라고 생각해.

settle in 자리잡다, 적응하다 = get settled in

So is Ben settling in okay? 그럼 벤이 적응 잘하고 있는거야?

That settles it 그럼 해결된거야

That settles it. We'll work out the details later.
그럼 해결된거야. 세부사항은 나중에 해결하자고.

> **이 표현이 나오는 영화**
> 〈미비포유〉
> 〈러브, 로지〉
> 〈첫키스만 50번째〉
> 〈러브액츄얼리〉
> 〈이프온리〉
> 〈왓이프〉

● Dialog

A: This is the worst day of my life!

B: Settle down. It's not as bad as you think.

　　A: 오늘은 내 인생 최악의 날이야! B: 진정해. 네 생각처럼 그렇게 나쁜 것은 아냐.

A: Have you settled in at your new apartment?

B: No, I still haven't bought furniture for it.

　　A: 새로운 아파트에 정착했어? B: 아니, 아직 가구를 사지 못했어.

스크린 명장면 No Strings Attached

Emma: I know I can't just call you.

Adam: No. You can't.

Emma: I know. I hurt you. I'm sorry. I don't know why I wasted so much time pretending I didn't care. I guess I just didn't want to feel like this. It hurts. But I love you. I'm totally and completely in love with you, and I don't care if you think it's too late, I'm telling you anyway. Will you please say something?

Adam: Wait. You should know... ...if you come any closer, I'm not letting you go.

엠마: 너한테 전화하면 안된다는 걸 알고 있어.
아담: 그래. 하면 안돼.
엠마: 알아. 너에게 상처를 췄어. 미안해. 왜 신경안쓰는 척하면서 그리 많은 시간을 허비했는지 모르겠어. 내가 그러고 싶지 않았던 것 같아.

아팠어. 하지만 널 사랑해. 난 완전히 너를 사랑하고 있어. 네가 너무 늦었다고 생각해도 상관없어. 어쨌건 얘기하는거야. 뭐라고 얘기 좀 할테야?
아담: 잠깐. 이걸 알아두어야 해. 내게 더 다가오면 놔주지 않을거야.

왜 난 항상 못된 여자와 사랑에 빠지는걸까?

Why do I always fall for the bad girl?

fall for는 두 가지 의미로 쓰인다. fall for sth의 형태로 상대방의 의도적인 거짓이나 계략에 「속아 넘어가다」가 첫번째 의미이고 또 다른 의미는 fall for sb의 형태로 「사랑에 빠지다」(fall in love with sb)라는 뜻이다.

● Screen Expressions

fall for sth 속아 넘어가다

Come on, Ted. You always fall for that.
이봐, 테드. 넌 항상 그거에 넘어가잖아.

I can't believe you fell for that.
그거에 속아 넘어가다니 믿을 수가 없구만.

fall for sb 사랑에 빠지다

Wouldn't be the first time one of us fell for our secretaries.
우리들 같은 사람이 비서와 사랑에 빠지는 것은 처음이 아닐거야.

She's a patient. I can't fall for our patients.
걘 환자야. 난 환자를 사랑할 수 없어.

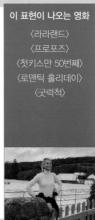

● Dialog

A: He convinced me to give him money.

B: How did you **fall for** that trick?

A: 걔가 설득해서 내가 걔한테 돈을 줬어.   B: 어떻게 그런 수작에 속아 넘어가니?

A: How did you meet your fiancee?

B: I **fell for** her when we were in the same classes.

A: 네 약혼녀는 어떻게 만난거야?   B: 같은 반에 있을 때 내가 사랑에 빠졌어.

스크린 명장면 Me Before You

Will을 돌보도록 고용된 Louisa는 용기를 내서 산책하자고 Will에게 제안하는데…

Louisa: So I thought we could go out this afternoon.

Will : Where do you have in mind?

Louisa: Well, I was told you have a car that was adapted, for wheelchairs.

Will: And you thought a drive would be good for me? A breath of fresh air?

Louisa: What do you usually do?

Will: I don't do anything, Miss Clark. I sit. and just about exist.

루이자: 오늘 오후에 외출할 수 있을거라 생각했는데요.	윌: 드라이브가 내게 좋을거라 생각해요? 신선한 공기를 들이마시면?
윌: 어디 생각해둔데 있어요?	루이자: 보통 뭐를 해요?
루이자: 휠체어가 들어가는 차가 있다는 말을 들었어요.	윌: 클라크 양, 난 아무것도 하지 않아요. 난 앉아 있고 그냥 존재할 뿐이예요.

그렇게 할게
I'm going for it

go for~하면 for 이하를 하기 위해 가다(go)라는 뜻이다. 하지만 위에서처럼 go for sth하게 되면 '가다'라는 뜻은 없고 뭔가를 「선택하다」(choose)라는 의미가 된다. go with~도 같은 의미. 또한 I could[would] go for sth하게 되면 "…을 하고 싶다"라는 말로 would like sth[to do]와 같은 의미.

● **Screen Expressions**

go for sth 선택하다(choose)

I think I'll go for "yes." Thank you for asking me.
예스로 할 것 같아. 물어봐줘서 고마워.

I could go for sth …을 하고 싶어

I feel like I could go for three more. 3개 더 먹고 싶어.

go with 선택하다(choose), 받아들이다

Shut your eyes, and go with your first instinct.
두 눈을 감고 처음 느낀 본능에 따라.

Let's go with this one. 이걸로 하자.

● **Dialog**

A: What would you like to eat?

B: I'm going to go for a slice of pizza.

　　A: 뭘 먹고 싶어?　B: 피자 한조각 먹을테야.

A: I always order a hamburger and fries.

B: Why don't you go with something new?

　　A: 난 항상 햄버거와 프렌치 프라이를 주문해.　B: 다른 새로운 거를 선택해봐.

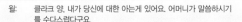

스크린 명장면 Me Before You

수다스런 Louisa와 협의를 맺는 Will

Will: Here's what I know about you, Miss Clark. My mother says that you're chatty.

Louis: yeah.

Will: Could we strike a deal whereby you are very 'unchatty' around me?

Louis: Okay. yeah, well I'll just be in the kitchen, if you need anything.

윌: 클라크 양, 내가 당신에 대한 아는게 있어요. 어머니가 말씀하시기를 수다스럽다구요.

루이자: 네.

윌: 우리 합의를 할까요, 그것에 의해 당신은 내 주변에서 말을 많이 하지 않는다는 합의를요.

루이자: 알겠어요. 그럼 부엌에 있을 테니까 필요한 것 있으면 말씀하세요.

난 이제 무사한 것 같으네
I guess I'm off the hook

hook은 갈고리. be off the hook하게 되면 「곤경이나 어려움에서 벗어나다」 또는 「해야 할 일에서 면제되다」라는 뜻이 된다. 또한 let sb off the hook은 「…을 봐주다」, 「놔주다」, 그리고 get off the hook하면 「곤경에서 벗어나다」, get sb off the hook은 「sb를 곤경에서 구해내다」라는 표현이 된다.

● **Screen Expressions**

be off the hook 무사하다, 면제되다

You tell the truth, you're off the hook. 사실을 말하면 넌 아무 일 없을거야.

let sb off the hook 봐주다, 놓아주다

Let him off the hook. Show a little kindness.
걔 좀 봐줘. 친절을 좀 베풀라고.

get off the hook 곤경에서 벗어나다

▶ get sb off the hook 곤경에서 구해내다

You have to get him off the hook. 넌 걔를 곤경에서 구해줘야 해.

이 표현이 나오는 영화
〈프로포즈〉
〈로맨틱 홀리데이〉
〈왓이프〉
〈500일의 썸머〉

● **Dialog**

A: The accident wasn't my fault.

B: You're off the hook for the expenses.

　　A: 그 사고는 내 잘못이 아니었어.　B: 비용은 나가지 않겠구나.

A: I shouldn't have asked her to marry me.

B: She's not going to let you off the hook.

　　A: 그녀에게 청혼하지 말았어야 했는데.　B: 걔가 널 놓아주지 않을거야.

스크린 명장면 **Me Before You**

루이자는 윌이 망가트린 액자를 고치고 있는데 윌이 와서 그만두라고 하자…

Louisa: I'm not employed by you, I'm employed by your mother. So unless she says she doesn't want me here anymore, I'm staying. Not because I care about you, or particularly enjoy your company. But because I need the money. I really need the money.

Will: Just put them in the drawer.

루이자: 당신이 고용한게 아니라 당신 어머니가 고용했어요. 그래서 절 더 이상 필요없다고 하시기 전까지는 여기 있을거예요. 당신을 생각해서도 아니고 또 당신과 함께 있는게 즐거워서도 아니에요. 하지만 난 돈이 필요해요. 절실히요.

윌: 그것들 서랍에 넣어둬요.

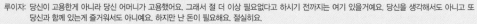

기억나는거 있어?
Ring a bell?

Does that ring a bell?으로 기억이 「문득 떠오르다」라는 의미. 또한 ring은 call와 같은 의미로 give sb a ring하면 「…에게 전화하다」, off the hook와 합쳐져서 ring off the hook하게 되면 전화기가 떨어져 나갈 정도로 전화가 많이 오다, 그리고 「전화를 바꿔주다」는 put[patch] sb through를 쓴다.

Screen Expressions

ring a bell 기억이 나다

Does that ring a bell? 뭐 기억나는거 있어?

ring off the hook 전화기가 불통나다 ▶ give sb a ring = give sb a call

My phone has been ringing off the hook. 전화가 끊임없이 왔어.
Well then why did you give me a ring? 그럼 왜 내게 전화한거야?

put[patch] sb through 전화를 바꿔주다

I'll put you through **right away.**
바로 바꿔드릴게요

Dialog

A: You look familiar. Have we met?
B: My name is Henry Ryan. Ring a bell?

A: 낯이 익은데요. 우리 만난 적 있나요? B: 제 이름은 헨리 라이언입니다. 뭐 기억나요?

A: I need to talk to Jerry. It's urgent.
B: Let me put you through to his office.

A: 제리와 통화해야 하는데요. 급한 일이에요. B: 그의 사무실로 전화 돌려줄게요.

스크린 명장면 Me Before You

윌의 건강이 안좋아지고 루이자는 어쩔 줄 몰라하는데…

Louisa: Will! It's Lou.
Will: I know.
Louisa: Is there something I should be doing? Some drugs or something? I'm just really worried and I do not know what to do.

루이자: 윌!, 루이자예요.
윌: 알고 있어요.
루이자: 내가 뭐 할 일 있어요? 약이라든가 뭐 그런거요. 정말 당신이 걱정되는데 뭘 어떻게 해야 할지를 모르겠어요.

난 영화보러 가고 싶어
I fancy going to the cinema

fancy는 「고급의」라는 뜻외에 동사로 쓰이면 「…을 하고 싶다」, 목적어로 sb가 오면 「성적으로 끌리다」라는 뜻이 된다. 참고로 Fancy meeting you here는 예상못한 사람을 만났을 때 반가움을 나타내는 표현이고 Fancy that!은 뭔가 믿기지 않는 일이 생겼을 때 놀라면서 던지는 말.

● *Screen Expressions*

fancy sth 갖고 싶다, 좋아하다 = want to have or do something
I fancy one of those designer dresses.
저 디자이너 드레스들 중 하나를 갖고 싶어.

fancy ~ing …하는 것을 좋아하다
How do you fancy stretching the night out a bit?
어떻게 밤 늦게 더 노는게 어때?

fancy sb 성적으로 끌리다
Did you fancy Chris the first time that you saw him?
크리스를 처음 볼 때 성적으로 끌렸어?

이 표현이 나오는 영화
〈노팅힐〉
〈러브액츄얼리〉
〈어바웃타임〉
〈로맨틱 홀리데이〉
〈브리짓 존스의 일기〉

● *Dialog*

A: What does your sister want to do this summer?
B: She fancies visiting Disneyland.
    A: 네 누이는 이번 여름에 뭘 하고 싶어해? B: 디즈니랜드에 가는 것을 좋아해.

A: I notice you keep looking at Becky.
B: Yeah, I've fancied her for a long time.
    A: 너 계속해서 베키를 쳐다보네. B: 어, 오랫동안 걔한테 성적으로 끌렸어.

스크린 명장면 **Me Before You**

Louisa의 잠재력을 알아본 Will은 그녀에게 한 번뿐이 인생에 충실하라고 말한다.

Will: Do you know what I see when I look at you?
Louisa: Do not say 'potential.'
Will: Potential. You have to widen your horizons, Clark. You only get one life. And it is actually your duty to live it as fully as possible.

윌: 당신을 보면 뭐가 보이는지 알아요?
루이자: 잠재력이라고 말하지 마요.
윌: 잠재력요. 당신은 시야를 넓혀야 해요. 클라크. 인생은 한 번뿐예요. 그리고 최대한 충실하게 인생을 사는게 당신의 의무예요.

난 어떤 개인적 문제도 없어

I don't have any personal issues

물론 issue가 여러 의미로 쓰이지만 복수형태로 have와 어울려 have issues with~하면 「…에 문제가 있다」, 「…와 불화하다」라는 표현이 된다. 구체적으로 어떤 문제인지 말하려면 issues 앞에 personal, anger, serious 등의 단어를 넣어주면 된다.

Screen Expressions

이 표현이 나오는 영화

〈쉬즈더맨〉
〈친구와 연인사이〉
〈프렌즈 위드 베네핏〉

I have issues 문제가 있어

I have some issues I need to work through.
내가 풀어야 하는 문제가 좀 있어.

I have issues with sb[sth] …와 문제가 있다

I know that you have issues with your dad.
네가 아버지와 문제가 있는거 알고 있어.

I have ~issues with sb[sth] …한 문제가 있다

This girlfriend's got some serious issues with the relationship.
이 여친은 관계맺는데 심각한 문제가 있어.

Dialog

A: Don't you like the new office manager?

B: I have issues with that guy.

A: 새로운 실장 좋아하지 않아? B: 난 그 실장과 좀 문제가 있어.

A: Too many people are working the night shift.

B: They have got serious issues with the new schedule.

A: 너무 많은 사람들이 밤근무를 해. B: 그들은 새로운 작업일정에 심각한 문제가 있어.

스크린 명장면 Me Before You

Will은 Louisa의 아버지를 자신의 성의 관리인으로 채용하며 Louisa에게 꿈을 펼칠 기회를 준다.

Will: Your dad will be great. And it means…

Louisa: It means what?

Will: It means that one day, you can go off and spread your wings without worrying about everyone else. Put yourself first, for once.

윌: 당신 아버지도 아주 잘 된 일이예요.
루이자: 그게 무슨 말이죠?
윌: 언젠가 당신은 다른 사람을 걱정하지 않고 자신의 날개를 펼칠 수 있다는거죠. 한번만이라도 자신을 우선시 해요.

난 여기에서 꼼짝 못하고 있어

I'm kind of stuck here

be stuck with sb[sth]은 「원치 않는 사람과 사귀거나 같이 있거나」, 「하기 싫은 일을 할 수 없이 하다」, be stuck at~은 「…에 걸리다」, 「갇혀있다」, be stuck for sth은 생각이 막혀버린 경우로 be stuck for words하면 'didn't know what to say'라는 뜻.

● Screen Expressions

be stuck with sb[sth] 원치 않은 사람과 같이 있다, 원치 않은 곳에 있다

Josh is gonna end up stuck in Taiwan half the year.
조쉬는 반년간 대만에 처박혀 있게 될거야.

be stuck at~ …에 걸리다, 갇혀 있다

I was stuck at home. 난 집에 콕 박혀 있었어.

be stuck on~ …에 막혀있다, …에 미치다

We've been stuck on this for an hour. 한 시간동안 이거에 막혀 있어.

You still stuck on him, honey? 넌 아직도 걔한테 빠져있니, 애야?

> **이 표현이 나오는 영화**
> 〈미비포유〉
> 〈러브액츄얼리〉
> 〈왓이프〉
> 〈첫키스만 50번째〉
> 〈500일의 썸머〉

● Dialog

A: I owe too much money on my new car.

B: Are you stuck with a bad deal?

  A: 난 새 차 사면서 빚을 많이 졌어. B: 빚을 많이 졌지만 어쩔 수 없잖아?

A: Can't you and Pete join me?

B: I tried, but he's stuck on going to Miami.

  A: 너와 피트는 나와 함께 할 수 없는거야? B: 시도는 해봤지만, 걘 마이애미로 가야 된대.

스크린 명장면 Me Before You

유명한 장면인 Will의 전 애인 결혼식에서 Louisa와 휠체어 댄스를 추는 장면.

Will: You smell fantastic. You know, you never would have let those breasts so near to me, if I wasn't in a wheelchair.

Louisa: Yes, well you never would have been looking at these breasts, if you hadn't been in a wheelchair.

월: 당신 향기가 정말 좋아요. 저기, 내가 휠체어에 타고 있지 않다면, 그 가슴을 내게 그렇게 가까이 대신 않았을텐데요.
루이자: 맞아요. 그리고 당신은 휠체어를 타고 있지 않았다면 이 가슴들을 쳐다보지 않았을거예요.

걔가 거만해지는걸 원치 않아

Don't want him getting cocky

cocky는 「성기」란 의미가 아니라 「건방진」, 「거만한」이라는 형용사가 된다. 비슷한 단어로 「으시대는」이라는 의미의 bossy, 그리고 boss around하면 「이래라 저래라하다」, 그밖에 smug는 「우쭐대는」, uppity는 「건방진」, snooty는 「오만한」, 그리고 많이 쓰이는 be stuck up이 있다.

Screen Expressions

cocky 건방진, 거만한 ▶ snooty 오만한

Don't get all snooty with me just because you're so busted.

넌 딱 걸렸으니 내게 거만하게 굴지마.

bossy 으시대는 ▶ boss around 이래라 저래라하다

I love the way he used to boss around Alice.

걔가 앨리스한테 이래라 저래라 하던 방식이 좋아.

be stuck up 거만하다

He's really stuck up!

걔는 정말 건방져!

이 표현이 나오는 영화

〈브리짓 존스의 일기〉
〈500일의 썸머〉
〈어바웃타임〉
〈러브액츄얼리〉
〈로맨틱 홀리데이〉
〈왓이프〉

Dialog

A: Mr. Gecko was arrested for taking bribes.

B: He got cocky, and the cops caught him.

A: 게코 씨는 뇌물죄로 체포됐어. B: 거만하게 굴더니 경찰에 잡혔네.

A: Why does Emily act so cold?

B: She's stuck up and never talks to us.

A: 왜 에밀리는 그렇게 쌀쌀맞게 굴어? B: 거만해서 우리들에게 말도 하지 않아.

스크린 명장면 Me Before You

Will의 옛애인의 결혼식장에서 Will은 아침에 눈뜨고 싶게 하는 것은 루이자 때문이라고 말하는데…

Will: Do you know something, Clark? You are pretty much. The only thing that makes me want to get up in the morning.

Louisa: Then let's go somewhere! Anywhere in the world, just you and me. What do you say? Say yes, Will! Go on.

윌: 그거 알아요, 클라크? 당신 대단해요. 아침에 눈을 뜨게 하고 싶은 것은 당신 때문예요.
루이자: 그럼 어디론가 가요! 이 세상 어디든지, 당신과 나 둘이서요. 어때요? 그렇다고 해요. 윌! 어서요

너 때문에 불안[불편]해져
You're weirding me out

weird는 형용사로 잘 알려진 단어로 That's weird하면 "거참 이상하네"라는 말. 뒤에 ~o를 붙여 weirdo가 되면 「이상한 사람, 놈」이라는 명사가 된다. 하지만 위에서는 weird가 동사로 쓰인 경우로 weird sb out하게 되면 「…을 불안하게 하다」, 「불편하게 하다」라는 뜻이 된다.

Screen Expressions

That's weird 거 참 이상하네 ▶ **weirdo** 이상한 사람

That's weird. Do you know why he did that?
거 이상하네 걔가 왜 그랬는지 알아?

weird sb out …을 정신나가게 하다, 불안하게 하다

I know that it weirds you out.
그 때문에 너 기분이 이상하다는거 알아.

creep sb out 겁나게 하다 ▶ **gross sb out** 징그럽게 하다

You're really starting to creep me out.
넌 정말 날 겁나게 하고 있어.

Dialog

A: They say that this house is haunted.

B: Stop it, you're weirding me out.

　A: 이 집에 유령이 있대.　B: 그만해, 불안해지잖아.

A: I don't like the way he is acting.

B: He totally creeped everyone out.

　A: 걔 행동방식이 맘에 들지 않아.　B: 걘 모두를 겁나게 하고 있어.

스크린 명장면 Me Before You

Will이 스위스 얘기를 꺼내려하자 Louisa는 적극적으로 말리려고 한다.

Will: You are something else, Clark. Well, I have to tell you something.

Louisa: I know. I know about Switzerland. I have known, for months. Listen, I know that this is not how you would have chosen it. But I can make you happy!

윌: 클라크, 당신은 특별한 사람예요. 당신에게 할 말이 있어요.

루이자: 알아요. 스위스 얘기 알고 있어요. 몇달동안 알고 있었어요. 들어봐요, 이게 당신이 선택을 했을 만한 길이 아니라는 걸 알고 있어요. 하지만 난 당신을 행복하게 해줄 수 있어요!

어서 물어봐!

Fire away!

fire away는 「질문을 퍼붓다」라는 말로 fire questions at sb와 같은 맥락의 표현. 동사 grill과도 같은 의미이다. 명령형으로 쓰이는 Fire away!는 상대방이 질문이 있다고 할 때 "어서 물어봐"라고 하는 적극적인 마인드의 표현이다.

● Screen Expressions

fire away 질문을 퍼붓다

I'm here to listen. Fire away.
여기 듣고 있으니 질문들 해봐.

Fire away! 어서 물어봐!

Fire away! I can handle it.
어서 물어봐! 내가 처리할 수 있어.

grill 다그치다, 닦달하다, 질문을 퍼붓다

The cops grilled him for four hours.
경찰은 그를 네 시간동안 다그쳤어.

이 표현이 나오는 영화
〈노팅힐〉
〈러브액츄얼리〉
〈악마는 프라다를 입는다〉

● Dialog

A: It's my turn to ask you some questions.
B: Fire away.

A: 이제 내가 물어볼 차례야.　B: 어서해 봐.

A: I have to talk to Mike about his private life.
B: Look, you can't grill him about that.

A: 난 마이크에게 걔 사생활에 대해 말해야겠어.　B: 이봐, 그걸로 걔를 다그치지마.

스크린 명장면 **Me Before You**

Louisa는 Will에게 인생에 그리고 자신에게 기회를 달라고 하는데…

Will: I get that this could be a good life, but it's not, "My life." Its not even close. You never saw me, before. I loved my life. I've really loved it. I can't be the kind of man, who just accepts this.

Louisa: Yes, but you're not giving it a chance. You're not giving ME a chance.

윌: 이것도 좋은 삶이 될 수도 있을거예요. 하지만 '내 인생'은 아녜요. 비슷하지도 않아요. 전에 나를 본 적이 없어요. 난 내 삶을 사랑했어요. 정말로 사랑했어요. 이 상황을 받아들일 그런 종류의 사람이 될 수 없어요.
루이자: 그래요, 하지만 기회를 주지 않았잖아요. 내게 기회를 주지 않잖아요.

우리는 스푼자세로 안고 있어
We're spooning

spoon은 밥먹을 때 쓰는 숟가락으로만 알았는데 로코에서 그것도 동사로 쓰일 줄이야…. 남녀가 마치 두개의 스푼을 포개놓은 듯이 껴안고 있는 것을 말한다. 비슷한 표현으로 「부둥켜 안다」라는 snuggle과 cuddle이 있다.

● Screen Expressions

spoon 두개 스푼을 포개놓듯이 껴안다

We fell asleep. We were spooning. 우리 잠들었고 스푼모양으로 껴안고 있었어.

Just spoon me. 날 껴안아줘.

snuggle 부둥켜안다

We could just snuggle or something.
그냥 껴안거나 뭐 그럴 수 있지

cuddle 부둥켜안다

They're outside cuddling on the balcony. 걔네들은 발코니에서 껴안고 있어.

이 표현이 나오는 영화
〈프로포즈〉
〈친구와 연인사이〉

● Dialog

A: Did you spend the night with Molly?

B: We didn't have sex, but we were spooning.

A: 몰리랑 밤을 함께 보냈어? B: 우린 섹스는 하지 않았고 그냥 껴안고 있었어.

A: I enjoy being close to you.

B: It feels so good to snuggle together.

A: 네 옆에 있는게 좋아. B: 함께 껴안고 있으면 기분이 아주 좋아.

스크린 명장면 Me Before You

Will의 의지를 바꿔보려고 간절하게 Louisa는 애원하는데…

Will: I know. And that is why I can't have you tied to me. I don't want you to miss all the things that someone else could give you. And selfishly I don't want you to look at me one day and feel even the tiniest big of regret, or pity.

Louisa: I would never think that!

Will: You don't know that.

윌: 알아요. 바로 그래서 당신을 내게 얽매이게 할 수 없어요. 난 다른 사람이 당신에게 줄 수도 있는 모든 일들을 당신이 놓치는 것을 원치 않아요. 그리고 이기적으로 어느날 당신이 날 쳐다보고서 아주 작은 후회라도 느끼는 것을 원치 않아요.
루이자: 절대 그런 일 없을거예요!
윌: 그건 모르는 일이예요.

운명이었어, 천생연분였어
It was meant to be

be meant to be하면 「천생연분이다」라는 뜻으로 be meant to be together라고 해도 된다. be meant for each other, be made for each other, be a match made in heaven, mate for life, soul mate 등도 같은 의미. meet cute는 이런 「운명적인 첫 만남」을 뜻한다.

● Screen Expressions

be meant to+V …하기로 되어 있다

We are just two people who weren't meant to **fall in love, but we did.** 우리는 사랑에 빠지지 않을 두사람이었지만 사랑에 빠져버렸어.

be meant to be (together) 천생연분 = be made for each other

If someone's meant to be yours, eventually they will be.
누군가 너의 짝이라면 결국 그렇게 될거야.

meet cute 운명적 첫 만남

Well, this was some meet cute. 이건 운명적 만남이었어.

이 표현이 나오는 영화
〈미비포유〉, 〈어바웃타임〉
〈친구와 연인사이〉
〈프로포즈〉, 〈굿럭척〉
〈500일의 썸머〉
〈러브, 로지〉, 〈왓이프〉
〈로맨틱 홀리데이〉
〈프렌즈 위드 베네핏〉
〈브리짓 존스의 베이비〉

● Dialog

A: They make a cute couple.

B: It's like they were meant to be together.

A: 걔네들은 아주 귀여운 커플이 될거야. B: 천생연분인 것 같아.

A: Why have you decided to get married?

B: I think it was meant to be for us.

A: 왜 결혼하기로 결정한거야? B: 우린 천생연분이라 생각했어.

스크린 명장면 Me Before You

Will은 자신이 죽을 수밖에 없음을 계속 주장하는데…

Will: If you had an idea of what I want to do to you right now. I cannot live like this.

Louisa: Please Will! Please!

Will: Listen. This tonight being with you is the most wonderful thing.

윌: 지금 당장 당신에게 뭘하고 싶은지 당신이 조금도 모를거예요. 난 이렇게 살 수 없어요.
루이자: 제발, 윌! 제발!
윌: 들어봐요. 당신과 함께 있는 오늘밤이 가장 아름다운 일이예요.

좀 봐줘, 그만 좀 해
Give me a break

give sb a break하면 「좀 사정 봐주다」혹은 말도 안되는 언행을 하는 사람에게 「그만 좀 해라」등의
의미. give it a break[rest]라고 해도 된다. 또한 break에는 「행운」, 「기회」라는 뜻이 있어 This is my
break하면 "나의 기회다," 「행운을 빌어줄」때는 keep one's fingers crossed라고 한다.

● Screen Expressions

give sb a break 사정 좀 봐주다, 그만하다 = give it a break[rest]

Give me a break. I haven't done this before.
좀 봐줘요. 이런 적 처음이잖아요.

This is my break 나의 기회야

This is my break and I'll take advantage of it.
나의 기회니까 내가 이용할거야.

keep one's fingers crossed 행운을 빌어주다 = Fingers crossed

I'll keep my fingers crossed (for you)!
행운을 빌어줄게!

이 표현이 나오는 영화
〈친구와 연인사이〉
〈첫키스만 50번째〉
〈악마는 프라다를 입는다〉

● Dialog

A: We're going to race our cars.

B: Give me a break! That sounds stupid.

A: 우리는 차로 레이싱을 할거야. B: 그러지 마라! 한심하게 들린다.

A: How is your mom's cancer?

B: Everything will work out. Fingers crossed.

A: 네 어머님 암은 어떠셔? B: 다 잘 될거야. 행운을 빌어줘.

스크린 명장면 Me Before You

마침내 Will은 스위스에 함께 가자고 청하는데…

Will: When we get back, I am going to go to Switzerland. So I'm asking you, if you really
feel the things you say you feel. Come with me.

Louisa: Yes I know, but I thought that you were changing your mind

Will: Nothing was ever going to change my mind.

윌:　　우리 돌아가면, 난 스위스에 갈거예요. 그러니 내 부탁하는데, 정말 말한대로 느낀다면 나와 함께 가요.
루이자: 그래요, 알고 있어요. 하지만 난 당신이 마음을 바꾸고 있다고 생각했는데요.
윌:　　그 어떤 것도 내 마음을 바꾸지 못할거예요.

개 좀 잘 해줘
Please go easy on him

go easy on sb는 「…를 봐주다」, 「살살 다루다」라는 뜻이며 go easy on[with] sth처럼 뒤에 사물명사가 오면 「…를 적당히 해라」, 그리고 Go easy하게 되면 "진정해," "살살해"라는 의미로 Easy, easy, 혹은 Easy does it과 같은 맥락의 표현이 된다.

● **Screen Expressions**

go easy on sb …을 봐주다 ▶ mercy 자비

Go easy on **me. This is my first time.**
살살해 줘, 나 처음이거든.

go easy on[with] sth …을 적당히 하다

You've got to go easy on **butter and cheese.**
버터하고 치즈를 적당히 먹어야 돼.

Go easy 진정해, 살살해 = Easy, easy

Go easy, **Sam. You didn't even know her.**
천천히 하자고, 샘. 넌 아직 걜 알지도 못하잖아.

이 표현이 나오는 영화
〈왓이프〉
〈첫키스만 50번째〉
〈이프온리〉

● **Dialog**

A: Frank behaves very strange at times.

B: Go easy on him. He's had a hard time.

A: 프랭크는 가끔 이상하게 행동을 해. B: 걔 좀 봐줘. 어려운 시기를 보내고 있잖아.

A: Go easy on the new guy in your office.

B: But he keeps screwing up things.

A: 네 사무실의 신입사원 살살 다뤄. B: 하지만 계속해서 일을 망쳐놓고 있잖아.

스크린 명장면 **La La Land**

Mia와 Sebastian의 첫 대화장면

Sebastian: All right, I remember you. And I'll admit I was a little curt that night.

Mia: Curt?

Sebastian: Okay, I was an asshole. I can admit that. But requesting "I Ran" from a serious musician, it's just... It's too far.

세바스찬: 그래요, 당신 기억나요. 그리고 내가 그날 밤에 좀 까칠했다는거 인정할게요.
미아: 까칠했다고요?
세바스찬: 알았어요, 내가 멍청이였어요. 인정할게요. 하지만 진지한 음악가에게 "난 달아났어요"를 신청하는건, 그건 너무 지나친거에요.

내가 풀어서 설명해줄게
Let me break it down for you

break it down은 「…를 풀어서 설명해주다」, fill sb in 또한 「…에게 설명해주다」, walk sb through sth은 「…에게 단계별로 차근차근 설명하다」라는 뜻의 표현들. 한가지 더 얘기한다고 할 때는 I got one word for~, I'd like a word~ 를 쓴다.

● Screen Expressions

break it down for sb …에게 자세히 설명하다

Break it down for me so I can understand.
설명해봐 내가 이해하도록 말야.

fill sb in …에게 상세한 정보를 알려주다 = catch sb up

Whatever you got going on, fill me in.
무슨 일이든, 내게 알려줘.

walk sb through …에게 자세히 설명하다 = talk sb through

You look confused. Shall I walk you through it?
복잡하죠. 자세히 설명해줄까요?

이 표현이 나오는 영화
〈라라랜드〉
〈첫키스만 50번째〉
〈왓이프〉
〈500일의 썸머〉
〈프로포즈〉
〈브리짓 존스의 일기〉

● Dialog

A: I need more information about the trip.

B: All right, let me break it down for you.

A: 그 여행에 대해 더 많은 정보가 필요해. B: 좋아, 내가 자세히 설명해줄게.

A: I was late, so fill me in on what's happening.

B: We are supposed to meet later in the auditorium.

A: 내가 늦었네, 어떻게 됐는지 자세히 알려줘. B: 강당에서 나중에 만나기로 했어.

스크린 명장면 La La Land

Mia와 Sebastian이 차로 가면서 나누는 대화…

Mia: Thank you for saving the day back there.

Sebastian: Well, you didn't really give me much of a choice.

Mia: It's pretty strange that we keep running into each other.

Sebastian: It is strange. Maybe it means something.

Mia: I doubt it.

Sebastian: Yeah, I don't think so.

미아: 아까 저기서 구해줘서 고마워요.	세바스찬: 이상하죠. 아마 뭔가 의미하는 걸 수도 있죠.
세바스찬: 뭐 반강제적으로 시켜잖아요.	미아: 그럴리가요.
미아: 우리 서로 계속 우연히 마주치는게 꽤 이상해요.	세바스찬: 어, 나도 그렇게 생각안해요.

그 얘기는 하지 말죠
Let's not get into that

get into는 「관심갖고 …일을 하다」, 「어떤 화제나 사건에 대해 이야기하다」라는 뜻. 또한 "그 얘기 꺼내지마라"는 뜻으로 Don't go there이 쓰인다는 점도 알아둔다. 특히 What's got into you?는 평소와 다르게 행동하는 상대방에게 "뭣 때문에 이러는거야?," "도대체 왜 이러는거야?"라는 문장.

Screen Expressions

Let's not get into that 그 얘기는 하지 말자

I don't want to get into that right now.
지금 당장 그 문제를 얘기하고 싶지 않아.

Don't go there 그 얘기는 하지 말자

You want to go there? 그 얘기 듣고 싶어?

What's got into you? 도대체 왜 그러는거야?

▶ Sth come over sb …가 …을 엄습하다

I don't know what came over me. 내가 왜 그랬는지 모르겠어.

이 표현이 나오는 영화
〈라라랜드〉
〈어바웃타임〉
〈로맨틱 홀리데이〉
〈500일의 썸머〉
〈러브액츄얼리〉
〈노팅힐〉

Dialog

A: It's your fault that we missed our flight.

B: Let's not get into that right now.

A: 비행기를 놓친 것은 네 잘못이야.   B: 지금은 그 얘기하지 말자.

A: Is that the man whose wife was injured?

B: Don't go there. It's a sensitive subject.

A: 부인이 부상당한 사람이 저 사람이야?   B: 그 얘기는 마, 예민한 문제니까.

스크린 명장면 La La Land

재즈가 싫다는 Mia를 한 재즈클럽에 데려가 자신은 재즈클럽을 열거라고 말하는 Sebastian.

Sebastian: And the world says, "Let it die. It had its time." Well, not on my watch.

Mia:　　　 What are you gonna do?

Sebastian: I'm gonna have my own club.

Mia:　　　 Really?

Sebastian: Yes. We're gonna play whatever we want, whenever we want, however we want, as long as it's pure jazz.

세바스천: 세상은 말하죠. "죽게 놔둬라. 전성기가 지났다." 나라도 지킬 거예요.

미야: 어떻게 할건데요?

세바스천: 내가 직접 재즈클럽을 운영할거예요.

미야: 정말요?

세바스천: 네, 우리는 순수한 재즈라면 우리가 원하는 것이 뭐든, 우리가 원하는 때가 언제든, 우리가 원하는 것이 어떤 식이든 연주를 할거예요.

내가 이미 걔 찜해놨어
I already called dibs on him

have got dibs on은 「…을 먼저 차지하다」, 「…을 찜하다」라는 뜻으로 먼저 권한을 주장한다는 말이 된다. 또한 「얽매다」, 「구속하다」라는 뜻에서 tie a girl down하게 되면 「내 여자로 만들다」라는 의미로 쓰인다.

● *Screen Expressions*

have got dibs on …을 찜하다

How did he get dibs on that?
어떻게 걔가 그걸 먼저 차지했던거야?

Dude, back off. I called dibs on Stephanie.
이봐, 물러서. 스테파니는 내가 찍었어.

tie a girl down …을 내 여자로 만들다 ▶ get tied down 얽매이다

Make sure I don't get tied down.
내가 얽매이지 않도록 확실히 해.

이 표현이 나오는 영화
〈왓이프〉
〈러브액츄얼리〉
〈첫키스만 50번째〉

● *Dialog*

A: I really like the lady sitting over there.

B: I already called dibs on her.

A: 저기 앉아 있는 여자가 정말 맘에 들어. B: 내가 이미 찜해놨어.

A: She didn't really want to keep dating him.

B: He tied the girl down in that relationship.

A: 걔는 정말로 그와 계속 데이트하고 싶어하지 않았어. B: 그는 사귀면서 여자를 얽매여놨구만.

스크린 명장면 La La Land

고정수입을 위해 밴드 투어를 하는 Sebastian에 못마땅한 Mia는 다투는데…

Mia: I'm pointing out that you had a dream that you followed, that you were sticking to...

Sebastian: This is the dream! This is the dream.

Mia: This is not your dream!

미아: 난 네가 쫓던 그리고 매달리던 꿈이 있었다는 것을 말하는거야.
세바스천: 이게 꿈이야! 이게 꿈이라고.
미아: 이건 네 꿈이 아니야!

우리는 잘 맞아
We just clicked

click은 동사로 쓰여 바로 「마음이 통하다」, 「바로 잘 맞다」라는 의미. 주의할 점은 주어는 항상 복수로 나온다는 점이다. 비슷한 표현으로는 hit it off, mesh well together, be a big hit with sb 등이 있고 반대로 「서로 어울리지 않는다」고 할 때는 좀 어렵지만 be a square peg and round hole이라고 한다.

● Screen Expressions

이 표현이 나오는 영화
〈쉬즈더맨〉
〈로맨틱 홀리데이〉
〈500일의 썸머〉

We just clicked 우린 바로 잘 어울렸어

We met once and we just clicked.
우리는 한번 만났는데 잘 어울렸어.

mesh well together 죽이 잘맞다 = hit it off = be a big hit with sb

I am not sure that you and Olivia really mesh well together.
너와 올리비아가 잘 맞는지 잘 모르겠어.

be a square peg and round hole 잘 어울리지 않다

We were a square peg and a round hole.
우리는 서로 어울리지 않았어.

● Dialog

A: How did you first meet Jane?
B: We just clicked after talking for a while.
A: 언제 제인을 처음 만난거야? B: 잠시 얘기한 후에 죽이 잘 맞았어.

A: I'd like to invite Tina to join us.
B: Will she mesh well with our group?
A: 티나를 초대해서 우리와 함께 하고 싶은데. B: 걔가 우리 사람들과 잘 어울릴까?

스크린 명장면 La La Land

자비 연극에 실패한 Mia는 Sebastian과 헤어지는데…

Mia: It's over.
Sebastian: What?
Mia: All of this. I'm done embarrassing myself. I'm done, I'm done. Nobody showed up.

미아: 다 끝났어.
세바스천: 뭐가?

미아: 이 모든 것. 망신당하는 것도 그만할래. 난 끝났어. 아무도 오지 않았어.

우리 어떤 관계야?
Where are we?

Where am I?와 Where are we?는 "여기가 어디지?" 혹은 추상적인 공간, 즉 「어떤 사람과의 관계에서 어디까지 왔는지」, 혹은 「어떤 과정에서 어느 지점까지 와 있는지」 물어볼 때 사용한다. What are we doing?도 같은 의미. 과거로 Where was I[were we]?하면 "무슨 얘길 했더라?라는 뜻.

Screen Expressions

Where are we? 여기가 어디야?, 우리 무슨 관계야?

Where are we? Where is this relationship going?
우린 어떤 관계야? 이 관계가 어떻게 되어가는거야?

Where was I? 어디까지 했더라?

= Where were we? = Where did we leave off?

Where did we leave off? 어디까지 했더라?

What are we doing? 우리 무슨 관계야?

What are we doing staying together? 우리 함께 있으면서 뭐하는거지?

이 표현이 나오는 영화
〈쉬즈더맨〉
〈로맨틱 홀리데이〉
〈500일의 썸머〉

Dialog

A: Where are we? Are we going to get married?
B: I don't think our relationship is that serious yet.

A: 우리 무슨 관계야? 우리 결혼하는거야? B: 우리 관계가 아직 그 정도로 심각한 것 같지는 않아.

A: I forget. Where did we leave off?
B: We were talking about our plans for the summer.

A: 내가 잊었는데 어디까지 했더라? B: 여름계획에 대해 얘기하고 있었어.

스크린 명장면 La La Land

Mia의 오디션 소식을 알려주려 Mia의 고향집에 온 Sebastian…

Mia: Why what?
Sebastian: Why don't you want to do it anymore?
Mia: 'Cause I think it hurts a little bit too much.
Sebastian: You're a baby.
Mia: I'm not a baby. I'm trying to grow up.
Sebastian: You are. You're crying like a baby.

미아: 뭐가 왜라니야?
세바스천: 왜 오디션을 더 이상 하지 않으려는거야?
미아: 너무 많은 상처를 주기 때문이야.
세바스천: 넌 애기야.
미아: 난 애가 아니야. 철들려고 하는거야.
세바스천: 애 맞아. 애처럼 징징대잖아.

내가 안 할 것 같은 일은 너도 하지마
Don't do anything I wouldn't do

Don't do anything I wouldn't do는 "내가 하지 않을 일은 하지마라"라는 좀 어렵게 돌려서 말하는 것으로 "행동거지 조심해," "바보 같은 짓은 하지마," "문제일으키지마"라는 표현이다. 비슷한 맥락에서 예의를 갖추라고 할 때는 Where're your manners?, Mind your manners라고 한다.

● Screen Expressions

Don't do anything I wouldn't do 내가 하지 않을 일은 너도 하지마

That sounds great. Don't do anything I wouldn't do.
멋지네. 엉뚱한 짓 하지말고.

Don't do anything I wouldn't do at[on]~ 바보 같은 짓 하지마

Don't do anything I wouldn't do on **our blind date.**
소개팅에서 바보 같은 짓 하지마.

Where're your manners? 예의를 갖춰라 = Mind your manners!

Where're your manners? **Aren't you gonna invite us in?**
예의를 지켜라. 우리 안으로 초대안할거야?

이 표현이 나오는 영화
〈노트북〉
〈굿럭척〉

● Dialog

A: We're leaving for a trip across the country.
B: Have fun. Don't do anything I wouldn't do.
　A: 전국 일주여행을 떠날거야.　B: 재미있게 해. 문제 일으키지 말고.

A: Hey, your haircut is really ugly.
B: That's rude. Where're your manners?
　A: 야, 너 머리자른거 정말 으악이다.　B: 무례하네. 예의를 좀 갖춰.

스크린 명장면 **La La Land**

Mia의 오디션이 끝나고 나누는 Sebastian과의 대화

Mia: Where are we?
Sebastian: Griffith Park.
Mia: Where... are we?
Sebastian: I know. I don't know.
Mia: What do we do?

Sebastian: I don't think we can do anything, 'cause when you get this,
Mia: If I get this.
Sebastian: When you get this, you gotta give it everything you got. It's your dream.

미아: 우리는 어디에 있는거야?
세바스찬: 그리피스 공원에.
미아: 우리 사이는 어떻게 되는거냐고?
세바스찬: 알아. 모르겠어.

미아: 우리 어떻게 해야 돼?
세바스찬: 우리가 할 수가 있는게 없어. 네가 오디션에 붙으면,
미아: 그렇게 된다면.
세바스찬: 오디션에 붙으면 전력투구를 해야 돼. 네 꿈이잖아.

재촉하지마!

Don't push it!

재촉하거나 밀어붙인다고 할 때는 push sb 혹은 push it이라고 한다. 또한 push oneself too hard 는 스스로를 너무 심하게 몰아붙이다라는 말로 「무리하다」, 「강행하다」라는 표현. 강요하지 말라고 할 때는 Don't pull that with me!라고 해도 되고, 들이대는 것은 throw oneself at~이라고 한다.

● Screen Expressions

Don't push it! 재촉하지마! ▶ push oneself too hard 무리하다

So I'm going to tell you again, don't push it.
그래 다시 말하는데, 밀어붙이지마.

Don't pull that with me! 강요하지마!

Don't pull that with me. I won't tolerate it.
내게 그걸 강요하지마. 난 참지 않을거야.

throw oneself at~ 들이대다

I don't throw myself at guys.
난 남자들에게 들이대지 않아.

이 표현이 나오는 영화
〈왓이프〉
〈굿럭척〉
〈500일의 썸머〉

● Dialog

A: You don't seem to be in a good mood.

B: Don't push it. I'm pissed off already.

A: 너 기분이 좋지 않은 것 같구나. B: 그만해. 난 이미 화가 난 상태니까.

A: I'm going to need you to leave now.

B: Don't pull that with me. I'm staying.

A: 지금 당장 네가 가줘야 될거야. B: 내게 강요하지마. 난 남을거야.

스크린 명장면 **500 Days of Summer**

사무실 회식자리에서 Tom의 친구인 Mckenzie와 Summer의 대화

Summer: You don't believe that a woman could enjoy being free and independent?

Mckenzie: Are you a lesbian?

Summer: No, I'm not a lesbian. I just don't feel comfortable being anyone's girlfriend. I don't actually feel comfortable being anyone's anything, you know.

썸머: 여자가 독립적으로 자유로울 수 있다는 것을 안믿는군요?

맥켄지: 레즈비언예요?

썸머: 아뇨, 레즈비언 아네요. 누군가의 여친이 되는게 불편할 뿐이에요. 저기, 누군가의 뭔가가 된다는게 정말 불편해요.

난 항상 잘 돌아가도록 노력해

I always try to make it work

make things work하면 「일을 제대로 돌아가게 하다」이다. 이렇게 make it[this] work의 형태로 쓰이면 「작동하게 하다」, 「잘 돌아가게 하다」라는 의미로 쓰인다. 또한 make it happen은 「그렇게 되도록 하겠다」, 나아가 「이루다」, 「성공하다」라는 뜻도 갖게 된다.

Screen Expressions

make things work 잘 돌아가게 하다

I just wanna make things work again.
난 단지 일이 다시 제대로 돌아가길 원해.

make it[this] work 잘 돌아가게 하다

You can still make it work, right? 넌 아직 잘 돌아가게 할 수 있지, 맞지?

make it happen 그렇게 되도록 하다, 성공하다

How fast can you make it happen? 얼마나 빨리 그걸 할 수 있어?
You'll make it happen. 넌 성공할거야.

이 표현이 나오는 영화
〈왓이프〉
〈프로포즈〉
〈러브, 로지〉
〈로맨틱 홀리데이〉

Dialog

A: This schedule is a real mess.
B: We'll find a way to make it work.

A: 이번 일정은 정말이지 엉망이야. B: 일정대로 되도록 방법을 찾아보자.

스크린 명대사 : 500일의 썸머

"I think we do a bad thing here.
People should be able to say how they feel how they really feel not,
you know, some words that some strangers put in their mouths.
Words like ''love''... that don't mean anything." - Tom

우리는 좋지 않은 일을 하고 있는 것 같아요.
사람들은, 모르는 사람들이 만들어주는 말을 하는게 아니라
자신의 진정한 감정을 말할 수 있어야 한다고 생각해요. "사랑"같은 단어들요… 그건 전혀 의미가 없어요.

내겐 맞지 않아, 도움이 되지 않아, 이건 아냐
This just isn't working for me

주어가 사물로 Does it[that] work for you?하면 "네 생각은 어때?," "너도 좋아?'라고 물어보는 표현으로 자기의 제안이나 의견이 상대방에게 괜찮은지 여부를 물을 때 사용한다. 특히 약속시간을 잡을 때 많이 사용한다. 반면 sth work for sb는 「…에 효과적이다」, 「…에게 먹히다」라는 의미로 쓰인다.

● Screen Expressions

Does it[that] work for you? 네 생각은 어때?, 너도 좋아?

Does this afternoon work for **you?**
오늘 오후 괜찮아?

sth works for sb 효과적이다, 먹히다, 도움이 되다

It works for **me.**
내겐 효과적이야.

work out with sb 상황 등이 돌아가다

How're things working out with **her?**
걔하고는 일이 어떻게 돼가고 있어?

이 표현이 나오는 영화
〈브리짓 존스의 베이비〉
〈프로포즈〉
〈러브, 로지〉
〈굿럭척〉
〈브리짓 존스의 일기〉

● Dialog

A: Let's get together for lunch soon.

B: How about tomorrow? Does it work for you?

A: 곧 만나서 점심먹자. B: 내일은 어때? 너도 좋아?

A: Weren't you dating a tall guy?

B: It didn't work out with **him.**

A: 키 큰 남자와 데이트하지 않았어? B: 걔하고는 잘 되지 않았어.

스크린 명장면 500 Days of Summer

계속되는 Mckenzie와 Summer의 대화장면…

Summer: Okay. Let me break it down for you.

Mckenzie: Break it down.

Summer: Okay. I like being on my own. Relationships are messy, and people's feelings get hurt. Who needs it? We're young. We live in one of the most beautiful cities in the world. Might as well have fun while we can and… save the serious stuff for later.

썸머: 그래요. 내가 설명해줄게요.
맥켄지: 설명해줘요.
썸머: 그래요. 난 혼자 있는게 좋아요. 관계들은 엉망이 되고 사람들은 맘에 상처를 입죠. 누가 그걸 필요로 해요? 우린 젊어요. 우리는 세상에서 가장 아름다운 도시들 중 한 곳에 살고 있죠. 우리가 즐길 수 있는 한 즐기는게… 그리고 고통은 나중을 위해서 비축해두는게 나아요.

맘대로 해봐!, 해보려면 해봐!
Knock yourself out!

knock oneself out은 혼신의 힘을 다하다라는 뜻이지만 구어체에서는 「맘대로 해봐」, 「좋은 시간 보내」라는 뜻으로 많이 쓰이는데 가끔 비꼴 때도 사용된다. 이렇게 「애를 쓰다」는 go to the trouble, 「…하기 위해 특별히 애를 쓰다」는 go out of one's way to+V라고 하면 된다.

Screen Expressions

Knock yourself out! 맘대로 해봐!, 해보려면 해봐!

Knock yourself out. It won't be easy.
해보려면 해봐. 쉽지는 않을거야.

go to the trouble 애쓰다

You shouldn't have gone to that trouble.
그렇게까지 애를 쓰지 않아도 됐을텐데.

go out of one's way to+V 애를 써서 …하다

He goes out of his way to help me.
그는 날 돕기 위해 애를 많이 써.

Dialog

A: I'd like to try to solve this puzzle.
B: I don't care. Knock yourself out.
A: 이 퍼즐을 풀어보고 싶어. B: 난 상관없어. 해보려면 해봐.

A: Why are you so angry at your cousin?
B: She went out of her way to screw me over.
A: 네 사촌에게 왜 그렇게 화를 내는거야? B: 걔가 일부러 날 골탕먹였어.

스크린 명장면 **500 Days of Summer**
Tom이 끼어들어 만약 사랑에 빠진다면 어쩌겠냐고 물어본다.

Tom: What happens if you fall in love? What?
Summer: Well, you don't believe that, do you?
Tom: It's love. It's not Santa Claus.

톰: 만약 사랑에 빠진다면 어쩔거예요? 어쩔거예요?
썸머: 저기, 그걸 믿는건 아니죠, 그죠?
톰: 산타 크로스가 아니라 사랑을 말하는거예요.

캠, 얘기를 지어낼 필요는 없어

You don't have to make up stories, Cam

make up은 「화장하다」, 이야기를 「지어내다」, 「꾸며내다」, 즉 어떤 핑계나 변명을 만들어 내거나 가공으로 지어낸다는 것. 「화해하다」라는 make up 그리고 「보충하다」라는 뜻의 make up for[make it up to sb]와 헷갈리지 않도록 한다. 그냥 make up 혹은 make up a story, make stuff up 등으로 쓰인다.

● Screen Expressions

make up 화장하다, 얘기를 지어내다, 꾸며내다

Is that something you're making up?
이게 네가 꾸미고 있는거야?

make up (with sb) 화해하다

She was trying to make up with you.
갠 너와 화해하려고 했어.

make up for~ 보충하다, 보상하다 = make it up to

I'll make up for it tomorrow, okay? I promise.
내가 내일 그거 보상할게, 응? 약속해.

이 표현이 나오는 영화
〈브리짓 존스의 일기〉
〈굿럭척〉
〈첫키스만 50번째〉

● Dialog

A: I'll tell the teacher that my bus was in an accident.

B: You can't just make something up.

A: 버스가 사고났다고 선생님에게 말할거야. B: 얘기를 꾸며내면 안돼.

A: Dan is the worst liar I've ever met.

B: It's true. He made all that stuff up.

A: 댄은 내가 만난 사람 중에서 최악의 거짓말쟁이야. B: 맞아. 갠 모든 일을 다 꾸며냈어.

스크린 명장면 **500 Days of Summer**

계속되는 Tom과 Summer의 사랑논쟁…

Summer: Well, what does that word even mean? I've been in relationships, and I don't think I've ever seen it.

Tom: Well, maybe that's-

Summer: And most marriages end in divorce these days. Like my parents.

Tom: Okay. Mine too,

썸머: 저기, 그 단어가 의미하는게 도대체 뭐죠? 많이 사귀어봤지만, 본적이 없는 같아요.
톰: 그건 아마도…
썸머: 그리고 대부분의 결혼은 요즘 이혼하잖아요. 우리 부모님처럼.
톰: 그래요, 우리 부모님도 그래요.

난 걔한테 푹 빠져있었어

I was so into him

일단 앞서 배운 get into(얘기하다)와 헷갈리지 않도록 한다. 여기서는 동사가 be이다. 그래서 sb be into sb[sth]는 「…에게 빠져 있다」, 「몰입하다」, 「관심갖다」, 「좋아하다」라는 의미이다. 강조하려면 totally, so, a lot을 I'm~ 다음에 넣으면 된다. 반대로 관심없을 때는 I'm not into~라 하면 된다.

Screen Expressions

be into sb …에 푹 빠지다

I'm so into you.
난 너한테 푹 빠져 있어.

be into sth …에 푹 빠지다, 몰입하다

I had no idea you are into this stuff.
네가 이런 걸 좋아하는지 몰랐어.

be not into~ …에 관심없다

I'm not into guys.
난 남자애들에게 관심없어.

이 표현이 나오는 영화
〈굿럭척〉
〈친구와 연인사이〉
〈로맨틱 홀리데이〉
〈프렌즈 위드 베네핏〉
〈왓이프〉
〈첫키스만 50번째〉

Dialog

A: You used to be so in love with Betty.

B: I was so into her I couldn't think of anything else.

A: 너 예전에 베티를 깊이 사랑했잖아. B: 너무 빠져 있어서 다른 것은 생각할 수도 없었지.

A: Would you be a good art director?

B: I'm right for the job. I'm totally into it.

A: 넌 훌륭한 아트 디렉터가 될 것 같아? B: 내게 딱 맞는 일이야. 난 완전히 빠졌어.

스크린 명장면 | 500 Days of Summer

Summer는 사랑에 대한 부정적인 생각을 계속 주장하는데…

Summer: There's no such thing as love. It's a fantasy.

Tom: Well, I think you're wrong.

Summer: Okay. Well, what is it that I'm missing then?

Tom: I think you know it when you feel it.

Summer: I guess we can just agree to disagree.

썸머: 사랑이라고 하는 것은 없어요. 환상예요.   톰: 사랑을 느끼게 되면 알게 돼요.
톰: 저기, 당신이 틀린 것 같아요.   썸머: 그냥 서로 생각이 다르다는 것을 인정하죠.
썸머: 그래요, 그럼 내가 놓친게 뭐가 있죠?

걔 생일이 다가와

She has a birthday coming up

Sth be coming up은 「곧 일어나다」, 「…가 곧 다가오다」라는 뜻이다. 주로 have sth coming up의 형태로 자주 쓰인다. 한편 come (right) up!하면 「음식이 바로 나온다!」라는 뜻.

Screen Expressions

be coming up …가 다가오다

My mother's birthday is coming up.
내 어머니 생일이 곧 다가와.

have sth coming up …가 다가오다

She has **a college tour** coming up.
조만간 걔 대학순방을 하게 될거야.

come right up 바로 나갑니다, 바로 가요

Sure thing, boss. Coming right up.
물론이죠, 보스. 바로 갑니다.

Dialog

A: Christmas is coming up. Are you ready for it?

B: No. I haven't bought any presents yet.

A: 크리스마스가 다가오는데. 준비됐어? B: 아니. 아직 선물 하나도 사지 못했어.

A: Why have you stayed home all weekend?

B: I have **a major exam** coming up.

A: 왜 주말내내 집에 있었어? B: 중요한 시험이 다가오거든.

스크린 명장면 500 Days of Summer

Tom과 Summer는 친구하기로 하는데…

Summer:	Do you... like me?
Tom:	Yeah. Yeah, of course I like you.
Summer:	As friends?
Tom:	Right. As friends.
Summer:	Just as friends?

Tom:	Yeah. I mean, I don't know. I hadn't really thought about, um. Yes. why?
Summer:	No reason. I just I think you're interesting, and I'd like for us to be friends. Is that all right?

썸머: 날 좋아해요?
톰: 어, 어, 물론 좋아하지요.
썸머: 친구로요?
톰: 맞아요. 친구로요.

썸머: 단지 친구로만요?
톰: 어 내말은, 모르겠어요. 생각을 안해봤어요. 왜요?
썸머: 그냥요. 톰이 흥미롭고 우리가 친구가 되기를 바래요. 괜찮아요?

네 말이 맞아, 그건 인정할게, 그건 그래

I'll give you that

I'll give you that은 상대방의 말을 인정한다는 문장. "네가 맞았어," "그건 인정할게"라는 표현으로 I'll give you that one 혹은 I give you that이라고 해도 된다. 참고로 Don't give me that!은 말도 안되는 말을 하는 상대방에게 "그런 말 마라!"라는 의미이다.

● **Screen Expressions**

I'll give you that 네 말이 맞아, 그건 그래

She's so sexy. I'll give you that.
걘 정말 섹시해. 네 말이 맞아.

I'll give you that one 네 말이 맞아, 그건 그래

You are right. I'll give you that one.
네 말이 맞아. 그건 그래.

Don't give me that! 그런 말마!

Don't give me that. It's total bullshit.
그런 말 마. 완전히 거짓말이잖아.

● **Dialog**

A: You think that Kenny is a dummy.

B: I'll give you that. I expect him to fail.

A: 넌 케니가 멍청이라고 생각하지. B: 네 말이 맞아. 난 걔가 실패할거라 생각해.

A: I can take money from any of my friends.

B: Don't give me that. It's not right.

A: 난 내 친구 누구에게서라도 돈을 받아올 수 있어. B: 그런 말 마. 그건 옳지 않아.

스크린 명장면 **500 Days of Summer**

친구가 된 둘은 이케아 매장의 침대에 누워서 차가운 대화를 나누는데...

Summer: I just wanna tell you that, um, I'm not really looking... for anything... serious. Is that okay?

Tom: Yeah.

Summer: 'Cause some people kind of freak out when they hear that.

Tom: No, not me.

Summer: You sure?

썸머: 할 말이 있는데, 난 심각한 단계로 가는 것을 원치 않아. 괜찮겠어?　톰: 아니, 난 안 그래.
톰: 그래.　썸머: 정말?
썸머: 그런 얘기를 들을 때 좀 놀라는 사람들도 있어서.

이 전화 받아야 돼
I got to get that

중요한 전화가 와서 이 전화는 받아야겠네라고 할 때 쓰는 표현으로 take를 써서 I have to take this 라고 해도 된다. 즉, take[get] the call은 「전화를 받다」, 반대로 「전화를 하다」는 make the call이라고 한다. 「방금 …와 전화통화를 했다」고 할 때는 get off the phone with sb라고 한다.

Screen Expressions

I got to get that 이 전화 받아야 돼 ▶ take[get] the call 전화를 받다

I should probably take this.
이 전화 받아야 될 것 같아.

make the call 전화를 하다

I got a phone call to make.
전화 한 통화하고.

get off the phone with sb …와 방금 통화하다

I just got off the phone with **him.**
나 걔와 방금 통화했는데.

이 표현이 나오는 영화
〈굿럭척〉
〈프로포즈〉
〈로맨틱 홀리데이〉
《악마는 프라다를 입는다》

Dialog

A: Excuse me, but I have to take this.

B: Go ahead. I'll wait in the other room.

A: 실례지만, 이 전화는 받아야 돼. B: 어서 받아. 난 다른 방에서 기다릴게.

A: Where are you going right now?

B: I have to go. I got a phone call to make.

A: 지금 어디 가는거야? B: 가야 돼. 전화를 걸 데가 있어.

스크린 명장면 500 Days of Summer

Summer는 자신에게 집적대는 남자와 싸움을 벌인 Tom을 탐탁치 않게 여기자…

Tom: You know what? I'm not going anywhere till you tell me what's going on.

Summer: Nothing's going on. We're just…

Tom: What? We're just what?

Summer: We're just friends.

Tom: No! Don't pull that with me!

톰: 그거 알아? 이게 다 무슨 일인지 내게 말해주기 전에는 어디에도   톰: 뭐라고? 우리는 뭐라고?
       가지 않을거야.   썸머: 우리는 그냥 친구잖아.
썸머: 아무 일도 없어. 우린 그냥…   톰: 아냐! 내게 강요하지마.

미아 돌랜과 통화하려고 하는데요

I'm trying to reach Mia Dolan

reach sb는 「…와 통화를 하다」라는 뜻이고, get a hold of sb는 「연락을 취하다」. 특이한 것은 get ahold of, 혹은 get hold of~로도 쓰인다는 점. 또한 전화걸고서 기다리는 것은 on hold, 「부재중 전화가 왔다」는 miss a call이라고 한다.

● **Screen Expressions**

reach sb …와 통화하다 ▶ on hold 전화중 기다리고 있는

Where can I reach him?
걔 연락처가 어떻게 되나요?

get (a) hold of~ 연락을 취하다 ▶ miss a call 부재중 전화가 오다

Sandy is on the phone trying to get hold of Jim.
샌디는 짐하고 연락하려고 통화중이야.

follow up the text with a phone call 문자에 답이 없어 전화하다

I just wanted to follow up that text with a phone call.
문자에 답이 없어서 전화통화를 하고 싶었어.

이 표현이 나오는 영화
〈라라랜드〉
〈친구와 연인사이〉
〈브리짓 존스의 베이비〉
〈악마는 프라다를 입는다〉
〈프로포즈〉

● **Dialog**

A: I'm sorry, but Mr. Mills is out of the office.

B: How can I get hold of him?

A: 죄송하지만 밀스 씨는 외출 중이신데요. B: 어떻게 연락을 취할 수 있을까요?

A: Did your landlord get in contact with you?

B: No response, so I'll follow up the text with a phone call.

A: 집주인하고 통화했어? B: 문자 보냈는데 반응이 없어서 전화하려고.

스크린 명장면 **500 Days of Summer**

여친처럼 행동하면서 연인관계를 맺지 않으려는 Summer에게 화가 난 Tom이 화를 내자…

Summer: I like you, Tom. I just don't want a relationship.

Tom: well, you're not the only one that gets a say in this! I do too! And I say we're a couple, goddamn it!

썸머: 난 너를 좋아해. 단지 관계를 원치 않을 뿐이야.
톰: 이 문제에 대해 할 말이 있는 사람은 너뿐만이 아니야! 나도 있다고! 그리고 내 말은 우리는 빌어먹을 커플이라고!

내가 길을 잘 알아

I know my way around

know one's way around~는 「…의 지리를 잘 알고 있다」라는 의미로 "뉴욕시를 잘 알아"라고 하려면 I know my way around New York City라고 한다. know sb[sth] like the back of one's hand 역시 자기 손등처럼 잘알다, 「속속들이 잘 알고 있다」라는 뜻.

● **Screen Expressions**

know one's way around~ 잘 알고 있다

Sam knew her way around **this town.**
샘은 이 마을지리를 꽤 잘 알아.

know sb[sth] like the back of one's hand 잘 알고 있다

I know Mike like the back of my hand.
난 마이크를 속속들이 잘 알고 있지.

know what is what 진상을 알다

Talk to Chris. He knows what is what.
크리스에게 말해. 걘 다 알고 있어.

이 표현이 나오는 영화
〈미비포유〉
〈러브액츄얼리〉
〈악마는 프라다를 입는다〉

● **Dialog**

A: I worry about my sister living in New York.

B: Don't worry, she knows her way around.

　A: 뉴욕에 사는 내 누이가 걱정돼.　B: 걱정마, 뉴욕지리 잘 알고 있어.

A: Your dad lived here all of his life.

B: He knew the area like the back of his hand.

　A: 네 아버지는 평생 여기서 사셨어.　B: 이 지역을 속속들이 잘 알고 계셨지.

스크린 명장면 500 Days of Summer

연인관계를 맺지 않겠다던 썸머가 결혼을 한 후 Tom과 만나게 되는데…

Tom: You never wanted to be anybody's girlfriend, and now you're somebody's wife.

Summer: Surprised me too.

Tom: I don't think I'll ever understand that. I mean, it doesn't make sense.

Summer: It just happened.

톰: 누구의 여친도 되기를 원치 않았는데 지금 누군가의 아내가 되었네.
썸머: 나역시 놀랐어.
톰: 난 절대 이해할 수 없을 것 같아. 내말은, 말도 안된다는 말이야.
썸머: 어쩌다 그렇게 됐어.

너 혼내줄거야
I'll kick your ass

kick one's ass[butt]하면 「…를 혼내다」, 「(경기 등) …를 물리치다」라는 의미. 반대로 「혼줄나다」라고 하려면 get one's ass kicked라고 쓰면 된다. 마찬가지로 kick the shit[crap] out of sb하면 「…을 흠씬 패주다」, 반대로 「얻어 맞다」는 get the shit kicked out of~가 된다.

● *Screen Expressions*

kick one's ass 혼내다, 물리치다 ▶ get one's ass kicked 혼줄나다

I just got my ass kicked for you.
너 때문에 아주 혼줄났어.

kick the shit[crap] out of sb 흠씬 패주다

▶ get the shit[crap] kicked out of sb 흠씬 얻어맞다

I can kick the crap out of him. 걔를 열나게 패줄 수 있어.

get kicked out of~ …에서 쫓겨나다

Sebastian, you just got kicked out of Cornwall for skipping.
세바스찬, 넌 학교 빼먹다 코넬에서 쫓겨났잖아.

이 표현이 나오는 영화
〈쉬즈더맨〉
〈러브액츄얼리〉
〈노트북〉
〈500일의 썸머〉

● *Dialog*

A: You fought Link at the gym?
B: Yeah, I kicked his ass.

A: 체육관에서 링크와 싸웠단 말야? B: 어, 내가 혼줄을 내줬어.

A: I heard Robby was in the hospital.
B: He got the shit kicked out of him.

A: 로비가 병원에 입원했다며. B: 흠씬 얻어 맞았어.

스크린 명장면 500 Days of Summer
서로의 행복을 빌어주면서 마지막으로 헤어지는 장면

Summer: I should go. But I'm really happy to see that you're doing well.
Tom: Summer! I really do hope that you're happy.

썸머: 나 가봐야 돼. 하지만 네가 잘 지내는 것을 보니 정말 행복해.
톰: 썸머! 네가 행복하기를 진심으로 바래.

내가 좀 뒤져볼게
I'll do some digging

do some digging하면 「일부 조사해보다」, 「일부 뒤져보다」라는 뜻이며 do a little digging은 「약간 파보다」라는 뜻이 된다. do research 또한 「조사하다」라는 뜻이고, have a poke around 역시 「뒤지다」, 「조사하다」라는 의미로 쓰인다. scope out은 「…을 자세히 검토하다」라는 말.

● Screen Expressions

do some digging 조사해보다, 뒤져보다

I'll do some digging, I'll find out what it is.
내가 좀 조사해보고 그게 뭔지 알아낼게.

do research 조사하다 = have a poke around

I'll have a poke around tonight.
오늘밤 내가 한번 찾아볼게.

scope out 자세히 검토하다

I scoped it out.
내가 자세히 들여다봤어.

이 표현이 나오는 영화
〈쉬즈더맨〉
〈러브액츄얼리〉
〈굿럭척〉
〈브리짓 존스의 베이비〉

● Dialog

A: We need to know if Danny has done illegal things.

B: I'll do some digging and see what I can find out.

    A: 대니가 불법을 저질렀는지 우린 알아야 돼.   B: 내가 조사 좀 해볼게 뭐가 나오나 보자고.

A: Is this where you keep birth certificates?

B: Yeah. You can have a poke around in the files.

    A: 여기에다 출생증명서를 보관해? B: 어. 파일들 뒤져봐.

스크린 명장면 Friends With Benefits

헤드헌터인 Jamie와 그녀의 권유로 GQ매거진의 아트 디렉터로 면접을 보러 온 Dylan의 첫 만남장면.

Jamie: This is a huge opportunity, Dylan. Art Director of GQ magazine. It's the big leagues. No offense to your little "blog" on the internet.

Dylan: Which got six million hits last month.

Jamie: I could put up a video of me mixing cake batter with my boobs and get eight million hits.

제이미: 딜런, GQ 매거진의 아트 디렉터 자리는 엄청난 기회예요. 빅리그죠. 당신의 소규모 인터넷 블로그를 폄훼하는 것은 아니예요.
딜런: 지난달에 600만명이 방문했는데요.
제이미: 내가 내 가슴으로 케익반죽하는 동영상을 올리면 800만 방문자수를 기록할 수도 있을거예요.

못 알아들었어
You lost me

You lost me (at~)하면 「네가 나를 …에서 놓쳤다」라는 말로 역으로 말하면 「내가 그 지점부터 네 말을 못 알아들었다」라는 뜻이 된다. "무슨 말인지 모르겠는데요"라는 I'm not following과 같은 의미. 또한 Beats me는 "모른다." "내가 어떻게 알아"라는 말로 Search me와 같은 뜻이다.

● **Screen Expressions**

이 표현이 나오는 영화

〈노팅힐〉
〈500일의 썸머〉
〈굿럭척〉

You lost me (at~) (…부터) 못 알아들었어

You lost me. I'm not sure what you mean.
못 알아들었어. 무슨 말인지 모르겠어.

I'm not following 무슨 말인지 모르겠어

I'm not following what you said. Tell me again.
네가 무슨 말을 했는지 모르겠어. 다시 말해줘.

Beats me 몰라, 내가 어찌 알아 = Search me

Beats me. Why don't you ask her?
몰라, 걔한테 물어봐.

● **Dialog**

A: Did you understand what I told you?

B: You lost me during the scientific explanations.

　　A: 내가 너한테 한 말 이해했어?　B: 과학적인 설명을 하는 중에 놓쳤어.

A: What does Melinda do when she's on holiday?

B: Beats me. Not many people know about her private life.

　　A: 멜린다는 휴일에 뭐해?　B: 몰라. 걔 사생활 아는 사람이 많지 않아.

스크린 명장면 **Friends With Benefits**

면접보러 들어가는 Dylan에게 Jamie가 부탁을 하는데…

Dylan: Whatever happens, happens. I told you, I don't really want it.

Jamie: Just do me a favor? Pretend you want it, so I look good.

Dylan: I can do that.

딜런:　될대로 되는거지요. 말했잖아요. 난 정말 원하지 않는다구요.
제이미:　부탁하나 들어줄래요? 자리를 원하는 것처럼 해줘요. 내가 좋아보이게요.
딜런:　그렇게 하죠.

어떻게든 한번 해볼게

I'll see what I can do

상대방이 뭔가 부탁할 때 내가 뭘 할 수 있는지 보겠다. 즉 상당히 적극적으로 도와주겠다는 말. "내가 어떻게 해볼게"라는 말로 I will do what I can이라 해도 된다. 그리고 We'll see how we go나 We'll see what happens, see how it goes later on은 "나중에 어떻게 되는지 보다"라는 뜻이 된다.

Screen Expressions

I'll see what I can do 어떻게 해볼게 = Let me see what I can do

Give me an hour or so, I'll see what I can do.
한 시간 정도만 줘봐, 내가 어떻게 해볼게.

I'll do what I can 내가 해볼게

It'll be difficult, but I'll do what I can.
어렵겠지만 내가 어떻게 해볼게.

We'll see what happens 어떻게 되는지 보자고 = We'll see how we go

Let's be patient. See what happens.
인내심을 갖자고, 어떻게 되는지 지켜보자고.

이 표현이 나오는 영화
〈노팅힐〉
〈어바웃타임〉
〈쉬즈더맨〉
〈악마는 프라다를 입는다〉
〈브리짓 존스의 일기〉
〈노트북〉

Dialog

A: This must be finished in the next 24 hours.

B: That's understandable. I'll see what I can do.

A: 이건 앞으로 24시간 내에 끝내야 돼. B: 당연하죠. 24시간 내에 끝내도록 할게요.

A: Do you think they will stay together now?

B: We'll see what happens. Probably everything will turn out okay.

A: 걔네들이 지금 함께 있을거라 생각해? B: 어떻게 되는지 보자고. 아마도 다 괜찮아질거야.

스크린 명장면 Friends With Benefits

면접을 보고 나오는 Dylan과 Jamie의 대화

Jamie: So, tell me, how did it go?

Dylan: They bought it. You're safe for a little while longer.

Jamie: Thank you. I owe you one.

제이미: 그래 얘기해봐요, 어떻게 됐어요?
딜런: 날 믿던데요. 당신은 당분간 더 안전해요.
제이미: 고마워요. 신세졌네요.

승낙한 것으로 받아들일게
I'm gonna take that as a "yes"

take A as B는「A를 B로 받아들이다」라는 뜻으로 take that as a "yes"는「승낙한 것으로 받아들이다」, take that as a compliment는「칭찬으로 받아들이다」라는 뜻이 된다. take 대신에 see를 써도 된다.

● Screen Expressions

take that as a "yes" 승낙으로 알다

May I take this as a "yes?"
이걸 승낙한 걸로 받아들여도 돼?

이 표현이 나오는 영화
〈프로포즈〉
〈로맨틱 홀리데이〉

take that as a compliment 칭찬으로 알다

I'm gonna try to take that as a compliment.
난 그걸 칭찬으로 받아들이려고 할거야.

see ~ as …을 …로 알다 ▶ see oneself as~ 스스로를 …라 생각하다

He'll see it as a sign of relief.
걘 그걸 안도의 사인으로 볼거야.

● Dialog

A: It looked like they were very much in love.
B: You think so? I'll take that as a yes.

  A: 걔네들 무척 사랑하는 것처럼 보였어. B: 그렇게 생각해? 그런 걸로 생각할게.

A: I told June that her dress was very colorful.
B: Well, she took it as a compliment.

  A: 준에게 드레스가 아주 화려하다고 말했어. B: 걔는 그걸 칭찬으로 받아들였어.

스크린 명장면 Friends With Benefits
면접에 붙었다고 말해주는 Jamie와 Dylan의 대화

Dylan: Wait, I got it?
Jamie: They called about five minutes ago. Congratulations. Offer expires at midnight.
Dylan: Why didn't you just tell me instead of texting me?

딜런: 잠깐만요, 내가 취직됐어요?
제이미: 5분전에 전화가 왔어요. 축하해요. 제안은 자정까지 유효해요.
딜런: 문자로 보내기보다 직접 말로 해주지 그랬어요?

생각 중이었어
I've been thinking

I've been thinking은 현재완료진행형으로 과거부터 지금까지 고민하며 생각을 하고 있는 중이라는 뜻으로 주로 뒤에 무슨 생각인지 밝히기 위해 about~을 붙여 쓴다.

● *Screen Expressions*

I've been thinking 생각 중이었어

I've been thinking, **and come to some conclusions.**
난 생각을 했고 어떤 결론에 다다랐어.

I've been thinking about~ …을 생각 중이었어

I've been thinking about **you all day.**
난 종일 너만 생각했어.

I've been thinking of ~ …을 생각 중이었어

I have been thinking of **going elsewhere.**
다른 곳으로 가는 걸 생각해왔어.

이 표현이 나오는 영화
〈러브액츄얼리〉
〈악마는 프라다를 입는다〉

● *Dialog*

A: The newspaper says someone was arrested for the assault.

B: I've been thinking. Are you sure he's guilty?

A: 신문에 의하면 어떤 사람이 폭행죄로 잡혔대. B: 나도 생각 중이었어. 그 사람이 유죄일까?

A: You look like you are kind of sad.

B: I've been thinking about a woman I knew long ago.

A: 너 좀 슬퍼보인다. B: 오래 전에 알고 지냈던 여자를 생각하고 있었어.

스크린 명장면 **Friends With Benefits**

Dylan은 이직을 망설이지만 Jamie는 그런 Dylan을 설득하는데…

Jamie: Dylan, you're not going to shit the bed. I've seen your work. It's amazing.

Dylan: It's a huge move. Would you uproot your entire life for a job? Be honest.

Jamie: Well, no. For a job, no, probably not. But for New York, yeah, I would. Which is why I'm not gonna try to sell you on the job, I'm gonna sell you on New York.

제이미: 딜런, 당신은 잘 할거예요. 작업한 것들을 봤는데. 정말 멋져요.
딜런: 그건 커다란 변화예요. 일자리 때문에 삶 전체를 바꾸겠어요? 솔직해져봐요.
제이미: 음, 아뇨. 일자리라면 아마 아닐거예요. 하지만 뉴욕이라면 그래요. 난 옮길거예요. 그래서 나는 당신에게 일자리를 파는게 아니라 뉴욕을 파는거예요.

어서 말해봐
Let's have it

새로운 소식을 듣고 싶어서 "어서 말하라"고 할 때 사용하는 표현으로 Let me have it이라고도 한다. 「말중간에 끼어들다」라는 jump in을 명령문으로 쓴 Jump in(어서 얘기해), 그리고 뭔가 놀랍고 불편한 이야기를 해보라고 할 때의 Hit me with it 등이 있다. 그걸로 날 때리라는 말이 아니다.

● **Screen Expressions**

Let's have it   어서 말해봐 = Let me have it

Alright then, let's have it.
그럼 좋아. 어서 말해봐.

Jump in   어서 말해봐

Jump in if you have something to say.
뭐 말할게 있으면 어서 말해봐.

Hit me with it   어서 말해봐

If you're ready to talk, hit me with it.
말할 준비가 됐으면 어서 말해봐.

이 표현이 나오는 영화
〈프로포즈〉
〈러브액츄얼리〉
〈노팅힐〉

● **Dialog**

A: I've got to tell you about something that's bothering me.

B: Let's have it. Tell me the truth.

A: 내가 거슬리는 어떤 일에 대해 얘기해야겠어.   B: 어서 말해봐. 사실대로 말해.

A: Look, you need to hear some bad news.

B: Hit me with it. I'm ready.

A: 이봐, 네가 들어야 하는 안좋은 소식이 있어.   B: 어서 말해봐. 난 준비됐어.

스크린 명장면 Friends With Benefits

Jamie는 한 건물의 옥상으로 Dylan을 데려가서 Dylan의 아버지라면 어떻게 판단하실까 물어본다.

Jamie: Come on, what'd your dad think about all this?

Dylan: About what?

Jamie: He must have an opinion. He used to write for the LA Times for 23 years.

Dylan: Somebody did their homework.

Jamie: I have this thing at work. It's called Google. Come on, what'd he think about the job?

제이미: 그러지 말고, 당신 아버지라면 이 모든 것을 어떻게 생각하실까 요?
딜런: 뭐에 대해서요?

제이미: 생각이 있으실거예요. 23년간 LA Times에 기사를 쓰셨잖아요.
딜런: 숙제를 많이 하셨네요.
제이미: 일하는데 그게 있죠. 구글요. 자, 아버지라면 어떻게 생각하실까요?

네 능력을 보여줘!
Show me what you've got!

show me what you got은 직역하면 "네가 가진 것을 보여달라"는 말로 비유적으로 말하면 "네 실력이나 능력을 보여달라"는 말이 된다. 또한 Let me see what you get은 "어떻게 되나 보자", "네 능력을 보여달라" 혹은 문맥에 따라서는 쌈질하면서 "어디 한번 덤벼봐라"는 뜻으로도 사용된다.

● Screen Expressions

Show me what you've got! 네 능력[실력]을 보여줘!

All right, Kirk, show me what you got. 좋아, 커크, 네 실력을 보여줘봐.

Let's see what you get

어떻게 되나 보자, 능력을 보여줘(Let me see what you got)

I don't believe it, but let's see what you get.
믿기지 않아, 하지만 어떻게 되나 보자고.

work it 영리하고 똑똑하게 일을 처리하다

But we're lucky to have him. Work it, Ramone!
하지만 그가 있어 우린 행운이죠. 재능을 맘껏 발휘해봐, 라몬!

이 표현이 나오는 영화
〈프로포즈〉
〈러브, 로지〉
〈첫키스만 50번째〉

● Dialog

A: This is a presentation on our company's future.

B: Show me what you got. I'm listening.

A: 이건 회사의 미래에 관한 발표회야. B: 네 능력을 보여줘봐. 어서 해봐.

A: I plan to ask three different girls out on dates.

B: Let's see what you get if you do it that way.

A: 3명의 여자에게 데이트를 신청할 생각이야. B: 그렇게 할 경우 어떻게 되나 보자.

스크린 명장면 **Friends With Benefits**

계속해서 Dylan의 아버지라면 어떻게 생각하실지 물어본다.

Dylan: Actually, I didn't ask him.

Jamie: Well, then you must know what he'd say.

Dylan: He'd tell me to go with my gut and that he'd be proud of me no matter what I did.

Jamie: Sounds like a really great man.

Dylan: Yeah, he is.

딜런: 실은 아버지에게 물어보지 않았어요.
제이미: 음, 그럼 아버지라면 어떻게 말씀하실지 알고 있잖아요.
딜런: 아버지라면 내 마음 내키는 대로 하라고 하실거고, 내가 어떤 선택을 하든 나를 자랑스러워하실거라고 말씀하실거에요.

제이미: 정말 좋으신 분처럼 들리네요.
딜런: 맞아요, 그런 분이세요.

우리 사랑 때문에 제정신이 아니었어
We were out of our minds in love

be[go] out of one's mind는 「제정신이 아니다」, 「돌다」, 「미치다」라는 뜻으로 be not in one's right mind와 같은 의미이다. lose one's mind (over~)라고 해도 된다. 한편 That's not what I had in mind는 "내가 생각한 것은 그게 아냐"라는 뜻이 된다.

● Screen Expressions

be[go] out of one's mind 제정신이 아니다, 미치다

We were out of our minds in love.
우리는 사랑 때문에 제정신이 아니었어.

be not in one's right mind 제정신이 아니다, 미치다

He's not in his right mind.
그는 제정신이 아냐.

lose one's mind 제정신이 아니다, 미치다

I fell for one chick and I'm losing my mind.
난 한 여자에게 푹 빠져서 제정신이 아냐.

이 표현이 나오는 영화
〈노트북〉
〈굿럭척〉
〈첫키스만 50번째〉
〈악마는 프라다를 입는다〉

● Dialog

A: My plan is better than any other that has ever been.

B: No way. You're out of your mind.

   A: 지금까지 어떤 계획보다 내 계획이 뛰어나. B: 말도 안돼. 제정신이 아니구만.

A: I'm going to lose my mind in this summer heat.

B: It's way too hot. Turn on the air conditioner.

   A: 여름더위에 정신을 잃을 것 같아. B: 더워도 너무 더워. 에어컨을 켜.

스크린 명장면 Friends With Benefits

기억에 남는 명장면으로 옥상에서 둘이 누워 별을 보면서 나누는 대화이다.

Jamie: I like to come up here to think. Just when it gets a little much for me down there, it's like my New York version of a mountain top. Best part, no cell reception.

Dylan: You take all your recruits up here?

Jamie: Actually never really taken anyone up here.

제이미: 생각을 하기 위해서 여기 올라오는 것을 좋아해요. 일을 내가 감당할 수 없을 때, 이건 뉴욕버전의 산정상인 셈이죠. 가장 좋은 점은 핸드폰도 안된다
       는거예요.
딜런: 모든 구직자들을 이리로 데려와요?
제이미: 실은 여기에 데려온 사람은 정말 없어요.

난 그 생각이 나지도 않았어
It hasn't even crossed my mind

Sth cross one's mind는 come into one's mind와 같은 의미로 「주어가 …의 마음 속에 떠오르다」라는 의미. 또한 It never crossed my mind that S+V하게 되면 「…은 생각도 못했어」가 된다. 또한 put one's mind to~하면 「신경쓰다」, 「전념하다」라는 뜻으로 set one's mind to~라고 해도 된다.

Screen Expressions

Sth cross one's mind …의 마음 속에 떠오르다 = come into one's mind

The thought never crossed my mind. 그 생각이 전혀 나질 않았어.

It never crossed my mind that S+V …은 생각도 못했어

It never crossed my mind that **he was lying.**
걔가 거짓말하고 있다는 생각은 해보지도 못했어.

put one's mind to~ 전념하다 = set one's mind to~

▶ bear in mind 명심하다

There's nothing you can't do, if you put your mind to it.
네가 전념하면 못할 일은 없어.

이 표현이 나오는 영화
〈미비포유〉
〈어바웃타임〉
〈브리짓 존스의 베이비〉
〈러브, 로지〉

Dialog

A: I was thinking about the time Tom stole my wallet.

B: The incident crossed my mind too.

A: 탐이 내 지갑을 슬쩍한 때를 생각하고 있었어. B: 그 사건이 나도 생각나네.

A: Your mom is a very tough lady.

B: If she puts her mind to doing something, she'll succeed.

A: 네 엄마는 매우 강인한 여성이야. B: 뭔가 전념을 하게 되면 성공하게 될거야.

스크린 명장면 Friends With Benefits

Time Square에서 flash mob을 체험한 Dylan은 GQ 매거진에서 일을 하겠다고 한다.

Dylan: I'm in.

Jamie: What?

Dylan: You sold me.

Jamie: Really?

Dylan: I'll take the job.

Jamie: Oh, my God.

Dylan: What, are you surprised?

Jamie: No, no. Oh, you are gonna crush it.

딜런: 할게요.	딜런: 일자리를 맡을게요.
제이미: 뭐라구요?	제이미: 맙소사.
딜런: 날 팔았어요.	딜런: 저기, 놀랐어요?
제이미: 정말요?	제이미: 아뇨, 당신은 잘해낼거에요.

더는 못참겠어
Give me strength

Give me strength는 "내게 힘을 달라"는 말로 직역해서는 의미도출이 힘들다. 뭔가 짜증나고 불쾌해서 디는 참을 수가 없다는 말로, "더는 못참겠어"라는 의미이다. 반대로 take sth lying down은 모욕이나 불쾌한 일을 당하고도 불평없이 「부당한 대우를 감수하고 받아들이다」라는 표현이다.

● Screen Expressions

Give me strength! 더는 못참겠어!, …할 힘을 주세요(~ to+V)

This is too much. Give me strength.
이건 너무 하다. 더는 못참겠어.

Give me strength to get through this ordeal.
이 시련을 극복할 힘을 주세요.

take sth lying down 감수하고 받아들이다

I will not take this lying down.
난 이걸 그냥 받아들일 수는 없어.

● Dialog

A: Sorry, but I've got more bad news for you.

B: Give me strength! I can't take it!

A: 미안하지만, 안좋은 소식이 있어. B: 더는 못참겠어! 참을 수가 없다고!

A: The company plans to cut all of our salaries.

B: We can't take that lying down.

A: 회사는 우리들 급여를 줄일 계획이야. B: 우린 그걸 받아들일 수 없지.

스크린 명장면 Friends With Benefits

GQ사무실에서 Jamie와 Dylan이 고용계약서에 서명하는 장면.

Jamie: Do me a favor. Don't quit or get fired before the year's up, because otherwise I don't get my bonus.

Dylan: Wait, I can't leave whenever I want? What's the point of this contract?

Jamie: Just sign the damn thing.

제이미: 부탁하나 할게요. 계약만료 전까지 그만두거나 잘리지 말아요. 그렇지 않으면 내가 보너스를 받지 못하거든요.
딜런: 잠깐만요. 내가 원할 때 그만두지도 못한다구요? 그럼 이 계약이 무슨 소용있는거죠?
제이미: 계약서에 사인이나 해요.

살짝 빠져나왔어
I slipped away

slip away는 몰래 살짝 빠져나오는 것을 뜻한다. 또한 lay low하게 되면 몸을 낮추고 있다라는 의미
에서 비유적으로 「남의 시선을 끌지 않다」, 「잠수타다」가 되며 lift off one's mind는 「짐을 덜다」라
는 의미가 된다.

● Screen Expressions

slip away 몰래 빠져나가다

I am not letting him slip away.
난 걔가 몰래 떠나지 못하도록 할거야.

lay low 얌전히 있다, 잠수타다

We had to find a place to lay low.
우린 숨어지낼 곳을 찾아야만 했어.

lift off one's mind 짐을 덜다

That's just a huge burden suddenly lifted off my mind.
그건 커다란 짐을 갑자기 덜게 된 것이야.

이 표현이 나오는 영화
〈러브, 로지〉
〈쉬즈더맨〉

● Dialog

A: Katrina left sometime this morning?

B: She slipped away before I woke up.

A: 캐트리나가 오늘 아침 언제 나간거야? B: 내가 일어나기 전에 몰래 나갔어.

A: I'm worried that I may be in big trouble.

B: You'd better lay low for a little while.

A: 내가 곤경에 처할까봐 걱정돼. B: 잠시 얌전히 있어라.

스크린 명장면 Friends With Benefits

고용계약서에 서명하고 나서 주변식당을 추천받으려는 Dylan을 놀려먹는 Jamie.

Dylan: Hey, I was thinking of getting some lunch. Do you know a place?

Jamie: Are you asking me out?

Dylan: Whoa, I'm not asking you out. I'm asking you to show me a restaurant.

딜런: 저기, 점심 좀 먹을 생각인데요. 식당 좀 추천해줄래요?
제이미: 데이트 신청하는거예요?
딜런: 아니, 데이트 신청하는거 아닌데요. 식당 좀 알려달라고 부탁하는건데요.

침착하게 굴어
Play it pretty cool

play it+형용사의 형태가 있는데 play it safe는 「조심하다」, 「신중을 기하다」라는 말로 위험한 짓이나 모험을 하지 말라는 표현이고 play it cool은 「침착하게 굴다」, 그리고 play it straight는 「정직하게 대하다」, 「공정하게 행동하다」라는 의미이다.

● Screen Expressions

play it safe 조심하다, 신중을 기하다

I guess it's better to play it safe though.
그래도 안전하게 하는게 나을 것 같아.

play it cool 침착하다

Just play it cool and everything will be OK.
침착히 행동하면 다 잘 될거야.

play it straight 공정하게 행동하다

As far as he knows, I play it straight.
그가 알고 있는 한 난 정석대로 했어.

● Dialog

A: Why not cheat a little on your taxes?

B: I want to play it safe and do everything the normal way.

A: 탈세 좀 하지 그래? B: 안전하게 다 정상적으로 하고 싶어.

 스크린 명대사 : **어바웃타임**

"We're all quite similar in the end.
We all get old and tell the same tales too many times.
But try and marry someone kind." - Tim's father

인생은 결국 다 비슷해진다.
모두 늙어서 지난 날을 추억하는 것일 뿐이다.
하지만 결혼은 따뜻한 사람하고 하거라.

그건 네 책임이야
It's all yours

sb's all yours는 「sb는 네가 원하는 대로 하라」, 「…는 너의 책임이다」라는 의미. 따라서 It's all yours 하게 되면 "그건 네 책임이다"라는 의미가 된다. 이처럼 sb의 자리에 sth이 올 수도 있는데 The decision's yours하게 되면 "결정은 네 몫이다," "네가 결정을 내려야 한다"라는 의미가 된다.

● Screen Expressions

I'm all yours 네가 원한다면 언제든지
I'm all yours. What's up?
얼마든지 무슨 일야?

It's all yours 그건 네 책임이야, 그건 네꺼야
If you want it, it's all yours.
그걸 원한다면, 너 가져.

The decision's yours 결정은 네 몫이야
The decision's yours. Let me know tomorrow.
결정은 네 몫이야. 내일 알려줘.

● Dialog

A: Ladies, may I sweep my bride away?
B: She's all yours.

A: 숙녀분들, 내 신부를 데려가도 될까요? B: 마음대로 하세요.

A: I've always wanted to own a large house.
B: It's all yours now.

A: 난 항상 대저택을 소유하고 싶었어. B: 이제 네가 다 관리하고 책임져야 해.

스크린 명장면 Friends With Benefits

영화제목처럼 Dylan은 Jamie에게 테니스 치듯이 섹스를 하자고 한다.

Dylan: Let's play tennis.
Jamie: What?
Dylan: Let's have sex like we're playing tennis.
Jamie: Get the hell out of here.
Dylan: Don't laugh. This could be great.

딜런: 우리 테니스치자.
제이미: 뭐라고?
딜런: 테니스치듯이 섹스를 하자고.

제이미: 말도 안되는 소리하지마.
딜런: 웃지마. 아주 좋을 수도 있어.

넌 비키를 떠맡았어

You've taken on Vicky

take on은 「떠맡다」, 「책임지다」, 「맞서다」라는 의미로 주로 쓰인다. 다만 주의해야 할 것은 one's take on~하게 되면 take가 명사로 쓰인 것으로 「…에 대한 …의 의견」이란 뜻. 그래서 What's your take on~?하면 "…에 대해 어떻게 생각하냐?"고 상대방의 의견을 물어보는 문장이 된다는 것이다.

● **Screen Expressions**

이 표현이 나오는 영화
〈로맨틱 홀리데이〉
《악마는 프라다를 입는다》

take on 책임지다, 맞서다

Now you've taken on Jessica. I don't know what to say.
이제 제시카를 책임진다고 하니 뭐라고 해야 할지 모르겠네.

Slow down. You can't take on the world.
천천히 해. 넌 세상에 맞짱 뜰 수 없어.

What's your take on~ ? …에 대해 어떻게 생각해?

▶ have a fresher take on~ 신선한 견해를 갖다

So, what's your take on this?
그래, 넌 이것에 대해 어떻게 생각해?

● **Dialog**

A: Let's invite Brad to come live here.

B: I'm not sure we can take on another roommate.

 A: 브래드에게 여기 와서 같이 살자고 하자. B: 룸메이트를 한 명 더 맡을 수 있을지 모르겠어.

A: What's your take on this party?

B: It sucks. Let's get out of here.

 A: 이 파티에 대해 어떻게 생각해? B: 엿같아. 어서 가자고.

스크린 명장면 Friends With Benefits

섹스하는 것 외에는 다른 것을 요구하지 않는다고 다짐을 하는 장면.

Jamie: You swear you don't want anything more from me other than sex?

Dylan: You swear you don't want anything from me? I know how you girls get. Tick-tock, tick-tock.

Jamie: Stop it.

제이미: 내게서 섹스 외에는 다른 어떤 것도 요구하지 않는다고 약속해?
딜런: 너도 내게서 다른 것은 요구하지 않는다고 약속해? 난 여자들이 원하는 것을 어떻게 원하는지 알아. 똑딱똑딱.
제이미: 그만해.

네가 그렇게 똑똑한 줄 알아
You think you're so smart

You think you're~는 상대방을 비아냥거리면서 "너는 그렇게 생각하지만 실제로는 아니다"라는 의미의 표현이다. 또한 You call yourself~ 역시 상대방을 비난할 때 사용하는 표현으로 "소위 …라는 사람이"라는 말. 참고로 Who's your daddy?는 "자기가 잘났다"(I'm great)라고 으쓱대는 표현.

Screen Expressions

You think you're~ …한 줄 아는데 그렇지 않아

You think you're so smart, don't you?
너 네가 아주 똑똑한 줄 알고 있지, 그렇지 않아?

You call yourself~ 소위 …라는 사람이

How could you not know that? You call yourself a writer.
어떻게 저걸 모를 수가 있어? 자칭 작가라는 작자가.

Who's your daddy? 나 대단하지?

I made us a lot of money! Who's your daddy?
난 돈 많이 벌었어! 대단하지?

이 표현이 나오는 영화
〈노트북〉
〈쉬즈더맨〉

Dialog

A: I'm always the top student in class.

B: You think you're so smart, don't you?

  A: 난 항상 반에서 탑이야. B: 네가 아주 똑똑한 줄 알고 있는 것 같은데, 안그래?

A: You bowled a perfect game!

B: That's right. Who's your daddy?

  A: 너 볼링에서 퍼펙트 게임을 했어! B: 맞아. 나 대단하지?

스크린 명장면 Friends With Benefits

성경에 대고 오직 섹스만 하겠다고 약속하는 장면. 간단하지만 영화제목에 가장 맞는 장면이다.

Jamie: There we go. No relationship. No emotions. Just sex.

Dylan: Whatever happens, we stay friends.

Jamie: Swear.

Dylan: Swear.

제이미: 이제 되네. 관계맺기 없기. 감정주기 없기. 그냥 섹스만하기.
딜런:　무슨 일이 있던지 간에 우리는 친구로 남는다.
제이미: 맹세해.
딜런:　맹세해.

나라면 그렇게 하지 않을텐데
I wouldn't do that

I wouldn't do that은 "나라면 그렇게 하지 않을텐데"로 현재와 반대되는 가정을 말하는 것이다. 그래서 You wouldn't do that하게 되면 "넌 그렇게 못할거면서"이고, I wouldn't say that하면 "나라면 그렇게 말하지 않을텐데," "그렇지도 않던데"라는 의미.

Screen Expressions

I wouldn't do that 나라면 그렇게 하지 않을텐데

I wouldn't do that **if I were you.**
내가 너라면 안 그럴 걸.

You wouldn't do that! 그렇게 못할거면서!, 절대 못할 걸!

You wouldn't do that! **You aren't tough enough.**
그렇게 못할거면서 그렇게 강인하지도 않잖아.

I wouldn't say that 나라면 그렇게 말하지 않을텐데.

I wouldn't exactly say that, **but I just want to assure you, you're better off.** 꼭 그렇다고 할 수는 없지만, 그래도 네가 더 나아졌다고 확실히 말하고 싶어.

이 표현이 나오는 영화
〈굿럭척〉
〈왓이프〉
〈로맨틱 홀리데이〉
〈노팅힐〉

Dialog

A: I'm going to text my ex-girlfriend.
B: I wouldn't do that. You'll regret it.
A: 옛 여친에게 문자를 보낼려고. B: 나라면 그렇게 하지 않을텐데. 후회할거야.

A: So your meeting went poorly?
B: I wouldn't say that. It seemed to go well.
A: 그래서 회의가 잘 안되었어? B: 그렇다고 할 수는 없지. 잘 된 것처럼 보여.

스크린 명장면 Friends With Benefits
섹스만을 맹세한 두 남녀는 침대위에서 섹스를 하는데…

Jamie: I can't believe I'm doing this.
Dylan: Should we stop? We could just go for a run.
Jamie: I don't know, are we getting too old for this?
Dylan: Sex?
Jamie: No, casual sex.

제이미: 내가 이러고 있다니 믿기지 않아.   딜런: 섹스하기에?
딜런: 우리 멈춰야 할까? 그냥 한번 달려볼까.   제이미: 아니, 캐주얼 섹스하기에.
제이미: 모르겠어. 이러기에는 우리가 너무 나이 들었나?

그렇게 말해줘서 고마워요
I'm flattered

flatter는 타동사로 다른 사람을 칭찬하다는 말로 여기에서처럼 be flattered하게 되면 "그렇게 말해주면 고맙지," "뭘요," "과찬의 말씀이세요" 등의 의미가 된다. 또한 flatter oneself는 스스로를 칭찬하거나 대견하게 생각한다는 말로「착각하다」, 그래서 주제파악 못하고「잘난 척하다」란 뜻에 가깝다.

Screen Expressions

I'm flattered 그렇게 말해줘서 고마워요, 그렇지도 않아요

I'm flattered, but I'm seeing somebody.
그렇게 말해줘서 고마운데, 나 지금 만나는 사람있어.

I'm flattered, but technically, I'm not a celebrity.
기분은 좋지만 엄밀히 말하자면 전 유명인이 아녜요.

flatter oneself 착각하다, 잘난 척하다

Don't flatter yourself.
잘난 척 하지마.

Don't flatter yourself. I'm just ignoring you.
착각마. 난 널 무시하고 있는거야.

이 표현이 나오는 영화
〈러브, 로지〉
〈500일의 썸머〉

Dialog

A: I'd love to have you join me.
B: I'm flattered, but I have to decline.
A: 네가 나와 함께 하기를 바래. B: 그렇게 말해줘서 고맙지만 안돼.

A: Most people think I'm wonderful.
B: Don't flatter yourself, you're not that great.
A: 대부분 사람들이 내가 대단하다고 생각해. B: 착각하지마, 넌 그렇게 대단하지 않아.

스크린 명장면 Friends With Benefits

LA의 Dylan 집에서 Dylan은 감정없는 섹스를 하려고 하자 Jamie는 방금 실연을 당했다고 하는데…

Jamie: I just got dumped, so…
Dylan: Okay I'm sorry. I thought this would be a good way to take your mind off him.
Jamie: No, I don't function that way. Sex is not gonna help. But you know what will? Emotional support.
Dylan: Before we were sex without emotion, and now we're emotion without sex.

제이미: 방금 차여서. 그래서…
딜런: 그래. 미안해. 섹스하면 그를 잊을 수 있는 좋은 방법이라고 생각했어.
제이미: 아니, 난 그렇게 안돼. 섹스는 도움이 되지 않을거야. 뭐가 도움이 될지 알아? 정서적인 도움.
딜런: 전에는 감정없이 섹스를 했는데 이제는 섹스없이 감정적으로 행동하자고.

솔직하게 말해봐

What does your heart tell you?

솔직히 말해보라고 채근하는 문장이다. 또한 「하고 싶은 대로 하다」는 follow one's heart, 「자연이 그냥 가는 대로 놔두다」라는 말로 비유적으로 「순리대로 하다」, 「자연에 맡기다」라는 뜻의 let nature take its course 등이 있다. 참고로 with all my heart (and soul)은 「진심으로」라는 뜻.

● **Screen Expressions**

What does your heart tell you? 네 마음은 뭐라고 하는데?

What does your heart tell you? Yes or no?
솔직히 말해봐. 예스야 노야?

follow one's heart 마음가는 대로 하다, 하고 싶은 대로 하다

I think you have to follow your heart **on this one, even if it isn't easy.** 쉽지 않더라도 이건 마음이 시키는 대로 해.

let nature take its course 순리대로 하다

I have to set her free, let Mother Nature take its course.
난 그녀를 풀어주고 자연에 맡겨야 해.

이 표현이 나오는 영화

〈쉬즈더맨〉

〈노트북〉

〈굿럭척〉

● **Dialog**

A: My boyfriend has asked me to marry him.

B: It's an important decision. What does your heart tell you?

　　A: 내 남친이 내게 청혼했어.　B: 중요한 결정인데. 네 마음은 어떠니?

A: I can't keep them from having a relationship.

B: Might as well let nature take its course.

　　A: 걔네들이 사귀지 못하게 할 수가 없어.　B: 순리대로 가도록 하는게 나을거야.

스크린 명장면 Friends With Benefits

Jamie는 섹스를 거절하고 Dylan에게 친구가 되어달라고 하는데…

Jamie: I just need you to be my friend right now.

Dylan: Okay. So I'll listen to you while you give me a hand job. I'm kidding. I got it. Good night.

Jamie: Wait, hold on! Friends can still hang out, I don't know, listen to music.

───────────────────────────

제이미: 난 네가 지금 내 친구가 되기를 바래.

딜런:　그래. 그럼 네가 손으로 해줄 때 네 이야기를 들어줄게. 농담야. 알았어. 잘자.

제이미: 저기, 잠깐! 친구는 같이 시간을 보낼 수 있잖아. 모르겠지만, 음악을 듣는다는지.

개 아주 못됐다며

I hear she's a bitch

bitch는 비속어로 「년」 또는 비유적으로 「골칫거리」라는 의미. 그래서 a real bitch하면 진짜 「개같은 년」, 또는 문맥에 따라서는 「골칫거리」로 해석될 수도 있다. 또한 동사로 bitch about[at]은 「…에 대해 불평하다」, 「짜증내다」, 그리고 bitching은 감탄사처럼 의외의 의미로 쓰이는데 'awesome'과 같은 뜻.

● Screen Expressions

be a bitch 못된 년이다

She's a bitch. Hold out for a good girl.
걘 나쁜 년이야. 좋은 여자를 포기하지 말고 계속 찾으라고.

bitch about[at] 불평하다 ▶ harp on 짜증나게 불평하다

I'm going to bitch about the neighbor's loud music.
이웃집의 시끄러운 음악소리에 항의할거야.

bitching 대단한, 멋진

The concert was totally bitching.
콘서트가 정말이지 대단했어.

이 표현이 나오는 영화
〈미비포유〉
〈로맨틱 홀리데이〉
〈500일의 썸머〉
〈프렌즈 위드 베네핏〉

● Dialog

A: Why don't you like to hang around with Brenda?

B: All she does is bitch about her problems.

　　A: 브렌다하고 노는 것을 싫어해? B: 걔는 항상 자기 문제에 대해 불평만 해대.

A: It's too hot in here. And I'm really hungry.

B: Look, could you quit bitching?

　　A: 여기는 너무 덥다. 그리고 난 정말 배가 고파. B: 이봐, 그만 불평 좀 할래?

스크린 명장면 Friends With Benefits

친구가 되어 달라는 Jamie를 위로하던 Dylan은 결국 Jamie와 처음으로 감정있는 섹스를 하게 된다.

Jamie: What?

Dylan: Nothing. Just glad I met you.

Jamie: Yeah, well, knowing you doesn't suck either.

제이미: 왜 그래?
딜런:　아무것도 아냐. 그냥 널 만난게 좋아서.
제이미: 그래, 널 알게 된건 그리 나쁘지 않아.

네 침대에서 잠을 잤어

I just crashed in your bed

crash는 계획에 없던 일로 「남의 집에서 자다」라는 뜻이며, crash in one's bed라고 쓴다. 그리고 이렇게 집에 머물게 하거나 재워주는 것을 put sb up (at one's house)라고 한다. sleep over는 파티의 일종으로 친구집에서 가서 하룻밤 놀고 먹고 자는 것을 말한다.

● **Screen Expressions**

crash in one's bed(room) …의 침대에서 자다

You can crash in my bedroom.
내 침실에서 자도 돼.

put sb up 집에 머물게 하다, 재워주다

Sure, I can put you up for a while.
그럼, 잠시 집에 머물게 해줄 수 있어.

sleep over 하룻밤 놀고 먹고 자다

Will you sleep over with me tonight?
오늘밤 나랑 같이 자고 놀래?

이 표현이 나오는 영화
〈프렌즈 위드 베네핏〉
〈로맨틱 홀리데이〉

● **Dialog**

A: I'm just going home to crash in my bed.
B: You must be feeling tired today.

A: 집에 가서 내 침실에서 자고 싶어. B: 너 오늘 피곤한가 보다.

A: Where did your aunt stay when she came?
B: We put her up while she was in town.

A: 숙모가 오셨을 때 어디에 머무셨어? B: 시내에 계실 때 집에 머무시도록 했어.

스크린 명장면 Friends With Benefits

화가 난 Jamie는 뉴욕의 빌딩 옥상에서 mountain top를 하고 있는데 Dylan이 찾아와 다투기 시작한다.

Jamie: God, you are just like every other guy. The sad thing is, Dylan, I actually thought you were different.
Dylan: Different from what? I'm not your boyfriend, I'm your friend.
Jamie: Well, with friends like you, who needs friends? And thank you for ruining my mountain top. Asshole.

제이미: 맙소사, 넌 다른 남자들하고 다르게 하나도 없네. 슬픈 일은 딜런, 난 실은 네가 다를거라고 생각했다는거야.
딜런: 뭐와 달라? 난 네 남친이 아니고 그냥 친구야.
제이미: 너 같은 친구들이라면, 누가 친구를 원하겠어. 그리고 내 마운트 탑을 망쳐놔서 고마워. 거지 같은 놈.

내가 망쳤어, 기회를 날려버렸어

I blew it

blow up은 「화내다」, blow sb off는 「바람맞히다」, blow out은 「불어서 끄다」, 그리고 blow it하면 실수나 부주의 등으로 「…의 기회를 날리다」, 「망치다」라는 의미로 blow one's chance와 같은 뜻. 참고로 Blow me는 "제기랄(Fuck you)"이란 욕설.

● Screen Expressions

blow it 기회 등을 날리다, 망치다

▶ blow up 화내다 blow sb off 바람맞히다

If you blow up, you'll blow it. 화를 내면 일을 망칠 걸.

blow it out 불어서 끄다, 물리치다, 절연하다

The candle is on the table. Blow it out. 테이블 위에 촛불이 켜져 있어. 불어 꺼.

throw it all away 다 저버리다, 날려버리다

I've worked too hard for this promotion to throw it all away, OK? 이번 승진을 위해서 죽어라 일했는데 다 날려버릴 수가 없어요, 알았어요?

이 표현이 나오는 영화

〈굿럭척〉
〈로맨틱 홀리데이〉
〈친구와 연인사이〉
〈프로포즈〉

● Dialog

A: Someone said you took Tara to a movie.

B: I blew it. She had a terrible time.

A: 누가 그러던데, 너 타라 데리고 영화보러 갔다며. B: 내가 망쳐버렸어. 걘 아주 끔찍한 시간을 보냈어.

A: I can't believe Sam is addicted to drugs.

B: He had a great life, but he threw it all away.

A: 샘이 마약에 중독되다니 믿기지 않아. B: 멋지게 살아왔는데 다 날려버렸어.

스크린 명장면 Friends With Benefits

Dylan이 Jamie에게 사랑고백을 하는 장면.

Dylan: Look, I can live without ever having sex with you again. It'd be really hard. Hey, I want my best friend back, because I'm in love with her.

Jamie: Under one condition.

Dylan: Anything.

Jamie: Kiss me.

Dylan: In public? In front of all these people?

딜런: 저기, 다시는 너랑 섹스를 하지 않고 살 수 있을거야. 정말 힘들겠지만. 난 나의 베프를 되찾고 싶어. 사랑에 빠졌으니까. 제이미: 하나 조건이 있어.	딜런: 뭐든. 제이미: 키스해줘. 딜런: 공공장소에서? 이 모든 사람들 앞에서?

어떻게 지냈어?

What have you been up to?

be up to sth은「뭔가 해서는 안되는 나쁜 일을 꾸미다」,「그런 일로 바쁘다」, 혹은 주로 부정문과 의문문에서「…를 감당할 수 있다」로 능력의 여부를 물어볼 때 사용된다. feel up to sth도 같은 의미. 또한 be up for sth은 sth을「하고 싶은 관심이나 의향이 있다」라는 의미이다.

● **Screen Expressions**

What have you been up to? 어떻게 지냈어?

Have you heard what he's been up to **lately?**
걔 최근에 어떻게 지내는지 들었어?

be up to sth …을 꾸미고 있다, …할 수 있다

What are you up to this Christmas Eve?
크리스마스 이브에 뭐 할거야?

be up for sth …에 관심이나 의향이 있다

I don't think she's up for anything.
걔 뭔가 할 준비가 안되어 있는 것 같아.

● **Dialog**

A: It's been a while. What have you been up to?

B: I've been really busy with my job.

    A: 오랜만이네. 어떻게 지냈어? B: 일하느라 엄청 바빴어.

A: What are you up to this birthday?

B: Not much. Probably just stay home and watch TV.

    A: 이번 생일에 뭐할거야? B: 별로. 집에서 TV나 보겠지.

스크린 명장면 The Notebook

놀이공원에서 Allie를 처음 보고 반한 Noah는 대뜸 춤추자고 하는데…

Noah: You want to dance with me?

Allie: No.

Noah: Why not?

Allie: 'Cause I don't want to.

노아: 나랑 춤출래?
앨리: 아니.
노아: 왜 안돼?
앨리: 추기 싫으니까.

언제 출발해야하는지 알려줄래?

Will you tell me when to get off?

get off는 다양한 의미로 사용된다. 버스 등에서 「내리다」, 「퇴근하다」(get off work), 그리고 「출발하다」, 「떠나다」라는 의미로 leave와 같다고 생각하면 된다. 비슷한 표현으로 좀 낯설지만 be off가 많이 쓰이는데 역시 leave와 같은 의미로 be off to+V의 형태로도 사용된다.

● Screen Expressions

get off 출발하다, 떠나다, 나가다, 퇴근하다

You wanted to know if you could get off early to see your dad. 네 아버지 뵈러 일찍 퇴근할 수 있는지 알고 싶다고 했지.

be off 출발하다, 떠나다, 가다

I'm off in 10 minutes. 나 10분 후에 간다.

be off to+V …하기 위해 가다, 출발하다

I'm off to work in the morning.
아침에 일하러 나가.

이 표현이 나오는 영화
〈미비포유〉
〈친구와 연인사이〉
〈러브액츄얼리〉
〈라라랜드〉
〈로맨틱 홀리데이〉
〈왓이프〉

● Dialog

A: When do you finish working?

B: Usually I get off around 9 pm.

　　A: 언제 일이 끝나? B: 보통 저녁 9시에 퇴근해.

A: We're off to see a movie.

B: Well, I hope you have a good time.

　　A: 우리 영화보러 간다. B: 그래 좋은 시간보내.

스크린 명장면 The Notebook

노트북의 명장면. 놀이공원의 회전차에 매달려 데이트 약속을 받아내려는 Noah.

Allie: Okay, okay, fine, I'll go out with you.

Noah: What? No, don't do me any favors.

Allie: No, no. I want to.

Noah: You want to? You want to?

Allie: Yes!

앨리: 좋아, 좋아, 좋다고. 너랑 데이트할게.　　　　　노아: 네가 원한다고? 네가 원한다고?
노아: 뭐라고? 적선하듯이 말고.　　　　　　　　　　앨리: 어!
앨리: 아니, 아니, 내가 원해.

난 네 편이 되어줄게
I will stand by your side

stand behind는 뒤에서, stand by sb[sth]은 옆에 서서 버팀목이 되어준다는 말로 「…을 후원하다」, 「지지하다」라는 의미로 쓰인다. 또한 be behind sb해도 「…을 지지하다」, 「…의 편이다」라는 뜻이 된다.

● **Screen Expressions**

이 표현이 나오는 영화

〈프로포즈〉
〈친구와 연인사이〉

stand by sb …을 지원하다, 지지하다

Promise me you'll stand by Andrew. Even if... if you don't agree with him. 의견이 다르다 하더라도 앤드류를 지지해준다고 내게 약속해.

stand behind sb …을 지원하다, 지지하다

I'm standing behind you. 네게 힘이 되어줄게.

be behind sb …의 편이다, 지지하다

We're behind you a hundred percent.
우리는 100% 너를 지지해.

● **Dialog**

A: He has a very loyal wife.

B: She stood by him during the hardest times.

> A: 걔 부인은 아주 충실해. B: 가장 어려울 때도 걔 옆을 지켜줬어.

A: This is a very difficult time for me.

B: I want you to know I'm behind you.

> A: 지금은 내게 아주 힘든 시기야. B: 내가 뒤에 있다는 것을 알아줘.

스크린 명장면 **The Notebook**

계속 이어지는 장면으로 Allie로부터 데이트 약속을 확약받는다.

Noah: Say it.

Allie: I want to go out with you.

Noah: Say it again.

Allie: I want to go out with you.

Noah: All right, all right we'll go out.

Allie: You think you're so smart, don't you?

노아: 말해봐.	앨리: 너와 데이트하고 싶다고.
앨리: 너랑 데이트하고 싶어.	노아: 그래 그럼 우리 데이트하는거다.
노아: 다시 말해봐.	앨리: 넌 네가 영리하다고 생각하지, 그렇지 않아?

오늘 일은 잊어버리자
Put today behind us

put ~ behind sb는 「…을 뒤로 한다」라는 뜻으로 「…를 잊다」(forget)라는 의미. 「이걸 잊다」는 put this behind us, 「이 과거를 잊어버리다」는 put this past behind us라고 하면 된다. 참고로 get behind하게 되면 「늦다」, 「뒤지다」, 혹은 be behind처럼 support라는 의미를 갖기도 한다.

Screen Expressions

put sth behind sb …을 잊다

Can't we just put this behind us?
우리 이걸 잊을 수는 없을까?

We can put **this whole nasty episode** behind us.
이 더러운 일을 다 잊어버리자.

get behind 늦다, 뒤지다, 지지하다, 잊다

I just want to get **this incident** behind me.
난 그냥 이번 일을 잊고 싶어.

Dialog

A: Last time I saw Holly, she was broken hearted.

B: She put that relationship behind her.

A: 홀리를 지난 번에 봤을 때 맘에 상처를 입었더라고.   B: 걘 연인과 사귀던 것을 잊었거든.

A: Glad to see you aren't in the hospital anymore.

B: I finally got the cancer behind me.

A: 병원에서 퇴원한 걸 보니 좋으네.   B: 마침내 내가 암을 이겼어.

스크린 명장면 The Notebook

계속 이어지는 명장면으로 Allie는 철봉에 매달린 Noah의 바지를 벗기며 복수한다.

Allie: No, it's okay, I'll take care of this.

Noah: What are you doing? Please don't do that. Please don't do that, Allie. I can't believe... Oh God.

Allie: You're not so cocky now, are ya?

Noah: I'm gonna get you for that.

Allie: Ah, maybe you will, maybe you won't.

앨리: 괜찮아, 내가 처리할게.
노아: 뭐하는거야? 제발 그러지마, 앨리 제발 그러지마. 아니 이럴 수가, 맙소사.

앨리: 이제 그렇게 잘난 척하지 못하겠지?
노아: 내가 되갚아 주겠어.
앨리: 그러든지 말든지.

난 항상 친구들 수다를 떨어

I'm always yapping about my friends

yap about은 다른 사람들과 별로 중요하지 않은 일들로 「수다를 길게 떨다」라는 표현. gab about이라고 해도 된다. 반면 「잠깐 얘기를 나누는」 것은 have a little talk, 「두서없이 횡설수설하는」 것은 ramble, 그리고 「지나가면서 하는 말이다」라고 중요성을 두지 않을 때는 mention in passing이라 한다.

● **Screen Expressions**

yap about 수다를 떨다 = gab about

Stop yapping about your problems.
네 문제로도 수다를 그만 떨어라.

ramble 두서없이 횡설수설하다

He always rambles when he's been drinking.
걘 술마시면 항상 횡설수설이야.

mention in passing 무심코 말하다, 나온 김에 말하다

He mentioned in passing that he's seen you.
걔는 너를 봤다고 무심결에 말했어.

이 표현이 나오는 영화
〈라라랜드〉
〈굿럭척〉
《악마는 프라다를 입는다》
〈이프온리〉
〈러브액츄얼리〉

● **Dialog**

A: I hate listening to those old women.
B: They're always yapping about neighborhood gossip.

A: 저 할머니들 얘기 듣기 싫어. B: 항상 이웃집 험담을 한다니까.

스크린 명대사 : **500일의 썸머**

"Tom had finally learned there are no miracles.
There's no such thing as fate.
Nothing is meant to be. He knew. He was sure of it now." - Tom

톰은 마침내 세상에 기적이란 없다는 것을 깨달았다.
운명이란 것은 없다.
운명적인 만남도 없다. 그는 알았다. 이제 그는 그것을 확신하고 있었다.

몰래 우리 집에 그만 들어와
Stop sneaking into my home

sneak은 몰래 이동하는 것을 뜻해 sneak out하면 「몰래나가다」라는 의미로 반대는 sneak in(to). 또한 sneak up~은 「상대방이나 사물에 몰래 다가가다」, 「접근하다」라는 표현. 반면 snoop은 몰래 정보 등을 빼내기 위해 「기웃거리다」, 「염탐하다」라는 뜻이 된다. 두 단어 모두 secret한 단어.

● Screen Expressions

sneak into~ …로 들어가다

You've been sneaking out in the middle of the night?
넌 한밤 중에 몰래 나간거야?

sneak out~ …몰래 나가다

Some students snuck out of school.
일부 학생들은 몰래 학교에서 빠져나갔어.

snoop around 염탐하다, 기웃거리다 ▶ root around …을 찾기 위해 뒤적이다

Some reporters have been snooping around.
일부 기자들은 염탐을 하고 있어.

이 표현이 나오는 영화
〈라라랜드〉
〈미비포유〉
〈노팅힐〉

● Dialog

A: Did you ever sneak into the movies?

B: Yeah. Sometimes I didn't have enough money for a ticket.

A: 몰래 영화관에 들어가본 적 있어? B: 어. 가끔 표 살 돈이 없었거든.

A: What are you trying to find in here?

B: We'll just snoop around and see what we find.

A: 여기서 뭘 찾으려고 하는거야? B: 우린 그냥 기웃거리며 뭐가 있는지 보고 있어.

스크린 명장면 The Notebook

길거리에서 Allie를 보고 달려가는 Noah…

Noah: Do you remember me?

Allie: Yeah, sure, Mr. Underwear, was it? How could I forget?

Noah: Yeah, I wanted to clear that up with you, because I'm really sorry about that. It was a really stupid thing to do… crawl up a Ferris wheel to talk to somebody.

노아: 나 기억나?
앨리: 그럼, 속옷 씨, 아닌가? 내가 어떻게 잊어?
노아: 그 점에 대해서 정말 미안하게 생각하기 때문에 그 문제를 해결하고 싶었어. 정말 어리석은 짓이었어… 얘기하고 싶다고 회전차에 올라타다니.

넌 내게 과분해

You're way out of my league

be out of one's league란 「…의 리그 밖이다」, 즉 「…는 …의 상대가 되지 않는다」라는 말이다. 특히 이성사이에 쓰이면 「레벨이 다르다」, 「과분하다」 정도로 이해하면 된다. 과분한 상대와 어떻게 해보 겠다는 상대방에게 "너무 기대를 갖지 말라"고 할 때는 Don't get your hopes up이라고 하면 된다.

● **Screen Expressions**

be out of one's league 상대가 안되다. 과분한 상대이다

How do I go about seducing a woman who is apparently out of my league?
내가 어떻게 나한테 과분한 상대인 여자를 유혹하겠어?

get one's hopes up 기대하다

Don't get your hopes up yet.
아직 너무 기대하지마.

I just don't want you to get your hopes up too high.
네가 기대를 너무 많이 안했으면 해.

이 표현이 나오는 영화
〈500일의 썸머〉
〈러브, 로지〉
〈노트북〉
〈러브액츄얼리〉

● **Dialog**

A: I think Rachel is beautiful.

B: Forget it. She's out of your league.

A: 레이첼은 예쁜 것 같아. B: 잊어버려. 네가 상대할 대상이 아냐.

A: Hopefully I'll be selected to join their club.

B: Don't get your hopes up about that.

A: 걔네들 클럽에 가입될거란 기대감을 갖고 있어. B: 그거 너무 기대하지마.

스크린 명장면 The Notebook

Allie에게 첫눈에 반했다고 고백을 하는 Noah.

Noah: But I had to be next to you. I was being drawn to you.

Allie: Oh... oh, jeez, what a line! You use that on all the girls?

Noah: No.

노아: 하지만 난 너와 옆에 있어야만 했어. 너에게 끌렸거든.
앨리: 이런, 참 작업멘트하나 줄네. 모든 여자들에게 써먹니?
노아: 아니.

이 문제에서 난 발언권이 없는건가?

Don't I get any say in this?

say가 명사로 쓰인 경우로 의미는 「발언권」, 「말할 권리」를 뜻한다. 그래서 get[have] a say in~은 「…에서 말할 권리가 있다」라는 뜻이 된다. 「발언권을 갖고 싶다」는 want a say in~이라고 하면 된다.

Screen Expressions

get[have] a say in~ …에서 말할 권리가 있다

You're not the only one that gets a say in this!
너는 이 문제에 말할 권리가 없는 유일한 사람이야!

get[have] your say 말할 기회를 얻다

Just wait and you'll get your say.
기다리면 말할 기회가 있을거야.

want a say in~ 발언권을 원하다

You want a say in this?
이 문제로 말하고 싶어?

이 표현이 나오는 영화
〈500일의 썸머〉
〈노트북〉

Dialog

A: Why do you want to be the treasurer?

B: I want to have a say in how the money is spent.

　　A: 왜 회계 담당자가 되고 싶은거야?　B: 돈의 지출 방식에 대한 발언권을 갖고 싶어.

A: They haven't allowed me to talk yet.

B: You'll get your say if you just wait a while.

　　A: 아직 내가 말할 기회를 주지 않았어.　B: 조금만 기다리면 말할 기회를 얻을거야.

스크린 명장면 The Notebook

Allie에게 본격적으로 데이트 신청을 하는 Noah, 하지만 Allie는 맘이 바뀌었다고 거절하는데…

Noah: What are you doing tonight?

Allie: What?

Noah: Or tomorrow night, or this weekend, whatever.

Allie: Why?

Noah: Why? Our date.

Allie: What date?

Noah: The date that you agreed to. Yes, you did. You promised and you swore it.

Allie: Well, I guess I changed my mind.

노아: 오늘 저녁 뭐해?
앨리: 뭐라고?
노아: 아니면 내일 저녁 아니면 이번 주말이든지.
앨리: 왜?

노아: 왜라니? 우리 데이트.
앨리: 무슨 데이트?
노아: 네가 약속한 데이트. 네가 약속했어. 약속했다고 맹세했잖아.
앨리: 저기, 내가 맘을 바꿨나봐.

개네들 무척 친해!

They're really bonding!

be bonding은 「유대관계가 좋다」, 「잘 지내다」, be bonded하면 「유대가 끈끈하다」라는 뜻이 된다. bonding은 단독으로 「유대감 형성」이라는 뜻으로, male[female] bonding하게 되면 「남성들[여성들] 간 동료의식」이라는 의미가 된다.

● Screen Expressions

이 표현이 나오는 영화
〈러브, 로지〉
〈브리짓 존스의 일기〉

be bonding 유대관계가 좋다

I'm glad you guys were bonding.
너희들이 잘 지내고 있어 기뻐.

be bonding with sb …와 잘 지내다

I'm glad you're bonding with **your grandparents.**
네가 조부모님들과 좋게 지내서 기뻐.

belong together 연인사이이다

It just seems that you two belong together.
너희 둘 연인사이인 것 같아.

● Dialog

A: It's good to see those two hanging out.
B: They seem to be bonding.

A: 저 둘이 함께 노는 것을 보니 좋아. B: 잘 어울리는 것 같아.

A: John and Laurie finally started going out.
B: I have always thought they belonged together.

A: 존과 로리는 마침내 데이트하기 시작했어. B: 난 항상 개네들이 연인사이라고 생각했어.

스크린 명장면 The Notebook

데이트 약속을 거절하는 Allie에게 무작정 달려드는 그게 매력인 Noah의 대시.

Noah: I could be whatever you want. You just tell me what you want and I'll be that for you.
Allie: You're dumb.
Noah: I could be that. Come on, one date. What's it gonna hurt?
Allie: Umm... I don't think so.
Noah: Well, what I can do to change your mind?
Allie: Guess you'll figure something out.

노아: 네가 원하는 것 뭐든지 돼줄 수 있어. 원하는거 말만해 너를 위해
　　　그렇게 되어줄게.
앨리: 너 멍충이야.
노아: 멍충이가 되어줄 수 있어. 그러지마, 한번의 데이트인데. 손해볼게

뭐 있어?
앨리: 안될 것 같아.
노아: 네 맘을 바꾸기 위해 내가 뭘 할 수 있을까?
앨리: 네가 잘 생각해내봐.

허튼 소리가 다 맞았다니까
All that crap was right

crap은 shit과 동의어. 감탄사로 Crap!하면 "제기랄," Holy crap!하면 "세상에," "말도 안돼"라는 표현. 또한 crap은 비속어로 「엉망」, 「허튼소리」라는 뜻을 갖고 있어, shoot[throw] the crap하게 되면 「허튼 소리를 하다」. Cut the crap은 "쓸데없는 얘기 그만둬," crappy는 「쓰레기 같은」이라는 뜻.

● Screen Expressions

crap 헛소리, 엉망

Have you slept? You look like crap.
잠은 잤니? 너 엉망이야.

cut the crap 쓸데 없는 얘기 그만두다 ▶ shoot the crap 허튼 소리를 하다

Cut the crap, you set this up, didn't you?
헛소리 그만해, 네가 꾸몄지, 그렇지 않니?

treat sb like crap …을 함부로 대하다

Why is it pretty girls think they can treat people like crap and get away with it? 왜 예쁜 여자애들은 사람들을 함부로 대해도 괜찮을거라고 생각하는거야?

● Dialog

A: What happened when you went in there?
B: Look, I don't want to talk about this crap.
    A: 네가 거기에 갔을 때 무슨 일이 있었던거야? B: 이봐, 그런 쓸데없는 얘기는 하고 싶지 않아.

A: I may have gone out with your sister.
B: Cut the crap. Just tell me the truth.
    A: 내가 네 누이와 데이트했을지도 몰라. B: 헛소리 그만해. 사실대로만 말해.

스크린 명장면 **The Notebook**

노트북의 또 하나의 명장면. 틀에 박힌 생활을 하는 Allie에게 Noah는 자유분방하게 도로에 누워보라고 한다.

Noah: You could try it, if you wanted to.
Allie: No.
Noah: Why not?
Allie: Because I don't know... will you just get up?
Noah: That's your problem, you know that? You don't do what you want.

노아: 네가 원한다면 넌 할 수도 있어.   앨리: 원하지 않기 때문에... 좀 일어날테야?
앨리: 싫어.   노아: 그게 네 문제야. 그거 알고 있어? 넌 네가 원하는 것을 하지 않아.
노아: 왜 싫어?

그녀가 널 눈독들이고 있는 것 같아
I think she's got her eye on you

have (get) one's eye on~은 「갖고 싶은 욕심이 난다」, 「눈독들이다」. only have eyes for sb는 「오로지
…만을 바라보다」는 의미로 오직 한 사람만을 사랑한다는 표현. 또한 can't take one's eyes off sb는
…에게서 눈을 뗄 수 없을 정도로 「…에게 뿅가다」. 또한 give sb the eye하면 「…에게 눈길을 주다」.

● *Screen Expressions*

have (get) one's eye on~ 눈독들이다

▶ have[keep] an eye on 주의깊게 지켜보다

Would you keep an eye on this for me? 이거 좀 봐줄래요?

can't take one's eyes off sb …에 뿅가다

He said he couldn't keep his eyes off me.
걘 내게서 눈을 뗄 수가 없다고 말했어.

give sb the eye 눈독들이다 ▶ lay eyes on 눈길주다, 눈독들이다

She has been giving me the eye. 그녀는 날 눈독들이고 있었어.

이 표현이 나오는 영화
〈러브액츄얼리〉
〈노트북〉
〈로맨틱 홀리데이〉

● *Dialog*

A: Is that woman looking at me?

B: Yep, she's got her eye on you.

    A: 저 여자가 나를 쳐다보고 있는거야? B: 어, 너한테 눈독들였어.

A: I think that girl is giving you the eye.

B: Great. She looks hot!

    A: 저 여자애가 네게 눈길을 주는 것 같아. B: 아이고 좋아라. 섹시해보이는데!

스크린 명장면 The Notebook

도로에 누운 Allie는 억압에서 풀려나 자신이 하고 싶은 속마음을 드러낸다.

Allie: Painting. You asked me what I do for me. I love to paint.

Noah: Yeah?

Allie: Most of the time, I have all these thoughts bouncing around in my head. But with a
brush in my hand, the world just gets kinda quiet.

앨리: 그림그리는거. 네가 나 하고 싶은게 뭔지 물어봤잖아. 나 그림그리는 것을 좋아해.
노아: 그래?
앨리: 대개. 이 생각 저 생각으로 머리 속이 복잡해. 하지만, 손에 붓을 잡으면 좀 세상이 고요해져.

난 아직 실연을 극복하지 못했어
I'm still on the rebound

rebound는「실연을 극복하기 위해 다른 사람과 사귀는 걸」말한다. 그래서 rebound guy하면 실연의 아픔을 달래기 위해 사귀는「임시 땜빵애인」, 그리고 rebound sex는「실연의 아픔을 달래기 위해서 하는 섹스」를 말한다. 또한 be on the rebound는「실연을 완전히 극복하지 못했다」는 의미로 쓰인다.

Screen Expressions

be a good rebound for sb …에게 아주 좋은 땜방용 사람이다

I wouldn't be the rebound guy. 난 땜빵용 애인은 되지 않을거야.

be on the rebound 아직 실연중이다

▶ rebound thing 실연 후 땜방하고 사귀는 것

This is not a rebound thing. **I really got to love you.**
땜빵용으로 사귀는 거 아냐. 난 정말 널 사랑해.

rebound sex 실연을 극복하기 위해서 하는 섹스

Susan wants to have rebound sex with her sister's boyfriend.
수잔은 언니의 남친과 실연극복섹스를 하고 싶어해.

이 표현이 나오는 영화
〈왓이프〉

Dialog

A: I'm glad she is dating Jeff.

B: He's a good rebound for Polly.

　　A: 걔가 제프와 데이트하고 있어서 기뻐.　B: 걘 폴리에게는 아주 좋은 땜빵용 애인이지.

A: You are really sleeping around.

B: It's not serious, it's just rebound sex.

　　A: 너 정말 이 여자 저 여자 자고 다니는구나.　B: 심각한 것은 아니고, 그냥 실연 극복차원에서 하는 섹스야.

스크린 명장면 The Notebook

Allie의 부모님의 말을 들은 Noah는 Allie를 놔주려고 하는데…

Allie:　You saying you want to break it off?

Noah:　What I'm saying we see how it goes later on.

Allie:　Are you breaking up with me?

Noah:　I don't see how it's gonna work.

Allie:　I see... Please don't do this. You don't mean it.

앨리:　헤어지자는 말이야?　　　　　　　　　　　　노아:　안될 것 같아.
노아:　내말은 나중에 좀 어떻게 되는지 보자는거야.　　앨리:　알겠어, 제발 이러지마. 진심이 아니잖아.
앨리:　나와 헤어지자는거야?

걔 어디가 좋은거야?

What do you see in her?

see in sb하면 「…을 좋아하다」라는 뜻이 되어서 What do you see in her?하게 되면 "걔 어디가 좋은 거야?," "걔 뭐가 좋은거야?"라는 뜻이 된다. 또한 warm이 동사로 쓰여, warm to sb[sth] 혹은 up을 붙여서 warm up to sb[sth]하게 되면 「…을 좋아하기 시작하다」라는 의미가 된다.

● **Screen Expressions**

이 표현이 나오는 영화
〈프로포즈〉
〈러브액츄얼리〉
〈로맨틱 홀리데이〉
〈브리짓 존스의 일기〉

see in sb …을 좋아하다

What do you see in her? I don't understand it.
걔 뭐가 좋은거야? 난 이해가 안돼.

I do not know what she sees in me.
걔가 나 뭐에 끌렸는지 모르겠어.

warm (up) to sb[sth] 좋아하기 시작하다

You've never warmed to me.
넌 나를 따뜻하게 대해준 적이 없었어.

He still hasn't warmed up to her.
걘 아직 그녀를 좋아하지 않았어.

● **Dialog**

A: I don't know what she sees in me.
B: She thinks you're honest and kind.

A: 걔가 나의 어떤 면에 끌렸는지 모르겠어.　B: 걘 네가 정직하고 다정하다고 생각해.

A: She really hated your guts!
B: Yeah, but she's beginning to warm up to me.

A: 걘 정말 너를 끔찍히 싫어해!　B: 그래, 하지만 나를 좋아하기 시작하고 있어.

스크린 명장면 The Notebook

Noah를 신문에서 본 Allie는 차를 몰고 찾아와서 저녁을 함께 하는데…

Allie: I have to warn you, I'm a cheap drunk. A couple more of these and you're gonna be carrying me right out of here.
Noah: Well, you go slow then, I don't want to have to take advantage of you.
Allie: You wouldn't dare. I'm a married woman.
Noah: Not yet.

앨리: 미리 말해두는데 나 술못해. 두어 병 마시면 업혀나갈거야.
노아: 그럼, 천천히 마셔. 너를 이용하고 싶지 않으니까.
앨리: 그럴 자신도 없으면서. 난 유부녀야.
노아: 아직은 아니지.

좀 더 있어
Stick around

뭔가 기다리면서 「머무르다」라는 의미로 hang around와 같은 의미이다. 또한 stick with it은 어려움에 부딪혀 일을 중단해야 할 경우에 상대방에게 용기를 넣어주기 위해 「포기하지마」, 「계속해라」라고 충고하는 표현. 한편 stick it out은 「참다」, 「계속 견디다」, 「참고 끝까지 하다」라는 말이 된다.

● Screen Expressions

stick around 머무르다

I'm gonna stick around here for a while.
난 한동안 여기서 머무를거야.

stick with it 포기하지 않다, 계속하다

Stick with it. You'll make a lot of money.
포기하지마. 돈을 많이 벌거야.

stick it out 참다, 버티다

I want to quit, but then I think I should stick it out.
그만두고 싶지만 계속 참고 견뎌야 될 듯해.

이 표현이 나오는 영화
〈미비포유〉
〈첫키스만 50번째〉
〈악마는 프라다를 입는다〉

● Dialog

A: Stick around. The concert is just starting.

B: No, I really have to get back home.

A: 앉아 있어. 콘서트 이제 시작한다. B: 싫어, 난 정말이지 집에 돌아가야 돼.

A: I thought Bill was running in this marathon.

B: He tried, but he couldn't stick it out.

A: 빌이 이번 마라톤을 뛰는 걸로 알았는데. B: 시도는 했지만 버틸 수가 없었어.

스크린 명장면 **The Notebook**

호수에서 오리들 사이로 배를 타다 비를 맞으며 다시 자유를 느끼는 Allie는 Noah에게 왜 편지를 하지 않았냐고 묻는다.

Allie: Why didn't you write me? Why? It wasn't over for me. I waited for you for seven years. And now it's too late.

Noah: I wrote you 365 letters. I wrote you every day for a year.

Allie: You wrote me?

Noah: It wasn't over. It still isn't over.

앨리: 왜 내게 편지를 쓰지 않았어? 왜? 내게는 끝난게 아니었어. 7년간 너를 기다렸다고. 이제는 너무 늦었어.
노아: 365개의 편지를 썼어. 일년동안 매일매일 너에게 편지를 썼어.
앨리: 내게 편지를 썼다고?
노아: 끝난게 아니었어. 지금도 끝난게 아냐.

항상 그렇게 말하더라

You always say that

상대방이 항상 하는 말을 했을 때 할 수 있는 문장이다. 참고로 "사람들이 뭐라고 하는지 알아?"라고 물어보려면 You know what they say?, "그게 바로 사람들이 하는 말이야"는 That's what people say라고 한다.

● Screen Expressions

You always say that 넌 항상 그렇게 말하더라

You always say that **you're smarter than everyone else.**
넌 항상 네가 다른 사람보다 더 똑똑하다고 그러더라.

You know what they say? 사람들이 뭐라고 하는지 알아?

You know what they say? **They say you're a fool.**
사람들이 뭐라고 하는지 알아? 너보고 바보래.

That's what people say 그게 바로 사람들이 하는 말이야

It's very important. **That's what people say.**
그게 매우 중요해. 그게 바로 사람들이 하는 말이니까.

이 표현이 나오는 영화
〈라라랜드〉
〈노트북〉
〈악마는 프라다를 입는다〉

● Dialog

A: I'm going to be the most popular person here.

B: You always say that, but you're always wrong.

A: 난 여기서 가장 인기 있는 사람이 될거야. B: 항상 그렇게 말하더라, 하지만 넌 맨날 틀려.

A: Did you talk to them about my proposal?

B: You know what they say? They say it's a bad idea.

A: 내 제안에 대해 그들에게 얘기했어? B: 사람들이 뭐라고 하는지 알아? 좋은 생각이 아니래.

스크린 명장면 The Notebook

며칠간 Noah와 열정적인 사람을 나누었지만 약혼남을 배신할 수 없는 Allie는 그만두려는데…

Noah: We're back to that? Are we back there? What about the past couple of days? They happened, you know?

Allie: I know that they happened, and they were wonderful, but they were also very irresponsible. I have a fiance waiting for me at a hotel, who's going to be crushed when he finds out.

Noah: So you make love to me and then you go back to your husband?

노아: 우리 다시 원점이야? 원점인거야? 지난 며칠간은 뭐야? 함께 했었잖아, 그렇잖아?
앨리: 함께 했던거 알고 멋졌다는 것도 아는데 매우 무책임했어. 호텔에서 나를 기다리는 약혼남이 있고, 그가 알게 되면 큰 상처를 받을거야.
노아: 나와 사랑을 나누고서 남편에게 돌아가겠다는거야?

그렇게 안될거야
It's never going to work

It's never going to happen과 같은 의미로 "그렇게 되지 않을 것이다"라는 의미이다. 특히 남녀사이에서 이성관계를 맺지 못할 것이라는 뜻으로 많이 쓰인다. "우린 안돼"정도로 생각하면 된다. 이렇게 싱글이 다른 실연당한 친구를 만나면 Join the club, Welcome to my world라고 하면 된다.

● Screen Expressions

It's never gonna work 그렇게 되지 않을거야

That's not gonna work. 그렇게 되지 않을거야.

Join the club 나도 같은 처지야

I'm really sorry you had to join the club.
같은 처지가 돼서 정말 안됐어.

Welcome to my world 이제 같은 처지군

Your boss seems unkind, just like mine. Welcome to my world. 네 사장도 우리 사장처럼 퉁명스럽게 보여. 나와 같은 처지가 됐구만.

이 표현이 나오는 영화
《친구와 연인사이》
《악마는 프라다를 입는다》

● Dialog

A: Kari and Roger have become a couple.

B: It's never gonna work. They are too different.

A: 캐리와 로저는 연인이 되었어. B: 잘 되지 않을거야. 너무나 서로 다른걸.

A: Man, I have been very ill for over a week.

B: Join the club. I was in the hospital last year.

A: 어휴, 일주일 넘게 엄청 아팠어. B: 나도 같은 처지야. 작년에 입원했잖아.

스크린 명장면 The Notebook

약혼남에게 돌아가겠다는 Allie와 이에 화가 난 Noah는 다투기 시작하는데…

Noah: Would you just stay with me?

Allie: Stay with you? What for? Look at us, we're already fighting.

Noah: Well, that's what we do. We fight. You tell me when I'm being an arrogant son of a bitch and I tell you when you're being a pain in the ass.

노아: 나와 함께 있어줄래?
앨리: 함께 있으라고? 뭣 때문에? 우리봐봐, 이미 싸우고 있잖아.
노아: 우리 그렇잖아. 싸우고, 넌 거만한 자식이라고 말하고, 난 너에게 골칫거리라고 말하잖아.

괜찮아, 참을 만해

I can live with that

live with는 「…와 함께 살다」라는 의미로 사람명사 대신 that 등이 와서 can live with that하면 that 과 함께 지낼 수 있다는 말. 비유적으로 어떤 조건이나 상황을 그 정도면 받아들일 수 있다, 다시 말 해 "난 괜찮아"라는 의미이다.

● Screen Expressions

이 표현이 나오는 영화
〈이프온리〉

can live with sb …와 함께 살다
▶ can't live without~ …없이는 못살다

Your mother can come live with **us.** 네 엄마 오셔서 같이 살아도 돼.

can live with that 견딜만하다, 괜찮다

Can **you both** live with **that?** 그 정도 선에서 둘이 합의하면 안돼?

I can live with **that.** 괜찮아, 참을 만해.

live (with) that[it] 견디다

I'll just have to learn to live with it. 난 견디는 법을 배워야 할거야.

● Dialog

A: I hate the way your clothes smell like smoke.
B: You want me to stop smoking? I can live with that.

> A: 네 옷에서 담배 냄새나는게 싫어. B: 나보고 담배 끊으라고? 난 그래도 돼.

A: I need to get out and see different cultures.
B: You want to travel, I can live with that.

> A: 나 밖으로 나가서 다른 문화들을 접해야겠어. B: 여행하고 싶구나, 난 괜찮아.

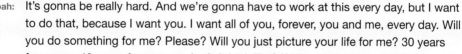

스크린 명장면 The Notebook

계속 이어지는 다툼 속에서 Noah의 진심어린 사랑을 느낄 수 있는 장면.

Noah: It's gonna be really hard. And we're gonna have to work at this every day, but I want to do that, because I want you. I want all of you, forever, you and me, every day. Will you do something for me? Please? Will you just picture your life for me? 30 years from now, 40 years from now, what's it look like? If it's with that guy, go! Go!

노아: 그건 정말 힘들거야. 우리는 매일 이 부분에 노력을 해야 할거야. 하지만 난 그렇게 하고 싶어. 너를 원하니까. 영원히 너의 모든 것은 매일 너와 나를 원하니까. 나를 위해 뭔가 해줄래? 제발? 나를 위해서 너의 인생을 그려봐. 지금부터 30년 후, 40년 후를. 어쩔 것 같아? 그게 약혼남이라면 개! 가라 고!

내 몫은 했어
I've done my fair share

get a fair share하면 「당연히 받아야 할 것을 받다」, 그리고 do one's fair share는 「합당한 자기 몫을 하다」, 그리고 more than one's fair share of sth하게 되면 「적정량이상으로」라는 뜻이 된다. 또한 put oneself out there하면 「당당하고 자신있게 나서다」 혹은 「무리해서 …을 돕다」라는 의미로 쓰인다.

● Screen Expressions

get one's fair share of~ 받아야 할 것을 받다

We get our fair share of sightings.
우린 볼만큼 관광을 했어.

do one's fair share …의 몫을 하다

Besides, I've done my fair share.
게다가 난 내 몫을 했어.

put oneself out there 자신있게 나서다, 돕기 위해 무리한 노력을 하다

We just put ourselves out there, and what happened?
우리는 모든 걸 바쳤는데 어떻게 됐어?

● Dialog

A: Why do you think Lisa is lazy?

B: She doesn't do her fair share of cleaning.

A: 리사가 왜 게으르다고 생각하는거야? B: 자기가 해야 할 청소를 하지 않아.

A: Ted is preparing for the law school exam.

B: He may not succeed, but he's putting himself out there.

A: 테드는 로스쿨 시험을 준비하고 있어. B: 성공하지 못할 수도 있지만, 걘 최선을 다하고 있어.

스크린 명장면 The Notebook

Noah는 의무감에 망설이는 Allie에게 다른 사람은 신경쓰지 말고 자신이 원하는 것을 선택하라고 강요한다.

Allie: There is no easy way. No matter what I do, somebody gets hurt.

Noah: Would you stop thinking about what everyone wants. Stop thinking about what I want, what he wants, what your parents want. What do you want? What do you want?

Allie: It's not that simple.

Noah: What do you want? Goddamn it, what do you want?

Allie: I have to go.

앨리: 쉬운 방법은 없어. 내가 무슨 결정을 하든 누군가는 상처를 받아.
노아: 모든 사람들이 원하는 것을 그만 생각할테야? 내가 원하는 것, 그가 원하는 것, 네 부모님이 원하는 것을 생각하지마. 네가 무엇을 원하냐고? 무엇을 위해?

앨리: 그렇게 간단하지가 않아.
노아: 무엇을 원하냐고, 젠장, 무엇을 원하냐고.
앨리: 나 가야 돼.

우리가 너무 몰입했네
We got carried away

carry away는 뭔가 「멀리 데리고 가다」, 「빼앗아 가다」라는 뜻으로 비유적으로 「…에 빠지게 하다」, 「…에 넋을 잃게 하다」가 된다. 보통 get carried away의 형태로 「…에 몰입하다」, 「…에 넋을 잃다」라는 뜻으로 쓰인다. 또한 be wrapped up in~은 「몰두하거나 열중하는 것」을 말한다.

● **Screen Expressions**

get carried away 몰입하다, …에 빠지다

I guess I've gotten carried away.
너무 정신없이 내 얘기만 했네.

I mean don't get carried away.
내 말은 너무 몰두하지 말라고.

be wrapped up in~ …에 몰입하다, …에 빠지다

I was so wrapped up in **my own personal life?**
내가 너무 사생활에만 몰두해 있었나?

I guess I've been so wrapped up in **my own stuff.**
내가 나만의 일에만 너무 열중했던 것 같아.

이 표현이 나오는 영화
〈브리짓 존스의 베이비〉
〈프렌즈 위드 베네핏〉

● **Dialog**

A: You shouldn't have started shouting.
B: I'm really sorry. I got carried away.

A: 넌 소리를 지르지 말았어야 했는데. B: 정말 미안해. 내가 너무 몰입했어.

A: Invite your roommate to come out with us.
B: He's all wrapped up in a TV program.

A: 우리랑 함께 나가게 룸메이트 초대해. B: 걘 TV보는데 정신없이 빠져 있어.

스크린 명장면 The Proposal

캐나다 출신 Margaret은 계속 회사에서 일하기 위해 자신의 비서인 Andrew와 결혼하겠다고 이사에게 말하자…

Margaret: What?
Andrew: I don't understand what's happening.
Margaret: Relax. This is for you, too.
Andrew: Do explain.

마가렛: 뭐?
앤드류: 무슨 일인지 궁금해요.
마가렛: 진정해. 너한테도 좋은 일이야.
앤드류: 설명 좀 해줘요.

내가 널 바람맞혔네
I bailed on you

bail on은 속어로 (데이트 등의)「약속을 어기다」, 「바람맞히다」라는 뜻으로 사용된다. 만나는 사람을 차버리는 것은 dump나 ditch를 쓰고, 반대로 차였다고 할 때는 get dumped, get ditched라고 쓰면 된다. 또한 blow out이 바람을 불어 촛불을 끄듯이 약속을 못지키거나, 절연하는 것을 뜻한다.

Screen Expressions

bail on sb 바람맞히다

And you won't bail on me again?
넌 다시는 날 바람맞히지 않을거지?

dump sb 차버리다 = ditch ▶ get ditched = get dumped 차이다

So you dumped her right before her birthday?
그래서 걔 생일 바로 전에 걔를 차버렸니?

blow sb out 물리치다, 절연하다

I'm going to have to blow you out too.
너와 절연해야 될 것 같아.

이 표현이 나오는 영화
〈브리짓 존스의 베이비〉
〈러브, 로지〉
〈왓이프〉

Dialog

A: These guys are acting like idiots.
B: Let's ditch them and get out of here.
  A: 이 친구들 바보처럼 행동하네. B: 걔네들 놔두고 여기서 나가자.

A: I couldn't find you anywhere at the club.
B: Sorry we bailed on you last night.
  A: 클럽 어디에도 너 없더라. B: 미안, 지난밤에 우리가 너 바람맞혔어.

스크린 명장면 The Proposal

Andrew가 결혼을 못하겠다고 하자, Margaret은 작가지망생이기도 한 Andrew의 약점을 건드린다.

Andrew: Margaret.
Margaret: Yes?
Andrew: I'm not gonna marry you.
Margaret: Sure you are. Because if you don't marry me, your dreams of touching the lives
            of millions with the written word are dead.

앤드류: 마가렛.
마가렛: 응?
앤드류: 보스와 결혼하지 않을거예요.
마가렛: 하게 돼. 나랑 결혼하지 않으면, 네 글로 수백만 사람들을 감동시키겠다는 꿈이 물거품이 되거든.

그야 모르지, 그야 알 수 없지
You never know

앞일이 확정되지 않았기 때문에 아직 희망이 있다라는 말. "그야 모르잖아," "그야 알 수 없지," "누가 알아"에 해당된다. 또한 Nobody knows what life has in store는 "인생이 어떻게 될지는 아무도 모른다," No matter what the future holds는 "미래가 어떻게 될지 모른다"라는 문장.

● Screen Expressions

You never know 그야 모르지 ▶ You never know wh~ …는 모르는 일이야

You never know when he's going to come back.
걔가 언제 돌아올지 모르는 일이야.

Nobody knows what life has in store 인생이 어떻게 될지 몰라

Nobody knows what life has in store. It's unpredictable.
인생은 어떻게 될지 아무도 몰라. 예측불허야.

No matter what the future holds 미래가 어떻게 될지 몰라

We'll be together, no matter what the future holds.
미래가 어떻게 될지 몰라도 우리는 함께 할거야.

이 표현이 나오는 영화
〈브리짓 존스의 베이비〉
〈어바웃타임〉
〈왓이프〉

● Dialog

A: It's been a terrible year. I'm so depressed.

B: You never know. Things might get better.

A: 끔찍한 한 해였어. 너무 울적해. B: 그야 모르잖아. 상황이 나아질 수도 있어.

A: It's too bad you didn't get that job.

B: I'll stay optimistic, no matter what the future holds.

A: 그 일자리를 얻지 못했다니 안됐네. B: 미래가 어떻게 될지 모르지만 난 낙관적으로 생각할래.

스크린 명장면 The Proposal

이민국에서 가서 둘이 연인사이인지 물어보는 사람에게 Andrew는 대답을 하면서 자신의 승진을 은근슬쩍 집어넣는다.

Andrew: Uh... The truth is... Mr. Gilbertson, the truth is... uh... Margaret and I... are just two people who weren't supposed to fall in love. But did. We couldn't tell anyone we work with because of my big promotion that I had coming up.

앤드류: 어, 사실은, 길버슨 씨, 사실은… 마가렛과 저는 사랑에 빠져서는 안되는 두 사람에 불과해요. 하지만 우리는 사랑에 빠졌어요. 동료들에게는 말을 할 수가 없었어요. 제가 승진이 준비되어 있기 때문에요.

만반의 준비를 했어

I've got everything covered

get everything covered는 하나도 빠트림없이 다 준비하거나 처리했다고 하는 표현. 또한 I'm good to go란 표현이 있는데 「일이 순조롭다」, 혹은 「준비가 다 되었다」라는 의미이다. 인칭을 바꿔 You're good to go는 「…할 준비가 다 되었다」는 말로 「…해[가]도 된다」라는 허가 및 격려의 표현이 된다.

Screen Expressions

get everything covered 만반의 준비를 하다

Trust me, we got everything covered.
날 믿어, 우린 만반의 준비를 해놨어.

I'm good to go 순조롭다, 준비가 다 되었어

No problem, I'm good to go.
괜찮아, 난 준비가 다 되어 있어.

You're good to go 준비가 다 되었으니 해도 된다

You're good to go. **Let's leave.**
넌 이제 해도 돼. 나가자.

이 표현이 나오는 영화
〈미비포유〉
〈로맨틱 홀리데이〉

Dialog

A: Did you order food for everyone?

B: Don't worry, I got everything covered.

A: 다들 먹을 음식 주문했어? B: 걱정마, 만반의 준비를 다했어.

A: I'm worried that I've forgotten something.

B: Everything is fine. You're good to go.

A: 내가 뭔가 잊었는지 걱정 돼. B: 다 괜찮으니 가도 돼.

스크린 명장면 The Proposal

아마도 가장 인상적인 장면으로 Andrew가 Margaret에게 거리에서 프로포즈하게 하는 순간이다.

Andrew:	Ask me nicely to marry you, Margaret.
Margaret:	What does that mean?
Andrew:	You heard me. On your knee.
Margaret:	Fine. (kneeling) Does this work for you?
Andrew:	Oh, I like this. Yeah.
Margaret:	OK. Will you marry me?
Andrew:	No. Say it like you mean it.

앤드류: 마가렛, 정중하게 결혼을 부탁해요.
마가렛: 그게 무슨 말이야?
앤드류: 말했잖아요, 무릎꿇고.
마가렛: 좋아, 이러면 되겠어?

앤드류: 오, 맘에 들어요.
마가렛: 그래, 결혼해줄래?
앤드류: 아뇨, 진심인 것처럼 말해봐요.

내 일 좀 봐줄래?

Can you cover for me?

cover for sb는 「…대신 …을 해주다」라는 뜻으로 직장 등에서 「자신의 일을 대신 봐주다」라는 표현이 된다. fill in for sb, hold the fort for sb 혹은 stand in for sb 등의 어구들도 같은 맥락의 표현이다.

● Screen Expressions

이 표현이 나오는 영화

〈노팅힐〉
〈러브액츄얼리〉

cover for sb …대신 일을 봐주다 = fill in for sb

Can you cover for me? I just got an audition.
내 일 좀 봐줄래? 오디션이 있어서.

hold the fort for sb …대신 일을 봐주다

Just hold the fort for your parents.
네 부모님 대신해서 일을 봐줘.

stand in for sb …대신 일을 봐주다

I stood in for Dwight while he was away.
난 드와이트가 자리를 비운 사이 개 일을 대신 해줬어.

● Dialog

A: Can you cover for our salesman?

B: Sure, just give me a few minutes.

A: 우리 영업사원 대신 일을 봐줄테야? B: 물론, 잠시만.

A: Why were you working in the investment department?

B: I was standing in for a guy who was in the hospital.

A: 너 왜 투자부서에서 일하고 있었어? B: 병원에 입원한 직원 대신 일을 하고 있었어.

스크린 명장면 The Proposal

부모님에게 사이좋음을 보여주려고 둘은 허그를 하는데, 이때 Andrew는 Margaret의 엉덩이를 톡닥거린다.

Margaret: If you touch my ass one more time, I will cut your balls off in your sleep. OK?

Andrew: Yeah.

Margaret: There you go. All righty now. So, uh... We're clear on that?

Andrew: Yeah.

Margaret: Yeah. Such a good fiance.

마가렛: 한번만 더 내 엉덩이 만지면 너 잘 때 불알을 잘라버리겠어, 알았   마가렛: 그래야지, 확실히 하는거지?
어?   앤드류: 그래요.
앤드류: 그래요.   마가렛: 정말 착한 약혼자구나.

걘 너를 저버렸어, 달아났어

He ran out on you

run out on sb는 상대방이 자기를 필요로 하는 상황임에도 불구하고 sb를 「저버리고 달아나는」 것을 말한다. make a run for it은 「필사적으로 도망치다」, make a break for it 역시 「달아나다」라는 의미가 된다. 참고로 run out on our date하면 「데이트하다가 달아나다」라는 뜻.

● Screen Expressions

run out on sb 저버리고 달아나다

I shouldn't have run out on **you.**
난 널 그렇게 두고 달아나지 말았어야 했는데.

make a run for it 필사적으로 달아나다, 도망가다

Let's make a run for **it.**
빨리 피하자.

make a break for it 필사적으로 달아나다, 도망가다

Here they come. I say we make a break for **it.**
저기 걔네들이 와. 우리 도망쳐야 돼.

이 표현이 나오는 영화
〈프렌즈 위드 베네핏〉
〈쉬즈더맨〉
〈이터널 선샤인〉
〈브리짓 존스의 베이비〉
〈러브액츄얼리〉

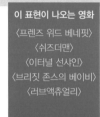

● Dialog

A: You left the party early last night.

B: Sorry, I didnt mean to run out on you.

> A: 지난밤 파티에서 일찍 갔지. B: 미안, 널 두고 가려 했던 것은 아냐.

A: My God, this is a serious storm.

B: Let's make a run for it when the rain slows down.

> A: 맙소사, 이거 폭풍이 아주 심한데. B: 비가 좀 약해질 때 필사적으로 도망가자.

스크린 명장면 The Proposal

Margaret은 샤워를 한 후 타월을 찾으러 나오다가 역시 나체인 Andrew와 부딪혀 넘어지게 되는데…

Margaret: Why are you naked? My God!

Andrew: Oh, God. Why are you wet?

Margaret: Don't look at me. Don't look at me.

Andrew: I don't understand. Why are you wet?

Margaret: Don't look at me. Oh, God! You're showing everything. Cover it up, for the love of God! Oh, God, not the Baby Maker. Explain yourself please.

마가렛: 왜 다 벗고 있는거야? 맙소사!
앤드류: 이런, 당신은 왜 젖어 있는거야?
마가렛: 날 보지마. 날 쳐다보지 말라고.

앤드류: 이해가 안되네. 왜 젖어 있는거야?
마가렛: 날 보지마. 맙소사. 넌 다 보이네. 좀 가려. 맙소사! 베이비메이커
안되지. 너 설명 좀 해봐.

이게 내게 복수하는 네 방식이니?

Is this your way of getting back at me?

get back은 「복수하다」, 「앙갚음하다」라는 뜻으로 복수하는 대상은 뒤에 at[on] sb를 붙이면 된다. 또한 get sb는 「이해하다」, 「연락이 닿다」라는 의미 외에 「…을 해코지하다」라는 뜻이 있으며, get to sb의 경우도 「연락이 닿다」라는 의미로도 쓰이지만 sb를 「괴롭히거나 힘들게 하다」라는 뜻으로도 쓰인다.

● Screen Expressions

get back at[on] sb 복수하다, 앙갚음하다

She's only sleeping with you to get back at me.
걘 단지 내게 앙갚음하기 위해 너와 자는거야.

get sb 이해하다, 연락이 닿다, 해코지하다

I'm gonna get you for that.
네게 그거 되갚아줄거야.

get to sb 연락이 닿다, 괴롭히거나 힘들게 하다

I can't let her get to me.
걔한테 괴롭힘을 당하지 않을거야.

이 표현이 나오는 영화
〈프렌즈 위드 베네핏〉
〈왓이프〉
〈노트북〉
〈악마는 프라다를 입는다〉

● Dialog

A: Why did she sleep with your friend?
B: She did it to get back at me.
　A: 왜 걔는 네 친구와 잔거야?　B: 내게 복수하기 위해서 그랬대.

A: Decker says his job is stressful.
B: I think it's starting to get to him.
　A: 덱커는 자기 일 때문에 스트레스를 많이 받는다고 해.　B: 일 때문에 힘들어지기 시작하는구나.

스크린 명장면 The Proposal

할머니 생신 날에 결혼식을 올리자는 부모님의 권유에 할 수없이 하겠다고 하는데…

Margaret: Andrew, they're not gonna find out, OK? Just relax. It's gonna be OK. It's not like we're gonna be married forever. We'll be happily divorced before you know it. It will be fine. It will be fine. You OK?
Andrew: Yeah.
Margaret: Get us some coffee.

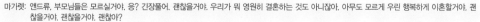

마가렛: 앤드류, 부모님들은 모르실거야. 응? 긴장풀어. 괜찮을거야. 우리가 뭐 영원히 결혼하는 것도 아니잖아. 아무도 모르게 우린 행복하게 이혼할거야. 괜찮을거야. 괜찮을거야. 괜찮아?
앤드류: 어.
마가렛: 커피 좀 가져오게.

임자생긴거야?

Are you finally off the market?

off the market은 시장에서 이미 팔린 상태를 말하는 것으로 남녀관계에서 이성을 구할 필요가 없는, 「임자가 생긴」 것을 말한다. 반대로 on the market하면 매물로 나와있는, 「시장에서 팔리는」이라는 의미로 남녀관계에서는 이성을 구하고 있는 상태를 말한다.

● **Screen Expressions**

be off the market 임자가 있다

I'm bringing a date, so I'll be off the market.
애인데려오니까 난 품절남이야.

be on the market 임자가 없다, 애인이 없다

I'm always on the market.
난 언제나 혼자야.

get back on the market 다시 애인을 구하다

I just got back on the market.
난 다시 이성을 구하고 있어.

이 표현이 나오는 영화
〈로맨틱 홀리데이〉
〈프렌즈 위드 베네핏〉

● **Dialog**

A: Do you think April would date me?

B: She's a beauty, but she's off the market.

A: 에이프릴이 나와 데이트를 할 것 같아? B: 걔가 미인이지만, 임자가 있는 몸이야.

A: Sorry to hear about your breakup.

B: Yeah, I'm on the market again.

A: 너 애인과 헤어졌다니 안됐네. B: 어, 나 다시 애인을 구하고 있어.

스크린 명장면 The Proposal

결혼식장에서 Margaret은 Andrew의 가정에 못된 짓을 할 수 없다며 이 결혼이 위장결혼임을 고백하는데…

Margaret: And I knew that if I threatened to destroy his career... he would, he would do just about anything. So I blackmailed him to come up here and to lie to you. All of you. And I thought it would be easy to watch him do it. But it wasn't. Turns out it's not easy to ruin someone's life once you find out how wonderful they are. You have a beautiful family. Don't let this come between you. This was my fault.

마가렛: 그의 경력을 망친다고 협박한다면 그는 무슨 일이든 할 줄 알았어요. 그래서 협박을 해서 여기와 여러분들에게 거짓말을 했어요. 그리고 난 그가 시킨 대로 하는 것을 지켜보는게 쉬운 줄 알았어요. 하지만 쉽지 않았어요. 일단 가족이 멋지다는 것을 알고 난 후에는 그 가족을 망치는게 쉽지 않더군요. 여러분들은 정말 아름다운 가족이에요. 이 때문에 마음이 상하지 않았으면 해요. 이건 제 잘못예요.

그건 힘든 결정이야
It's a tough call

tough call은 「힘든 결정」이라는 뜻으로 make a tough call하면 「힘든 결정을 하다」라는 의미. 비슷한 표현으로 hard to call이 있는데 이는 「판단하기가 어려운」이라는 표현이다. call은 이렇게 「판단」, 「결정」이라는 뜻으로 사용되는데, 그래서 It's your call하게 되면 "그건 네가 결정할 사항이다"라는 뜻.

● Screen Expressions

be a tough call 결정하기 힘들다 ▶ make a tough call 힘든 결정을 하다

This job is about making the tough calls.
이 자리는 힘든 결정을 내리는 일이야.

be hard to call 판단하기 어렵다

It's a very hard one to call.
그건 정말이지 판단하기 어려운 일이야.

It's your call 네가 결정할 문제이다

I wouldn't do it, but that's your call.
나 같으면 안하겠지만 네가 결정할 문제야.

이 표현이 나오는 영화
〈브리짓 존스의 일기〉
〈악마는 프라다를 입는다〉

● Dialog

A: Should I watch the soccer match or visit Paul?

B: That will be a tough call to make.

A: 축구경기를 봐야 될까 아니면 폴한테 가야할까? B: 그거 힘든 결정이 되겠네.

A: I may have to break up with Gloria.

B: Buddy, that is a hard call.

A: 나 글로리아와 헤어져야 될지도 몰라. B: 친구야, 그건 쉽지 않은 판단이지.

스크린 명장면 **The Proposal**

회사에서 떠나기 위해 짐을 싸는 Margaret를 쫓아온 Andrew가 사랑고백을 한다.

Andrew: But I didn't realize any of this until I was standing alone. In a barn... wife-less. Now, you can imagine my disappointment when it suddenly dawned on me that the woman I love is about to be kicked out of the country. So, Margaret. Marry me. Because I'd like to date you.

Margaret: Trust me. You don't really want to be with me.

Andrew: Yes, I do.

앤드류: 헛간에서 아내없이 홀로 서있을 때까지는 난 아무것도 이해하지 못하고 있었어. 이제, 내가 사랑하는 여자가 국외로 추방된다는 것을 알게 됐을 때 나의 실망감을 이해할 수 있을거야. 그러니, 마가렛, 나와 결혼해줘. 당신과 연애하고 싶으니까.

마가렛: 내 말 믿어. 넌 나와 함께하는 걸 진심으로 원치 않아.

앤드류: 아니, 난 정말 원해.

인정, 내가 졌네
Touche

논쟁 중에 상대방의 주장이 더 뛰어나고 좋을 때 아이고 "내가 졌네," "인정할게"라고 할 때 쓰는 표현이다. 원래는 펜싱용어로 발음은 /투쉐이/라고 한다. "뭔가 잘못하다 걸렸을" 때는 I'm so busted 나 I'm caught, 또한 질문 등으로 상대방을 「곤혹스럽게 하다」는 put sb on the spot이라고 한다.

● Screen Expressions

Touche 내가 졌어, 인정할게

You cheated on me after I cheated on you. Touche.
내가 바람폈다고 네가 맞바람을 펴. 내가 졌다.

I'm so busted 딱 걸렸네 ▶ I'm caught 딱 걸렸어

Oh, you caught me. I am so busted.
아, 들켰네. 딱 걸렸어.

put sb on the spot 곤혹스럽게 하다

Oh, I'm sorry. I put you on the spot.
오, 미안, 널 난처하게 만들었네.

이 표현이 나오는 영화
〈굿럭척〉
〈쉬즈더맨〉
〈어바웃타임〉
〈첫키스만 50번째〉

● Dialog

A: Your wine is good, but this one is much better.
B: Ah, that's right. Touche.
  A: 네가 가져온 와인은 좋은데 이게 훨씬 더 좋아. B: 그래 맞아. 인정할게.

A: She thinks you went to a hotel with Mary.
B: I'm in trouble. I'm so busted.
  A: 걘 네가 메리와 함께 호텔에 갔다고 생각해. B: 큰일났네. 딱 걸렸어.

스크린 명대사 : 로맨틱 홀리데이

"Iris, in the movies we have leading ladies... ...and we have the best friend. You, I can tell, are a leading lady. But for some reason, you're behaving like the best friend.
Iris: You're so right. You're supposed to be the leading lady of your own life, for God's sake" - Arthur

아이리스, 영화에서는 여주인공들이 있고 그리고 조연이 있어요. 내가 보기에 아가씨는 여주인공인데 어떤 이유에서인지 조연처럼 행동하고 있어요.
아이리스: 선생님이 말이 맞아요. 정말이지 자기 인생에서 주인공이 되어야 하는데요. ─아서

내가 놓친게 뭐야?, 무슨 일 있었어?

What did I miss?

늦게 도착해서 혹은 자리를 비워서 자기가 놓친 부분이 있는지 물어볼 때 쓰는 표현이다. 참고로 I wouldn't miss it (for the world)하면 주어의 강한 의지가 돋보이는 표현으로 세상이 두쪽나도, 즉 어떤 일이 있어도 "초대에 응하겠다," "꼭 가겠다," 혹은 "꼭 그렇게 하겠다"라는 뜻이다.

● Screen Expressions

What did I miss? 내가 놓친게 뭐야?, 무슨 얘기했어?

Sorry I'm late. What did I miss?
늦어서 미안. 내가 놓친게 뭐야?

I wouldn't miss it for the world 꼭 그렇게 할게

I wouldn't miss **the celebration** for the world.
그 기념식에는 꼭 가도록 할게.

I wouldn't have missed it for the world 꼭 그렇게 했었을거야

I wouldn't have missed **your retirement party** for the world.
무슨 일이 있어도 네 은퇴기념파티를 놓치지 않았을거야.

이 표현이 나오는 영화
〈미비포유〉
〈러브액츄얼리〉
〈이프온리〉
〈프로포즈〉
〈굿럭척〉
〈500일의 썸머〉

● Dialog

A: I got here late. What did I miss?

B: Nothing, things haven't started yet.

A: 내가 여기 늦었네. 내가 놓친게 뭐야? B: 아무것도, 아무 일도 아직 없었어.

A: Thank you for attending our anniversary party.

B: I wouldn't have missed it for the world.

A: 우리 기념파티에 참석해줘서 고마워. B: 무슨 일이 있어도 놓치지 않았을거야.

스크린 명장면 **The Holiday**

Iris는 사무실 회식 중에 책상에 앉아 일을 하는데 이때 연모하는 재스퍼가 나타난다.

JASPER: Okay, I've got a question for you. What's it like to be the only person committed to their work while the rest of us are slumming?

Iris: You mean what's it like to be the only person not to finish their work on time?

재스퍼: 그래, 내 하나 물어볼게 있는데. 다들 놀고 있는데 일에 열중하는 유일한 사람은 어떤 사람일까?
아이리스: 제 때에 일을 끝내지 못한 유일한 사람이 된 것이 어떤걸까라는 말이지?

뭐라고 적혀 있어?

What does it say?

say를 「말하다」로만 알고 있다면 선뜻 이해하기 어려운 부분일 수도 있다. 주로 병이나 서류, 신호판 그리고 SNS 문자 등에 「…라고 쓰여져 있다」고 말할 때 쓰는 표현이다. 'It'을 생략하고 그냥 Says here (that) 주어+동사라고 해도 된다.

Screen Expressions

이 표현이 나오는 영화
〈노팅힐〉
〈친구와 연인사이〉

What does it say? 뭐라고 적혀 있어?

Keep reading. What does it say?
계속 읽어. 뭐라고 되어 있어?

It says ~ …라고 적혀 있어, …라고 되어 있어

It says here you're fine.
네가 괜찮다고 되어 있네.

Says here Dr. Smith examined him last week, and everything was fine.
지난주에 스미스 박사가 걜 검사했는데 다 괜찮다고 적혀 있어.

Dialog

A: This card arrived in my mailbox.

B: What does it say? Read it aloud.

A: 이 카드가 메일함에 왔는데. B: 뭐라고 쓰여 있어? 크게 읽어봐.

A: What did the text from Darren say?

B: It says he's sorry but he can't make it.

A: 대런이 보낸 문자는 뭐라고 되어 있어? B: 미안하지만 오지 못한다고 그러네.

스크린 명장면 The Holiday

일중독인 Amanda는 동거남의 Ethan의 외도를 참지 못하고 집에서 쫓아내는데…

Ethan: I'm not even gonna have a conversation with you about sex because I can't remember the last time we did it.

Amanda: Come on, nobody has time for sex.

Ethan: That's not entirely true.

Amanda: That's it! You absolutely slept with her. Seriously, you have to get out.

이든: 섹스에 관해서는 당신과 대화를 할 생각도 없어. 우리가 마지막으로 언제 했는지도 기억이 안나니까.
아만다: 무슨 소릴. 다들 바빠서 섹스할 시간이 없다고.

이든: 그건 전혀 사실이 아냐.
아만다: 바로 그거야! 넌 그 여자와 잔게 확실해. 정말이지. 집에서 나가라고.

도대체 이게 무슨 짓이야?

What do you think you're doing?

"도대체 이게 무슨 짓이야?" 하지만 What do you think you're doing here?는 "도대체 네가 왜 여기에 있는 거지?"라는 말로 왜 여기에 있냐고 묻는 표현. 또한 Who do you think you're talking to?는 "날 바보로 아는거야?", Who do you think you are?는 "네가 도대체 뭔데 그래?"라는 말.

● Screen Expressions

What do you think you're doing? 이게 무슨 짓이야?

Are you out of your mind? What do you think you're doing?
너 제정신이야? 이게 무슨 짓이야?

Who do you think you're talking to? 날 바보로 아는거야?

Why are you shouting? Who do you think you're talking to?
왜 소리를 지르는거야? 날 바보로 아는거야?

Where do you think you're going (to)? (도대체) 어딜 가는거야?

It's late. Where do you think you're going to?
늦었어. 도대체 어딜 가는거야?

이 표현이 나오는 영화
〈쉬즈더맨〉

● Dialog

A: What do you think you're doing?

B: I just came in to find a bathroom.

A: 이게 무슨 짓이야? B: 화장실 찾으러 들어왔을 뿐이야.

A: Where do you think you're going to?

B: I plan on taking a train to Los Angeles.

A: 어딜 가는거야? B: LA행 기차편을 탈 생각이야.

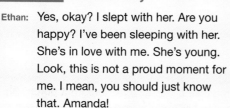

스크린 명장면 **The Holiday** Amanda는 Ethan을 쫓아내면서 계속해서 솔직해지기를 원하는데…

Ethan: Yes, okay? I slept with her. Are you happy? I've been sleeping with her. She's in love with me. She's young. Look, this is not a proud moment for me. I mean, you should just know that. Amanda!

Amanda: Did you say am I happy?

Ethan: I didn't mean that. You know, you get me nuts sometimes. I say things I don't mean.

Amanda: In the world of love, Ethan, not that I'm such a genius at it, but in the world of love, cheating is simply not acceptable.

이든: 좋아. 그녀와 잤어. 이제 만족해? 계속 그녀와 자왔어. 날 사랑한대. 어리고. 이봐. 내가 자랑할 순간은 아니지만, 내 말은 그걸 알았으면 해. 아만다!

아만다: 내가 만족하냐고 했어?

이든: 그런 뜻이 아녔어. 저기, 때때로 자기는 나를 미치게 하잖아. 그래서 맘에 없는 말을 하게 돼.

아만다: 사랑에서라면, 이든, 난 고수는 아니지만, 사랑한다면, 바람피는 것은 용서가 안돼.

결혼식에서 건수 올려 본 적 있어?

Have you ever scored at a wedding?

score with sb 혹은 score sb는 한마디로 「여자와 섹스하다」라는 의미. 골을 집어넣는거에 비유해 「처음 본 여자와 한건하다」라는 뜻이 된다. 또한 be scored on one's heart는 「…마음에 새겨져 있다」, on that score하면 「그 점에 있어서는」이라는 의미가 된다.

● **Screen Expressions**

score (with) sb 처음 본 …와 섹스하다

I have never, ever scored **a hot bartender.**
섹시한 바텐더하고 절대 자본 적 없어.

be scored on one's heart …의 마음에 새겨져 있다

You are scored on my heart.
당신은 내 맘에 새겨져 있어요.

on that score 그 점에 있어서는

And work didn't help on that score **either.**
그리고 직장도 그 점에 있어서는 도움이 되지 않았다.

● **Dialog**

A: It looks like your blind date went well.

B: I totally scored with her.

    A: 네 소개팅이 잘 된 것처럼 보이네. B: 정말이지 걔와 잤거든.

A: I don't enjoy eating Indian food.

B: On that score, we are in agreement.

    A: 인도음식은 즐겨 먹지 않아. B: 그 점에 있어서는 우리는 같은 생각이네.

스크린 명장면 The Holiday

영국의 Iris집에서 지내는 Amanda에게 예상치 못하게 Iris의 오빠 Graham이 찾아온다.

AMANDA: Who is it?

GRAHAM: It's me. Hurry up. It's freezing.

AMANDA: Who are you?

GRAHAM: Iris, open the door, or I swear I'm gonna take a leak all over your front porch. Oh. You're not Iris. Or if you are, I'm much drunker than I realized. I'm sorry for my profanity. I wasn't expecting you.

아만다: 누구세요?
그래엄: 나야, 서둘러, 얼어죽겠어.
아만다: 누구세요?

그래엄: 아이리스, 문열어 아니면 정말이자 문앞에 오줌을 쌀거야. 오, 아이리스가 아니네요. 아이리스라면 내가 생각보다 더 취한거네요. 비속어 써서 미안해요. 예상치 못한 사람이어서요.

난 밀린 독서를 하고 있어

I catch up on some reading

catch up (with)는 「밀린 일을 하다」 또는 「…를 따라잡다」, 「이해하다」, 등 다양한 의미로 쓰인다. 특히 「했어야 했는데 하지 못한 일을 하다」라고 할 때는 catch up on, catch sb later는 「나중에 만나 이야기하다」라는 뜻. catch가 명사로는 「멋진 사람」, 「꼭 잡아야 될 사람」이라는 뜻.

● Screen Expressions

catch up with 따라잡다, 이해하다, 만나다

All this fibbing is gonna catch up with you.
이런 거짓말을 하면 들키기 마련이야.

이 표현이 나오는 영화

〈러브, 로지〉
〈쉬즈더맨〉
〈노트북〉
〈친구와 연인사이〉

catch up on 밀린 일을 하다

Usually I spend Valentine's Day catching up on work and stuff.
보통 발렌타인 데이에는 밀린 일 등을 하면서 보내.

be quite a catch 멋진 사람이다

She's quite a catch, isn't she? You like her, don't you?
걔 정말 멋져, 그렇지 않아? 너 걔 좋아하지, 그렇지 않아?

● Dialog

A: Do you stay in touch with former classmates?

B: We use Facebook to catch up on our lives.

　　A: 예전 반친구들과 연락하고 지내니?　B: 페이스북으로 지난 삶을 나누고 있어.

A: Laurie is the hottest girl at the university.

B: She is quite a catch.

　　A: 로리는 대학에서 가장 섹시한 여자야.　B: 걔 정말 멋져.

스크린 명장면 The Holiday

Amanda는 Iris의 오빠 Graham을 재워주는데 Graham은 굿나잇 키스를 Amanda에게 한다.

GRAHAM: Sweet dreams.

AMANDA: Do you think you could... Would you mind trying that again?

GRAHAM: Bad?

AMANDA: Weird. Kissing a total stranger.

GRAHAM: Really? I do it all the time.

AMANDA: Let me try this.

그래엄: 잘 자요.　　　　　　　　　　　　　　　아만다: 묘해요. 낯선 사람과 키스하는게요.
아만다: 다시 할 수… 다시 한번 해볼래요?　　　그래엄: 정말요. 난 맨날 하는걸요.
그래엄: 형편없었나요?　　　　　　　　　　　　아만다: 내가 해볼게요.

직감대로 해
Go with your gut

gut은 「내장」으로 gut feeling하면 어떤 「직감」을 뜻한다. 그래서 get[have] a gut feeling은 「본능적으로 어떤 직감을 느끼다」, go with one's gut하면 「본능에 따라 행동하다」, 「직감에 따라 행동하다」라는 뜻이 된다. 참고로 guts는 「용기」나 「배짱」을 뜻해 have the guts to~하면 「…할 배짱이 있다」라는 뜻.

Screen Expressions

go with one's gut 직감대로 행동하다
He'd tell me to go with my gut.
걘 나보고 직감대로 행동하라고 말할거야.

get[have] a gut feeling 어떤 직감을 느끼다
You got a gut feeling on **this?**
이거에 본능적으로 오는 느낌이 있어?

have the guts to~ …할 배짱이 있다
I just wish I had the guts to **do it.**
내가 그걸 할 배짱이 있었으면 좋겠어.

Dialog

A: How do you know which one to choose?
B: I'm going with my gut on **this one.**
　A: 어떤 것을 고를지 어떻게 알아?　B: 직감대로 이걸 선택할거야.

A: I can't believe that Cam insulted me.
B: You don't have the guts to **fight him.**
　A: 캠이 날 모욕하다니 믿을 수가 없구만.　B: 넌 걔랑 싸울 배짱도 없잖아.

스크린 명장면 The Holiday

Amanda는 용기를 내서 Iris의 오빠에게 섹스를 해보자고 한다.

AMANDA: I'm thinking we should have sex. If you want.
GRAHAM: Is that a trick question?
AMANDA: I'm actually serious. And not that this matters, but I've never said anything like that in my entire life before.

아만다: 우리 섹스해볼래요. 원한다면요.
그래엄: 날 떠보는건가요?
아만다: 나 진지해요. 이런 문제에 대해서 난 평생 이 같은 말을 해본 적이 없어요.

내 딸 근처에 얼씬거리지마!

Stay away from my daughter!

stay away from~은 「…에 가까이 하지 않다」, 「…에 얼씬거리지 않다」, 「…을 멀리하다」 등의 의미.
stay를 get으로 바꿔서 get away from~하게 되면 일상이나 직장에서 벗어나기 위해 「…을 멀리하다」,
「좀 떨어져 있다」라는 뜻이 된다. 물론 명령형으로 Get away from sb!하게 되면 Stay away from sb!.

● *Screen Expressions*

stay away from~ …에 가까이 하지 않다, …에 얼씬거리지 않다

I told him to stay away from Cindy.
난 걔한테 신디로부터 떨어져 있으라고 했어.

get away from~ …을 멀리하다, 벗어나다

I just wanted to get away from the people I see all the time.
늘상 보는 사람들로부터 좀 떨어져 있고 싶었어.

get away 벗어나 쉬다, 휴식을 취하다

I'm glad you were able to get away today.
네가 오늘 쉴 수 있어 다행야.

이 표현이 나오는 영화
〈굿럭척〉
〈첫키스만 50번째〉
〈로맨틱 홀리데이〉

● *Dialog*

A: I think Stan is attractive.

B: Stay away from him. He's an asshole.

    A: 스탠이 매력적인 것 같아. B: 걔 멀리해. 머저리야.

A: Why are you staying at a hotel?

B: I need to get away from him for a few days.

    A: 너 왜 호텔에 있는거야? B: 며칠간 걔한테서 벗어나야 해서.

스크린 명장면

GRAHAM: Okay. I mean, it was great meeting you, and everything.

AMANDA: Definitely.

GRAHAM: Also, for the record, your ex-boyfriend is, in my opinion, extremely mistaken about you.

AMANDA: Well, yeah, you were drunk.

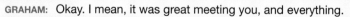

그래엄: 내말은 만나서 반가웠어요. 그리고 다른 모든 것들도요.
아만다: 그럼요.

그래엄: 또한 참고로 말해두지만, 당신의 남친은 내 생각에 당신에 대해 정
       말 모른다고 생각해요.
아만다: 저기, 취했군요.

정신차려!
Get a life!

Get a life는 상대방이 무의미한 생활을 하거나 사소한 일에 목숨걸 때 "(제발) 정신차려!," "철 좀 들어라," "인생 똑바로 살아"라는 말로 Get a grip, Get real 혹은 get one's act together, pull oneself together와 같은 의미가 된다. 여기서 shit을 써서 pull your shit together라고 해도 된다.

● Screen Expressions

Get a life! 정신차려!, 똑바로 살아!

You told me to get a life, remember? 나보고 제대로 살라고 말했잖아, 기억나?

Get a grip! 정신차려!, 진정해!

Get a grip on yourself. You're acting crazy. 진정해. 너 행동이 이상해.

pull[get] one's shit together

기운차리다, 정신차리다 = get one's act together

You have 45 seconds to pull your shit together, OK?
45초밖에 없으니 기운 바짝차리고 해, 알았어?

이 표현이 나오는 영화
〈쉬즈더맨〉
〈러브액츄얼리〉
〈노팅힐〉
〈러브, 로지〉
〈친구와 연인사이〉
〈로맨틱 홀리데이〉

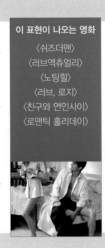

● Dialog

A: I can't work on Sunday!

B: Get a grip! It's not that bad.

　　A: 난 일요일에는 일못해!　B: 정신차려! 그렇게 나쁜 것도 아니잖아.

A: This whole thing has me very nervous.

B: Take a few minutes and get your shit together.

　　A: 이 모든 일 때문에 내가 정말 긴장돼.　B: 잠깐 쉬면서 정신을 가다듬어봐.

스크린 명장면 The Holiday

Graham은 Amada와 one night stand임을 확인받고 싶어하는데…

GRAHAM: Well, I just want to be sure you are okay, because somehow I find I tend to hurt women simply by being myself. So...

AMANDA: I'm not going to fall in love with you, I promise.

GRAHAM: Okay. Nicely put. Thank you.

AMANDA: No, it's just that I know myself. I'm not sure I even fall in love. Not like the way other people do. How's that for something to admit?

그래엄: 저기, 당신이 괜찮은지 확실히 하기 위해서요. 나란 놈은 이기적이어서 여자에게 상처를 주거든요… 그래서..
아만다: 맹세코 당신을 사랑하게 되지 않을거예요.
그래엄: 그래요. 말을 잘하시네요. 고마워요.

아만다: 아뇨, 내 자신을 잘 알아서 그래요. 사랑을 하게 될지도 몰라요. 다른 사람들이 하는 방식과 다르게요. 얼마나 더 솔직해져야 하나요?

우리가 섹스할 수도 있어
You and I could get physical

get physical은 「육체관계를 맺다」, 「폭력을 쓰다」, 'a'을 넣어 get[do] a physical하면 「건강검진받다」라는 말. 한편 「섹스하다」라는 뜻은 다양해, get in one's pant, put one's junk inside my trunk, shake the sheets with sb, 그리고 bust a nut은 「사정하다」, Give it to me는 섹스할 때 「더 해달라」는 말.

Screen Expressions

get physical 섹스하다, 폭력을 쓰다 ▶ get[do] a physical 건강검진받다

Did you and Chris ever get physical? 너하고 크리스하고 섹스해본 적 있어?
You're going to do a physical? 건강검진 받을거야?

shake the sheets with sb 섹스하다 = have it off (with)

You shake the sheets with **Cam, she's going to marry the next guy she dates.** 네가 캠하고 섹스하면, 걘 다음 데이트 상대와 결혼할거야.

Give it to me! 섹스할 때 더 해줘 ! ▶ proposition 무례하게 섹스하자고 하다

Go on, Ramone! Give it to her! 계속해, 라몬! 걔한데 더 해줘!

이 표현이 나오는 영화
〈왓이프〉
〈굿럭척〉
〈프렌즈 위드 베네핏〉
〈브리짓 존스의 일기〉
〈친구와 연인사이〉
〈프로포즈〉

Dialog

A: You look like you just had sex.
B: The date got physical real fast.
　A: 너 방금 섹스한 것 같다.　B: 데이트하다 정말로 빨리 섹스를 하게 됐어.

A: How would you like it rougher?
B: Oh baby, give it to me!
　A: 더 거칠게 해줄까?　B: 어, 자기야, 더해줘!

스크린 명장면 The Holiday

Amanda는 Graham과 사귈 결심을 하고 집에 찾아가는데…

AMANDA: So I was home doing nothing and thinking of you, and I realized that a little complication never hurt anyone and then I thought maybe this isn't so complicated at all. And also I wanted to apologize. I'm sorry I didn't invite you in this afternoon. I don't know what that was about exactly, but whatever it was I thought that I should just.. Oh, my God. You're...You're not alone, are you?

GRAHAM: No, I'm not, actually. I'm sorry.

아만다: 저기 집에서 아무것도 안하고 당신 생각만 했어요. 그리고 좀 복잡해져도 별로 상관없다는 것을 깨달았고 그리고 이렇게 해도 뭐 그리고 복잡해질 것 같지 않을거라 생각했어요. 그리고 또 사과하고 싶어요. 오늘 오후에 집으로 들어오라고 하지 않았어요. 그게 정확하게 뭔지 몰랐지만, 그게 뭐였든지 내 생각에는… 이런, 혼자가 아니군요, 그죠?
그래엄: 예, 혼자가 아녜요. 미안해요.

많은 일이 벌어지고 있었어

There was a lot going on

go on=happen으로 현재 벌어지고 있는 것을 말한다. 여기서는 "~sth going on"의 형태를 살펴본다. sth 앞에는 주로 have나 There are~ 등이 오게 된다. 또한 ~sth you got going (on)하게 되면 현재 「네가 벌이고 있는 것」이란 뜻. 참고로 ~how you got on은 「네가 어떻게 지냈는지」라는 의미.

● **Screen Expressions**

~ sth going on 현재 벌어지고 있는 것

There were so many interesting things going on.
흥미로운 일들이 아주 많이 벌어지고 있었어.

~ sth you got going (on) 현재 네가 벌이고 있는 것

It's quite a scam you got going.
그건 네가 벌이고 있는 큰 사기야.

~ how you got on 어떻게 잘 해냈는지

We want to know how you got on.
우리는 네가 어떻게 잘 해냈는지 알고 싶어.

이 표현이 나오는 영화
〈미비포유〉
〈첫키스만 50번째〉
〈프렌즈 위드 베네핏〉
〈악마는 프라다를 입는다〉
〈친구와 연인사이〉
〈굿럭척〉

● **Dialog**

A: Did you notice what Norris was doing?
B: I didn't notice. There was a lot going on.
  A: 노리스가 뭐하고 있는지 알았어? B: 몰랐어. 아주 많은 일들이 벌어졌는걸.

A: I sell people fake designer clothes.
B: It's quite a scam you've got going.
  A: 짜가 디자이너 의류를 팔고 있어. B: 그건 네가 벌이고 있는 큰 사기야.

스크린 명장면 **The Holiday**

Iris는 실연당한 Miles에게 자신의 경험을 통해 알게 된 사실을 말해주는데…

MILES: Why am I attracted to a person I know isn't good?
IRIS: I happen to know the answer to this. Because you're hoping you're wrong, and every time she does something that tells you she's no good, you ignore it, and every time she comes through and surprises you, she wins you over and you lose that argument with yourself that she's not for you.

마일즈: 왜 나는 바람둥이 여자인 걸 알면서도 끌리는걸까요?
아이리스: 우연히 그 답을 알고 있는데요. 당신 생각이 틀렸다는 희망을 하기 때문이구요. 그녀가 안좋은 뭔가를 할 때마다, 당신을 그걸 무시하고, 어쩌다 그녀가 당신에게 잘해주면, 당신은 착각에 빠져서 그녀가 당신에게 짝인 아닌걸 알면서도 빠지는거예요.

넌 네가 고른 사람을 싫어하게 되잖아

You end up hating the one you do pick

end up with~ 혹은 end up ~ing는 「결국 …하게 되다」, 「…라는 결과가 되다」라는 의미로 아주 많이 쓰이는 표현. 또한 wind up with[in, at]~ 혹은 wind up ~ing의 형태로 별로 원하지 않은 「불쾌한 상황에 놓이다」라고 말할 수 있다. 기우지만 여기서 wind의 발음은 /waind/이다.

● **Screen Expressions**

end up with[in] 결국 …한 상태가 되다 = end up ~ing

I don't remember how we ended up in bed together.
난 어떻게 우리가 함께 침대에 있게 되었는지 기억을 못해.

I ended up getting married and having kids.
결혼도 하고 아이들도 낳게 됐어.

wind up with[in, at] …한 상태에 놓이다 = wind up ~ing

She will wind up with her heart broken or pregnant.
걘 상처받거나 임신하게 될거야.

Did you see who she wound up marrying?
걔가 누구와 결혼하는지 알았어?

이 표현이 나오는 영화
〈노트북〉
〈굿럭척〉
〈프로포즈〉
〈어바웃타임〉

● **Dialog**

A: I thought you were going to the mountains.

B: We ended up staying the night there.

A: 너 산에 갈거라고 생각했는데. B: 우리는 거기서 밤을 지내기로 했어.

A: My parents say we have to move to another city.

B: You may wind up finding new friends.

A: 부모님이 그러는데 우리 다른 도시로 이사가야 한대. B: 새로운 친구들을 사귀게 되겠구나.

스크린 명장면 **The Holiday**

Amanda가 영국을 떠나기 전 Graham은 사랑고백을 하게 된다.

GRAHAM: I finally know what I want and that in itself is a miracle. And what I want is you.

AMANDA: I wasn't expecting "I love you". Can you not look at me like that? I'm trying to find the right thing to say.

그래엄: 마침내 내가 뭘를 원하는지 알게 됐어요. 그건 자체가 기적예요. 그리고 내가 원하는 건 당신예요.
아만다: 사랑고백을 예상을 못했어요. 그렇게 쳐다보지마요. 적당한 대답을 생각중예요.

내 나만 얘기를 하고 있는거야?
Why am I doing all the talking?

do the talking 혹은 do all the talking하게 되면 뭔가 「어려운 상황을 처리하기 위해서 말하거나 설명하는」 것을 뜻한다. do a lot of talking은 「얘기를 많이 하다」가 된다. 참고로 This is not me talking은 이건 "내가 말하는게 아냐," "내 생각이 아냐"라는 의미.

Screen Expressions

do (all) the talking 설명하다. 얘기하다

Let me do the talking. 내 얘기좀 들어봐.

Fine. Fine. But you do all the talking. 좋아. 좋아. 하지만 네가 다 설명해야 돼.

do a lot of talking 얘기를 많이 하다

She's nice, but she does a lot of talking. 걔는 착한데. 말이 너무 많아.

This is not me talking 내가 하는 얘기가 아냐

Smoking is bad. This is not me talking. It's a scientific fact.
흡연은 안좋아. 내가 하는 말이 아니라. 과학적 사실이야.

이 표현이 나오는 영화
〈프로포즈〉
〈프렌즈 위드 베네핏〉
〈쉬즈더맨〉
〈어바웃타임〉

Dialog

A: What should we say to the client?

B: Just let the boss do all the talking.

  A: 고객에게 뭐라고 말해야 되죠? B: 사장이 다 말하게 놔둬.

A: You want me to stay an extra four hours?

B: This is not me talking. The boss said you had to.

  A: 4시간 더 야근하라고요? B: 내가 하는 말이 아니고 사장이 그래야 한다고 그래.

스크린 명장면 The Holiday

Iris를 찾아온 Jasper는 또 Iris를 헷갈리게 하는데…

IRIS: You know, that didn't exactly answer my question. So are you not with Sarah any more? I mean, is that what you've come here to tell me?

JASPER: I wish you could just accept knowing how confused I am about all this.

IRIS: Okay, let me translate that. So you are still engaged to be married?

JASPER: Yes, but... I mean...

아이리스: 저기, 그건 내 질문에 답이 아닌데. 그럼 새러와 헤어졌다는 말이야? 내 말은 그 얘기를 하러 여기에 온거야?
재스퍼: 내가 이 문제에 대해 얼마나 혼란스러운지 내 상황을 알잖아. 그냥 받아들여줘.
아이리스: 그럼. 내가 해석을 해볼게. 새러와는 결혼한다는 말이네.
재스퍼: 어, 하지만… 내말은…

놔줘!
Let go of me!

let go of는 쥐고 있는 것을 놓다라는 뜻으로 「놓아주다」, 또는 「해고하다」라는 의미. go[keep] out of one's hair는 「…을 귀찮게 하지 않고 그만가다」, 즉 「놔주다」라는 뜻이 된다. 참고로 Cut it out!은 " 그만해!," Move it!은 "비켜!"라는 의미이다.

● **Screen Expressions**

이 표현이 나오는 영화
〈프로포즈〉
〈노트북〉
〈쉬즈더맨〉
〈악마는 프라다를 입는다〉

let go of~ 놓아주다, 해고하다

Let go of me, you pervert! You're hurting me!
놔줘, 이 변태야! 아프다고!

keep[get] out of one's hair 놓아주다, 귀찮게 하지 않고 그만가다

If you just give us our next step, we will be out of your hair and on our way. 우리에게 다음 단계를 보여준다면 방해하지 않고 우리 길을 갈게요.

Cut it out! 그만둬! ▶ Move it! 비켜!, 어서 서둘러!

You are too noisy. Cut it out. 너 너무 시끄러워. 그만둬.

● **Dialog**

A: Justin says he is in love with another woman.
B: You will just have to let go of him.
　　A: 저스틴은 자기가 다른 여자와 사랑에 빠졌대. B: 너 그냥 걔를 놔줘라.

A: I'm going to get out of your hair for a while.
B: Thanks. I need some time to do work.
　　A: 잠시 너를 귀찮게 하지 않을게. B: 고마워. 나 일할 시간이 좀 필요하거든.

스크린 명장면 **The Holiday**

마침내 Jasper의 속내를 꿰뚫고 정신을 차린 Iris는 관계를 끝내자고 한다.

IRIS: You broke my heart and you acted like somehow it was my fault, my misunderstanding, and I was too in love with you to ever be mad at you so I just punished myself for years! But you waltzing in here on my lovely Christmas holiday and telling me that you don't want to lose me whilst you're about to get married, somehow newly entitles me to say it's over.

아이리스: 내게 상처를 주고, 당신은 그게 내 잘못이고 내가 오해해서 비롯된 것인양 행동했어. 당신을 사랑한 죄로 오랫동안 자책을 하며 살아왔어! 그런데 당신은 내 멋진 크리스마스 연후에 당당히 들어와 나도 놓치기 싫고 결혼도 포기못한다고 얘기하고 있어. 이제야 정신이 끝나나는 것을 깨닫게 되네.

그러다 생각이 났는데
It got me thinking

It got me thinking은 "나로 하여금 …을 생각하게 하다"라는 뜻으로, It이 나를 생각하도록 강요하는 것은 아니지만 생각하지 않을 수 없게 되었다는 뜻. It은 이미 앞에서 언급한 내용이며 thinking 다음에는 that S+V 혹은 of ~ing 형태를 사용한다.

● Screen Expressions

이 표현이 나오는 영화
〈프로포즈〉
〈쉬즈더맨〉

It got sb thinking of[about] ~ing
…가 …을 생각하게 하다, …할 생각이 들어

It got me thinking about my own relationships.
그 때문에 내가 했던 연애들이 생각이 났어.

It got sb thinking that S+V …가 …을 생각하게 하다, …할 생각이 들어

It got me thinking that I need to go to graduate school.
난 대학원에 진학할 필요가 있다는 생각이 들어.

be in one's head …의 생각이 뭔지 다 알다

I'm in your head. 네 생각이 뭔지 다 알아.

● Dialog

A: The ending of that movie was so romantic.

B: It got me thinking about my own relationships.

   A: 저 영화의 끝은 정말 로맨틱해. B: 그 때문에 내가 한 연애들이 생각이 났어.

A: I saw Ellen fighting with her friends.

B: It got me thinking she might be a little crazy.

   A: 엘렌이 자기 친구들과 싸우는 걸 봤어. B: 그러고 보니 걔 좀 미친 것 같아.

스크린 명장면 **The Holiday**

Iris가 독립선언을 하는 장면.

IRIS: I've got a life to start living. And you're not going to be in it.

JASPER: Darling...

IRIS: Now I've got somewhere really important to be and you have got to get the hell out. Now!

JASPER: What exactly has got into you?

아이리스: 난 새로운 삶을 살거야. 당신은 내 인생에서 빠져줘.
재스퍼: 자기야…
아이리스: 이제 난 중요한 데에 갈 곳이 있으니 그만 꺼져줘. 당장!
재스퍼: 당신 왜 이렇게 된거야?

걘 자기 반에서 크리스빼면 일등이었어

She was second only to Chris in her class

second only to sth은 「…을 빼면 첫째이다」, 즉 「…에 버금가다」, come second는 둘째이다라는 말로 「첫째만큼 중요하지는 않다」라는 의미. 일등이면 세상부러울게 없게 되는데 이때는 have the world at one's feet라고 한다. 참고로 뭔가 일이 잘 풀린다고 할 때는 I'm so in there이라고 한다.

● Screen Expressions

be second only to~ …빼면 첫째다, …에 버금가다

His love of his job is second only to **his love of family.**
걔는 일에 대한 사랑이 가족애 빼면 첫째야.

have the world at one's feet 세상 부러울게 없다

That famous singer has the world at his feet.
저 유명가수는 세상 부러울게 없어.

I'm so in there 일이 잘 풀렸어(연인관계가 되거나 섹스를 할 수 있거나)

She seems to like me. I'm so in there.
걔가 나를 좋아하는 것 같아. 일이 잘 풀렸어.

이 표현이 나오는 영화
〈노트북〉
〈이프온리〉
〈어바웃타임〉

● Dialog

A: Ben and his wife are very much in love.

B: Their relationship is second only to their careers.

> A: 벤과 걔 부인은 서로 아주 깊이 사랑해. B: 직장일을 빼고 나면 그들의 관계가 최우선이야.

A: My parents will leave me millions of dollars.

B: You're so lucky. You have the world at your feet.

> A: 부모님은 내게 많은 돈을 남기실거야. B: 너 참 운 좋다. 세상 부러울게 없겠구나.

스크린 명장면 The Holiday

Amanda는 LA로 떠나기 위해 차를 탔지만 Graham을 잊지 못하고 차를 돌린다.

AMANDA: Graham! Graham. You know, I was just thinking, why would I ever leave before New Year's Eve? That makes no sense at all. I mean, you didn't exactly ask me out, but you did say you loved me so I'm thinking I've got a date, if you'll have me.

Graham: I have the girls New Year's Eve.

AMANDA: Sounds perfect.

아만다: 그래엄! 그래엄. 저기, 생각해봤는데, 연말 모임을 여기서 못보낼 이유가 없어요. 내말은 당신이 내게 데이트신청을 하지 않았지만, 나를 사랑한다고 했으니, 당신만 괜찮으면 우리 데이트해요.
그래엄: 그날 딸들도 있을거예요.
아만다: 더 없이 좋죠.

걘 짠하고 문제를 해결해

He pulls something out of the bag

pull something out of the bag은 약간 놀라서 하는 말로 주어가 「갑자기 문제를 해결하다」라는 뜻. land on one's feet 역시 「어려움을 극복하다」라는 말. 또한 take the easy way out은 「곤란한 상황을 벗어나기 위해 쉬운 길을 선택하다」라는 뜻인데, 이러다가는 일을 더 힘들게 할 수도 있다.

● Screen Expressions

pull something out of the bag 문제를 해결하다

▶ **land on one's feet** 난관을 타개하다

I had landed on my feet, **with an amazing man who was happy to be with me.** 난 나와 함께 있는 걸 좋아하는 대단한 사람과 문제를 해결했었어.

take the easy way out 곤경을 벗어나기 위해 쉬운 길을 택하다

But don't you take the easy way out.
곤란한 상황을 벗어나기 위해 쉬운 길을 택하지마라.

make it harder than it already is 지금보다 일을 더 힘들게 하다

Don't make it any harder than it already is. 더 이상 일을 힘들게 하지마라.

● Dialog

A: It's hard to believe Nick got an A on the exam.

B: All seemed lost, but he pulled it out of the bag.

A: 닉이 시험에서 A를 받은 건 믿기지 않아. B: 성적이 안좋을 줄 알았는데, 걔가 문제를 해결했어.

A: I'll just quit rather than do the hard work.

B: That is just taking the easy way out.

A: 힘들게 일하느니 그만두겠어. B: 힘든 일을 피해 쉬운 길을 택하는거네.

스크린 명장면 **Good Luck Chuck**

자신이 사귀던 여자는 다음에 천생연분인 남자를 만난다는 Charlie는 전 여친의 결혼식에서 Cam이란 여성을 만나다.

Cam: I'm Cam. I went to college with the bride.

Charlie: I'm Charlie. I used to date the bride.

Cam: Me, too. Well, no. I mean, it was a one-time-only experimental thing, sophomore year. We were young. And drunk.

캠: 캠예요. 신부와 대학동기예요.
찰리: 찰리예요. 신부가 전 여친예요.
캠: 저도요. 내말은 대학 2학년때 실험적으로 한번 해봤다는 얘기예요. 젊었고 취했거든요.

너나 그렇지!

Speak for yourself!

상대방의 말에 반대하면서 "너나 그렇지," 하지만 the facts speak for themselves처럼 사물주어가 오면 「스스로 명백해지다」는 말이 된다. 또한 That makes one of us는 "너나 그렇지 난 안그래," one을 two로 바꿔 That makes two of us하게 되면 찬성표현으로 "나도 마찬가지야."

● *Screen Expressions*

이 표현이 나오는 영화
〈로맨틱 홀리데이〉
〈브리짓 존스의 베이비〉

Speak for yourself 너나 그렇지

Speak for yourself! I really love to jog.
너나 그렇지! 난 조깅하는거 정말 좋아해.

That makes one of us 너나 그렇지

You want to leave? That makes one of us.
가고 싶다고? 너나 그렇지.

That makes two of us 나도 그래, 나도 그렇게 생각해

That makes two of us. **I'm in total agreement.**
나도 그래. 전적으로 같은 생각이야.

● *Dialog*

A: This place has always been terrible.

B: Speak for yourself! I've never felt that way.

    A: 이 곳은 언제나 형편없어. B: 너나 그렇지! 난 그렇게 느낀 적 없어.

A: I think Chris is a genius.

B: Well, I guess that makes one of us.

    A: 내 생각에 크리스는 천재야. B: 음, 그건 너만 그렇게 생각하는 것 같아.

스크린 명장면 Good Luck Chuck

모르는 여성들의 구세주가 되는 일에 지친 Charlie는 Cam이 일하는 곳으로 만나러 간다.

Charlie: Am I not your type? I can take it if it's that.

Cam: I think you should go.

Charlie: No, I think I should stay, because I paid $38.00 to see you today. And I'm not leaving until you pay me my money back.

찰리: 네가 당신 타입이 아녜요? 그렇다면 받아들일 수 있어요.
캠: 가는게 좋을 것 같아요.
찰리: 아뇨, 여기 있을거예요. 오늘 당신을 보기 위해서 38달러를 지불했거든요. 돈을 돌려줄 때까지는 가지 않을거예요.

네가 최적임자야
You are the bee's knees

the bee's knees하면 「최적임자」, 「최상급의 것」을 뜻한다. 이처럼 능력이나 재주가 있는 것은 have a knack for~, 「나이에 비해 똑똑하다」라고 할 때는 be wise beyond one's years라고 하면 된다. 똑똑해서 알만 한 사람이 실수하면 be better than that, 이를 알아들었으면 Get your logic이라고 한다.

● Screen Expressions

the bee's knees 최적임자, 최상급의 것
Now remember, you are the bee's knees.
기억해둬, 네가 최적임자야.

have a knack for[of]~ ...하는 재주가 있다 = get the hang of~
You'll get the knack of **it.**
넌 요령이 붙을거야.

Get your logic 무슨 말인지 알겠어
I'm sorry, I don't get your logic.
미안하지만, 무슨 말인지 모르겠어.

이 표현이 나오는 영화
〈라라랜드〉
〈이프온리〉
〈노팅힐〉
〈프렌즈 위드 베네핏〉

● Dialog

A: People have told me Leslie is very talented.

B: Everyone says she is the bee's knees.

A: 사람들이 그러는데, 레슬리가 아주 능력이 뛰어나대. B: 모두 다 걔가 최고의 적임자라고 말들 해.

A: They looked confused by my explanation.

B: I'm afraid they don't get your logic.

A: 내 설명에 개네들은 혼란스러운 것 같았어. B: 네가 무슨 말하는지 못알아들었나 보다.

스크린 명장면 **Good Luck Chuck**

Charlie는 Cam으로부터 저녁데이트 약속을 받아낸다.

Cam:	Why do you wanna take me to dinner so badly?
Charlie:	You look hungry.
Cam:	Seriously.
Charlie:	Seriously?
Cam:	Yeah.
Charlie:	Because you remind me of these penguins. Yes, they're kind of awkward and goofy. Yet in the water, they're so beautiful.

캠: 왜 그렇게 저녁을 사주려고 그래요?
찰리: 배고파 보여서요.
캠: 진심으로요.
찰리: 진심으로요?
캠: 예.
찰리: 당신을 보면 이 펭귄들이 떠올라요. 그래요. 좀 서투르고 엉뚱하지만 물속에서는 참 예쁘거든요.

이 쓸모없는 자식아
You piece of shit

be a piece of shit[crap]은 「말도 안되는 거짓말이다」, 「엉망이다」, 「쓸모없다」 등 문맥에 맞게 안좋은 쪽으로 해석하면 된다. shit time은 「거지 같은 시간」, this sort of shit은 「이런 개떡 같은 것」을 뜻하게 된다. 물론 hot shit(잘했어, 거물)이나 solid gold shit(잘됐다)처럼 좋은 의미로도 쓰인다.

● **Screen Expressions**

be a piece of shit[crap] 개떡같다, 쓸모없다 ▶ give sb shit 야단치다

That car is an old piece of shit.
저 차는 쓸모가 없어.

shit time 거지 같은 시간 ▶ this sort of shit 이런 개떡 같은 것

I can't put up with this sort of shit.
난 이런 개떡 같은 것을 참을 수가 없어.

hot shit 잘했어, 거물 ▶ don't know shit 아무 것도 모르다

She has always thought she's hot shit.
걔는 자기가 거물이라고 항상 생각해.

이 표현이 나오는 영화
〈라라랜드〉
〈이프온리〉
〈노팅힐〉
〈프렌즈 위드 베네핏〉

● **Dialog**

A: You don't trust that politician?
B: He's a lying piece of shit.
    A: 넌 그 정치가를 믿지 못한단 말이지? B: 말도 안되는 거짓말을 하잖아.

A: Why have you decided to resign?
B: I can't put up with this sort of shit.
    A: 왜 그만두기로 한거야? B: 난 이런 개떡 같은 것을 참을 수가 없어.

스크린 명장면 Good Luck Chuck

Cam은 Charlie에게 소문의 진위를 물어본다.

Cam: So, fess up about this charm.
Charlie: You heard about that.
Cam: Yeah. It's quite a scam you got going.
Charlie: No, it's not me. It's not. I'm serious. Somebody somewhere got it into their head that once a girl's been with me, she'll meet her true love with the next guy she goes out with. Can you believe it?
Cam: Please. People will believe whatever they want to believe.

캠: 저기, 그 마법에 대해 솔직히 말해봐요.
찰리: 당신도 들었군요.
캠: 당신이 지어낸 사기같은데요.
찰리: 나 아네요. 정말요. 나와 함께 한 여성은 다음 데이트 상대와 진정한 사랑을 한다고 지어낸거예요. 그게 믿겨져요?
캠: 음, 사람들은 믿고 싶은 것을 믿으려하죠.

난 걔와 사귀면 안된다는 것을 알고 있었어

I knew I shouldn't get involved with him

일반적으로 get involved in[with]~하게 되면 「…에 연루되다」, 「…에 관련되다」로만 알고 있기 쉬운데, 남녀관계를 집중적으로 다루는 로코에서는 「남녀간에 얽히다」, 즉 연인사이로 「사귀다」라는 뜻이 된다.

● *Screen Expressions*

get[be] involved in[with]~ 연루되다, 관련되다

I don't want you to get involved in my problem.
네가 내 문제에 연루되는 걸 원치 않아.

get[be] involved with sb~ …와 연인 사이다

Is that why you don't want to get involved with me?
그래서 나와 사귀지 않으려고 한거야?

Have you been involved with someone where you haven't broken up?
지금까지 헤어지지 않고 사랑한 사람 있어?

이 표현이 나오는 영화
〈굿럭척〉
〈로맨틱 홀리데이〉

● *Dialog*

A: My friend decided to run for mayor.

B: Will you get involved in the campaign?

　A: 내 친구가 시장선거에 출마하기로 했어.　B: 너 그 선거운동에 참여할거야?

A: Andy and I made out after work.

B: You aren't supposed to get involved with co-workers.

　A: 앤디와 나는 퇴근 후에 섹스를 했어.　B: 동료와 엮이면 안되잖아.

스크린 명장면 **Good Luck Chuck**

Cam과 하룻밤을 잔 Charlie는 Cam이 다른 남자와 결혼할지도 모른다는 불안감에 미친 사람처럼 Cam의 곁에 붙어 있게 되는데…

Charlie: I know I've been acting crazy, but there's a reasonable.

Cam: Let me guess, Charlie. You believe you're a lucky charm, and you're afraid I'm going to marry the next guy I date, so you've been smothering me and attacking my friends.

─────────────────────────────
찰리: 　내가 미친 사람처럼 행동한 것을 알아요. 하지만, 이유가 있어요…
캠: 　내가 맞혀 볼게요 찰리. 당신은 마법의 운을 믿고서 내가 다음 데이트 상대와 결혼할까봐 걱정하는거잖아요. 그래서 나를 질식시키고 내 친구들을 공격하고.

그 일은 제대로 풀리지 않았어

It didn't work out

(Things, It) work out~은 「어떤 문제나 곤란한 상황이 점점 나아지거나 해결되는 것」을 뜻한다. work out은 또한 「어떤 문제를 해결하다」, 「만족스럽게 문제를 다루다」, 「화해하다」, work things out 은 「어떤 상황을 잘 해결하다」라는 의미가 된다.

● **Screen Expressions**

(Things, It) work out 곤란한 상황이 나아지다, 해결되다

Everything will work out **all right.** 모든 일이 다 잘 해결될거야.

I'm sorry it didn't work out. 일이 잘 안풀려서 안됐어.

sb work (sth) out 문제를 해결하다

He worked out **his frustration.** 걘 그의 좌절을 극복했어.

~ didn't work 통하지 않았어 ▶ **~ be working** 잘 돌아가고 있어

It's too bad what we planned didn't work.
우리 계획이 계획대로 되지 않아 아쉬워.

이 표현이 나오는 영화

〈노트북〉
〈500일의 썸머〉
〈노팅힐〉
〈브리짓 존스의 베이비〉
〈악마는 프라다를 입는다〉

● **Dialog**

A: So your relationship wasn't very good?

B: It didn't work out, so I'm single again.

A: 그래 연애하는게 아주 안좋았니? B: 잘 되지 않았어, 그래서 다시 싱글이 됐어.

A: She had a breakdown and is seeing a psychologist.

B: It will take time for her to work out her problems.

A: 걘 신경과민으로 정신과 상담을 받고 있어. B: 걔가 문제들을 해결하는데는 시간이 걸릴거야.

스크린 명장면 **Good Luck Chuck**

남극행 비행기에 탄 Cam을 쫓아온 Charlie는 속마음을 진심으로 털어놓는다.

Cam: Charlie?

Charlie: I'm sorry. Please don't be mad. (to Howard) Antarctica? You couldn't have just taken her to a movie? Look, I know that it's crazy that I'm here, but it felt even crazier not to come.

캠: 찰리?

찰리: 미안해요. 화내지마요. 남극요? 그냥 데리고 영화보러 갈 수도 없었어요? 저기, 여기 온게 미친 짓이라는 것을 알아요. 하지만 오지 않았다면 더 미친 짓일거예요.

그는 열심히 해서 사장이 됐어

He worked his way to becoming the boss

make[find] one's way to~는 「애써 …로 가다」, work one's way to [toward]는 「노력하여 성취하다」, fight one's way through는 「싸워가며 나아가다」, 그리고 force one's way through 역시 「억지로 힘 들여 길을 뚫고 나가다」라는 뜻이 된다.

● Screen Expressions

이 표현이 나오는 영화
〈러브, 로지〉
〈미비포유〉
〈악마는 프라다를 입는다〉

work one's way to[toward] 노력하여 성취하다

It's possible to work your way to the top.
일을 열심히 해서 최고가 되는 것은 가능해.

fight one's way 싸워가며 나아가다

He has to fight his way back from rock bottom.
걘 바닥에서 다시 일어나 싸워 나아가야 해.

schmooze one's way 사교로[친목으로] 나아가다

She is schmoozing her way up the career ladder!
걘 친목으로 승진을 하고 있어!

● Dialog

A: The manager earns a very high salary.

B: I am working my way toward that job.

A: 매니저는 급여를 아주 많이 받아. B: 난 노력해서 그 자리에 올라갈거야.

A: Rick is still trying to stop being an alcoholic.

B: He's had to fight his way back from rock bottom.

A: 릭은 아직도 금주하려고 노력하고 있어. B: 걘 바닥에서 다시 일어나 싸워야만 했어.

스크린 명장면 Good Luck Chuck

얘기를 계속하던 Charlie는 드디어 사랑고백을 하게 된다.

Cam: Charlie.

Charlie: My entire life, I've been nothing more than a stepping-stone to every relationship I've ever been in. There's always been a next guy who's better than me. For once in my life, I want to be that next guy. I've never said this to anybody in my whole life. Cam... I love you. I love you, Cam. Please don't go.

캠: 찰리.
찰리: 내 평생동안, 사귀는 사람들의 디딤돌 역할만 해왔어요. 다음 번 남자가 항상 나보다 나은 사람이었죠. 인생에서 한번만이라고, 내가 다음 번 남자가 되고 싶어요. 평생 이런 얘기를 누구에게도 한 적이 없어요. 캠, 사랑해요. 가지마요.

귀찮게 굴지 말고 나 좀 내버려둬

Get off my back

get off sb's back은 …의 등에서 내려오다라는 말에서 「…를 괴롭히지 않다」라는 뜻. 괴롭히는 인간까지 넣어 get A off sb's back이라고 하게 되면 이는 A가 귀찮게 하는 것을 그만두게 하다라는 뜻이 된다. 또한 peeve at은 「짜증나게 하다」, dog me는 「괴롭히다」 그리고 bully sb는 「…을 괴롭히다」.

● **Screen Expressions**

get off sb's back …을 괴롭히지 않다

▶ get A off sb's back A를 떨쳐버리다

I wish I could figure out a way to get Tom off my back.
톰을 떨쳐낼 수 있는 방법을 찾아냈으면 좋겠어.

peeve at 짜증나게 하다 ▶ **dog sb** 괴롭히다

Chick won't stop dogging me, man. 여자들이 날 계속 괴롭히려고 해.

bully sb 괴롭히다

Are you being bullied? 너 괴롭힘 당하고 있니?

● **Dialog**

A: Can you get Karen off my back?

B: Why? What is she doing that's bothering you?

A: 너 카렌을 내게서 떨쳐낼 수 있어? B: 왜? 걔가 너 뭐 귀찮게 하고 있니?

A: Your younger brother looks so sad these days.

B: He is being bullied at that school.

A: 네 남동생 요즘 울적해보여. B: 걔 학교에서 괴롭힘을 당하고 있어.

스크린 명장면 **50 First Dates**

수의사인 Henry는 타지방 여성들 유혹하는데 일가견이 있는데, 같은 지역에 사는 한 여인에게 꽂힌다.

Henry: I think she's a local girl. I wanted to go up to her......but I was kind of off my game. But, man, was she cute, though.

Alexsa: I thought you liked your bitches from out of state.

Henry: Yeah, that's usually my policy. Make sure I don't get tied down.

헨리: 이 지역에 사는 여자같아. 그녀에게 다가가고 싶었지만 좀 내 방식이 아니잖아. 하지만, 그래도 참 그녀는 귀여워.

알렉사: 타지역 여자들만 좋아한다고 생각했는데.

헨리: 어, 보통 내가 그렇게 하지. 얽히지 않기 위해서 말야.

자 다들 한번 해보자
Let's get to it, guys

get to it은 「바로하다」라는 의미로 Let's get to it하게 되면 "한번 도전해보자," "한번 해보자"고 하는 의기투합용 멘트가 된다. 이렇게 한번 시도해보라라는 뜻의 표현은 많이 있는데, give it a go, give it a try, have a go, give it a shot, give ~ a whirl 등을 알아두면 된다.

● Screen Expressions

get to it 바로 하다 ▶ Let's get to it 한번 해보자

Yeah, I'll get to it, don't nag me.
그래, 바로할게. 들볶지마.

give it a try 한번 해보다 = give it a go, have a go, give it a shot

You want to give it a try?
한번 해보고 싶어?

give it a whirl 한번 해보다

I know you don't like dancing, but give it a whirl.
너 춤추는거 싫어하는거 알지만 한번 해봐.

이 표현이 나오는 영화
〈미비포유〉
〈쉬즈더맨〉
〈노팅힐〉
〈어바웃타임〉

● Dialog

A: This work must be completed by the end of the day.
B: All right, let's get to it, guys.

  A: 이 일은 오늘가기 전에 끝내야 돼. B: 알았어, 야 다들 바로 시작하자.

A: I think I could solve that puzzle.
B: Do you want to give it a go?

  A: 이 퍼즐을 풀 수 있을 것 같아. B: 한번 해볼테야?

스크린 명장면 **50 First Dates**

Henry가 다시 식당으로 와서 Lucy와 첫인사를 나눈다.

Henry: You know, why don't you try this? It's kind of a hinge.
Lucy: Now, why didn't I think of that?
Henry: Well, you're too close to the project. Don't be hard on yourself.
Lucy: Right. Sometimes you need an outsider's perspective.
Henry: Fresh eye never hurts.

헨리: 저기, 이걸 사용해봐요. 경첩역할을 해줘요.
루시: 왜 그 생각을 하지 못했을까요?
헨리: 거진 다 완성단계였어요. 자책하지 말아요.

루시: 그래요. 때로는 다른 사람의 견해가 필요해요.
헨리: 새로운 시각은 언제나 좋은 법이죠.

난 종종 농땡이치는 걸 좋아해
I like to goof off now and then

goof off는 일할 시간에 「농땡이 치다」, goof around는 「그냥 빈둥거리고 시간을 때우는」 것을 말한다. fool around 역시 하는 일없이 「빈둥거리거나」, 혹은 「바람피우는」 것을 말하는 것으로 mess around로 생각하면 된다.

Screen Expressions

goof off 농땡이 치다 ▶ goof around 빈둥거리며 시간을 보내다

We're just goofing around.
그냥 빈둥거리고 있는거야.

fool around 빈둥거리다, 바람피다

You get to fool around with a totally hot chick.
넌 섹시한 핫걸과 놀아나고 있구나.

mess around 빈둥거리다, 바람피다

Am I somebody you mess around with?
나는 네가 갖고 놀아도 되는 사람인거야?

이 표현이 나오는 영화
〈친구와 연인사이〉
〈프로포즈〉
〈노트북〉

Dialog

A: So the kids behaved badly in class?

B: All they did was goof around the entire time.

A: 그래 아이들이 수업시간에 버릇없게 굴었어? B: 걔네들 시간내내 하는 건 빈둥거리는거였어.

A: Why did George and Mindy break up?

B: He caught her fooling around with another guy.

A: 조지와 민디가 왜 헤어진거야? B: 민디가 딴 놈하고 바람피다 조지한테 들켰어.

스크린 명장면 50 First Dates

Henry와 Lucy는 헤어지면서 Lucy가 다시 만나자고 한다.

Henry: I had a great time.

Lucy: Me too.

Henry: Okay.

Lucy: Would you like to have breakfast again tomorrow morning, same time? Because I teach an art class

at 10.

Henry: Really?

Lucy: Yeah.

Henry: I wish I could make it... ...but, yes, I will be there.

헨리: 즐거웠어요.
루시: 저도요.
헨리: 그래요.
루시: 내일 아침 같은 시간에 아침 먹을래요? 10시에 미술반을 가르치거

든요.
헨리: 정말요?
루시: 예.
헨리: 그러고 싶지만…. 하지만 예, 내일 올게요.

걘 교훈을 얻었어!
He learned his lesson!

pull that stunt는 「바보 짓을 하다」, 그러면 난관에 부딪히는데 이때는 hit a wall이라 한다. 이제 실패해서 망하는 길 밖에 없다. go up in smoke, shit the bed는 「실패하다」, get bombed는 「완전히 망치다」, go belly-up 역시 「망하다」가 된다. 그러면 learn one's lesson하게 되는데 이는 「교훈을 깨닫다」.

● Screen Expressions

pull that stunt 바보 같은 짓을 하다 ▶ hit a wall 난관에 부딪히다

How could she pull a stunt like this?
어떻게 걔가 이런 바보 같은 짓을 할 수 있을까?

go up in smoke 실패하다 ▶ shit the bed 실패하다

Her career is going up in smoke. 걔의 경력은 다 수포로 돌아갔어.

get bombed 완전히 망하다 ▶ go belly-up 망하다

▶ learn one's lesson 교훈을 얻다

I know it is, but I've learned my lesson. 그건 알아, 하지만 난 교훈을 얻었어.

이 표현이 나오는 영화
〈이프온리〉
〈프로포즈〉
〈로맨틱 홀리데이〉
〈악마는 프라다를 입는다〉
〈굿럭척〉
〈프렌즈 위드 베네핏〉
〈첫키스만 50번째〉

● Dialog

A: Sorry for not helping you out.

B: Don't ever pull that stunt again!

A: 널 도와주지 못해서 미안해. B: 다시는 그런 바보 같은 짓을 하지마!

A: The stock market has been doing poorly.

B: All of my investments went up in smoke!

A: 주식시장이 별로 안좋아. B: 내가 투자한게 모두 다 수포로 돌아갔어!

스크린 명장면 50 First Dates

Lucy의 사정을 모르는 Henry는 다시 만나 Lucy에게 친근하게 다가가는데…

Lucy: Okay, pervert. I think that you should leave.

Henry: What? I was joking because of what we talked about yesterday.

Lucy: Yesterday? I've never even met you. Nick! I need help!

루시: 그래, 이 변태씨. 그만 가주세요.
헨리: 뭐라구요? 어제 나누었던 대화를 가지고 농담한건데요.
루시: 어제요? 초면인데요. 닉! 좀 도와줘요!

난 컨디션이 좀 안좋았어
I was kind of off my game

be off one's game하면 경기에 참가한 선수가 자기 컨디션이 아니어서 실력발휘를 못한다라는 뜻으로 「컨디션이 안좋다」라는 표현. be not well은 「몸이 안좋다」, be not feeling well은 「기분이 안좋다」, 급기야 「병에 걸리다」는 taken ill이라고 한다. 반대로 「기분이 좋다」는 be over the moon 등이 있다.

● Screen Expressions

be off the game 컨디션이 안좋다 ▶ have taken ill 병에 걸리다

Maybe Sam really is off her game. 샘은 아마도 제 컨디션이 아닌 것 같아.

be not well 몸이 안좋다 ▶ be not feeling well 기분이 안좋아

I'm not feeling well and I need to rest.
기분이 별로 좋지 않아서 쉬어야 되겠어.

be over the moon 무척 기쁘다

▶ be light on one's feet 날렵한, 춤을 잘 추는

I am over the moon. 난 무척 기뻤어.

이 표현이 나오는 영화
〈첫키스만 50번째〉
〈러브액츄얼리〉
〈500일의 썸머〉
〈이터널선샤인〉
〈노트북〉
〈브리짓 존스의 베이비〉

● Dialog

A: I'm really off my game today.
B: What happened? Didn't you get enough sleep?
   A: 나 오늘 정말이지 컨디션이 안좋아. B: 무슨 일인데? 잠을 충분히 못잔거야?

A: He's over the moon that she accepted his proposal.
B: Good. I think they'll be happy together.
   A: 그녀가 청혼을 받아들여서 걔는 무척 기뻐하고 있어. B: 좋으네.ᐧ걔네들 함께 행복할 것 같아.

스크린 명장면 50 First Dates

단기 기억상실증에 빠진 Lucy와 함께 식사를 하기 위해 시도를 다양하게 하는데…

Lucy: I'll tell you what. Why don't you sit with me? You can have some breakfast and I'll
       help teach you some of the words.
Henry: Okay.
Lucy: All right.
Henry: That sounds nice.
Lucy: Come on over.

루시: 이러면 어때요. 나와 함께 식탁에 앉아요. 아침을 먹으면서 글자들   헨리: 좋은 생각예요.
      좀 알려줄게요.   루시: 이리로 와요.
헨리: 그래요.
루시: 좋아요.

너 성공했구나
You got it made

get it made는 상황이 잘 풀려서 「일이 잘되다」, 「성공하다」라는 뜻으로 You got it made나 I've got it made의 형태로 많이 쓰인다. 그리고 You got so much about you는 전도가 유망하다라는 뜻이다.

● Screen Expressions

get it made 성공하다, 잘 풀리다

I came back here, I've got it made.
나 다시 돌아왔어. 나 일이 잘풀렸어.

Your wife is so beautiful. You've got it made.
네 아내 정말 예뻐. 잘 나가는구나.

You got so much about you 전도가 유망하다

You got so much about you that will make you successful.
너는 성공할 가능성이 아주 높아.

이 표현이 나오는 영화

〈굿럭척〉
〈노트북〉

● Dialog

A: Don't you worry about the future?

B: I've got tons of money. I've got it made.

A: 미래가 걱정되지 않아? B: 난 돈이 엄청 많아. 나 성공했다고.

A: Your wife is beautiful. You've got it made.

B: Yeah, she is attractive, but she doesn't cook well.

A: 네 아내 예쁘다. 너 성공했네. B: 어, 매력적이지만 요리는 잘 못해.

스크린 명장면 **50 First Dates**

함께 식사한 Lucy와 Henry가 헤어지는 장면…

Lucy: Really? That's it?

Henry: That's what?

Lucy: All that flirting... ...and phony ''I can't read" stuff, and you're not gonna ask me out... ...or for my phone number?

Henry: I can't read.

Lucy: Oh, shut up. That was one of the goofiest things I've ever seen, but I thought: ''Hey, if this guy is so desperate to meet me... ...he might be worth talking to.''

루시: 정말? 이게 다예요?
헨리: 이게 다라니요?
루시: 온갖 작업을 걸면서, 글을 못읽는다는 둥 해놓고서 데이트 신청도 안하고 전번도 안물어봐요?

헨리: 저는 글을 못읽어요.
루시: 말도 안돼. 지금까지 그런 엉성한 짓은 처음봐요. "하지만 날 만나기 위해 저 정도로 절박하다면 대화할 가치가 있게구나 생각했어요."

그거 아침까지 기다릴 수 없는거야?

Can't it wait till morning?

This can wait은 "나중에 해도 돼," 반대로 That can't wait은 "이건 급해," 그리고 Can't that wait? 은 "뒤로 미룰 수 없어?"라는 문장이 된다. 또한 wait up은 「자지 않고 기다리다」, stall은 「시간을 끌다」, drag out 역시 「시간을 끌다」가 된다.

Screen Expressions

This can wait 나중에 해도 돼 ▶ That can't wait 이건 급해

I'm sorry, but I don't think this can wait.
미안하지만 이건 미룰 수 없는거야.

wait up 자지않고 기다리다

I would say don't wait up, **but you'll be asleep by 11:00.**
안자고 기다리지 말라고 하려 했지만 넌 11시면 잠들잖아.

drag out 시간을 끌다 = stall

Do you want to say yes now, or drag it out **so you look cool?**
지금 예스할래 아님 쿨하게 보이려고 시간을 끌거야?

이 표현이 나오는 영화
〈러브액츄얼리〉
〈어바웃타임〉
〈프렌즈 위드 베네핏〉

Dialog

A: Should I go to the hospital because of this injury?

B: That can't wait. Better do it now.

A: 이 상처 때문에 병원에 가야 할까? B: 빨리 가봐. 지금 가는게 좋겠다.

A: It looks like we are faster than everyone else.

B: Let's wait up for the rest of the group.

A: 우리가 다른 사람보다 더 빠른 것 같아. B: 다른 사람들 위해 기다리자.

스크린 명장면 50 First Dates

Lucy와 함께 식사를 하기 위해서 매일 작업을 걸어야 하는 Henry.

Lucy: Oh, that would be nice, ...but I have a boyfriend. So I'm sorry.

Henry: You're making up a boyfriend to get rid of me?

Lucy: No, I'm not.

Henry: What's his name, then?

루시: 그러면 좋겠지만, 난 남친이 있어요. 그러니 미안해요.
헨리: 나 버릴려고 없는 친구를 만들어내요?

루시: 아녜요.
헨리: 그럼 남친 이름이 뭐예요?

네가 얻는게 뭔데?

What's in it for you?

What's in it for sb?는 "sb에게 무슨 이득이 되는데?," "sb가 얻는게 뭔데?"라는 말. 비슷하게 생겼지만 전혀 다른 뜻인 have it in for sb(원한을 품다)와 구분해야 한다. 동사가 be, have로 다르고 하나는 in it, 다른 하나는 it in이라는 점을 기억해둔다.

● Screen Expressions

이 표현이 나오는 영화
〈첫키스만 50번째〉

What's in it for sb? …가 얻는게 뭔데?

That's good for you. But what's in it for me?
너한테는 좋은 일이지만 나한테는 무슨 이득이 되는데?

have it in for sb …에게 원한을 품다, 싫어하다

I know. She has it in for me.
알아. 걘 날 싫어해.

What do you get out of this? 이걸로 네가 얻는게 뭔데?

This seems difficult. What do you get out of this?
이거 어려워 보이는데. 이걸로 네가 얻는게 뭔데?

● Dialog

A: We want you to switch seats.

B: I understand, but what's in it for me?

A: 네가 자리를 바꿔줬으면 해. B: 알겠는데, 내가 얻는게 뭔데?

A: I work at my volunteer job 50 hours a week.

B: Seriously, what do you get out of this?

A: 난 주당 50시간 자원봉사 일을 해. B: 정말이야, 그럼 그걸로 네가 얻는게 뭔데?

스크린 명장면 50 First Dates

Lucy에게 사실을 알려준 Henry는 Lucy와 데이트를 시작한다.

Lucy: I don't know how you get me to fall for that egg-shaped head every morning.

Henry: All I have to do is slide on my designer jeans... ...and just kind of wiggle in front of you. You go nuts.

Lucy: Why couldn't I have met you one day before the accident?

Henry: Don't worry, because if you hung out with me for more than one day... ...you'd realize I'm a bore.

루시: 매일 아침 날 어떻게 꼬신거야?
헨리: 비싼 청바지를 입고서 자기 앞에서 엉덩이를 흔든게 다야. 그럼 자기는 뿅갔지.

루시: 왜 내가 사고 전 날 자기를 못만났을까?
헨리: 걱정마, 나랑 하루 이상 데이트를 하게 되면 분명히 싫어할테니까.

이게 다 무슨 난리야?
What's all the fuss about?

fuss는 「야단법석」, 「호들갑」이라는 단어로 What's all the fuss about?이나 What's this fuss about? 의 형태로 자주 쓰인다. make a fuss about은 「불필요하게 야단법석을 떨다」라는 말이 된다. fuss가 동사로 쓰이면 별로 중요하지 않은 일에 「걱정하고 초조해하는」 것을 뜻한다.

Screen Expressions

이 표현이 나오는 영화

〈러브, 로지〉
〈노팅힐〉
〈노트북〉

What's all the fuss about? 이게 다 무슨 난리야?

This is boring. What's all the fuss about?
지루하구만. 이게 다 무슨 소란이야?

make a fuss about~ 불필요하게 야단법석을 떨다

I just feel kind of silly that I made such a big fuss about my ring.
반지 갖고 야단법석을 떨다니 내가 좀 어리석었어.

fuss 사소한 문제로 안달하다 ▶ get cold feet 긴장하다

It's normal to get cold feet before your wedding.
결혼식을 앞두고 긴장하는 것은 정상이야.

Dialog

A: That movie is popular all over the world.

B: What's all the fuss about? I don't get it.

　　A: 저 영화는 전세계적으로 흥행하고 있어.　B: 무슨 소란이야? 난 이해가 안되던데.

A: I'm starting to think I shouldn't get married.

B: A lot of people get cold feet before marriage.

　　A: 난 결혼하면 안된다는 생각을 하기 시작했어.　B: 많은 사람들이 결혼 전에 긴장을 하지.

스크린 명장면 50 First Dates

자기를 사랑하냐고 물어보는 Lucy에게 사랑고백을 하는 Henry.

Henry: I go to this restaurant every morning, and I see you there, reading. And.... I love you very much. Probably more than anybody could love another person.

헨리: 매일 같은 식당에 가서 앉아서 책을 읽고 있는 자기를 보지. 그리고 아주 많이 자기를 사랑해. 이 세상 누구보다 자기를 사랑해.

넌 분명히 행복해보이지 않아

You sure as shit don't look happy

sure as shit은 강조어로 「분명히」라는 뜻으로 You와 don't 사이에 삽입된 경우이다. 또한 That's a lock의 경우 역시 「확실한」, 「분명한」이라는 의미의 표현이다.

● **Screen Expressions**

sure as shit 분명히

That sure as shit is a funny joke.
그건 분명히 재미있는 농담이야.

I'm sure as shit happy to be home.
난 분명히 집에 오게 돼서 기뻐.

That's a lock 분명하다, 확실하다

Everything is ready. It's a lock.
모든게 다 준비됐어. 분명해.

We signed a contract, so that's a lock.
우리는 계약서에 사인했으니 이제 분명해졌어.

이 표현이 나오는 영화
〈굿럭척〉
〈어바웃타임〉

● **Dialog**

A: You didn't like Moe?

B: He's sure as shit the dumbest person I ever met.

　　A: 넌 모를 좋아하지 않았다고?　B: 분명코 내가 만난 사람 중 걘 가장 멍청해.

A: So we agree that this one works the best?

B: Yes. That's a lock for the product we'll select.

　　A: 그럼 이게 가장 잘 돌아간다고 동의하는건가요?　B: 네. 우리가 선택할 제품이 분명합니다.

스크린 명장면 **50 First Dates**

해변가에서 사랑고백후 첫키스를 나누는 Lucy와 Henry.

Henry: And... ...you've been dying to make out with me for some time now. Feeling better now?

Lucy: Nothing beats a first kiss.

헨리: 그리고 자기는 지금까지 내게 홀딱 반했어. 기분이 좋아?
루시: 첫키스만큼 좋은 건 없어.

우리 좀 흥분을 가라앉히자
Can we just dial it down?

dial down은 다이얼을 돌려서 낮춘다는 말로 비유적으로 상황 등의 「긴장감 등을 낮추다」, 「흥분을 가라앉히다」라는 뜻으로 사용된다. 비슷한 표현으로 even out하게 되면 「기복 등이 안정을 찾다」, 「잠잠해지다」 등의 의미로 쓰인다.

Screen Expressions

dial down 진정하다(calm down)

You guys better dial down the noise.
너희들 내는 소리 좀 줄여라.

Can you dial down your outburst please?
제발 네 감정을 좀 진정시킬래?

even out 안정을 찾다, 잠잠해지다

It's rough now, but it will even out.
지금은 거칠지만, 안정을 찾을거야.

Most marriages even out after a few years.
대부분의 결혼은 몇 년이 지나면 잠잠해진다.

이 표현이 나오는 영화
〈라라랜드〉
〈쉬즈더맨〉

Dialog

A: Your neighbors are making too much noise.

B: I asked them to dial it down a bit.

  A: 네 이웃은 너무 큰 소음을 내고 있어. B: 소리 좀 줄여달라고 부탁했어.

A: This year has been very hectic.

B: I'm sure everything will even out after a while.

  A: 올해는 너무나 정신없이 바빴어. B: 좀 지나면 잠잠해질게 분명해.

스크린 명장면 50 First Dates

첫키스만 계속하다 Henry는 Lucy의 가슴을 만지려고 하는데…

Lucy: What are you doing?

Henry: Nothing. I was just getting some lint off for you.

Lucy: You were going for a feelski!

Henry: All right, I'm sorry, but this is like the 23rd time we've made out already... ...and they're getting blue.

루시: 뭐하는거야?
헨리: 아무것도. 보물이 묻어 있어서 떼네려고.
루시: 가슴을 만지려고 했잖아.
헨리: 그래, 미안해. 이번이 23번째 데이트인데… 거시기가 불쌍해서.

우리 또 옛날처럼 되는거야?

We're back to that?

be back to~는 「…로 다시 돌아오다」라는 뜻으로 위 문장은 옛날처럼 또 그렇게 되는거냐고 물어보는 문장이다. square one(출발점, 시작)이라는 문구를 활용해, be back to the square one이라고 쓰기도 한다. 또한 be back to normal하면 「정상으로 돌아가다」, 「회복하다」라는 말.

Screen Expressions

be back to~ …로 돌아가다

I'm going to go back to where I came from.
내가 왔던 곳으로 난 돌아갈거야.

be back to the square one 원점으로 돌아가다

Well, that puts us back at square one.
저기, 그렇게 되면 원점이네.

be back to normal 정상으로 돌아가다

Things will soon be back to normal.
상황이 곧 정상으로 돌아올거야.

이 표현이 나오는 영화
〈미비포유〉
〈노트북〉

Dialog

A: Sorry, but we can't afford to eat lunch at a restaurant.

B: We're back to that? How depressing.

　A: 미안하지만 우리는 식당에서 점심을 먹을 여유가 없어.　B: 우리 또 옛날처럼 되는거야? 참 우울하네.

A: Your computer is fixed, and it works fine now.

B: Thank God everything is back to normal.

　A: 컴퓨터가 수리돼서 이제는 잘 돌아가.　B: 다행이다, 모든게 다 정상으로 돌아가네.

스크린 명장면 **50 First Dates**

사랑을 나누다가 Henry는 Lucy에게 청혼하게 된다.

Lucy: I'm not sleeping. I'm just closing my eyes.

Henry: Well, I'm gonna go downstairs then.

Lucy: No, no. I'm just resting.

Henry: Lucy. Will you marry me?

Lucy: Of course.

Henry: Good. Don't forget about me.

루시: 난 자는거야. 눈만 감고 있는거야.　　　　헨리: 루시. 나랑 결혼해줄래?
헨리: 그럼, 난 내려가 있을게.　　　　　　　　루시: 물론.
루시: 아냐, 난 쉬고 있을뿐이야.　　　　　　　헨리: 좋아. 나를 잊지마.

엄마도 이거에 연루되었던거야?

My mom was in on this?

be in on sth은 어떤 계획 등에 「연루되다」, 「관련되다」라는 뜻으로 앞서 나온 I'm on it(지금 하고 있어) 혹은 I'm in(나도 낄래) 등과 구분해야 한다. 또한 be on board는 배를 탄다는 말로 「함께 한다」는 의미로 쓰여, Welcome aboard하게 되면 "함께 일하게 된 것을 환영한다"라는 의미를 갖는다.

● Screen Expressions

이 표현이 나오는 영화
〈프렌즈 위드 베네핏〉
〈악마는 프라다를 입는다〉

be in on~ …에 연루되다 ▶ get sb in on~ …을 …에 함께 하게 해주다

Wait a minute, let me get in on this.
잠깐, 나도 붙여줘.

be on board 탑승하다, 조직[회사]에서 함께 일하다

I am not on board with this!
난 이것에 동참할 수 없어!

Welcome aboard 탑승을 환영합니다, 함께 일하게 되어 기뻐

Perfect. Problem solved. Welcome aboard.
완벽해. 문제 해결됐어. 함께 일하게 된 걸 환영해.

● Dialog

A: Someone played a practical joke on us.

B: I'm sure Russell was in on this.

    A: 누군가 우리에게 짓궂은 장난을 쳤어.   B: 러셀도 함께 한게 분명해.

A: Does Wendell want to come on the trip?

B: I talked to him, and he's on board.

    A: 웬델이 여행에 오기를 원해?   B: 내가 얘기했는데 함께 가겠대.

스크린 명장면 50 First Dates

하룻밤을 자고 난 두사람. Lucy는 Henry를 기억못하고 비명을 지르고 물건들을 집어던진다.

Henry: I know this is hard for you to understand... ...but we are actually seeing each other. We have been for a while now. Oh! Lucy! Lucy! Lucy! If I was lying, how would I know this?

헨리: 자기가 이거 이해하는거 힘들다는거 알아. 하지만 우리는 서로 사귀는 사이야. 사귄지 꽤 됐어. 오! 루시! 루시! 루시! 내가 거짓을 말한다면 이런 내용을 내가 어떻게 알고 있겠어?

넌 그만 물러나야 돼
You just gotta walk away

walk away는 걸어서 가버리다로 비유적으로 「물러서다」, 「빠져나가다」라는 의미이다. 빠져나가는 대상은 from sb로 써주면 된다. 단 walk away with sth하게 되면 「상 등을 타다」, 「얻다」라는 뜻이 되니 조심해서 구분해야 한다. 또한 be well shot of~하게 되면 「…을 잊다」라는 뜻이 된다.

● Screen Expressions

walk away (from) …로부터 가버리다, 떠나다

Did you think you could betray me and just walk away?
날 배신하고 그냥 가버릴 수 있다고 생각했어?

walk away with~ …을 타다, 얻다

We walked away with the prize for the highest score.
우리는 최고 득점자 상을 수상했어.

be well shot of sb …을 잊어버리다

I'm well shot of the problems I had last years.
난 과거에 있었던 문제들을 다 잊어버렸어.

이 표현이 나오는 영화
〈러브액츄얼리〉
〈친구와 연인사이〉

● Dialog

A: It seems like we're fighting all the time.
B: It's best to walk away from that relationship.
A: 우리는 항상 싸우는 것 같아. B: 사귀지 않는게 최선이야.

A: Are you Paul and Sandy still together?
B: No, he's well shot of that relationship.
A: 폴과 샌디는 아직도 사귀는 사이야? B: 아니, 폴은 연인 사이였던 걸 다 잊었어.

스크린 명장면 50 First Dates

자기 때문에 Henry의 삶이 없어진다는 미안한 감정으로 Henry와 헤어지겠다고 하는데…

Lucy: I was so nervous to come here and meet the guy that makes me fall in love with him every day.
Henry: Well, you probably thought I couldn't live up to the hype.
Lucy: No. I was nervous because, because I came here to break up with you. You had plans and a life, before you met me and now all you have time for... ...is to make me fall in love with you.

루시: 난 여기와서 매일 사랑에 빠지게 하는 남자를 만나러 오는게 무척 긴장됐어.
헨리: 내가 그 기대에 못미칠까봐서?

루시: 아니, 난 긴장했는데, 그 이유는 너와 헤어지려고 왔기 때문이야. 나를 만나기 전에는 인생의 계획도 삶도 있었는데, 이제 네가 하는 일은 나를 사랑에 빠지게 하는 일뿐이잖아.

나도 역시 이름을 떨치려던 참이었어

I was going to make my mark too

make my mark는 다른 사람들보다 돋보여서「이름을 떨치다」,「성공하다」라는 의미. 성공하다면 역시 get ahead를 빠트릴 수 없다. 이는 get ahead of~의 형태로「…보다 앞서다」라는 의미로도 쓰인다. 비슷한 표현으로 live up to the hype하면「기대에 부응하다」,「소문대로다」 등의 의미.

● **Screen Expressions**

make one's mark   이름을 떨치다, 성공하다

I'm off to make my mark on the world.
난 나가서 세상에 이름을 떨칠거야.

get ahead   성공하다

It's not easy to get ahead at your job.
직장에서 성공하는 것은 쉽지 않아.

live up to the hype   사람들의 기대를 충족시키다, 화제된 것만큼 만족시키다

The product never lived up to the hype.
이 제품은 화제를 모았던 만큼 기대를 충족시키지 못했어.

> **이 표현이 나오는 영화**
> 〈악마는 프라다를 입는다〉
> 〈브리짓 존스의 베이비〉
> 〈첫키스만 50번째〉

● **Dialog**

A: Patty has become a well known lawyer.

B: She did it all in order to make her mark.

A: 팻티는 유명한 변호사가 됐어.   B: 걘 이름을 떨치기 위해서 유명 변호사가 되었어.

A: Did you enjoy the amusement park?

B: It was okay, but didn't live up to the hype.

A: 놀이공원에서 즐거웠어?   B: 괜찮았지만 화제된 것 만큼은 아니었어.

스크린 명장면 **50 First Dates**

항해결심을 바꾸고 Lucy가 있는 병원으로 찾아온 Henry는 Lucy와 키스를 나눈다.

Henry: Being with you is the only way I could have a full and happy life. You're the girl of my dreams... .and apparently I'm the man of yours.

헨리: 자기와 함께 있어야만 난 완전히 행복한 삶을 살 수 있어. 자기는 내가 원하던 여자고 나는 분명코 자기의 남자야.

하려면 제대로 해야지
Go big or go home

대담하게 하라고 주문할 때 쓰는 표현. 적당히 하려면 아예 하지 말라고 하는 말이다. 또한 get the best out of~는 「…을 최대한 활용하다」, throw the kitchen sink는 「모든 방법을 강구하다」라는 뜻이 된다.

● Screen Expressions

Go big or go home   하려면 제대로 해야지

Spend all of your money. Go big or go home.
네 돈을 다 쓰라고. 하려면 제대로 해야지.

get the best out of~   …을 최대한 활용하다

He tries to get the best out of all of us.
걘 우리 모두를 최대한 활용하려고 하고 있어.

throw the kitchen sink   모든 방법을 강구하다

No, not even after throwing the kitchen sink at it.
아니, 거기에 모든 방법을 써본 후에 조차도 안됐어.

이 표현이 나오는 영화
〈미비포유〉
〈친구와 연인사이〉
〈프로포즈〉

● Dialog

A: They want me to invest $500,000.

B: You have to go big or go home.

A: 걔네들은 내가 50만 달러를 투자하기를 바래. B: 하려면 제대로 해야지.

스크린 명대사 : 러브, 로지

"Sometimes you don't see that the best thing that's ever happened to you is sitting there, right under your nose. But that's fine, too. It really is. Because I've realized that no matter where you are or what you're doing, or who you're with, I will always honestly, truly, completely love you." - Rosie

때때로 우린 우리에게 일어난 최고의 것이 바로 우리 코앞에 있다는 것을 알지 못하기 때문이야. 하지만 그것도 괜찮아. 난 네가 어디에 있던지 무엇을 하던지 혹은 누구와 살든지 상관없이 난 항상 진심으로 너를 사랑할꺼기 때문이야.

NEW
SCREEN
ENGLISH

알아두면 득이 되는 Get More

run it by sb …에게 물어보다, 상의하다

Great! You wanna run it by me?
좋아! 나한테 물어볼거야?

I'm much mistaken 내가 잘못 생각했어

I tried to tell her she was mistaken.
난 걔한데 걔가 잘못했다고 말하려고 했어.

be all for nothing 수포로 돌아가다

Would it be better if it was all for nothing?
다 수포로 돌아가면 더 낫겠어?

get sb worked up into~ …을 부추겨 …하게 하다

She probably got him worked up into it.
걔는 그를 부추겨서 그것을 하게 했을거야.

build it up 인상적이게끔 포장해서 말하다

I think maybe it's better just to stop building it up and just say it.
난 그만 포장하고 그냥 말하는게 나을 것 같아.

bullocks up at work 직장에서 엉망이 되다

Herman was told to leave after he bullocksed up at work.
허먼은 직장에서 엉망이 된 후 나가라는 말을 들었어.

be shot to hell 엉망이 되다, 가치가 없어지다

And your word is shot to hell now, don't you think?
그리고 이제 네 말은 의미가 없어졌어, 그렇지 않아?

be solid about~ 믿음직스럽다, 성격이 좋다

There was something solid about her.
걔한테는 자기만의 색깔이 분명했어.

do the kids 아이들을 돌보다

No, don't worry. I'll do them.
아니, 걱정마, 애들은 내가 볼게.

work with …와 일하다, …에 도움을 주다, 타협하다

I'll tell you what. You do this, I'll work with you on your soccer.
저기 말야, 네가 이렇게 하면, 내가 너 축구실력 좋아지게 도와줄게.

Come on, Charlie, work with me here.
자 그러지 말고, 찰리, 이건 나와 좀 맞춰 줘.

put an end to~ 끝내다(put a stop to~)

Ian, death doesn't put an end to love.
이안, 죽음도 사랑을 갈라놓지는 못해.

be unemployed 여자와 데이트중 블로잡이나 핸드잡을 못받다

No jobs. I'm still unemployed.
실직 중이야, 데이트중 블로잡이나 핸드잡을 못받았어.

get suckered into 속아서 …하다

Yeah, I got suckered into helping her move.
어, 나 속아서 걔 이사하는거 도와줬어.

flip for~ 좋아하기 시작하다, 무척 좋아하다

She flipped for the guy she met online.
걘 온라인에서 만난 남자를 무척 좋아했어.

That's not all I do 그것만 하는게 아냐

I work as a businessman, but that's not all I do.
비즈니스맨으로 일하지만, 그 일만 하는게 아냐.

be the spitting image of~ …을 꼭 빼닮다

He's the spitting image of his father.
걘 아버지를 꼭 빼닮았어.

whine about~ 징징거리다

Your best friend who tolerated you whining about this girl for weeks on end.
오랫동안 이 여자 애에 대해 징징거리는 것을 참은 너의 베프야.

know up front 미리 알다

You should know up front this is not a love story.
이건 러브 스토리가 아니라는 것을 미리 아셔야 합니다.

have large shoes to fill 막중한 책임을 지다

You have some very large shoes to fill.
너는 매우 막중한 어떤 일을 책임지고 있어.

You're a vision 눈이 부시다, 좋아 보여 * You are something else 넌 특별해

What a beautiful dress. You're a vision.
드레스 멋지다. 정말 눈부셔.

What's not to like? 정말 좋아(I like it)

The weather is great, and I'm on the beach. What's not to like?
날씨는 끝내주고, 난 바닷가에 있는데 안좋을게 뭐가 있어?

get a load of~ …을 보다

Would you get a load of him?
저 사람을 좀 봐봐?

What's the story? 상황은 어때?

What's the story with you two, anyway?
그나저나, 너희 둘을 어떻게 되는거야?

be not under any illusions that ~ …에 속지 않다, 상황을 정확히 알다

We're not under any illusions that you two don't sleep in the same bed.
너희 둘이 같은 침대에서 안잔다는 것을 우린 정확히 알고 있어.

rock the boat 평지풍파를 일으키다

Well, why rock the boat, is what I'm thinking.
내 생각은 왜 평지풍파를 일으키냐는거야.

rub shoulders with~ …와 어울리다

We'll be rubbing shoulders with rockstars.
우리는 락스타들과 어울릴거야.

We got what we came for 얻고자 하는 것을 얻다

Let's get out of here. We got what we came for.
그만 여기서 나가자. 우린 얻고자 하는 것을 얻었어.

put labels on~ 이름을 붙이다, 명명하다

We don't need to put labels on it.
우리는 그거에 이름을 매길 필요는 없어.

come to the fore 표면화되다, 주목받다

This year all these things came more clearly to the fore.
금년에 이 모든 것들이 더욱 분명하게 표면화됐어.

take liberties with~ …을 함부로 대하다, 제멋대로 하다

They're always taking liberties, not giving much back in return.
걔네들은 항상 제멋대로 이용만 하고 보답하는 건 아무 것도 없어.

get on with~ 계속해서 …하다

They should be getting on with their careers.
걔네들은 경력을 계속 이어가야 해.

go unanswered 답장을 못받다

They all went unanswered.
그 편지들의 답장은 오지 않았어.

take ~ out for a spin 시험운행하다

Then we're gonna take her out for a spin.
그리고 나서 우리는 배를 시험운행할거야.

That reminds me 그러고보니 생각나네

That reminds me. I mustn't go home without him.
그러고보니 생각나네. 난 걔없이 집에 가면 안돼.

That[The same] goes for~ …도 마찬가지이다

That goes for the rest of you!
나머지도 다 마찬가지야!

That could be it 그거일 수도 있다

That could be the right answer. That could be it.
그게 맞는 정답일 수도 있어. 그거일 수도 있어.

take shifts ~ing 돌아가면서 …하다

We took shifts working on the project.
우리는 그 프로젝트 일을 돌아가면서 했어.

tag long 따라가다

If it's okay with you, I'd like to tag along.
괜찮다면 따라가고 싶어.

be for one's good …을 위한 것이다

Sorry, it's for your own good. You'll thank me for it someday.
미안하지만, 그건 너 자신을 위한거야. 언젠가 내게 고마워할거야.

So it seems 그런 것 같아

So it seems the marriage is over.
결혼 생활은 끝이 난 것 같아.

for the taking 원한다면 맘대로

She's mine for the taking.
내가 원한다면 그녀는 내꺼야.

put sb up to~ …에게 …하자고 하다

Did my brother put you up to this?
내 형이 이걸 하자고 널 꼬득인거야?

She put me up for it.
걘 내가 그 일을 하도록 했어.

ball-buster 엄한 사람, 엄한 상사

He had this female boss. Real ball-buster, you know?
걘 이 여자가 보스래. 진짜 깐깐한 여자래, 알지?

be all planned out 모든게 계획되어져 있다

My days are all planned out.
매일 할 일이 정해져 있어.

take a stand 맞서다, 지키다

Let's take a stand.
우리 맞서자.

have its time 다 때가 있다

No one likes it now, but it will have its time.
지금은 아무도 그걸 좋아하지 않지만, 잘 나갈 때가 있을거야.

put sb out of sb's misery 듣고 싶은 말을 해서 편하게 해주다

Just put me out of my misery.
속 편하게 알려줘.

let the chips fall where they may 결과에 상관없이 소신대로 행동하다

Do your best and let the chips fall where they may.
최선을 다하고 결과에 상관없이 소신대로 행동해.

wing it 준비없이 대충하다, 그때그때 맞춰 살다

I've been winging it with you for 18 years, pretending I was the one in charge.
난 내가 책임을 지고 있는 것처럼 하면서 대충 너와 살아왔어.

It's the least I can do 최소한의 성의이다, 이 정도는 해야지

It's the least I can do for the city I love.
내가 사랑하는 도시를 위해 내가 할 수 있는 최소한의 성의야.

be up on YouTube 유튜브에 올라가다

It's okay. It'll be up on YouTube.
괜찮아. 그거 유튜브에 올릴거야.

be in the cards 예상했던 일이다, 있을 수 있는 일이다

It's not in the cards for me.
내게 그런게 준비되어 있지 않아.

no-brainer 쉬운 결정

It's an easy answer. A no-brainer.
그건 답이 쉽지. 쉬운 결정야.

be a whirlwind 정신없이 많은 일들이 일어나다

It's all been a bit of a whirlwind, hasn't it?
정신없이 일들이 이어졌어. 그렇지 않았어?

be bored out of one's gourd[mind] 지루해 죽겠다

I'm bored out of my gourd!
지루해 죽겠어!

take in 같이 보다

I was thinking we could take in a film after this.
우리는 이거 후에 영화를 같이 볼 수 있을거라 생각했어.

root for (곤경에 처한) 사람을 응원하다

I was really rooting for them.
난 그들을 정말로 응원했어.

be engaged 다른 일을 하고 있다

I told her you were otherwise engaged.
난 걔에게 네가 다른 일로 바쁘다고 했어.

have another go 다시 하다

I thought I might ask if we could have another go.
우리가 다시 할 수 있을지 물어볼까 생각했어.

I thought as much 그럴거라 생각했어

All of the students thought as much.
모든 학생들이 그럴거라 생각했어.

suss 이해하다

I understood everything. I had it all sussed.
난 모든 걸 이해했어. 모든 것을 이해했다고.

agree to disagree 이견이 있음을 인정하다

Let's just agree to disagree on this matter.
이 문제에 대해서 서로 의견이 다르다는걸 인정하자.

get a lot of heat 물이 오르다, 많은 비난을 받다

I've got a lot of heat right now.
난 이제 한창 물이 올랐어.

I got a lot of heat for making a bad decision.
난 결정을 잘못해서 많은 비난을 받았어.

I can't compete (with that) 도저히 못 당하겠군

He's handsome and rich and I can't compete with that.
걔 잘생겼고 부자야. 난 도저히 못당하겠어.

I can take it if it's that 그게 그렇다면 받아들일 수 있다

I was fired because the company downsized. I can take it if it's that.
회사 구조조정으로 잘렸어. 그렇다면 받아들일 수 있어.

He's done it 전에 해봤어, 또 저러네

Ask Jim how to do it. He's done it before.
짐에게 하는 방법을 물어봐. 걘 전에 해봤거든.

have time on one's hand 시간이 남아돌다

He always seemed to have time on his hands.
걘 언제나 시간이 많은 것처럼 보였어.

gird one's loins 허리띠를 매다, 긴장하다

He's girding his loins for the soccer match.
축구경기를 대비해서 긴장을 하고 있어.

be on the ropes 죽을 맛이다 * get sb on the ropes …을 궁지에 몰아넣다

Looks like that relationship is on the ropes.
걔네들 사이는 궁지에 몰린 것처럼 보여.

flog one's guts out 열심히 일하다

We flogged our guts out to get this done.
우리는 이걸 마치기 위해 열심히 일했어.

not have two dimes to rub together 빈털터리이다

When I was young, I didn't have two dimes to rub together.
어릴 적에는 빈털터리였어.

can't go anywhere 성공하지 못하다

They are too different. Their relationship can't go anywhere.
걔네들 너무 달라. 사귀는게 잘 될 수가 없어.

shed light on~ 밝히다, 해명하다

Can you shed some light on the current situation?
현재 상황을 해명해볼래요?

come on (with) 발전하다, 진전하다 나아지다

And his Portuguese is really coming on.
그리고 그의 포르투갈어는 정말 발전하고 있어.

all that's no good 다 아무 소용도 없다

The evidence you showed me, all that's no good.
증거를 내게 보여줬지만, 다 무용지물이야.

You can't have it all 다 가질 수는 없어

Sorry it didn't work out, but you can't have it all.
잘 안되어서 미안한데, 하지만 다 가질 수는 없잖아.